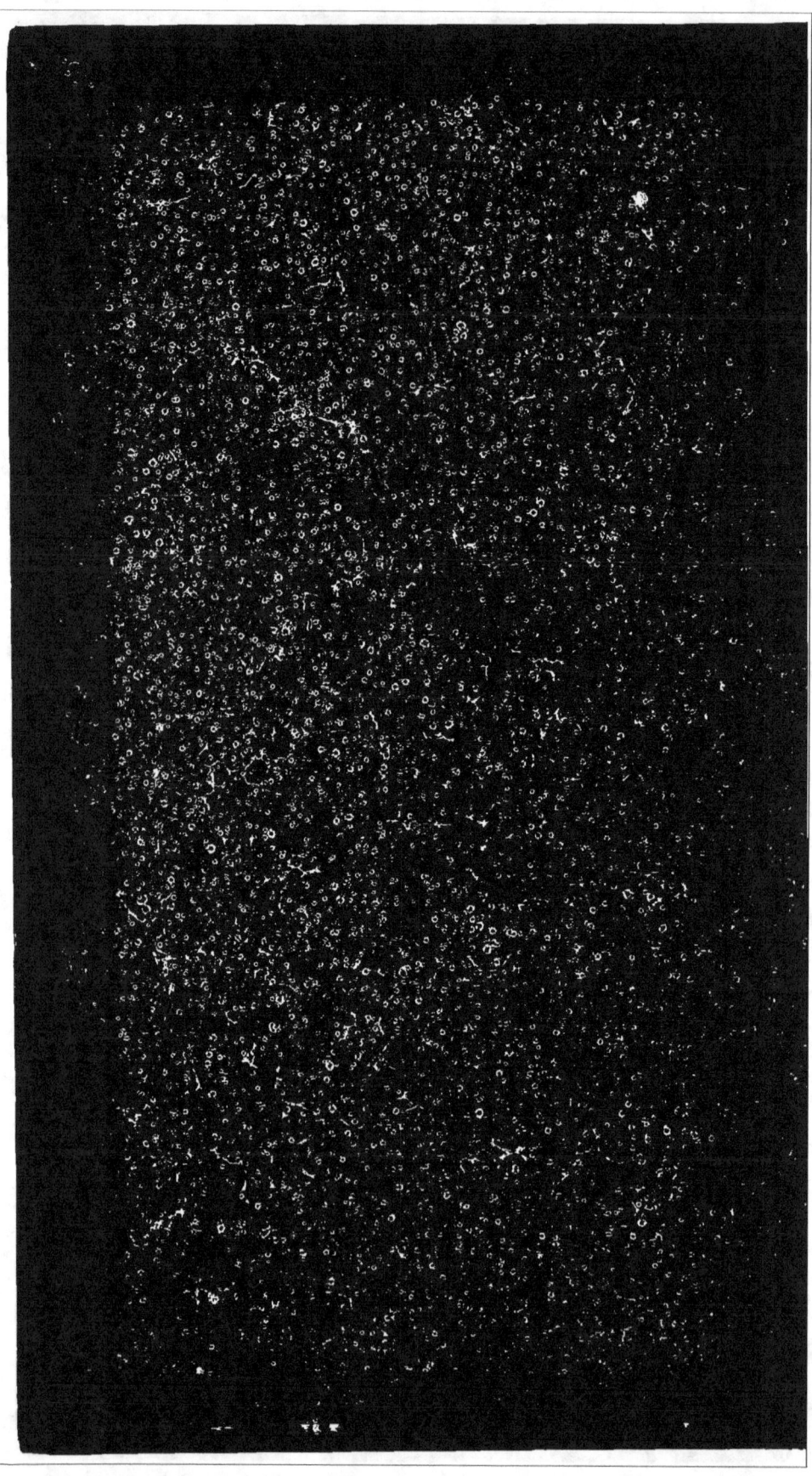

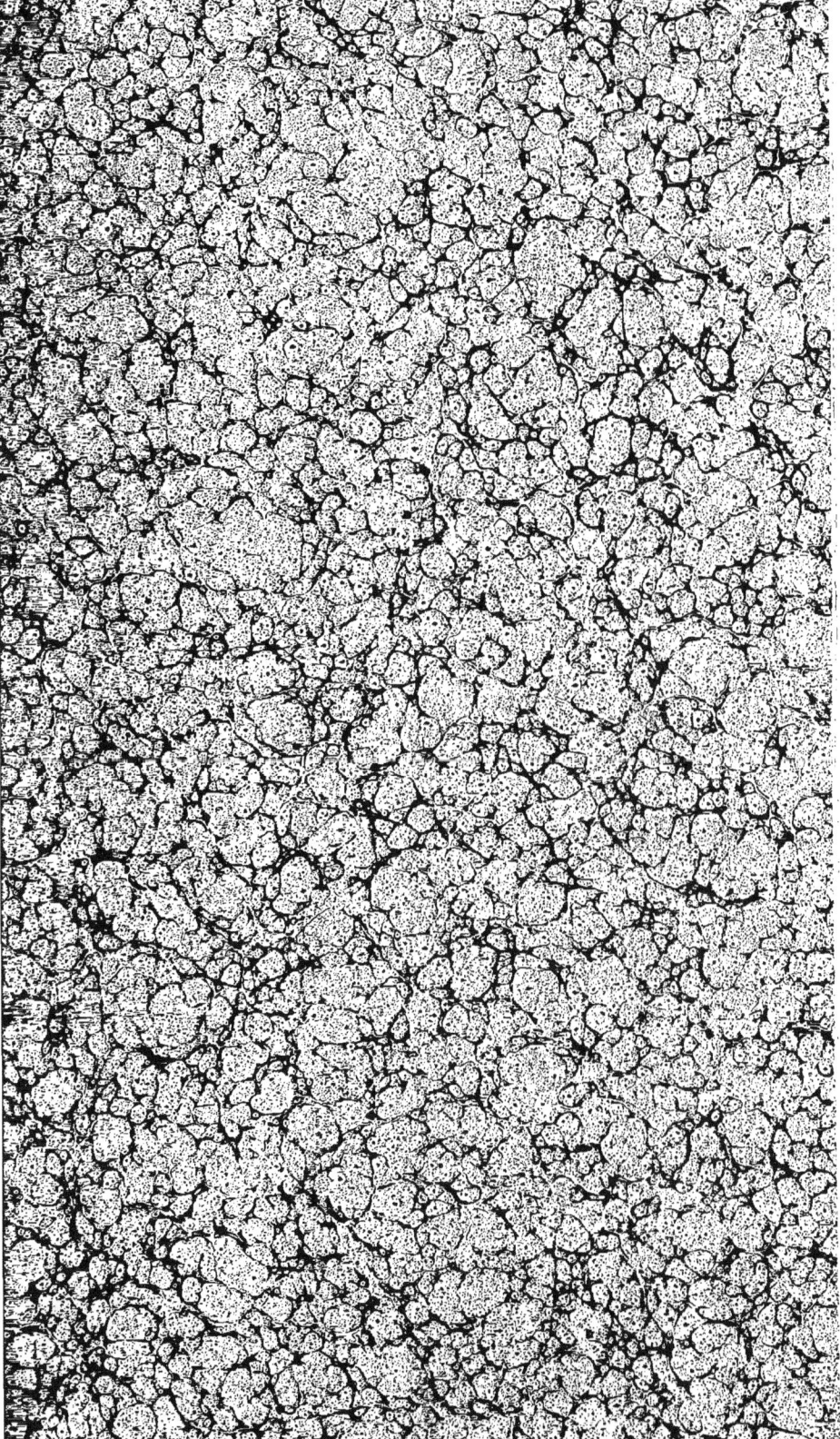

7943

HISTOIRE

UNIVERSELLE

DES RELIGIONS.

PARIS. — IMPRIMERIE DONDEY-DUPRÉ,
46, rue Saint-Louis, au Marais.

HISTOIRE

UNIVERSELLE

DES RELIGIONS

Théogonies, Symboles, Mystères, Dogmes, Livres sacrés.

ORIGINE DES CULTES,

FOURBERIES SACERDOTALES, PRODIGES ET MIRACLES, SUPERSTITIONS, CRIMES DES PRÊTRES, MOEURS, COUTUMES ET CÉRÉMONIES RELIGIEUSES.

MYTHOLOGIES

de l'Inde, de la Chine, du Japon, de la Chaldée, de la Perse de l'Égypte, des Celtes, des Germains, des Slaves, de la Grèce, de l'Italie, et généralement de tous les peuples de l'Asie, de l'Afrique, de l'Europe, de l'Amérique et de la Polynésie,

DEPUIS L'ORIGINE DU MONDE JUSQU'A NOS JOURS.

PAR UNE SOCIÉTÉ D'HOMMES DE LETTRES ET DE SAVANTS,

SOUS LA DIRECTION

DE J. A. BUCHON.

Magnifique édition splendidement illustrée.

IV

RELIGIONS DU NORD,

PAR M. SPAZIER.

PARIS.

ADMINISTRATION DE LIBRAIRIE,

26, RUE NOTRE-DAME-DES-VICTOIRES, PRÈS LA BOURSE.

1845

RELIGIONS DU NORD

PAR SPAZIER.

RELIGIONS DU NORD.

CHAPITRE PREMIER.

Sources qui nous sont restées relativement aux anciennes religions des peuples du Nord. — Données des auteurs grecs et romains et des Eddas. — Origine et migrations des anciennes populations de l'Europe septentrionale et communauté primitive de leurs idées religieuses. — Importance politique et religieuse de la Scandinavie. — Causes du développement et de l'influence de la mythologie odinique. — Plan de l'ouvrage.

Les croyances et les institutions religieuses de l'ancienne Europe septentrionale et occidentale ne tardèrent pas à tomber dans un profond oubli après le triomphe définitif du christianisme. Presque partout elles s'effacèrent et disparurent devant la nouvelle religion, avant même que le souvenir eût pu s'en perpétuer, soit par l'écriture, soit par des monuments durables. Les peuples qui, pendant quelques siècles, avaient été en rapport assez intime avec la Rome païenne pour avoir pu apprendre d'elle l'écriture et l'architecture, avaient vu bientôt le culte romain substitué à leur religion, et lui avaient depuis consacré les arts qu'ils tenaient de leurs nouveaux maîtres. Chez la plupart des autres nations, les missionnaires de la doctrine du Christ s'empressaient, avant tout d'extirper jusqu'aux dernières traces de ce qui aurait pu rappeler à la mémoire et aux yeux des nouveaux convertis les croyances de leurs ancêtres. Les prêtres et les rois chrétiens ont même souvent passé sous silence les noms des anciennes divinités, dans les édits par lesquels ils défendaient l'ancien culte, que le peuple continua longtemps encore à pratiquer secrètement.

Lorsque, plus tard, à une époque plus éclairée, on commença à s'enquérir des antiquités religieuses du Nord, on n'eut d'abord presque d'autres sources que quelques données incomplètes et quelques vagues indices épars et enfouis dans les anciens écrivains de Rome et de Byzance, qui les mentionnaient dans leurs ouvrages historiques à mesure qu'un de ces peuples du Nord apparaissait sur la scène et touchait le seuil de l'empire. On pouvait avoir recours encore à quelques chroniques composées par des moines, concernant l'histoire de quelques tribus germaniques, telles que les Goths et les Langobards, les Francs et les Saxons; mais ces chroniques, rédigées dans un esprit tout à fait hostile aux anciennes croyances de ces peuples, et appliquant, en outre, à leurs divinités les noms et les attributs de la mythologie romaine, ne pouvaient être que d'un bien faible secours.

Les savants de la Scandinavie furent seuls plus heureux. Poussés par la même impulsion vers les recherches des antiquités indigènes, ils exhumèrent bientôt des archives de leur patrie des documents aussi rares que précieux, c'est-à-dire d'anciens poëmes et des chants contenant l'exposition complète des anciennes croyances et des mythes, tels qu'ils avaient été recueillis de la bouche des scaldes scandinaves, et écrits dans l'ancienne langue de ce pays peu de temps après l'introduction du christianisme; car, avant d'avoir reçu des prédicateurs chrétiens l'alphabet romain qu'ils pouvaient appliquer à leur langue, les peuples germaniques possédaient une écriture dans les inscriptions runiques. D'ailleurs l'ancienne religion n'avait fait place à la doctrine nouvelle qu'au dixième siècle en Danemark, au commencement du onzième en Norwége, et vers la fin du même siècle en Suède et en Islande. Elle y avait donc vécu assez de temps pour voir encore une civilisation plus avancée, et s'était embellie du charme d'une poésie assez élevée pour donner aux hommes instruits le désir de conserver ces monuments. Déjà, en 1137, le prêtre Saemund le Sage avait recueilli en Islande ces anciens chants mythologiques, et les avait écrits tels qu'ils avaient été composés et récités par les scaldes de cette île, qui depuis longtemps était devenue le foyer principal de la poésie scandinave. L'Islande s'était trouvée en outre dans une position politique exceptionnelle, qui lui avait permis de sauver les documents écrits et authentiques de son ancienne religion : avantage qu'elle avait eu sur toutes les autres contrées de l'Europe.

C'est qu'une république libre avait été fondée en Islande, de 874 à 934, par des colons scandinaves, hommes pour la plupart instruits et considérés, qui avaient fui la tyrannie d'un des rois de Norwége. Pendant quatre siècles, cette république se maintint dans son indépendance; elle embrassa spontanément le christianisme, par suite d'une délibération de son assemblée nationale, mais à la condition expresse de garder plusieurs de ses coutumes et priviléges proscrits partout ailleurs par les prêtres chrétiens : par exemple, le droit de manger de la chair de cheval. L'Église chrétienne n'y trouva donc pas l'appui de la puissance temporelle pour empêcher, comme elle put le faire ailleurs, qu'on perpétuât les souvenirs religieux du paganisme au moyen de l'écriture. En même temps, les scaldes islandais étaient devenus exclusivement les conservateurs des anciennes traditions historiques; la mythologie scandinave avait pu se développer jusqu'à évoquer un âge héroïque et toucher presque à l'histoire. C'est pourquoi les rois de la Scandinavie, après être devenus chrétiens, appelaient encore les scaldes islandais à leur cour, afin qu'ils ne récitassent pas seulement les anciens chants conservés par les traditions, mais qu'ils en composassent de nouveaux pleins de réminiscences et d'allusions aux croyances des époques mythiques et héroïques du pays, et conservant les rhythmes, les allitérations, les allures et les images employées par les anciens scaldes païens. La Scandinavie a dû à cette dernière circonstance une seconde collection mythologique, où les mêmes croyances religieuses sont reproduites en prose et sous forme de dialogues; sans doute pour l'usage des poëtes scandinaves de la première époque chrétienne, où les images et les personnages mythologiques n'étaient plus qu'un ornement savant et artificiel de leurs compositions. Cette seconde collection fut écrite par un des hommes les plus distingués de l'Islande, Snorre Sturleson, un des derniers magistrats de ce pays, et l'un des derniers défenseurs de la liberté, qui, peu de temps après, fut étouffée sous le joug des rois de Norwége. Les souvenirs mythologiques et héroïques se maintinrent si longtemps vivaces dans la Scandinavie, qu'un moine historien, Saxo le Grammairien, put encore, au treizième siècle, entreprendre d'écrire les annales de la Scandinavie païenne, et recueillir de la bouche même du peuple un grand nombre de traditions. Il compléta ainsi les données des deux *Édda*; car c'est ainsi qu'on appelle les deux collections de Saemund et de Snorre, d'un ancien terme gothique signifiant *aïeule*.

La publication de ces documents remarquables donna une nouvelle et puissante impulsion aux recherches des archéologues de tous les pays. Ils fouillèrent partout dans les traditions populaires, dans les recueils des anciens droits coutumiers, pour y trouver des faits qui pussent les autoriser à réclamer pour leurs ancêtres une part plus ou moins étendue dans la propriété du grand monument mythologique des Scandinaves. Les savants allemands, grâce à l'infatigable persévérance de leurs recherches minutieuses, parvinrent, en effet, à découvrir surtout dans ce qui s'est conservé chez eux des anciennes épopées héroïques, de nombreuses traces de la mythologie scandinave; et peu après, vers la même époque, on retrouva dans l'ancien pays des Vendes, dans la marche de Brandenbourg à Rhetra, et à l'endroit où avait été un des plus fameux temples des Slaves du Nord, un assez grand nombre de petites idoles en métal avec des inscriptions qui les désignaient comme les anciennes divinités du pays. On se mit alors, dans tous les pays slaves, à la recherche d'indices et de souvenirs qui permissent de revendiquer pour toutes les races slaves, comme une propriété nationale, la mythologie retrouvée avec ces idoles de Rhetra.

Telles sont les sources, tels sont les matériaux qui nous sont restés relativement aux anciennes croyances de l'Europe septentrionale et occidentale ; matériaux, comme on le voit, tous fragmentaires, à l'exception du système complet de la mythologie scandinave.

Quand on réunit d'abord les données que nous ont laissées les Grecs et les Romains, on est frappé de ce que les écrivains de Byzance nous racontent au sujet des croyances et du culte des peuples qui s'approchèrent de l'empire grec du côté du Danube et de la mer Noire. Ce sont presque les mêmes que les écrivains de Rome trouvèrent en Espagne, dans la Gaule, dans la Grande-Bretagne, dans la Germanie, et chez les barbares qui envahirent la haute Italie, et prétendaient être venus des bords de la Baltique. Ils nous transmettent des données semblables sur les croyances des nations qui habitaient au delà de la mer Noire, dans les pays appelés par eux la Scythie, sur le culte des anciens Persans, sur celui de plusieurs tribus établies dans l'Asie-Mineure ; en Thrace, sur les bords de l'Adriatique, et même sur celui des peuplades qui sont censées avoir habité primitivement la Grèce et l'Italie, telles que les Pélasges et les Étrusques. Quand, d'un autre côté, on jette un coup d'œil sur les époques de l'histoire religieuse de l'Europe qui nous sont entièrement connues, on voit toujours les peuples qui l'habitent recevoir les uns des autres leurs croyances et leurs cultes avec une facilité étonnante. Dans l'antiquité, les Grecs et les Romains eurent bientôt une seule et même mythologie venue de l'étranger, telle que le culte de Jupiter, le culte de Bacchus, venue tantôt de l'Inde, tantôt de l'Égypte, tantôt de la Scythie ; ils adoptent et développent à leur manière le christianisme presque au même moment où l'Europe occidentale et septentrionale se met en communication avec eux, et six siècles suffisent pour que la même doctrine religieuse règne exclusivement dans toute cette partie du monde. Le même phénomène de communauté d'idées dans les races se manifeste en Asie, où les religions ont plus ou moins de facilité à s'introduire, suivant qu'elles opèrent sur des races différentes.

On est donc disposé, au premier abord, à se ranger de l'avis de ceux qui ont réclamé le système mythologique conservé en Islande comme la propriété commune des anciens habitants de l'Europe septentrionale et occidentale, d'autant plus qu'il a beaucoup de rapport avec celui de la Grèce antique; mais en examinant de plus près les données des anciens, on arrive à des résultats bien différents de ce que nous présentent les documents de l'Islande, et l'on ne saurait partager les illusions de ceux qui ont cru voir dans les documents qu'elle nous fournit, les hymnes et les vers secrets des druides gaulois, portés et conservés dans le Nord. D'ailleurs, les institutions politiques et civiles, les mœurs, les progrès d'une nation, dépendent principalement de ses croyances et de son développement religieux. Comment tous les peuples de l'Europe septentrionale auraient-ils eu les mêmes symboles, les mêmes formes et institutions religieuses pendant toute cette longue et importante période où se sont formés et développés leurs langues, leur nationalité, le caractère qui les distingue, tous les éléments enfin de leurs destinées? diverses La Scandinavie surtout conserva sa religion pendant huit siècles encore après que celle de la Gaule eut été absorbée par la Rome païenne, et pendant ces huit siècles elle n'aurait pas subi d'importants changements!

Nous en concluons que les populations de l'Europe du Nord et de l'Ouest ont eu primitivement les mêmes institutions et croyances religieuses, les mêmes cultes, qu'elles les ont conservés toutes assez longtemps, mais que les circonstances différentes dans lesquelles plus tard elles se sont trouvées, ont développé bien diversement ces idées primitivement communes. Nous nous approcherons de la vérité, autant qu'il est possible, en remontant à leur source commune et les suivant dans leur migration à travers l'Europe et sur les divers points qu'elles y ont successivement occupés.

Il est reconnu aujourd'hui par tous les étymologistes et ethnographes, que les peuples de l'Europe actuelle, à l'exception d'à peu près huit millions, tant de Finnois et de Hongrois que de Basques et de Bulgares, sont, par leur conformation physique, et surtout par l'affinité de leurs langues, dérivant des mêmes racines, membres d'une seule grande famille de peuples, issue d'une souche commune. C'est à cette famille, appelée aujourd'hui *indo-européenne*, qu'appartiennent également les Hindous, les Perses, les Afghans, les Arméniens. Les ancêtres de tous ces peuples occupaient, à une époque très-reculée, le centre de l'Asie, et un événement, dont nous ne pouvons que deviner les causes, dispersa cette race vers le sud, vers l'occident et même vers l'orient et le nord. La nation qui parlait le sanscrit descendit les monts de l'Himalaya, et se répandit en partie dans les plaines de l'Hindoustan; une autre partie se porta vers l'occident, suivit le cours du Dzihoun et du Sir, se dirigea de là au sud-est, vers la Perse, et au nord-est, vers le Volga et le Don, d'où elle pénétra en Europe. La ressemblance d'un grand nombre de racines dans le sanscrit et le zend, dans les idiomes grec, latin, celte, tudesque et slave, en fait preuve autant que les idées religieuses de l'Inde et de la Perse qu'on rencontre dans tous les systèmes religieux de l'ancienne Europe, et qui dans la mythologie complète de la Scandinavie sont plus frappantes encore peut-être qu'ailleurs.

Ces migrations ont dû s'opérer plusieurs fois et à des époques assez éloignées les unes des autres; ce qui explique suffisamment la diversité plus apparente que réelle qui règne entre les nations et les langues de la souche indo-européenne. Les peuples qui les premiers s'étaient détachés du centre commun, subissaient déjà l'influence des nouveaux climats et du sol où ils s'étaient fixés, tandis que d'autres, peut-être pendant des siècles encore, continuaient à se développer en commun avec ce qui était resté de la grande famille ; puis, ces derniers aussi partirent à leur tour, et d'autres, plus tard, les suivirent encore.

Du moment où nous avons des notions historiques certaines sur les populations de l'Europe septentrionale et occidentale, c'est-à-dire au cinquième siècle avant notre ère, nous y trouvons déjà établies quatre races à langues différentes : les Ibériens, les Celtes, les Germains et les Slaves. Ces derniers sont les mêmes peuples que les anciens appelaient Venètes, Vendes et Antes. Trouvant les Ibériens aux extrémités occidentales de l'Europe dans la péninsule ibérique, et ces mêmes peuples n'appartenant pas à la grande souche indo-européenne, mais à une autre famille du nord, appelée race ouralienne ou finnoise, nous devons admettre une migration de cette dernière famille antérieure à celles de la famille indo-européenne. En effet, des indices historiques nous montrent la Scandinavie même primitivement occupée tout entière par des peuplades finnoises, qui en furent chassées par la branche de la race gothique ou germaine, qui y arriva plus tard ; les Ibériens, en Espagne, furent aussi décimés, absorbés, refoulés plus tard par les Celtes, et ne se retrouvent plus actuellement que dans les Basques de nos jours et dans une partie de la population de la Sardaigne, où ils s'étaient également réfugiés. Nous rencontrons les Celtes dans les Gaules, et plus tard en Espagne et dans la Grande-Bretagne ; les Germains dans l'Europe centrale, et les Slaves tout à fait au nord-est : cette circonstance indique l'ordre dans lequel les nations mères de ces trois races sont parties de l'Asie. La comparaison de leurs langues avec celles des branches de la grande famille qui sont restées en Asie confirme pleinement cette supposition, la langue celtique ayant plus d'analogie avec le sanscrit qu'avec le persan, et l'allemand, au contraire, s'approchant plus du persan. Les ancêtres des Celtes ont donc quitté l'Asie centrale lorsque les

Hindous y séjournaient encore, tandis que toutes les tribus germaniques ont eu une longue vie commune avec celles qui s'étaient établies dans l'Iran. L'histoire aussi nous parle d'ailleurs bien longtemps de tribus gothiques et alanes établies à une époque postérieure dans la Bactriane et même sur les bords de l'Indus. Les Slaves ont dû presque immédiatement suivre les traces des Germains; car leur langue a plus de rapports immédiats avec les idiomes germains et le grec qu'avec les langues asiatiques, dont l'affinité avec le slavon s'établit plutôt par l'intermédiaire des deux langues européennes que nous venons de nommer.

Cette filiation entre les Celtes, les Germains et les Slaves d'une part, et de l'autre les nations asiatiques dont nous avons fait mention, filiation que la science moderne vient d'établir par des preuves irrécusables, explique donc suffisamment la concordance frappante des données des Grecs et des Romains sur les croyances primitives des Celtes, des Germains, des anciens Persans et de leurs propres ancêtres. La communauté des bases fondamentales des religions doit nécessairement s'établir et longtemps se conserver là où il y a eu primitivement communauté d'origine et de langage, c'est-à-dire parmi des peuples dont les ancêtres avaient reçu les mêmes impressions premières de la nature, conçu les mêmes intuitions primitives sur les rapports de l'homme avec les puissances surnaturelles, et qui avaient formulé ces impressions et ces intuitions par les mêmes sons et les mêmes racines d'une langue primitivement commune.

Mais la position géographique différente des établissements choisis en Europe par ces diverses races n'a pas dû moins causer de différence dans leur développement social et religieux postérieur, que le temps écoulé entre les époques des migrations en avait dû produire. En général, les peuples suivent toujours dans leurs migrations le cours des grands fleuves, ces artères fécondes qui portent la vie d'une contrée à l'autre, et sont comme autant de routes qui aboutissent à la mer. Certaines races s'arrêtent de préférence près de ces mers intérieures, où les côtes rapprochées, les presqu'îles et les îles facilitent l'apprentissage de la navigation, et ouvrent de nombreuses voies vers des contrées diverses. Les bassins maritimes sont donc par conséquent devenus les principaux centres du mouvement, du progrès et du développement des nations. Celles qui ont eu le bonheur de s'y établir les premières ont toujours exercé durant longtemps une influence fort étendue sur les populations qui sont venues se grouper autour d'elles. On sait quel rôle important a joué de tout temps dans l'histoire des peuples et dans celle de la civilisation le bassin de la Méditerranée, ce centre de communication entre trois parties du monde. C'est à cette position que la Grèce et l'Italie doivent d'avoir, seules entre les nations de l'Europe, occupé une place si brillante dans l'histoire et dans la civilisation de l'antiquité. Aussi voyons-nous constamment les peuples septentrionaux pousser d'abord vers la presqu'île thraco-illyrique ou vers la mer Noire, et ne se diriger vers l'ouest que quand ils ont été repoussés de la première ou quand ils ont reconnu que la mer Noire est fermée par l'Hellespont. C'est pourquoi les bords de cette mer et ceux du Danube sont dans l'antiquité le théâtre d'un mouvement incessant de populations qui arrivent, s'arrêtent, passent, repassent et disparaissent. Or, au premier coup d'œil jeté sur la carte de l'Europe, on voit qu'il n'y a que le bassin de la mer Baltique qui offre, dans sa position, une analogie frappante avec celle de la Méditerranée et des avantages semblables. La Baltique devait donc devenir tôt ou tard pour l'Europe septentrionale ce que la Méditerranée était pour l'Europe du midi.

Les peuples ne cherchent le nord et ses frimas que lorsqu'il ne leur reste aucune direction plus avantageuse. La plus grande partie des Celtes, trouvant les abords du bassin de la Méditerranée, du côté de l'orient, sans doute déjà occupés par l'avant-garde thrace, remonta le cours du Danube : là, les Alpes lui barraient le chemin de l'Italie. Cette nation poussa alors vers l'Espagne à travers les Gaules ; s'y heurta contre les Ibériens, avec lesquels elle ne pouvait commencer qu'une lutte à mort, lutte qui s'établit si facilement entre des races qui sont étrangères d'origine et de langue.

Les Germains suivirent sans doute d'abord la route prise par les Celtes ; mais arrivés sur le Rhin, et trouvant les Gaules, dont le climat est plus doux, déjà occupées, ils descendirent le cours de ce fleuve. D'autres fleuves, courant parallèlement au Rhin, tels que l'Elbe, le Weser, l'Oder, la Vistule, indiquaient la même direction à ceux qui arrivèrent plus tard. Les tribus germaniques parvinrent ainsi à la Baltique, et c'est dans les contrés situées sur les deux côtés de ce bassin, dans la presqu'île scandinave, dans les îles du Danemark et l'Allemagne septentrionale, que toute cette nombreuse race gothique a pris son développement et son essor. Le Sund était facile à franchir, et la presqu'île scandinave fut surtout recherchée par ces peuples ; car elle a ceci de particulier, qu'à la même latitude les hivers y sont moins rigoureux, l'air y est pur et le combustible abondant ; la pêche supplée à l'insuffisance des produits agricoles dans les provinces du Nord, tandis que les îles du Danemark se couvrent de la plus riche végétation. Les mines et les bois de construction, ressources inépuisables de la presqu'île, devaient bientôt faire des Scandinaves non-seulement une race de guerriers, mais aussi de navigateurs. La Baltique, ce vaste écoulement de l'Océan, pénètre à l'est, en tournant les îles de Fionie et de Seeland, remonte au nord, où elle forme le golfe de Bothnie, embrasse la Finlande, et ouvre une communication entre la Carélie, l'Esthonie, la Livonie, la Courlande, la Prusse, et les pays situés à l'occident des deux Belt et du Sund. Certes, c'était là un vaste théâtre pour un peuple actif et belliqueux. Toutes les tribus germaniques s'y concentrèrent, tandis que l'Allemagne méridionale resta comparativement peu peuplée. Car, plus tard, les Celtes, se trouvant trop à l'étroit dans les Gaules, purent, à la même époque où un de leurs Brennus fit sa fameuse expédition contre Rome, occuper paisiblement par des colonies l'Allemagne méridionale, et envahir la Grèce, le pays des Venètes jusqu'aux sources de la Vistule, et pousser même jusque dans l'Asie-Mineure. Aussi les Romains furent-ils tout étonnés de se heurter plus tard dans le nord de l'Allemagne contre des masses compactes, et le nom de Germains retentit alors pour la première fois dans le monde. C'est aussi à dater de cette dernière époque que la Scandinavie, ne pouvant plus nourrir ses habitants, vomit tant de peuples sur la contrée du midi. Déjà, à une époque antérieure, les Cimbres, venant du Jutland, avaient, alliés aux Teutons, pénétré dans les Gaules et poussé jusqu'en Espagne et en Italie. Plus tard, les Langobards, les Goths, les Hérules, les Gépides, vinrent également de la Scandinavie, et se vantèrent de cette origine comme d'un brillant titre de gloire. La même tradition se reproduisit lorsque les Saxons et les Francs fondèrent leur puissance dans le nord de l'Allemagne; l'idée que la Scandinavie est comme une source féconde de nations (*vagina gentium*), se retrouve partout dans l'histoire postérieure, surtout après que les Normands eurent commencé leurs terribles expéditions maritimes.

Cette importance politique du bassin de la Baltique nous fait comprendre comment, au milieu de ce mouvement et de ce choc continuel de tant de peuples, un système religieux a pu s'y développer de manière à devenir une mythologie complète et organique, et à susciter une époque héroïque, comme cela avait eu lieu déjà pour le bassin de la Méditerranée. D'un autre côté, il est impossible de méconnaître la puissante action qu'a dû exercer cette mythologie héroïque sur la destinée et l'avenir des peuples qui la possédaient, et si les races germaniques ont décidé de l'organisation politique et sociale de la plus importante partie de l'Europe, on ne saurait nier non plus que c'est à l'influence de cette mythologie qu'ils en sont redevables ; car la Scandinavie ne pouvait alors, pas plus qu'aujourd'hui, enfanter ces innombrables populations qui se vantaient d'en être sorties. Ainsi, les Langobards n'avaient débarqué sur le continent germanique que sur deux vaisseaux, les Goths sur trois, et les Anglo-Saxons n'en avaient pas eu davantage quand ils abordèrent en Angleterre. C'est l'influence de cette mythologie qui augmentait le nombre des émigrés de la Scandinavie, cette patrie de héros issus des dieux. A mesure qu'ils avançaient, c'est l'influence de cette mythologie qui groupa autour d'eux des tribus nombreuses qui prirent leur nom, et opposèrent ainsi aux Romains des masses compactes et bien disciplinées. C'est par cette organisation et cette discipline, qu'après avoir renversé l'empire romain, ces peuples en devinrent partout les héritiers naturels. Nous voyons même des peuples slaves qui, bien que par des raisons différentes, n'avaient pas, mieux que les Celtes, pu faire dériver de leur mythologie une époque héroïque, prier spontanément des chefs scandinaves de bien vouloir venir les gouverner ; car, au neuvième siècle, les duchés de Kiew et de Novgorod furent fondés par les Varègues, race scandinave, invités par les habitants à en prendre possession. Ce sont aussi les Scandinaves seuls qui, selon de nombreux indices historiques, entretenaient des relations directes, après leur départ de l'Asie, avec la patrie primitive de la famille indo-européenne. Il paraît même certain que le système complet et organique de leurs croyances et institutions religieuses fut fondé par suite d'une révolution opérée dans la situation politique de la Scandinavie, par l'arrivée d'un nombre d'hommes venant directement de l'Asie centrale, à l'époque où le bouddhisme avait pénétré en Bactriane et parmi les tribus gothiques établies alors sur les bords de l'Indus. Les dieux supérieurs de la mythologie scandinave ont le nom d'Ases. Ce nom, il est vrai, rappelle le mot Aesar des anciens Étrusques, qui veut dire Seigneur, et le dieu

Hésus des Gaulois; mais les Ases étaient, en effet, une tribu très-considérée parmi les Alains, et qui se vantait d'être directement descendue des dieux, c'est-à-dire des héros primitifs de l'Inde. Une partie des Alains s'était même établie parmi les peuples slaves sur le Dnieper, dans le centre de la Russie, et, pour ainsi dire, à mi-chemin de la Scandinavie. L'idée fondamentale de la mythologie scandinave est le développement complet du système de la guerre; ce système y est poussé jusqu'à ses dernières conséquences, et paraît ainsi entièrement conforme au caractère de ces Médo-Sarmates, le peuple le plus impitoyablement belliqueux de ceux de la race indo-européenne. A l'époque où les chants mythologiques et les traditions héroïques des Scandinaves furent écrits, le souvenir de cette invasion asiatique en Suède était encore vivace. L'Edda en prose de Snorre nous développe cette mythologie dans un dialogue supposé entre un des anciens rois de Suède, qui avait régné avant l'arrivée de ces étrangers, et ces derniers, que ce roi est allé trouver dans leur palais d'Asgard, pour apprendre sur quoi se fondait la supériorité de ces dieux venus de l'Asie. Dans la collection des traditions héroïques sur les premiers rois de la Scandinavie, que le même Snorre écrivit, et dans la préface de laquelle il fait de ces dieux des personnages historiques, Odin, le chef suprême des Ases, est représenté comme arrivant des bords de la mer Noire, où il aurait pris part aux combats de Mithridate contre Pompée. Selon ces traditions, Odin ayant succombé avec Mithridate, aurait émigré avec ses compagnons en Scandinavie, où, dans l'intention de se venger de sa défaite, il aurait institué avec ses douze Ases ou suprêmes pontifes une religion toute guerrière, qui devait pousser les peuples du Nord à se jeter avec fureur sur les frontières occidentales de l'empire romain. En effet, il y a tant de doctrines et de symboles dans le système scandinave qui rappellent les religions asiatiques de l'époque où celle-ci s'était élevée déjà à un certain spiritualisme, que des savants modernes même ont cru voir dans Odin, qu'ils persistent à prendre pour un personnage historique, Bouddha émigré dans le Nord. Aujourd'hui, tous les mythologues et historiens distingués du Nord rejettent la supposition d'un Odin comme personnage historique; mais le développement de la mythologie scandinave par une tribu alano-gothique, qui se serait dirigée au commencement du siècle avant notre ère, de la mer Noire vers le Nord, a dû être admis par tous.

Les Celtes, au contraire, ont été privés de toutes ces impulsions extérieures. On sait comment ils ont, de bonne heure, en Espagne et dans les Gaules, transformé leur nationalité, en adoptant la religion, la langue et les lois des Romains, et comment, en Allemagne, ils ont été entièrement absorbés par les Germains. Les Gaulois ne se sont maintenus sans mélange qu'en Irlande et dans les montagnes de l'Écosse, au nombre de huit millions; et l'autre branche, les Kimri, en Bretagne, dans l'île de Man, dans le pays de Galles et en Cornouailles, au nombre de deux millions. Les Slaves ont eu en partie le même sort; ils ont été germanisés dans tout le nord de l'Allemagne et le long de la Baltique, en Bohême, en Moravie et en Carinthie; et ceux qui ont gardé leur langue et leur nationalité sont incorporés à d'autres états ou obéissent à des dynasties étrangères : il en est de même des Finnois.

Par cette exposition préliminaire, la marche que nous aurons à suivre dans le tableau que nous allons esquisser des religions des peuples de l'ancienne Europe du Nord et de l'Occident, est toute tracée. Nous réunirons d'abord les croyances religieuses et les cultes qui ont été communs à toutes les populations de même race sorties d'une patrie commune, placées dans des conditions de développement et sous des influences de climat peu différentes, et liées enfin entre elles par la double communauté de leur conformation physique et de leurs langues; car ce culte primitivement commun, à l'instar de ce fil rouge qui passe comme signe distinctif par toutes les voiles et toiles de la marine anglaise, sert de base fondamentale aux mythologies les plus élaborées de l'Europe septentrionale; il leur a survécu même jusqu'à nos jours; les mythologies du Nord se sont, pour ainsi dire, toutes superposées à l'ancien culte général, et l'ont laissé, après leur disparition, comme la racine la plus vivace que le christianisme pût avoir à extirper. Nous ferons suivre ce tableau général de l'exposition des croyances et des institutions qui sont nées de ce culte primitif, sous les influences différentes déjà indiquées, parmi les Celtes, les Scandinaves, les Germains, les Slaves, les Finnois. Nous terminerons en parlant des autres peuplades du nord de l'Europe et de l'Asie.

CHAPITRE DEUXIÈME.

Des croyances religieuses et populaires, et des cultes communs aux anciens peuples du Nord.

Les ancêtres des tribus de la famille indo-européenne qui se dirigèrent vers l'Occident et s'établirent successivement en Europe, quittèrent sans doute la patrie commune à l'époque où régnait encore dans la grande famille ce panthéisme primitif qui s'adressait aux grands phénomènes de la nature extérieure sans personnification aucune ; seulement ils reconnaissaient un Dieu invisible, que les Hindous appelèrent plus tard Brahm, les Persans Zervané Akerené, et que les Celtibères désignaient comme le dieu sans nom.

On se rappelle que la symbolique des Hindous, prenant pour point de départ l'eau, qui fertilise le sol dans ces climats brûlants, et ce large fleuve du Gange, d'où semblaient sortir toute vie et toute force génératrice, arriva, dans le plus grand développement de son spiritualisme, à proposer pour but à l'humanité cette béatitude, ce repos contemplatif, figuré par l'image d'un dieu couché sur une feuille de lotos flottante sur l'onde paisible ; tandis que, vers le nord, l'aspect du sol bitumineux de la Perse, le contraste entre l'Iran éclairé par le feu et le soleil et le Touran enveloppé dans le froid et l'ombre, avait enfanté, au contraire, ce dualisme de la lumière et des ténèbres qui destina la vie à être un perpétuel combat, combat toutefois plutôt moral que matériel, car la lumière à laquelle on aspirait est le bien le moins grossier que l'homme puisse convoiter.

Mais cette doctrine de l'antagonisme et du dualisme, que le climat plus âpre de la Perse, bien qu'il soit éclairé d'un brillant soleil, avait fait naître, devait subir une nouvelle transformation dans l'âme des peuples qui, par des causes que nous ignorons, avaient été poussés vers les contrées septentrionales et occidentales de l'antique Europe.

A l'aspect de ce sol glacé et dépouillé de toute végétation pendant plus de sept mois de l'année, les nouveaux venus durent tout d'abord désespérer de pouvoir cultiver de longtemps ces terres, même pendant l'été. Comment couper ces immenses arbres qui interceptaient et absorbaient les rayons du soleil? Comment dessécher ces marais avec le petit nombre de bras que pouvaient fournir ces tribus, qui n'étaient encore, pour ainsi dire, que les embryons des peuples auxquels plus tard elles devaient donner naissance? Ils ne surent plus voir désormais dans la vie qu'un combat perpétuel, non plus toutefois un combat moral, mais une lutte toute matérielle qui devait absorber tous leurs instants, toutes leurs forces, toutes leurs pensées, dans le seul but d'arracher à cette nature ingrate, et, à défaut d'elle, de s'arracher les uns aux autres les moyens de satisfaire aux premiers instincts et aux besoins les plus grossiers de l'homme. La vie nomade, qui recherche constamment dans les forêts les clairières les plus échauffées par le soleil, les oasis les plus fertiles en prairies et en pâturages, et qui les quitte aussitôt que le bétail en a consommé les herbages; — la vie du chasseur, qui fournit le gibier et les bêtes fauves dont les peaux servent de vêtements ou couvrent les chariots regardés comme des demeures mobiles; — la vie guerrière enfin, qui se perpétue surtout par le désir de se procurer des esclaves pour les travaux de l'agriculture naissante, qui est provoquée par la nécessité de chasser d'autres tribus des positions plus avantageuses où le hasard les avait conduites : telles furent les conditions impérieuses de l'existence de ces peuples pendant un long espace de temps.

Il est prouvé que de bonne heure déjà ces peuples sentaient profondément toute la misère d'une vie que les chances les plus heureuses ne pouvaient encore embellir. On raconte que

chez les Gètes et les Thraces, quand on présentait à un père
l'enfant que sa femme venait de lui donner, il le prenait entre
ses bras en répandant des larmes; les parents venaient ensuite
s'asseoir autour du berceau, et chacun déclamait sur les misères
de la vie humaine, et compatissait aux maux que le nouveau-
né aurait à souffrir. C'était là, sans doute, l'effet de la conscience de la noblesse de leur origine, qui était restée vivante
dans ces races, un souvenir, transmis instinctivement de génération en génération, d'une vie plus facile sous un climat plus
doux, sur un sol plus fertile. Loin de se soumettre sans résistance
aux rigueurs de la nature qui les entourait, ils se roidissaient
contre elle, et, se sentant pleins de force, ils avaient volontiers
recours à la violence et aux combats, qui les mettaient plus
rapidement en possession des biens que le sol leur refusait.
Mais même tous les biens que la guerre et la victoire, avec
son butin, pouvaient procurer aux plus forts, ne constituaient
pas encore une existence conforme aux désirs plus nobles in-
nés chez ces peuples. De là, cette croyance en une seconde vie
après la mort, croyance si générale et si fermement établie
chez les peuples du Nord, que les écrivains de la Grèce et de
Rome la constatent au sujet de tous, croyance que souvent, du
reste, ils leur envièrent, en la regardant comme une heureuse
et consolante erreur. Mais il fallait à ces peuples une autre vie
toute matérielle encore, une autre vie sur cette terre même
dont ils pressentaient, soit par instinct, soit par souvenir, les
beautés qu'elle pouvait revêtir dans des contrées éloignées d'eux.
Ils désignaient donc quelque île vaste et entourée d'ondes toujours courantes et bleuâtres, comme le séjour des morts bienheureux. La guerre et les combats étant les seuls moyens d'être
estimés, et d'être comparativement heureux dans la première
vie, il fallait prouver, en arrivant à la seconde, qu'on avait
bravement lutté contre les misères : on ne parvenait donc
à l'île des bienheureux que par une mort violente, soit en
succombant dans un combat, soit par un suicide.

De là, l'avidité avec laquelle ces peuples recherchaient la mort dans les batailles; de là, ces signes d'allégresse, ces danses et ces chants, ces instruments de musique au bruit desquels ils marchaient contre l'ennemi; habitudes communes aux Gaulois comme aux Alains, aux Cimbres comme aux Lacédémoniens, qui s'avançaient au combat précédés de leur barde Tyrtée et le front ceint de couronnes de fleurs; habitudes observées par Tacite chez les Germains, et par Scipion chez les Espagnols, lorsqu'il assiégeait Carthagène; de là, quand on enterrait ou brûlait un noble mort, les démonstrations de joie de ces mêmes Gètes et Thraces, qui avaient pleuré à la naissance de leurs enfants; de là, ces jeux, ces chants, ces repas pendant les funérailles. La conviction qu'on ne pouvait mener une vie supportable sans les forces nécessaires à un combat perpétuel, jointe à la ferme croyance d'une vie meilleure destinée à celui qui avait préféré la mort aux misères, enfanta même la cruelle habitude de tuer les vieillards décrépits, les infirmes et les enfants d'une faible constitution. Les Massagètes conduisaient leurs vieillards tous les ans, à une certaine époque de l'année, hors des portes de leurs villes, pour les y massacrer, et les victimes couraient avec joie au-devant d'une mort qui leur semblait glorieuse. Les Gaulois perdirent même souvent des batailles contre les Romains, parce que, par pitié filiale pour leurs illustres vieillards, ils les mettaient à la tête de leurs armées, afin de leur donner une occasion de quitter glorieusement la vie. En Islande, il y avait sur une montagne un rocher escarpé où se rendaient ceux qui ne voulaient pas attendre les maladies, et d'où ils se précipitaient dans l'abîme afin d'aller ainsi dans l'autre monde. Il y en avait un autre en Suède, destiné au même usage, et appelé le Vestibule du palais de l'autre vie, parce qu'on entrait de là immédiatement dans le séjour des bienheureux. Les femmes même avaient recours à ce genre de mort. Chez les Gètes et les Thraces, quand un homme venait à mourir, ses femmes se disputaient l'honneur de le suivre dans la tombe. Souvent il fallait des juges pour décider solennellement en faveur de celle que le défunt avait le plus aimée ; elle se rendait alors en grande pompe et vêtue de ses plus riches atours au tombeau du mort, où elle était égorgée par son plus proche parent. On en raconte autant des Gauloises, des Hérules, des Germaines, des Scandinaves, des Slaves. Le même ordre d'idées donnait au père le droit absolu d'exposer tout nouveau-né qui lui semblait ne pouvoir supporter la vie avec honneur et sans être à la charge des autres, ou qu'il désespérait de pouvoir nourrir et élever. La croyance en une résurrection engageait également les fidèles d'un seigneur et tous ceux qui s'enrôlaient sous un chef pour quelque expédition, à faire le vœu de ne point survivre à celui qui les commandait ; elle explique pourquoi l'on immolait les chevaux de prédilection et les esclaves d'un illustre mort : c'était afin qu'ils continuassent à le servir dans l'autre vie.

L'histoire religieuse de la Grèce nous fournit elle-même la preuve que ce fut l'influence de la vie et du sol de l'Europe septentrionale et occidentale qui fit sentir à ses habitants la nécessité de constituer leurs dogmes religieux dans l'intérêt de la guerre et en vue d'une vie future. Nous avons vu combien le nord de la Grèce, la Thrace, ressemblait autrefois, sous le rapport du climat, aux contrées septentrionales de l'Europe de nos jours. Eh bien ! les philosophes grecs constatent, en plusieurs endroits, que le culte d'Arès, leur dieu de la guerre, leur était venu de la Thrace ; et ils y plaçaient le lieu de sa naissance, tandis que le dogme d'une vie future fut signalé par eux comme une des doctrines scythiques, que les deux philosophes, dits hyperboréens, Abaris et Zamolxis, venus de la Bactriane, enseignaient dans la Thrace. Zamolxis assurait, dit-on, aux Gètes, par rapport à lui-même, ce que plus tard la mythologie scandinave enseignait par rapport à Odin, c'est-à-dire que ses compatriotes, après leur mort, viendraient le retrouver dans l'autre monde. On nous raconte que les Gètes expédiaient à Zamolxis, tous les cinq ans, un messager chargé de commissions pour lui, et que tous aspiraient à une mission aussi glorieuse, car on immolait celui qui était reconnu pour le plus respectable; et ceux qui étaient refusés en étaient profondément affligés.

Mais si l'aspect de l'hiver dans ces pays transforma, comme nous venons de le dire, le dogme du combat, tel qu'on l'avait conçu en Perse, une autre particularité du climat devait également donner une direction différente au développement du culte, par rapport aux divinités chargées d'animer et de diriger la nature extérieure. Autant l'imagination de ces émigrés avait été frappée par le spectacle de la nature morte et ensevelie sous la glace et la neige, autant devait les saisir l'aspect du printemps du Nord, reparaissant si subitement par un réveil simultané de toutes les forces de la nature. Les habitants actuels de l'Europe septentrionale éprouvent seuls dans toute leur force ces sensations qui devaient pénétrer l'âme de tous nos ancêtres, quand, après six mois de frimas, un souffle tiède vient soudain fondre la neige qui les retenait emprisonnés dans leurs demeures; quand les fleuves rompent leurs glaces au moment même où les arbres commencent à bourgeonner, où les premières herbes percent la neige fondante; quand les sources et les fontaines jaillissent avec impétuosité; quand les routes et les communications entre les villes et villages, ensevelis dans les neiges et si longtemps séparés, viennent à se rouvrir; quand ces maisons rendent aux rues et aux champs si longtemps déserts leurs habitants aux visages épanouis; quand on rencontre de nouveau des figures autrefois connues, et que l'hiver nous avait dérobées. C'est avec une joie pieuse, un respect véritablement religieux, qu'on est tenté alors de caresser chaque herbe verte qui pare le sol, chaque bouton qui s'entr'ouvre, chaque petit perce-neige qui s'épanouit. Et quelle est la fraîcheur et l'éclat de la verdure des prairies et du feuillage qui s'élèvent du sol et dans une atmosphère si longtemps trempée d'humidité! L'âme se sent des ailes; elle est emportée par un mystérieux et invincible désir vers des contrées lointaines et inconnues. Quoi de plus solennellement majestueux que les dômes que forment alors les forêts de hauts chênes, de hêtres et de frênes, dont les cimes semblent chercher le ciel! Quoi de plus agréable à l'œil que le bouleau à l'écorce blanche, dont le feuillage d'un vert tendre tranche si bien sur la sombre verdure des pins du Nord à écorce d'un rouge sombre! Rien, surtout dans les contrées méridionales, n'égale la brillante fraîcheur de la verdure et la puissance de la végétation qui parent au printemps les îles de la mer du Nord et de la Baltique, et le cœur de tout homme du Nord frémit en entendant O'Connel vanter sa verte Érin, ou les poëtes danois chanter les délices de l'île de Helgoland! Les habitants d'aucune autre partie du monde ne ressentent aussi puissamment à un même moment l'action simultanée de toutes les forces de la nature végétale.

D'un côté, ce magnifique spectacle du printemps, dont la description et la célébration dominent encore de nos jours toute la poésie des peuples du Nord, en leur présentant une puissante image de la résurrection, ne pouvait que corroborer en eux la croyance en une vie future; mais en même temps il devait enraciner et développer plus fortement parmi eux le culte des éléments et de leurs œuvres, ce panthéisme primitif qu'ils avaient eu en commun avec leurs ancêtres de Perse. Or, ce culte devait s'attacher beaucoup moins à l'un ou l'autre phénomène ou élément, que les embrasser tous à la fois; car aucun astre, aucun élément, aucun phénomène isolé de la nature n'était, dans ces contrées, assez puissant à lui seul et assez constamment reconnaissable dans ses effets, pour qu'on eût pu y rattacher ou symboliser en lui de préférence l'action divine de la génération et de la production de la vie générale. La mer et les fleuves s'arrêtaient pendant l'hiver et paraissaient cesser toute action, tandis que les petites sources et fontaines continuaient seules à jaillir et à couler au milieu des glaces et des neiges, et qu'une partie de la végétation, comme les pins à verdure perpétuelle, semblait résister à l'engourdissement général de la nature. Le soleil, qui ne dérobait aux Perses que sa lumière, mais non pas sa chaleur, même pendant la nuit, et qui se montrait toujours le lendemain, était chez eux entièrement impuissant et voilé par des brouillards pendant toute une moitié de l'année, tandis que l'homme se chauffait pendant son absence au feu des branches de bois qu'il allumait en les frottant l'une contre l'autre, au pied des arbres qui lui servaient d'abri. La divinité ne lui paraissait donc attachée ni à un Gange, ni à un Nil quelconque, ni au soleil, ni à un astre, mais également répandue dans tous les objets visibles, et seulement, à certaines époques, plus vivace et plus active dans l'un que dans l'autre. Le ciel tout entier semblait devoir, au printemps, embrasser la terre pour la féconder dans toute sa vaste étendue, et faire jaillir la vie de son sein; le ciel, qui ramenait le soleil à son zénith, qui versait la pluie du haut de ses nuages, qui lançait la foudre et déchaînait les vents dans l'espace, devint donc l'unique symbole suprême de ces peuples, principe actif, vivifiant, fécondant, animant la matière, pénétrant tout de son souffle divin, ce ciel qui, embrassant pendant la nuit la terre comme sa femme, produisait la même terre éclairée par le soleil, et devenue ainsi sa fille.

De cette manière d'envisager les rapports du ciel et de la terre, il s'ensuivait qu'aux yeux de ces peuples, chaque partie de la matière, sans distinction, était plus ou moins remplie du souffle divin, ou plutôt que chaque chose renfermait un génie invisible chargé d'en diriger l'action, comme délégué, en quelque sorte, du Dieu suprême. Nous trouvons dans un passage de l'Edda la formule la plus expressive de cette croyance dans l'intelligence, dans la vie individuelle, dans la personnification, attribuées à chaque chose animée ou inanimée; ce passage est en même temps la preuve la plus manifeste que cette doctrine était restée la base fondamentale des mythologies les plus développées du Nord, et se maintenait toujours à côté des divinités supérieures et personnifiées qui s'étaient peu à peu détachées des éléments mêmes auxquels, dans les premiers temps, elles étaient resteés intimement liées. Lorsque le dieu le plus aimé de l'Olympe scandinave est menacé d'une prophétie sinistre, Frigga, la terre personnifiée et femme d'Odin, l'ancien ciel, fait solennellement jurer à l'eau, au feu, au sol, aux pierres, aux arbres, aux buissons, aux animaux, aux oiseaux, aux reptiles, de refuser leur assistance à quiconque voudrait se servir d'eux pour faire du mal au dieu bien-aimé.

Ce n'était pas, on le voit, un fétichisme proprement dit ; car déjà dans les premiers temps, comme nous l'avons démontré, planait sur toute cette nature animée un Dieu suprême dont le symbole était le ciel, et auquel on donnait généralement le nom de Divinité, nom qui est presque le même dans les langues de tous les peuples qui sont sortis de la souche indo-européenne. C'était Θεός en Grèce, Deus chez les Latins, Dia chez les Étrusques, Deva en sanscrit, Div en persan, Dew en slave, Tivi et Disen en scandinave, Teut en germain, Dis dans les Gaules. Les éléments et les objets visibles ne furent donc pas vénérés comme s'ils étaient des dieux eux-mêmes, mais seulement comme étant le siège de puissances divines dont l'action avait été circonscrite dans leur sein. La théogonie de ces peuples était donc une véritable doctrine d'émanation ; car lorsque plus tard, chez la plupart des peuples du Nord, un véritable polythéisme se fut formé, et que le ciel lui-même eut été personnifié dans un dieu à forme humaine, au-dessus de cette divinité de création nouvelle fut placé encore un dieu suprême, un dieu invisible et sans nom.

On conçoit ainsi, que la divinité supérieure de ces peuples, qui représenta l'action du ciel tout entière en sa personne, et qui était par conséquent la dispensatrice unique de tous les biens, exclusivement matériels d'abord, moraux et intellectuels ensuite, dut réunir en elle tous les attributs accordés chez d'autres peuples à des divinités diverses. Elle recevait ainsi une foule de noms qui étaient invoqués par ceux qui imploraient son appui.

C'est là la raison pour laquelle les écrivains romains et grecs supposèrent chez tous ces peuples le culte de plusieurs dieux également puissants, auxquels ils donnèrent les noms de ceux de leurs dieux qui leur semblaient analogues, tandis qu'il ne s'agissait toujours que d'une seule et même divinité adorée sous des symboles différents. Selon ces écrivains, les Gaulois, les Germains, les Thraces, les Scythes, les Espagnols, les Lusitaniens, adoraient tous Mars, Mercure, Hercule et Jupiter. Ils désignaient pour leur dieu suprême tantôt Mars, tantôt Mercure, et le plus souvent le premier. Mais le dieu suprême de ces peuples était naturellement un dieu de guerre et de combats, non pas dans le sens étroit et spécial, comme l'était Arès ou Mars, mais il l'était parce que la victoire, le butin qui en était le prix, et surtout la mort sur le champ de bataille, laquelle ouvrait aux guerriers un séjour plus heureux, étaient le bien le plus désirable que la Divinité pût accorder à l'homme. C'est pourquoi ce rocher de Suède, dont nous avons déjà parlé, et d'où les affligés et les vieillards se précipitaient pour aller chez Odin, s'appelait le Vestibule du palais du dieu suprême. Quand plus tard le polythéisme régna, il y eut aussi chez les Celtes, les Germains, les Scandinaves et les Slaves, un dieu spécial de la guerre; mais le ciel symbolisé comme chef des dieux révélés garda toujours la direction suprême des combats; ce fut toujours lui qui donna la victoire et qui choisit ceux auxquels une mort glorieuse était destinée. Le dieu-ciel donnait aussi les années fertiles et présidait aux moissons; comme Jupiter, il dispensait la pluie et les vents. Plus tard, l'intelligence, la magie, la poésie, l'éloquence, la sagesse, furent autant de dons de sa main. Il rappelait donc l'Hermès de l'Égypte, Hermès Trismégiste, qui fut l'inventeur des hiéroglyphes. Sous le nom d'Odin, ce ciel fut celui des Runes. Enfin le souffle du ciel, qui se répand dans tout l'univers et pénètre partout, rappelait même le messager ailé des dieux grecs, surtout en tant qu'il conduisait les âmes dans l'Hadès. Après le ciel, la terre seule semble avoir été dans les premiers temps personnifiée dans le culte que lui rendaient les peuples du Nord; car elle est, dans les antiques traditions, la mère de ces divers peuples, dont les premiers fondateurs furent le fruit de son hymen avec le ciel.

La doctrine de la présence de la Divinité dans tout l'univers et dans tous les objets visibles enfanta aussi cette loi fondamentale du premier culte des peuples du Nord, qui défendait de bâtir des temples à la Divinité et de lui consacrer des statues ou des images ; coutume expliquée en outre, dans les premiers temps, par l'absence de tout art d'architecture et de sculpture, et qui resta dominante comme loi bien longtemps encore après l'établissement d'une civilisation assez avancée. En effet, tout ce qu'on aurait pu construire en édifices de pierres, devait paraître bien mesquin à côté de ces forêts et de ces arbres magnifiques au milieu desquels on vivait. L'impression que l'aspect de ces forêts et de ces arbres produisait sur l'imagination de ces peuples se reconnaît surtout dans l'architecture du moyen âge qu'on distingue par le nom d'architecture gothique, et qui consistait surtout dans l'imitation des cimes, des branches et du feuillage d'arbres tendant à s'élancer vers la voûte du ciel. Comment aussi enfermer dans des murailles le ciel, ce principal symbole de la Divinité, quand les Perses ne le faisaient pas à l'égard du soleil, ce principal objet de leur culte, auquel le monde entier suffisait à peine ! Les peuples du Nord partageaient donc avec les Perses cette horreur des temples des autres nations, qui décida Xerxès à détruire tous les temples de la Grèce, comme les Gaulois le firent plus tard pendant leur expédition dans le même pays.

Chez les Germains, la même disposition existait encore lorsqu'ils avaient déjà adopté la mythologie odinique; car Tacite constate qu'à la fin du premier siècle de notre ère ils ne croyaient pas qu'il convînt à la grandeur des dieux célestes de les enfermer dans une enceinte de murailles, ni de les représenter sous aucune forme humaine. C'est par la même raison qu'un sanctuaire devait être placé dans un lieu solitaire et surtout inculte, où tout devait être uniquement l'ouvrage de la nature, et qui n'eût jamais été profané par la main de l'homme, cette nature sauvage étant à leurs yeux en quelque sorte le corps même de la Divinité; c'est ce qu'ils appelaient un lieu pur. On le choisissait dans des montagnes où le souffle divin qui remplit l'univers circulait librement, dans des forêts vierges dont les arbres n'avaient point été taillés, et dans des bruyères qui n'avaient jamais été foulées par le pied de l'homme. Ils regardaient comme un sacrilége de labourer la terre de leurs sanctuaires; et, afin de prévenir une telle profanation, ils entassaient dans ces lieux un grand nombre de grosses pierres qui empêchaient la charrue et la foule d'y passer. Mais c'étaient surtout les forêts et les bois que les Germains consacraient aux divinités, et selon Tacite, ils appelaient du nom des dieux ces lieux secrets, où ils ne voyaient la Divinité que dans le respect qu'ils lui témoignaient. Les Gaulois célébraient leur culte principalement dans des forêts de chênes, et pendant les cérémonies ils tenaient à la main des rameaux de cet arbre. Ces forêts sacrées s'étendaient dans la province narbonnaise jusqu'aux portes de Marseille, et lorsque, pendant le siége que cette ville soutint contre César, les Romains y coupèrent du bois, ils virent que ces arbres n'avaient jamais été taillés, malgré la proximité de la ville. Tacite remarque la même chose pour l'île de Man, et Dion Cassius pour toute l'Angleterre. Dans la Germanie, il y avait plusieurs forêts sacrées où des peuples entiers s'assemblaient pour l'exercice de leur culte. Telle était la forêt Hercynienne dans l'Allemagne méridionale; telle était celle de l'île de Hertha et celle des Semnons. La plus célèbre forêt sacrée des Slaves était celle de Zutibure, et la forêt Romonowe des anciens Prussiens. Nous parlerons plus en détail du bois sacré d'Upsal, en Suède. Les montagnes ne furent sans doute préférées que dans les contrées moins boisées : c'est ainsi que les Espagnols de Carthagène avaient leur sanctuaire sur une colline voisine de la ville. Les Gètes avaient une montagne sainte où résidait leur souverain sacrificateur; celui des Helvètes habitait la plus haute cime des Alpes ; la montagne sainte des Thraces fut prise par Philippe de Macédoine. On préférait encore, dans les forêts comme sur les montagnes, les endroits où il y avait en même temps un lac ou une source. Quand il n'y avait ni forêt, ni colline, ni lac dans le voisinage d'un hameau, on plaçait les sanctuaires le long des grands chemins, et surtout dans des carrefours où plusieurs routes venaient aboutir.

La seconde conséquence de l'idée fondamentale de la présence de la Divinité dans les éléments était la croyance à la divination et à la magie, dont la théorie était sinon originaire du Nord, du moins la plus répandue et la plus cultivée chez les peuples du Nord. Les Grecs et les Romains avouaient eux-mêmes qu'ils l'avaient reçue d'abord, les premiers des Phrygiens et des Cariens, et les seconds des Étrusques, peuples regardés par beaucoup de savants comme étant d'origine celtique. Nous comprenons les épreuves du feu et de l'eau, comme le duel divinatoire, dans la même catégorie; car ces usages, que le christianisme conserva, consolida, et étendit même, tiraient évidemment leur origine de la même croyance, qui était que, la Divinité résidant partout, on peut partout la consulter pour acquérir une connaissance sûre et claire du passé, du présent et de l'avenir; car elle sait tout, et répond ainsi de mille manières différentes à ceux qui entendent la science des présages et de la divination. On pouvait également espérer accomplir des choses au-dessus du pouvoir ordinaire de l'homme, en cherchant le secret de disposer à son gré, par des charmes et des maléfices, de la puissance de ces divinités, qui s'étendait partout. Enfin, comme elles étaient censées résider dans les créatures comme dans les éléments, on croyait, en les consultant, deviner la vérité, toujours douteuse aux yeux des hommes, les divinités étant de leur nature justes et impartiales.

Dans les premiers temps, le duel surtout fut un des principaux moyens de divination. Quand les peuples étaient convoqués pour délibérer sur un sujet important, et que les avis étaient partagés, on ordonnait qu'un duel eût lieu. Lorsque les Cimmériens furent attaqués par les Scythes, leurs chefs voulant résister, tandis que le peuple opinait pour la retraite, on choisit un nombre égal de personnes de part et d'autre pour le combat singulier; les champions du peuple vainquirent, et on émigra. Les Germains voulant savoir d'avance l'issue d'une guerre qu'ils allaient entreprendre, tâchèrent de faire à tout prix un prisonnier, qu'ils forcèrent de combattre avec un de leurs plus braves guerriers, chacun armé à la manière de son pays. Les Lombards et les Gépides décidèrent de la même manière si les premiers devaient passer sur le territoire des seconds. On sait que l'Église chrétienne n'accepta le duel que pour les procès judiciaires, quand il s'agissait de se disculper d'une accusation capitale; mais les rois barbares devenus chrétiens l'ordonnaient encore souvent pour les causes les plus futiles. Grégoire de Tours raconte que le roi Gontrand ayant trouvé à la chasse, dans le mont Vosge, la carcasse d'un bœuf sauvage, et le garde forestier ayant déclaré que l'animal avait été tué par un chambellan du roi, celui-ci ordonna le duel entre un neveu du chambellan, qui nia, et le garde forestier. Les combattants ayant péri tous deux, le chambellan voulut se sauver dans une église : il fut saisi, attaché à un poteau, et assommé à coups de pierres. Le moine chroniqueur Witikind le Saxon fait mention dans son histoire d'un duel ordonné encore au neuvième siècle par l'empereur Othon, pour décider une question de droit relative à un héritage, et résolue diversement par le droit germanique et par le droit romain. Les Goths d'Espagne s'étant partagés, sur la fin du onzième siècle, entre l'office romain et l'office mozarabique, on éprouva l'office premièrement par le duel, et ensuite par le feu.

Quant aux épreuves du feu et de l'eau, elles furent admises et décrites en détail dans tous les codes rédigés après la conversion de tous les peuples du Nord. Pour l'épreuve du feu, on faisait rougir, selon que l'accusation était plus ou moins grave, jusqu'à neuf petites barres de fer d'un poids d'une à trois livres : l'accusé les prenait dans sa main nue et allait les jeter à neuf pieds de là ; ensuite on lui enveloppait la main, et on cachetait l'enveloppe pour ne l'enlever qu'après trois nuits : si la main offrait alors quelque trace de brûlure, l'accusé était reconnu coupable ; dans le cas contraire, il était réputé innocent. D'autres fois, l'accusé était obligé de prendre des charbons allumés et de les porter à une certaine distance en les serrant contre son corps ; ou bien on le forçait de marcher nu-pieds sur des tisons ardents ou sur des barres de fer rouge. L'épreuve de l'eau se faisait avec de l'eau bouillante ou froide. Dans le premier cas, le prêtre jetait dans une chaudière remplie d'eau bouillante une bague ou une pierre, que l'accusé devait repêcher en y plongeant son bras nu jusqu'au coude. Dans le second cas, on liait à l'accusé les mains et les pieds, de manière que le bras droit fût attaché au pied gauche, et le bras gauche au pied droit ; on le jetait ainsi dans une eau courante, en le tenant par une corde : s'il allait au fond, on le retirait promptement et on le renvoyait absous ; s'il surnageait, il était déclaré coupable.

Les divinations et les auspices proprement dits étaient fondés surtout sur cette idée, que tout ce que la nature opère étant l'ouvrage direct de la Divinité, rien ne peut se faire sans raison. Le tremblement des feuilles d'un arbre, le pétillement et la couleur des flammes, le murmure de l'eau, la chute de la foudre dans un lieu plutôt que dans un autre, tout cela était présumé produit par des causes et dans des vues secrètes que la raison humaine doit s'efforcer de pénétrer. Il en est de même des mouvements des animaux, du vol et du chant des oiseaux, du hennissement des chevaux, du sifflement des serpents. Il n'est pas jusqu'aux mouvements involontaires de l'homme qui ne fussent regardés comme l'ouvrage de la Divinité, qui avertissait l'homme de sa destinée. Ainsi, un jour, une terreur panique ayant saisi les Lombards et les Gépides au moment où ils allaient en venir aux mains, les deux peuples en conclurent qu'une divinité s'opposait à ce qu'ils s'entretuassent. Les Gaulois partaient pour leurs expéditions lointaines, vers l'Allemagne, la Grèce et l'Asie-Mineure, précédés d'oiseaux prophétiques qu'ils suivaient aveuglément comme leurs guides. Les Germains tiraient surtout leurs présages et leurs avertissements des chevaux. Ces chevaux, qui devaient être blancs, et qu'on ne chargeait d'aucun travail pour les hommes, y étaient, dit Tacite, nourris aux dépens de la communauté dans les forêts sacrées. On les attelait au char sacré et on les faisait accompagner du prêtre, du roi ou du chef du peuple, qui en observaient le souffle et le hennissement. Il n'y avait point d'auspice auquel non-seulement le peuple, mais les chefs et les prêtres, ajoutassent plus de foi. Un jour Arioviste différa de livrer bataille à Jules César, parce que les prêtresses, ayant examiné les tourbillons que les eaux du Rhin faisaient en coulant, avaient lu dans le bruit et dans le tournoiement des flots, qu'il ne fallait pas combattre avant la nouvelle lune. Le plus souvent on tirait au sort, au moyen de petites branches d'arbres. Les Alains rassemblaient des verges de saule qui étaient droites, et ils les séparaient ensuite dans un temps donné, pendant lequel ils récitaient des prières à voix basse, et ils tiraient leurs présages de cette cérémonie.

Les Germains coupaient une branche d'arbre fruitier et la divisaient en plusieurs petits rameaux; ils faisaient à ces rameaux des marques différentes et les jetaient au hasard sur un drap blanc. Enfin le prêtre de la cité, quand la consultation était publique, ou le chef de la famille, quand elle était secrète, après avoir invoqué la Divinité et tourné les yeux vers le ciel, levait par trois fois chacun de ces rameaux et les interrogeait d'après leur marque. Quand le sort était contraire, on renvoyait la consultation à un autre jour.

Quant aux détails du culte des éléments et des objets visibles de la nature extérieure, tels qu'ils ont été pratiqués par le peuple, et tels qu'ils ont même survécu longtemps au culte des dieux proprement dits, culte dont celui des éléments était toujours indépendant, les sources où nous puisons, et qui sont pour la plupart d'un temps postérieur au christianisme, nous obligent quelquefois à anticiper sur les dates et les époques ou à les mêler.

C'est sur le culte de l'eau que l'on a conservé le plus de documents et de souvenirs. On priait sur les bords d'un fleuve ou d'une source; on y allumait des torches et des bougies, surtout le soir et la nuit, où le reflet de la lumière dans l'onde produisait un effet plus mystérieux sur l'imagination. On vénérait surtout l'endroit où cet élément jaillissait pour la première fois du sein de la terre, car on attribuait l'origine de la source à un prodige accompli par quelque divinité; on y déposait des offrandes. Souvent on offrait à certains fleuves et à certains lacs des victimes humaines et une foule d'objets précieux. Ainsi les Francs, déjà devenus chrétiens, s'étant rendus maîtres du pont de Pavie, immolèrent les femmes et les enfants des Goths qu'ils y trouvèrent, et les jetèrent dans le fleuve, auquel ils les offrirent comme prémices de la guerre. A l'époque de Grégoire de Tours, les peuples du Gévaudan se rendaient encore tous les ans à un lac situé sur le mont Lozère, et lui offraient une espèce de libation, en jetant dans ses eaux, les uns des pièces de toile ou de drap, les autres des toisons; le plus grand nombre y jetaient en outre des formes de fromage ou de cire ou des pains entiers. Les Thessaliens contractaient leurs alliances sur un pont du fleuve Pénée; là on immolait des victimes dont on faisait couler le sang dans le fleuve. Les Illyriens avaient une fête annuelle dans laquelle ils faisaient nager un cheval avec certaines cérémonies. Tous les païens de l'Europe sanctifiaient les enfants nouveau-nés en les aspergeant d'eau fraîche puisée dans une fontaine, et il était défendu de les exposer après qu'ils avaient reçu cette espèce de baptême. L'eau puisée à certaines époques et d'une certaine façon avait des qualités singulièrement salutaires : il fallait la puiser avant le lever du soleil, en observant un profond silence et en suivant le cours du fleuve. Cette eau, dès lors, ne pouvait plus se corrompre, et avait la propriété de rajeunir les hommes, de guérir les scrofules, et de fortifier le jeune bétail. Quand on voulait s'en servir pour la magie, il fallait la puiser le dimanche, également avant le lever du soleil, dans trois fontaines courantes, et dans un vase devant lequel il fallait placer, comme devant une divinité, une bougie allumée, après avoir laissé des fleurs, comme offrande, sur les bords des trois fontaines. Il y avait des sources qui étaient censées prédire des malheurs, selon que leurs eaux s'élevaient ou s'abaissaient. Le tarissement des sources annonçait toujours des famines. Les Esthions, devenus chrétiens, jetaient par-dessus les murs l'eau qui avait servi à baptiser un nouveau-né; ils croyaient lui procurer par là des dignités et des honneurs. Les Serbes recueillaient pour s'y baigner l'eau qui retombait des roues d'un moulin, s'imaginant que tout mal tomberait désormais de leur corps comme l'eau était tombée de la roue du moulin. D'un autre côté, on ne versait pas brusquement l'eau dans laquelle on s'était lavé, de peur que le bonheur ne s'écoulât avec elle. Dans quelques parties de l'ouest de l'Allemagne, voici le moyen qu'on employait dans les temps de sécheresse pour avoir de la pluie, moyen qui rappelle beaucoup la cérémonie encore pratiquée aujourd'hui dans l'île d'Eubée pour obtenir le même résultat : on prenait une jeune fille, on la dépouillait de tous ses vêtements, puis on lui attachait au petit doigt du pied droit une certaine herbe qui devait être cueillie avec la main droite; en cet état, on la faisait conduire par d'autres jeunes filles au fleuve prochain, des eaux duquel elle était aspergée. Cette coutume subsiste encore chez les Serbes : là la jeune fille est appelée Dodola; mais on la recouvre entièrement de fleurs et d'herbes, de façon qu'on ne puisse voir même son visage; on la promène ainsi de maison en maison, et chaque mère de famille lui verse un seau d'eau sur le corps, tandis que ses compagnes dansent autour d'elle. D'après une croyance celte, les chasseurs allaient pendant les sécheresses au puits Barenton, dans la forêt Brezilande; ils y puisaient de l'eau dans leurs cors de chasse et la versaient sur les pierres du puits, persuadés qu'après cela une pluie rafraîchissante ne pouvait manquer de tomber. Quand au contraire on jetait des pierres dans certains lacs, aussitôt une tempête s'élevait. D'autres lacs ne souffraient pas qu'on mesurât leur profondeur : les barques portant les téméraires qui osaient le tenter menaçaient bientôt de sombrer; des voix terribles s'élevaient du sein de l'onde et leur ordonnaient de renoncer à leur entreprise sacrilége. Le culte de l'eau était surtout fort répandu chez les Esthions ; chez eux, la mère de famille jetait tous les ans un présent dans le puits de la maison. L'Esthion qui coupait un arbre, ou seulement une branche d'arbre, près de la source de leurs ruisseaux sacrés, mourait dans la même année. Selon une tradition livonienne, un jour le lac Eimi quitta subitement son ancien lit, parce que des brigands qui en habitaient les bords avaient souillé ses eaux du sang de leurs victimes. Après avoir rassemblé tous ses poissons, il s'éleva dans les airs sous la forme d'un nuage, ne laissant sur le sol qu'il occupait que des serpents et des reptiles, et il alla redescendre loin de là, dans une contrée habitée par des hommes laborieux et paisibles, espérant que ses rives et ses flots y seraient respectés.

Nous avons moins de détails sur le culte du feu, qui paraît avoir été confondu avec celui du soleil. Il n'est question de présents offerts au feu que chez les Esthions, qui lui sacrifiaient même des poules pour apaiser son pouvoir destructeur, que les autres peuples conjuraient plutôt par des formules inventées dans ce but. Le peuple le compare ordinairement à un coq rouge qui vole de maison en maison pour y semer l'incendie. Mais son culte se célébrait surtout par des feux qu'on allumait à la fois sur toute la surface du pays, sur les collines et les montagnes. Ces fêtes avaient lieu à l'entrée du printemps, alors que le soleil commence à prendre de la force, ou vers la fin de juin, époque à laquelle cet astre atteint le plus haut point de sa course. Elles ont été conservées longtemps par le christianisme, qui consacre dans quelques pays les feux de Pâques, et dans d'autres ceux de la veille de la Saint-Jean. Dans les Gaules, à l'époque du paganisme, les feux publics étaient allumés au mois de mai, où l'on tenait les célèbres champs de Mars. Plus tard, on y parcourait encore les villages monté sur des mulets, et tenant à la main des branches de pin noircies par le feu. On y connaissait également la fête dite des Brandons. Dans les Gaules, en outre, et dans les pays situés sur le Rhin, on mettait, durant ces fêtes, le feu à une roue de voiture, qui était évidemment le symbole du soleil, et on la faisait rouler du haut d'une colline dans une rivière. Dans la Grande-Bretagne, ces feux de joie étaient appelés *Beiltine*, en honneur d'un esprit de la lumière et du feu, nommé Belenus dans les Gaules, Beil ou Beul en Irlande, et Beal dans le pays de Galles. Dans le midi de la France, à Aix et à Marseille, l'usage des feux de la Saint-Jean existe encore : on jette dans le feu des herbes cueillies avant le lever du soleil, auxquelles on attribue après cela des qualités médicinales. Mais, outre des feux de joie, il y avait dans tous les pays du Nord des feux appelés *feux forcés* (nodfyre), qu'on allumait chaque fois qu'une maladie contagieuse sévissait parmi le bétail ou parmi les hommes; mais ce feu ne devait être produit que par le frottement de deux morceaux de bois sec. On croyait le feu du foyer, ou celui qui avait été allumé pour d'autres usages, si peu propre à la production du feu forcé, qu'il fallait même éteindre tout autre feu dans le village avant de procéder à la préparation du feu purifiant. Ordinairement on tirait un pieu d'une haie, et on l'entourait d'une corde que l'on enflammait par un frottement rapide et répété; on entretenait alors le feu qu'on en avait tiré avec de la paille ou du bois sec; puis on faisait passer le bétail au travers de ce feu, tandis que les hommes sautaient par-dessus. Souvent on en recueillait les cendres pour se les jeter sur le corps et dans la figure. La cérémonie terminée, on allumait de nouveau tous les feux dans le village avec les tisons du feu forcé. Cet usage s'est maintenu jusqu'à nos jours dans les montagnes de l'Écosse et en Irlande. Jamais, en outre, on ne pouvait se servir pour les sacrifices d'un autre feu que celui qui avait été produit par le frottement de deux corps, et qui sortait pour ainsi dire vierge du sein de la nature. Le feu même produit par des cailloux ne valait pas celui qu'on tirait du bois, toujours à cause de la profonde vénération qu'on avait pour la végétation, où la Divinité semblait surtout manifester sa présence et son pouvoir. En Allemagne et en Suède, on vénérait même le feu dans les poêles, devant lesquels on priait souvent, et auxquels on confiait ses chagrins et ses peines. C'était évidemment le reste d'une formule appartenant à l'ancien culte du feu, qui, plus que les autres, est tombé dans l'oubli.

De tous les cultes consacrés aux éléments, celui des arbres et de la végétation en général était le plus important. Nous avons déjà parlé de la consécration de forêts tout entières ; or, dans ces forêts, il y avait encore des arbres particuliers qui devinrent les symboles spéciaux de la Divinité. L'oracle de Dodone, des Pélasgiens, n'était qu'un grand chêne; les Scythes regardaient aussi les chênes comme le siége de leur dieu de la guerre. On consacrait aussi des arbres isolés, devant lesquels on priait et on allumait des flambeaux; on les arrosait, ainsi que les arbres voisins, du sang des victimes qu'on immolait, et on y clouait leur tête et leur main droite. C'était, entre autres, l'usage des Lusitaniens. On faisait également des présents aux arbres consacrés, et les guerriers en particulier avaient coutume de leur offrir une partie du butin qu'ils faisaient; on y suspendait les armes et les dépouilles enlevées à l'ennemi. Quand un arbre consacré dépérissait de vieillesse ou par quelque accident, on en ôtait l'écorce, on le taillait en pyramide ou en colonne, et on lui rendait sous cette nouvelle forme les mêmes honneurs qu'il avait reçus auparavant. Les branches de l'arbre consacré étaient même considérées comme des espèces de reliques auxquelles on attribuait la même vertu qu'au tronc. Quand on était en prières devant un arbre sacré, on faisait grande attention au mouvement de ses feuilles et de ses branches; on lui demandait des oracles; puis on faisait des enchantements pour conjurer la Divinité et pour en obtenir quelque miracle. En Allemagne et dans les Gaules, les arbres qu'on choisissait de préférence pour les consacrer étaient le chêne et le hêtre; en Angleterre et en Scandinavie, c'était le frêne. Toutefois il y avait aussi à Auxerre un poirier qui était l'objet d'une profonde vénération. Nous traiterons plus tard de la vénération dont le gui de chêne était l'objet chez les Gaulois. Ajoutons ici qu'on retrouve chez les Frisons la consécration du lotos, tant vénéré par les Hindous. Les Frisons plaçaient sept feuilles de lotos dans leur écusson, espérant vaincre toujours sous leurs auspices. On attribuait encore au gazon un pouvoir surnaturel, surtout quand il était fraîchement coupé.

L'air et le vent furent peut-être les premiers éléments

qu'on personnifia, et les mots qui les désignent dans les anciennes langues de l'Europe expriment tous en même temps l'idée d'animation et de vivacité, et sont synonymes des mots âme, esprit, génie. Ce fut d'abord l'aigle qui devint le symbole du vent. Selon l'Edda, un géant, sous la forme d'un aigle, est assis à l'extrémité du monde, et le vent s'élève quand l'aigle bat des ailes. Sur les îles Shetland, on conjurait aussi la tempête sous la forme d'un aigle immense. Ailleurs on se représentait la tempête comme un être vorace et affamé, et on tâchait de l'apaiser en jetant de la farine dans l'air. C'est surtout pour produire des vents et des tempêtes que la magie était censée avoir de la puissance. On trouve dans une foule de canons ecclésiastiques des peines décrétées contre les faiseurs de tempêtes. On croyait qu'il y avait en Vinlande, le Groënland de nos jours, des gens qui vendaient du vent. Une croyance plus curieuse encore était celle de l'existence de navires qui arrivaient sur les nuages d'un pays fabuleux nommé Magonia, pour enlever le blé abattu par la grêle qu'ils faisaient tomber sur les champs. C'étaient les magiciens qui étaient censés attirer ces navires fantastiques, afin de vendre ce blé aux capitaines qui les montaient.

Le plus vénéré parmi les animaux était le cheval, surtout lorsqu'il était blanc Le hennissement du cheval était partout un heureux augure, comme on le voit dans l'élection de Darius, roi de Perse. Il était surtout, au commencement des batailles, un présage certain de la victoire. On faisait beaucoup d'enchantements au moyen des têtes coupées aux chevaux. En Scandinavie, on plaçait des têtes de cheval, la bouche ouverte, sur des pieux, en les tournant du côté d'où l'ennemi devait arriver. Dans le nord de l'Allemagne, on en clouait de sculptées en bois sur les toits des maisons, et on croyait par ce moyen empêcher le mal de venir du côté vers lequel la bouche se présentait. Les Slaves plaçaient des têtes de chevaux sur des pieux autour de leurs étables, pour les préserver des maladies contagieuses; ils en mettaient aussi pendant la nuit dans la crèche de leurs chevaux, ou ils en enterraient sous le sol de leurs écuries. Partout il y avait des chevaux consacrés aux dieux sur les prairies entourant les sanctuaires. Dans les traditions héroïques, tout guerrier a son cheval inspiré et doué de sagesse. Les bœufs et les vaches, surtout les dernières (un roi de Suède avait une vache prophétesse qui l'accompagnait dans ses guerres), les sangliers et les boucs, étaient aussi souvent des objets de vénération. Pour justifier celle que l'on portait au sanglier, on alléguait surtout qu'en remuant la terre avec ses défenses il avait appris aux hommes l'usage de la charrue. L'ours, le loup et le renard étaient aussi regardés avec beaucoup de respect. Dans le Nord, l'ours passait pour le roi des animaux; le loup était respecté parce qu'il cherche les cadavres tombés sur le champ de bataille; le renard était le symbole de l'astuce et de la prudence.

Les oiseaux semblaient à nos ancêtres remplis avant tout d'un souffle divin, à cause de la rapidité de leurs mouvements, qui leur donnaient à leurs yeux quelque chose d'un spectre. On nourrissait généralement les oiseaux sauvages; c'était pour ainsi dire un sacrifice qu'on leur offrait, afin qu'ils n'endommageassent pas les champs. On plaçait souvent des coqs sur les cimes des arbres sacrés, et c'est de là sans doute qu'est venu l'usage d'en mettre sur les clochers des églises. La preuve en est que, lorsque les Hongrois firent leur incursion en Allemagne, ils prirent le coq du premier clocher qu'ils aperçurent pour la divinité de l'endroit. Ce que l'aigle était comme messager de Zeus chez les Grecs, le corbeau l'était chez nos ancêtres, parce qu'il réunissait en lui les qualités du loup et du renard, la voracité, l'astuce et la prudence. Dans les traditions populaires, les oiseaux font ordinairement le service de messagers; ils rapportent ce qui est arrivé; c'est d'eux qu'on peut tout apprendre. Dans les sagas, les oiseaux parlent entre eux de la destinée des hommes et prophétisent; des corbeaux annoncent à un aveugle le moyen de recouvrer la vue ; des oiseaux de basse-cour s'entretiennent de la chute imminente du manoir qu'ils habitent. D'après une tradition allemande, l'homme acquiert la connaissance du langage des oiseaux en mangeant des serpents blancs. Dans un poëme héroïque anglo-saxon, le héros acquiert cette science au moyen de quelques gouttes du sang d'un dragon qui lui tombent sur la langue. Tuer des hirondelles, c'est causer un malheur, ou du moins une pluie qui dure tout un mois. Le cygne, la cigogne, qui apporte les enfants nouveau-nés, sont également des oiseaux sacrés. De ce nombre est aussi le pic, auquel les Wotjakes accordent encore de nos jours des honneurs divins, afin qu'il n'endommage point leurs forêts; il en est de même pour la pie, à laquelle, en Poitou, on offre une sorte d'hommage de reconnaissance, en attachant à un pieu un bouquet de laurier et de bruyère, parce qu'elle annonce aux habitants par ses cris l'arrivée du loup. Dans les anciennes chansons de la Bohême, l'épervier est un oiseau sacré, nourri dans les bois divins. Le coucou est de tous les volatiles celui auquel on attribue le plus le don de prophétie, parce que sa voix s'élève au-dessus de celle des autres oiseaux dans les bois nouvellement parés par le printemps. Deux anciens poëmes, retrouvés à la fois en France et en Allemagne, offrent une contestation entre le printemps et l'hiver au sujet du coucou; le printemps l'exalte, l'hiver tardif le gronde. Les anciens Slaves croyaient que leur déesse Zyvia parlait par la voix du coucou; il est chez eux l'oiseau de la tristesse et de la langueur, qui, caché dans l'ombre d'un chêne, se plaint de la courte durée du printemps. Son apparition est quelquefois le présage d'un malheur. Selon Paul Diacre, tout le monde avait mal auguré du règne de Hildebrand, roi des Lombards, parce qu'un coucou était venu se percher sur le sceptre de ce prince au moment où on le lui présentait. Le coucou Serbun était une jeune fille, qui pleura si longtemps la mort de son frère qu'elle fut transformée en oiseau. Le nid du rouge-gorge est également sacré; on le regarde comme un paratonnerre; quand on le détruit, la foudre vient incessamment frapper la maison du ravisseur. La petite mésange était si sacrée, que les anciennes lois punissaient d'une amende de soixante sols, somme alors excessive, ceux qui la prenaient.

Parmi les reptiles, les serpents commandaient avant tout le respect, par la beauté de leurs formes et par le danger de leurs morsures. Une foule de traditions populaires racontent la transformation d'hommes en serpents, et comme ils pouvaient reprendre leur forme humaine, ces animaux étaient sacrés sous le paganisme; mais il y a une différence notable entre l'idée que nos ancêtres se faisaient du caractère des serpents, et celle que présente la mythologie chrétienne : il ne passaient pas aux yeux des premiers pour des êtres méchants et diaboliques, mais pour des êtres bénins et bienfaisants. Ainsi saint Barbatus raconte, au sujet de Romuald, roi des Lombards, que ce prince, devenu chrétien, continua d'adorer clandestinement l'image d'une vipère. Le saint décide la reine à lui exhiber cette idole, dont il fait faire par un orfévre un calice, dans lequel il offre au roi, à son retour, le saint sacrement, et un des témoins s'écrie que si sa femme lui eût joué un semblable tour, il lui aurait fait couper la tête. Dans les traditions populaires du Nord, de petits serpents des champs et des maisons viennent trouver des enfants solitaires, boivent avec eux du lait dans les mêmes assiettes, portant des couronnes d'or, qu'ils déposent à terre tandis qu'ils boivent, et qu'ils oublient quelquefois à dessein en s'en allant; ils veillent les enfants dans le berceau, et découvrent des trésors aux plus grands. Quand les parents surprennent ces serpents auprès d'un de leurs enfants et les tuent, l'enfant commence bientôt à dépérir, et finit par mourir. Un jour, un serpent se glissa dans la bouche d'une femme enceinte qui dormait; elle accoucha d'un enfant qui avait le cou entouré par un serpent, auquel on fit lâcher prise au moyen d'un bain de lait; mais le serpent ne quitta plus l'enfant, et le soigna comme une mère. Souvent on parle du roi des serpents, habitant une étable, ayant une couronne sur la tête, et entouré d'une telle foule de sujets, que les servantes sont forcées de les ôter des crèches à brassées. Ils ne faisaient de mal à personne; mais lorsqu'un nouveau propriétaire tua leur roi, ils s'enfuirent tous, et avec eux disparurent la prospérité et la richesse de la maison. Quelquefois le serpent laisse sa couronne en signe de reconnaissance, lorsqu'on l'a nourri. Quand les serpents ont des ailes, on les appelle des dragons; et alors ce sont des monstres, que l'homme fort et le héros doivent combattre. Comme dragons, ils gardent de belles femmes et des trésors, et sont avares, envieux, venimeux, et ils vomissent des flammes. Le culte des serpents était surtout en usage chez les Slaves, les Lithuaniens, les Esthions et les Finnois. Parmi les insectes, ceux qui étaient regardés comme sacrés étaient les scarabées, les hannetons et l'abeille. Selon les croyances du peuple norvégien, on expiait sept péchés en remettant sur ses pieds un scarabée tombé sur le dos. Le premier hanneton, messager sacré du printemps, comme l'hirondelle et la cigogne, était recherché et porté en triomphe par les jeunes filles d'un village. Quelquefois les petits scarabées dorés gardent aussi un trésor. En Suède, ils annoncent aux jeunes filles de quel côté viendra le fiancé. Quand ils ont plus de sept petits points noirs sur les ailes, ils présagent la cherté du grain; s'ils en ont moins de sept, on aura une année fertile. L'abeille était, surtout aux yeux des Slaves agriculteurs, un être pur et vertueux.

Les astres jouent, dans les anciennes croyances des peuples du Nord, un rôle secondaire, parce qu'ils ne brillaient pas d'un éclat vif et constant sous leur ciel brumeux et voilé. Ainsi le soleil est du genre neutre dans la grammaire slave : il est féminin chez les Germains; la lune, en revanche, est du genre masculin, ce qui réfute déjà les assertions des écrivains romains qui ont cru trouver chez les peuples du Nord des dieux correspondant à leur Apollon et à leur Diane. Les poëtes païens du Nord comparent le soleil plutôt à une roue ou à un bouclier, ou ils le représentent comme l'œil de quelque divinité qui regarde la terre. Dans les traditions, on personnifie tout simplement le soleil, la lune et les astres, et on leur adresse la parole sous le titre de seigneur ou de dame. Ils ne sont même rien moins que tout-puissants; car ils sont constamment en danger d'être dévorés par des monstres qui les poursuivent. Dans une éclipse de soleil et de lune, phénomène qui semblait bien terrible aux paysans, on croyait même pouvoir venir à leur secours, en intimidant les monstres par des cris; ces cris étaient surtout en usage chez les Celtes. Les Groënlandais portent aujourd'hui encore, dans de semblables occasions, des chaudières et des caisses sur les toits de leurs maisons, et frappent dessus avec violence. Toutefois, les mouvements des astres étaient observés avec soin et attention. Comme on voyait surtout plus souvent la croissance et la décroissance de la lune, dont la lumière était si utile pendant les longues nuits, on réglait ses affaires bien plus d'après les changements de cet astre que d'après ceux du soleil. La nouvelle lune était une époque propice pour commencer des entreprises ou des affaires. Ainsi, c'était à la lune croissante qu'on devait contracter des mariages, commencer de nouvelles bâtisses, emménager dans un nouvel appartement, compter de l'argent, ramasser des herbes médicinales, recueillir de la rosée pure, livrer des batailles. Au contraire, tout ce qui impliquait séparation, destruction, enlèvement, devait se faire à la lune décroissante; ainsi, dissoudre un mariage, démolir une maison, déménager, couper du bois, du foin, chasser, enlever un trésor, creuser des fossés, se saigner, etc., étaient autant d'actes qui ne devaient s'exécuter qu'à cette époque.

Tel était ce culte des éléments et de la nature extérieure, culte qui a été le plus durable, et auquel le peuple a été le plus longtemps fidèle. La raison en est facile à comprendre : le peuple s'attache de préférence aux choses qu'il voit, qui vivent, pour ainsi dire, dans son intimité, qui entrent dans ses mœurs, dans ses habitudes journalières, et dont il ressent à chaque instant l'action et les effets. Nous avons la preuve de la longue durée de ce simple culte primitif dans un grand nombre de capitulations des empereurs et de canons des conciles, qui, jusqu'au treizième siècle, défendaient au peuple de s'assembler autour des arbres, des rochers, des fontaines, ou dans des carrefours, d'y allumer des cierges ou des flambeaux, et de s'y livrer à des pratiques superstitieuses. Grégoire de Tours se plaint également des Francs, qui prenaient, dit-il, pour objets de leur culte, des forêts, des fontaines, des oiseaux, des animaux ou les éléments, et s'étaient accoutumés à leur offrir ces sacrifices comme si c'étaient des dieux. Le roi d'Angleterre, Canut, dans un édit fameux contre l'idolâtrie païenne, la définit par ces mots : « Elle consiste à servir les dieux des gentils, comme sont le soleil, la lune, le feu, une eau courante, des fontaines, des pierres, avec toute sorte d'arbres et de forêts. »

Nous devons encore nous occuper ici de la théorie des génies élémentaires, qui avait évidemment aussi son origine dans l'idée qu'on se faisait de l'animation de la nature tout entière, et qui existait à côté du culte élémentaire proprement dit, auquel elle se rattache. Aussi la croyance à ces génies s'est-elle maintenue à côté des mythologies, et leur a également survécu. La preuve en est que tous ces êtres imaginaires, tels que les fées, les elfes, les albs, les nains répandus dans ces éléments, se trouvent encore dans les traditions des contrées de l'Angleterre où la population celte a conservé son individualité, sa langue, et où elle a joui pendant longtemps d'une certaine indépendance nationale, c'est-à-dire en Irlande, dans le pays de Galles et dans les montagnes de l'Écosse. Il s'ensuit aussi que ces croyances ont été communes dans les premiers temps à tous les Celtes, comme elles l'ont toujours été aux Germains et aux Slaves; seulement les mythologies proprement dites ont adopté ces génies élémentaires, comme elles ont adopté le culte des éléments : elles se les sont appropriés en les mettant en rapport avec les dieux supérieurs et personnifiés. Ces derniers sont même descendus souvent, et se sont réfugiés, pour ainsi dire, dans les rangs des simples génies élémentaires; et lorsque, plus tard, la nouvelle religion proscrivit le culte public des dieux et des éléments, ces génies furent souvent changés, comme les divinités supérieures, en démons et en diables. C'est pourquoi on trouve des souvenirs plus nombreux des génies élémentaires dans les superstitions des pays qui avaient encore à opposer au christianisme des mythologies complètes et des théogonies systématiques, que dans ceux qui, comme les Gaules, avaient déjà remplacé leurs anciennes institutions religieuses par la mythologie romaine. Les génies élémentaires de l'Europe septentrionale étaient en même temps tout autre chose, et sortaient d'un tout autre ordre d'idées que les dii minuti, les lares, les fatæ, les sirènes, les faunes, les sylves, les dryades et hamadryades des Romains et des Grecs, quoiqu'ils leur ressemblassent sous certains rapports, et qu'ils leur aient emprunté par la suite, grâce à l'influence de Rome, certains attributs et certaines formes. Les génies élémentaires du Nord n'étaient pas des divinités ou des demi-dieux, chargés d'influencer ou de diriger le sort des hommes; ils n'étaient l'objet d'aucun culte, et les formes sous lesquelles on se les représentait, différaient surtout tout à fait de celles des êtres qui, chez les Romains et les Grecs, habitaient les forêts, les montagnes, les fleuves et les mers, et présidaient en quelque sorte aux éléments. Les génies du Nord y menaient seulement une vie à part.

 C'est que les peuples du Nord ne pouvaient pas admettre

que les éléments, l'intérieur de la terre, des montagnes, les eaux, les forêts épaisses, fussent privés d'êtres particuliers, seulement par la raison que l'homme ne les voyait pas. En rapetissant leur taille, en les organisant d'après d'autres lois, on leur trouvait une place partout, on trouvait à les faire agir partout. Ces génies vivaient ordinairement entre eux, et le hasard seulement, le besoin quelquefois, les mettait de temps à autre en relation avec l'homme. D'un côté ils avaient plus de pouvoir que lui ; mais seulement parce qu'ils étaient plus rapprochés des forces divines cachées dans les éléments auxquels ils appartenaient ; ils pouvaient donc faire du bien à l'homme ou lui nuire. D'une autre part, inférieurs à l'homme par leur taille, et privés de certaine science, ils pouvaient aussi avoir besoin de ses secours. C'est du sentiment de leur dépendance de l'homme et de leur supériorité sur lui dans certains points, que naquirent de temps à autre des rapports hostiles entre les génies élémentaires et le genre humain ; car la tradition nous les présente souvent mécontents du peu d'estime que leur accordent les hommes, et s'en vengeant par toute sorte de taquineries, de malices et de mauvais tours.

Il y a deux genres d'elfes ou d'albs : des elfes lumineux, beaux et bien faits, et des elfes noirs ou bruns, difformes et bossus, quoique très-souvent les femmes de ces derniers soient aussi représentées comme très-belles, et que les deux espèces se confondent. Les elfes lumineux vivent dans l'air ; les autres dans les montagnes, les eaux et les forêts. Les elfes lumineux et les elfes noirs des montagnes sont tous excessivement petits, et c'est pourquoi on les appelle ordinairement des nains. Leur taille, toutefois, n'est pas toujours la même : tantôt ils atteignent la grandeur d'un enfant de quatre ans, tantôt ils n'ont que la dimension de trois ou de deux palmes, même celle d'un pouce ; dans une tradition danoise, le plus petit, Frold, n'est pas plus grand qu'une fourmi. Les nains sont complètement formés à la troisième année de leur vie, et à la septième ils sont déjà vieux, quoiqu'ils jouissent d'une grande longévité. Le peuple des elfes, ou nains, a souvent un roi ; ce roi est Oberon (Auberon, Alberon) dans le conte français de Huon de Bordeaux, et Elberich et Laurin dans les anciens poëmes allemands. Quelquefois, il y a une reine des elfes, comme en Irlande la fairy-queen ; car chez les Celtes l'idée d'elfes féminins et de fées prévalait. On voit, par quelques drames fantastiques de Shakspeare, qu'en Angleterre on plaçait les elfes lumineux dans les calices des fleurs, qu'ils faisaient mouvoir et s'épanouir, et dans le feuillage sur lequel ils se berçaient. Dans les autres pays on connaît plutôt les elfes noirs, bien qu'on n'attache pas toujours à leur nature une idée de méchanceté ou de difformité. On les appelle même en Allemagne la gent tranquille, le bon peuple en Irlande, le bon petit peuple (ludki) chez les Slaves, la famille (y teulu) dans le pays de Galles, et le beau petit peuple (tylcoith) en Écosse. Une tradition néerlandaise rappelle de la manière la plus frappante d'anciens mythes hindous ; il y est question d'un petit homme haut d'un pouce, naviguant sur la mer assis sur une feuille, et tenant d'une main un crayon et de l'autre un petit vase qu'il remplit et vide tour à tour, sans relâche, condamné qu'il est à mesurer ainsi les eaux de la mer jusqu'au dernier jour du monde.

Quant aux elfes ou nains des montagnes, qu'on connaît aussi en Bretagne sous le nom de korred, les traditions de tous les peuples sont d'accord sur leurs mœurs et leurs habitudes. Ils habitent les cavernes et les ravins ; ils grimpent avec une facilité merveilleuse le long des rochers les plus escarpés ; ils glissent dans les crevasses et les fentes, disparaissent et reviennent aussi prompts que l'éclair. Partout on montre leurs trous, qui ressemblent à ceux des souris, comme en Bretagne les grottes des korred. Dans ces cavernes, ils rassemblent des trésors, forgent des armes curieuses et resplendissantes ; leurs rois s'y bâtissent de magnifiques palais, où quelquefois ils entraînent et retiennent captifs des héros ou de jeunes beautés. Si on les laisse tranquilles, ils ne font de mal à personne, et ce sont surtout eux qu'on nomme les gens paisibles (dvoine shi, en écossais; dovine maith, en irlandais; dynion mod, en gallois). Ils rendent alors souvent service aux hommes en leur fabriquant de la vaisselle ou des tissus curieux, en leur cuisant du pain et des gâteaux. En revanche, ils viennent chercher quelquefois des sages-femmes pour qu'elles assistent les petites naines dans leurs accouchements, ou des hommes sages pour leur faire part d'un trésor ou les faire juges d'une querelle. Dans certains contes, ils se font prêter une salle pour célébrer leurs noces, et alors ils récompensent toujours les services rendus, par des joyaux et des présents qui portent bonheur au maître de la maison, à la famille et à ses descendants. Ils connaissent les vertus secrètes des plantes et des minéraux. Parfois cependant ils se plaignent de la perfidie du genre humain, à laquelle ils attribuent la courte durée de la vie des hommes, tandis que la leur, grâce à leur probité, à leur tempérance et à la connaissance qu'ils ont des secrets de la nature, s'écoule paisible, exempte de maux, et se prolonge durant de longues années.

Depuis l'avénement du christianisme, les elfes en veulent aux hommes pour avoir abandonné le paganisme, auquel ils sont restés fidèles; aussi s'affligent-ils quand on bâtit de nouvelles églises; le son des cloches les trouble surtout dans leur vie solitaire; ils détestent l'agriculture, le bruit des forges, et voient avec douleur la hache abattre le bois dans les forêts. Alors ils émigrent en masse de ces contrées, et se font quelquefois voiturer la nuit par un paysan pour traverser une rivière, en lui payant généreusement ce service. Quand ils ont quelque injure à venger, les elfes des airs font tomber des flèches dangereuses sur les têtes des hommes; leur souffle, leur toucher peut donner une maladie ou la mort; celui qu'ils ont frappé est perdu ou devient impotent; quelquefois leur regard a un pouvoir magique. Les trous que font dans les arbres les branches arrachées du tronc sont aussi l'ouvrage des elfes ; ils s'y glissent, et celui qui y regarde peut voir des choses merveilleuses. Le cauchemar est toujours produit par un alb qui se pose sur la poitrine lorsqu'on est endormi. Ils peuvent se rendre invisibles, et ils le font ordinairement au moyen d'un petit bonnet ou chapeau, ou d'un manteau qu'ils n'ont qu'à ôter pour apparaître au regard de l'homme. Quelquefois on représente leurs rois montant des chèvres ou des chevreuils, ou de petits chevaux blancs de la taille d'un chien. Les elfes sont aussi fort souvent voleurs, et pillent surtout les champs de petits pois des paysans. Ceux-ci les prennent alors, en entourant, pendant la nuit, leurs champs de cordes contre lesquelles les bonnets des nains se heurtent ; les bonnets tombent, et les petits voleurs deviennent visibles. Là où la tradition leur donne des pattes de chèvre et d'oie, on n'a besoin, pour les chasser que de jeter des cendres sur l'endroit qu'ils visitent ; leurs pieds y laissent des traces, et ils en sont tellement honteux qu'ils ne reviennent plus. Une chanson populaire de la Bretagne raconte qu'un jour un paysan jeta des cendres chaudes dans sa grange, et les chassa ainsi, parce qu'ils se brûlèrent leurs petits pieds. Mais quelquefois aussi ils ont envie de beaux enfants, et enlèvent, surtout leurs rois, de jeunes filles avec lesquelles ils procréent jusqu'à sept enfants, avant de les renvoyer à leurs parents. La ballade du roi des aulnes de Schubert et de Goëthe repose sur une semblable tradition. Les elfes noirs et difformes tâchent souvent d'échanger leurs enfants bossus, à grosses têtes et à goîtres, contre des enfants au berceau, dans l'intention d'agrandir et d'améliorer ainsi leur race. Le moyen le plus sûr de se débarrasser d'un fils intrus difforme, c'est de lui ménager quelque surprise soudaine, afin qu'il trahisse lui-même, par une exclamation, sa véritable nature. Les traditions des peuples les plus différents sont unanimes sur ce point. Dans les traditions de la Bretagne, de l'Irlande, de la Suède, de la Norvége, du Danemark, la mère fait cuire des coques d'œuf devant l'intrus, qui, en voyant ce manége, s'écrie qu'il a déjà vécu quinze cents ans sans avoir jamais vu chose pareille.

Tous les elfes et nains aiment éperdument la musique et la danse. On les voit la nuit, au clair de lune, former des chœurs, et le matin on reconnaît les traces de leurs mouvements à l'absence de rosée sur les herbes que leurs petits pieds ont foulées. Quelquefois une musique délicieuse retentit dans leurs montagnes, et, mêlée aux chants de leurs femmes, elle y attire des jeunes gens qu'on ne revoit plus. Dans les chansons bretonnes, les korreds dansent jusqu'à perdre haleine. Ils ont aussi le don de prophétie. Dans l'ancien roman français de Tristan, le nain est un devin, et il tire des horoscopes à la naissance des enfants. Les fées celtiques sont toujours représentées dansantes. Dans les contes où les nains et les elfes des airs et des montagnes s'approchent isolément des hommes, ils s'en font les conseillers; ils leur donnent de sages avis; mais ils se fâchent si on ne les suit pas; tel est Oberon.

Les génies des forêts sont d'une double nature : ce sont ceux que les mythologies indigène et romaine ont, avec le temps, le plus transformés. Ils rappellent tour à tour les sylvains, les faunes et les satyres des Grecs et des Romains, en ressemblant aux hommes par la taille, et à certaines déesses des mythologies du Nord. Tantôt ils sont les véritables fées ou *fatæ* des Romains, tantôt enfin ils sont restés elfes ou nains. On a ainsi un grand et un petit scrat, le premier un satyre, l'autre un elfe. Ils ont tous les cheveux mêlés et le corps velu. Dans les Gaules on appelait ces génies *Dusii*, et il paraît qu'on les honorait d'un culte particulier. L'historien des Goths, Jornandès, fait naître les hideux Huns d'un commerce entre les faunes ou hommes des bois et les aliorunes ou femmes des forêts, que les mythologies scandinave et germanique comptent parmi les demi-divinités. Dans les anciens contes français, l'ogre est aussi un esprit des forêts, noir, velu, hérissé et de taille gigantesque ; mais il dérive évidemment du dieu Orcus des Romains, et est le même que l'orco des Italiens. La raison pour laquelle une partie des génies des forêts se rapprocha bientôt tout à fait des dieux, est toujours dans le culte que nos ancêtres vouaient de préférence aux forêts et aux arbres. Surtout les femmes des forêts sont toujours d'une nature supérieure aux elfes et aux nains. Elles apparaissent en robes blanches dans les forêts et même sur les arbres. Il en est question dans beaucoup de romances allemandes et espagnoles. Elles y dépouillent, dans la suite du récit, leurs peaux velues en se baignant dans certaines fontaines, et deviennent alors les plus belles femmes du pays. Souvent on les rencontre autour des lacs situés dans les forêts, et alors elles se confondent avec les dames-cygnes, qui peuvent se changer en cygnes et s'envoler ; elles sont alors de véritables fées et jouent un grand rôle dans les traditions des pays celtes. Pendant qu'elles se baignent dans les lacs, elles déposent sur les bords leurs bagues ou leurs chemises, auxquelles est lié leur pouvoir de se transformer, et quand on prend ces bagues ou ces chemises, elles sont forcées de rester avec les hommes. Les dames-cygnes se confondent encore avec les femmes de mer (mer-maids), qu'on connaissait dans le Nord longtemps avant les sirènes des Grecs et des Romains. Quant aux elfes et aux nains des forêts, ils sont aussi un peu plus grands que ceux des montagnes ; ils sont de couleur grise, âgés, velus aussi, ou couverts de mousse. La tradition ne parle ordinairement que des elfes sylvestres du genre féminin ; ceux du genre masculin sont censés être moins bons, demeurent plus dans l'intérieur des forêts, et portent des habits verts à bordures rouges et de petits chapeaux noirs à trois cornes. Les petites naines des forêts abordent les bûcherons, entretiennent avec eux de bonnes relations, récompensent les services qu'on leur rend en donnant des écorces qui se changent en or ; mais dès qu'on veut récompenser les services qu'elles rendent spontanément, en leur faisant cadeau d'habits neufs, elles ne reviennent plus, se croyant pour toujours congédiées.

Les génies des eaux apparaissent, comme ceux des forêts, plutôt isolément qu'en troupe. Ordinairement on les représente âgés et avec une longue barbe. Le nom qu'on leur donne généralement en Allemagne, en Angleterre, en Scandinavie, en Finlande, est celui de nixes, de necks ou de näbki. Les mâles portent un bonnet vert, et quand ils ouvrent la bouche, on voit leurs dents vertes aussi ; le näbki finnois a même des dents de fer. Les nixes femelles apparaissent, à l'instar des fées romanes, assises au soleil sur les bords des fleuves et des fontaines, et peignant leur longue chevelure. En sortant des ondes, elles montrent leur buste, qui est toujours d'une beauté incomparable. Quand elles se promènent sur terre et se glissent parmi les hommes, on les reconnaît à une bordure de leur robe ou à un coin de leur tablier toujours mouillés. Les Russes appellent ces femmes aquatiques rusalki. Ce sont de belles jeunes filles à chevelure verte ou couronnées de fleurs, assises sur les prairies bordant les fleuves, se peignant, ou se baignant dans les lacs ou les rivières. La musique et la danse font aussi les délices des génies des eaux ; tous les soirs les femmes sortent des flots pour prendre part aux danses des hommes, et on les embarrasse alors en leur retenant leurs gants. En Suède, c'est le nix, appelé Strœmkarl, qui joue les airs les plus séduisants et les plus délicieux. Son air a onze variations ; mais on ne doit jouer que les dix premières : si l'on jouait la onzième, les tables et les chaises, les cuvettes et les verres, les vieillards et les grand'mères, les aveugles et les boiteux, les enfants dans les berceaux, commenceraient à danser. Le Strœmkarl instruit dans la musique quiconque lui sacrifie un agneau noir, qu'il faut lui jeter, en détournant la tête, dans une chute d'eau qui court vers le nord. Si l'animal offert est maigre, l'apprenti n'apprend rien de plus que d'accorder son violon ; mais s'il est gras, le génie saisit la main droite de l'apprenti et la promène sur le violon jusqu'à ce que le sang jaillisse du bout des doigts; alors l'apprenti est parfait dans son art, et peut par son jeu faire danser les arbres et arrêter les chutes d'eau. La tradition concernant ce même Strœmkarl nous prouve, de la manière la plus touchante, combien de temps après l'adoption du christianisme la sympathie populaire resta fidèle à ces génies, que l'on voulait faire participer aux bienfaits de la nouvelle religion qu'on enseignait au peuple. Un jour des enfants voyant le nix assis sur le bord du fleuve et pinçant de la harpe, lui crièrent : « A quoi bon être ici et jouer, nix? tu n'auras, malgré cela, jamais part à la rédemption! » Alors le nix commença à pleurer, jeta sa harpe et se replongea dans les ondes. Les enfants, retournant chez leur père, qui était un prêtre, lui racontèrent ce qu'ils avaient vu, et celui-ci les engagea à retourner au fleuve et à promettre au nix la rédemption. Ils retrouvèrent le nix assis sur les bords du fleuve, triste, et pleurant amèrement; mais dès qu'ils lui eurent redit les paroles du prêtre, en l'assurant que lui aussi il aurait un rédempteur, le nix sourit, ressaisit sa harpe, et joua délicieusement jusque après le coucher du soleil.

Cependant les sacrifices que demandait le culte du pouvoir destructeur de l'eau en général donnaient aussi une sombre couleur aux génies des eaux, et même quelque chose de cruel et de sanguinaire. On croyait que le nix exigeait au moins tous les ans une victime humaine, et si un homme ou surtout un enfant se noyait, c'est à lui qu'on attribuait ce malheur. Le nix se vengeait aussi de sa propre famille, quand un de ses membres restait trop longtemps en commerce avec les hommes. Si les femmes et les filles du nix s'étaient attardées à la danse, si l'enfant du nix obéissait trop tard à sa voix, on voyait une gerbe de sang surgir des ondes comme une preuve du crime commis. On disait aussi des noyés que le nix les avait attirés, ou qu'il les avait sucés, parce que les cadavres qu'on trouve dans l'eau ont souvent le nez rouge. Les sourds gémissements du nix annonçaient que quelqu'un allait se noyer. En général, on attribuait aux génies aquatiques des voix plaintives et lugubres qui retentissaient autour des lacs et des étangs, et dans les chroniques ecclésiastiques du moyen âge on trouve une foule de récits qui racontent la guerre d'extirpation que les moines firent à ces génies lugubres des lacs et des fleuves. Dans plusieurs traditions cependant on voit le nix s'apitoyer sur des malheureux noyés par accident, et les porter dans sa demeure pour y soigner leurs âmes.

Les elfes domestiques sont appelés cobolds, gobelins, hobgoblins, robins, nissen (en allemand, en français, en anglais et en suédois), génies moqueurs et taquins, soterais ou sotrets, follets, lutins, génies tapageurs. Par leur taille et leur extérieur, ils ressemblent tout à fait aux nains des montagnes; on leur attribue ordinairement des cheveux et des barbes rouges, ou des chapeaux rouges et pointus. C'est parmi eux qu'on trouve ces chaussures enchantées, au moyen desquelles on parcourt en quelques secondes des espaces immenses. Ils aiment à habiter les étables, les granges ou les caves; quelquefois aussi un arbre voisin de la maison, et dont on ne doit couper aucune branche, de peur de chasser le cobold et avec lui toute prospérité. Ces petits êtres aident avec zèle dans les travaux des étables et de la cuisine. On ne voit jamais que leur ombre. Le lutin d'une maison panse les chevaux, peigne leurs crinières, met du foin et de l'avoine dans les crèches; il a son cheval de prédilection pour lequel il dérobe la nourriture des autres chevaux; il tire de l'eau du puits, fait boire le bétail et nettoie l'étable. Pour les servantes, il allume le feu, lave la vaisselle, coupe et apporte du bois, et balaye le carreau. Mais il veille en même temps à ce que tout se fasse bien, et taquine les domestiques paresseux et négligents. Le matin, il arrache la couverture à ceux qui dorment trop longtemps; le soir, il éteint leurs chandelles qui brûlent inutilement, et les raille après chaque tour par des éclats de rire. Aussi les domestiques qui sont bien avec lui mettent-ils toujours une partie des bons mets de côté pour le gobelin de la maison, une fois par semaine ou les jours de fête seulement. Le gobelin est très-sobre, et se contente d'une assiettée de bouillie, d'un morceau de gâteau, d'un verre de bière. S'il aime bien le maître de la maison, il vole aux voisins de la paille ou du foin et l'apporte dans la maison. Le nissen suédois saute pendant l'hiver gaiement dans la cour, ou va en traîneau; il aime également la musique et en donne des leçons comme le Strœmkarl. Quant aux gages, l'elfe domestique n'en demande que de très-modiques; il se commande lui-même une petite redingote garnie de clochettes sonnantes. En Écosse, il y a un esprit domestique appelé shelly-coat, habit aux clochettes, et sans doute le bonnet à clochettes des fous du moyen âge lui a été emprunté. Souvent son chapeau est d'une grandeur démesurée, comme celui dont il est question dans le drame de Caldéron : *la Dama duenda*. Le gobelin aime surtout à jouer des tours, en riant à pleine gorge quand il y a réussi. Ainsi Walter Scott parle d'un gobelin du nord de l'Angleterre, appelé Brog, et qui termine toujours ses taquineries en faisant entendre une sorte de rire enroué (horse-laugh); mais il est très-fidèle à la maison qu'il a une fois choisie. Celui qui servait les moines d'un couvent en Mecklembourg y resta trente années. Il est même bien difficile de les chasser. Dans les traditions allemandes, un paysan incendie quelquefois sa grange pour brûler le gobelin qui l'habite; mais lorsque l'incendie a dévoré la grange, le gobelin s'asseoit sur le chariot où l'on a mis les ustensiles de ménage à l'abri du feu. Il y a aussi des gobelins indépendants qui ne sont au service de personne; quand on les prend, ils offrent des présents ou prophétisent pour obtenir leur liberté. Tel est l'esprit follet qui, dans une tradition française, accorde trois *oremens* (souhaits). Plus tard, lorsque le christianisme eut transformé aussi les elfes domestiques en démons, ils se réunirent en bandes pour inquiéter le maître de la maison pendant la nuit, en faisant du bruit, en frappant contre les murs et en jetant du haut des toits des pierres aux passants. Une comédie française du seizième siècle, intitulée *les Esprits*, présente ainsi les gobelins d'une maison, qui se réjouissent autour du foyer, et se fâchent quand le maître de la maison crache. On intimidait alors les enfants en les menaçant du gobelin. Cela a duré jusqu'à ce qu'ils se soient partout identifiés, aux yeux des peuples, avec les esprits malfaisants de haute taille, avec les démons et les diables, et soient devenus de plus en plus différents de ce qu'ils étaient.

Nous ne parlerons ici ni des fées en particulier ni des géants. Les premières, comme nous l'avons dit, appartiennent à la mythologie gallo-romaine, et les géants aux mythologies et aux cosmogonies du Nord où ils désignaient des peuples ennemis, dont la peur exagérait d'abord la taille, et qui par leur insolence après la victoire faisaient preuve de leur infériorité intellectuelle.

Nous revenons maintenant à la description détaillée des formes et des cérémonies du culte extérieur des divinités en général, telles qu'elles furent pratiquées par tous les peuples de l'Europe septentrionale et occidentale, quels que fussent, du reste, les symboles sous lesquels ils représentaient la divinité supérieure et ses diverses émanations.

Nous avons parlé déjà des sanctuaires et des lieux où ils étaient situés. Nous avons dit que c'était ordinairement des forêts et des bois que la divinité était censée choisir de préférence pour y manifester son pouvoir et répondre aux questions qu'on lui adressait. On y suspendait donc aux arbres ce qui servait au culte ; on y plaçait les pierres destinées aux sacrifices, et les ustensiles dont on y faisait usage. Le sanctuaire était généralement entouré d'un enclos, et, excepté le prêtre, personne n'y entrait que lié, hormis à l'époque des grandes assemblées publiques. Si l'on venait à tomber, il n'était pas permis de se relever, même sur ses genoux; il fallait sortir en se roulant. Comme on consacrait aux divinités les armes des ennemis avec une partie du butin, on entassait tous ces présents en un monceau dans les sanctuaires. Les sanctuaires étaient donc en même temps des espèces d'arsenaux, où l'on voyait des drapeaux, des armes, avec une grande quantité de choses précieuses prises sur l'ennemi. Jules César ayant perdu son poignard dans un combat contre les Gaulois, il le revit plus tard suspendu à un arbre dans une de leurs forêts. On entrait rarement dans ces sanctuaires sans y apporter quelque présent. Dans la Celtique supérieure, les Romains virent dans les forêts sacrées de grandes quantités d'or qu'on y avait jetées; ce qui les étonna d'autant plus qu'ils connaissaient les Celtes comme grands amateurs d'argent. Ce fut surtout dans les bois sacrés de la ville de Toulouse, fréquentés par tous les peuples du voisinage, qu'ils trouvèrent d'immenses richesses. Aussi l'ancienne loi des Frisons ordonnait-elle de conduire au bord de la mer celui qui avait enlevé quelque chose d'un sanctuaire, de lui fendre les oreilles, de lui arracher les membres génitaux et de l'immoler à la divinité dont il avait violé le temple. Les Esthions défendaient de couper même une feuille dans un bois sacré, ou de cueillir une fraise aussi loin que l'ombre du bois s'étendait. Mais l'ornement le plus précieux des sanctuaires, c'étaient les victimes qu'on avait immolées aux dieux et qu'on suspendait aux arbres.

Le culte lui-même consistait, comme chez tous les peuples antiques, en prières et en sacrifices. On priait en regardant le ciel, en inclinant le corps, en se découvrant la tête ou en se prosternant sur les genoux, et en levant les bras vers le ciel. Les Slaves seuls se frappaient le front. Tous les païens se tournaient en priant vers le nord; c'est pourquoi, plus tard, les chrétiens se tournèrent vers l'orient et Jérusalem ; car, à leurs yeux, le nord passait pour la contrée sinistre qui avait été préférée par le paganisme. Entre la manière de prier des Gaulois et celle des Romains, il y avait encore, au temps du paganisme, cette différence que ces derniers, tenant le bouclier de la main gauche et la lance de la main droite, tournaient le corps du côté gauche, tandis que les Romains baissaient leur main droite, et faisaient faire du même côté un tour à leur corps. La prière prononcée à haute voix était plus efficace que celle récitée à voix basse ; la prière dite en commun plus agréable à la Divinité que la prière isolée. C'est pourquoi en chanta de bonne heure des hymnes composés par les prêtres et les bardes.

Comme chez tous les peuples de l'antiquité, les sacrifices étaient, dans le Nord, ou des sacrifices de remercîment ou des sacrifices expiatoires pour apaiser la colère des divinités, ou enfin des sacrifices divinatoires, par lesquels on essayait d'apprendre d'avance l'issue d'une entreprise ou d'implorer l'assistance spéciale de la Divinité dans une expédition. Il y avait en outre des sacrifices particuliers à l'occasion de l'élection d'un roi, d'une naissance, d'un mariage ou d'une mort. Des sacrifices de remercîment étaient faits après un repas, quand on avait tué du gibier, quand le bétail avait mis bas, quand on avait récolté du blé ; alors on devait à la Divinité une part de ses dons. C'est là même l'origine des dîmes que réclama plus tard l'Église. Il fallait des sacrifices expiatoires dans une disette ou dans un temps d'épidémie. Pour les sacrifices de remercîment, les offrandes en végétaux suffisaient ordinairement ; mais de tels sacrifices étaient naturellement moins efficaces et moins obligatoires que le sang versé. Le guerrier, le chasseur, le pasteur, sacrifiaient plutôt des animaux, et l'agriculteur les produits de son champ ; mais pour détourner un grand malheur, pour intéresser les divinités dans une grande entreprise, ou bien dans les grandes fêtes annuelles où il s'agissait d'implorer le secours des dieux pour tout un peuple et pour toute une année, enfin, pour faire des divinations importantes, il fallait des victimes humaines.

Les sacrifices d'hommes ont été en usage chez tous les peuples du Nord. Ils étaient chez eux un élément si essentiel et si fondamental de leurs croyances et de leur culte, qu'ils ont duré partout jusqu'aux derniers jours du paganisme, même dans les pays où régnait déjà une civilisation avancée, en Scandinavie et en Irlande, par exemple. Toute insurrection dans les Gaules contre la domination romaine faisait sortir les druides de leurs retraites cachées, et ramenait aussitôt ce culte sanguinaire. Méprisant eux-mêmes la vie de travail et de servitude, ces peuples ne pouvaient croire faire un grand tort à leurs prisonniers de guerre, en les débarrassant d'une vie d'esclavage par une mort violente, que leurs propres vieillards recherchaient avec tant d'avidité. Pouvaient-ils respecter d'ailleurs des hommes assez lâches à leurs yeux pour avoir préféré la servitude à une mort glorieuse sur le champ de bataille? D'un autre côté, ils devaient offrir aux divinités ce qu'ils possédaient de plus précieux, et c'étaient sans doute les esclaves qu'ils employaient aux travaux de l'agriculture et de la maison, travaux qu'ils avaient en horreur et pour lesquels ils manquaient de bras. Ne sacrifiaient-ils pas, dans de grandes calamités, leurs propres rois? Ils fondaient naturellement leur droit de tuer les prisonniers de guerre, sur le droit qu'ils avaient eu de les tuer dans le combat. Outre les prisonniers, on ne sacrifiait ordinairement que des esclaves achetés dans ce but ou les grands criminels; et ces malfaiteurs, on les tenait en prison jusqu'à cinq années avant de les offrir aux dieux; ce qui prouve qu'on ne regardait pas cette immolation comme une punition suffisante pour expier un grand crime. Généralement, on ne sacrifiait que les chefs ou l'élite des prisonniers de guerre.

Les Saxons tiraient au sort leurs captifs, pour en immoler le dixième; les Scythes, dit Hérodote, n'en offraient que le centième. Mais il en était autrement, si, à l'entrée d'une campagne ou à la veille d'une bataille, qu'on prévoyait devoir être très-meurtrière, on avait fait le vœu d'exterminer entièrement l'ennemi, ainsi que tous les animaux qui lui appartenaient. Alors on remplissait pieusement ce vœu. Plusieurs fois les tribus germaniques et gauloises agirent ainsi. Selon Tacite, les Hermundures furent entièrement massacrés avec leurs chevaux, par suite d'un vœu semblable fait par les Cattes.

Les sacrifices d'hommes se faisaient de manières très-diverses : on les noyait, et, à ce dessein, il y avait dans chaque sanctuaire, à côté des autels, un puits dans lequel on les précipitait; on les pendait aux arbres, on les mettait en croix, on les perçait de flèches, on les jetait en l'air pour les recevoir sur des lances, on les poussait dans des précipices, on les assommait à coups de massue, on les faisait mourir sous le bâton, on les enterrait, on les brûlait vivants. Les Gaulois et les Slaves étaient, sous ce rapport, les plus cruels; mais les victimes, comme parmi les sauvages de l'Amérique de nos jours, se faisaient une gloire de souffrir sans se plaindre et de braver les tourments. Quand le sacrifice humain était divinatoire, on tuait la victime sous le glaive, pour que les devins pussent juger de l'avenir par le sang et par les entrailles. Dans les Gaules, le devin les frappait au défaut des côtes, et tirait ses présages de la palpitation des membres. Souvent on avait une grande cuve d'airain, appelée par les anciens le taureau d'airain, par suite d'une méprise des écrivains romains, traduisant ainsi le mot germanique *oxhoff*, qui veut dire tête de bœuf et un grand vaisseau. On égorgeait les prisonniers sur cette cuve, et on observait avec beaucoup de soin la manière dont le sang coulait. Ces cuves étaient une chose si sacrée, qu'on jurait sur elles, et qu'on les prenait pour le symbole le plus expressif de sa foi. Ainsi les Cimbres ayant pris, dans la campagne contre Marius, des soldats romains dont ils admiraient la bravoure, les renvoyèrent sur leur parole, après leur avoir fait prêter un serment sur leur cuve. Plus tard, dans un traité qu'ils conclurent avec l'empereur Auguste, ils lui envoyèrent une de ces cuves comme gage de leur foi. Les Germains et les Scandinaves suspendaient les cadavres tout entiers des victimes aux arbres de leurs sanctuaires.

Les animaux étaient surtout immolés dans les sacrifices de remercîment; mais ils pouvaient aussi servir à des sacrifices expiatoires pour les divinités inférieures. On ne pouvait, dans aucun cas, sacrifier d'autres animaux que ceux dont la chair était généralement mangée; car d'abord on ne pouvait pas offrir à la Divinité ce qui n'était pas même agréable aux hommes; puis il y avait cette différence entre les sacrifices des peuples du Nord et ceux de la Grèce et de Rome, qu'on ne brûlait pas les victimes, mais qu'on les mangeait, après en avoir voué aux dieux, c'est-à-dire cloué aux arbres dans le sanctuaire, la tête, le cœur, le foie, la langue, quelquefois aussi la peau. Tous les sacrifices publics étaient en même temps des festins : la chair était coupée, distribuée, et on mangeait dans le sanctuaire; ou bien, dans les sacrifices moins solennels, chacun pouvait emporter chez lui sa portion. Le peuple participait ainsi à l'offrande sacrée, et les dieux étaient censés être les commensaux de son festin. Dans les grands sacrifices, les rois étaient tenus de goûter de tous les mets.

Le cheval était l'animal préféré dans les sacrifices de tous les peuples du Nord sans distinction, par la raison qu'après les esclaves il était l'être le plus utile et le plus précieux pour des peuples si longtemps nomades; puis nous avons vu qu'on lui attribuait quelque chose de divin. Par conséquent, on mangeait généralement de la chair de cheval; ceci devint même plus tard le signe de distinction le plus caractéristique entre les chrétiens et les païens. Le roi Hakon de Norvège, que ses propres sujets soupçonnèrent d'apostasie, fut forcé par eux de manger de la chair de cheval, pour prouver qu'il n'avait pas abandonné l'ancienne religion. Lorsqu'à leur tour les Norvégiens furent devenus chrétiens avant les Suédois, ils donnèrent aux derniers le sobriquet de *mangeurs de cheval*. Même jusqu'au temps de saint Boniface, on réitéra sévèrement aux Thuringiens la défense de manger du cheval, et nous avons déjà dit que les Islandais se réservèrent expressément ce droit lorsqu'ils acceptèrent la nouvelle religion. C'est surtout aux chevaux pris sur l'ennemi et immolés qu'on coupait les têtes pour les suspendre dans les bois sacrés. Lorsque le consul romain Cænia, en s'approcha du théâtre de la défaite de Varus, il vit une immense quantité de têtes de chevaux clouées aux arbres : c'étaient celles des chevaux des Romains, pris dans le combat par les Germains et immolés par eux à leurs dieux.

Outre les chevaux, on immolait des bœufs et des vaches, de couleur noire principalement, puis des verrats, mets délicieux pour nos ancêtres, des cochons de lait, des agneaux, des boucs et des chèvres. Probablement on marquait dès leur naissance les animaux qui étaient destinés pour les sacrifices; car la loi des Francs fixait une amende plus forte pour le vol d'animaux dits votifs. L'animal à sacrifier ne devait pas non plus avoir servi au travail. Parmi les volatiles, on sacrifiait surtout des coqs, plus rarement des oies. En fait de gibier, c'étaient des cerfs, des chevreuils, des sangliers, jamais des ours, des loups ni des renards, ou des chiens, qui, bien qu'ils fussent le symbole de la fidélité, paraissaient impurs. Ordinairement on ne choisissait que les mâles, et de préférence les animaux de couleur blanche : on les parait de fleurs et de couronnes; on dorait les cornes des bœufs et des vaches. Avant de les immoler, on les faisait passer entre les sièges des assistants, pour leur donner l'apparence d'aller spontanément au sacrifice.

La victime était immolée sur la pierre destinée aux sacrifices, et le sang, qui coulait de la rainure dont ces pierres étaient pourvues, était reçu ou dans une fosse creusée près de l'autel, ou dans des vases. Le prêtre en aspergeait les tables et les vases sacrés, les assistants et les arbres sacrés. On devinait d'après l'inspection du sang; peut-être en buvait-on aussi, mêlé d'hydromel ou de bière. Ordinairement les cuves de l'autel servaient à cuire la viande; jamais elle n'était rôtie. De ces cuves vient sans doute la chaudière où les sorcières, selon les traditions, faisaient bouillir leurs philtres. Nous avons déjà dit qu'il n'y avait pas de sacrifices où tout fût brûlé; on n'avait pas même d'idée de sacrifices consistant en fumées odorantes, et le doux encens des chrétiens était quelque chose de tout nouveau pour les païens.

Quant aux offrandes en blé, en fruits, en fleurs, en lait, en miel, on les faisait dans sa maison. En enlevant sa récolte, l'agriculteur laissait un monceau d'épis sur le champ pour les divinités qui avaient béni son travail; on laissait de même quelques pommes ou poires sur les arbres fruitiers; on élevait sur des collines des perches, auxquelles on suspendait des couronnes de fleurs, ou on les attachait à des arbres, autour desquels on dansait. Dans les festins religieux, on ne manquait pas de boire en mémoire (mainè) des divinités, des morts et des absents, et cette coutume était tellement enracinée au cœur de ces peuples, qu'ils firent plus tard en mémoire du Christ, de Marie et des saints, ce qu'ils avaient fait en mémoire des anciens dieux. Les premiers évêques furent assez prudents pour permettre ces libations dans le voisinage immédiat des églises, jusqu'à ce que Charlemagne y mît pour toujours fin, à cause de l'immense abus qu'on en faisait.

Comme il a été déjà dit, les peuples du Nord n'avaient ni images ni statues de leurs divinités, même quelque temps encore après qu'ils avaient eu des temples et des théogonies : Partout les symboles étaient ou de grands chênes, ou de grosses pierres placées dans les sanctuaires. Chez les Alains comme chez les Scythes, le dieu suprême, en tant que dieu de la guerre, était représenté sous la forme d'une épée plantée ou dans le sol, ou sur une colline artificielle faite avec des fascines qu'on apportait tous les ans avec cent cinquante chariots. On sacrifiait des chevaux et d'autres animaux devant cette colline, et de leur sang on arrosait cette épée. Les Scythes et les Huns ne sacrifiaient pas des hommes au dieu de la guerre; ce que Tacite remarque aussi relativement aux Germains de son époque, qui n'en sacrifiaient qu'à ce que cet historien appelle leur Mercure, c'est-à-dire au ciel. Les anciens habitants de l'Italie vénéraient de la même manière une lance plantée dans le sol. Toutefois, tous ces peuples avaient des enseignes militaires, consistant en figures de dragons, de sangliers et d'autres animaux, qu'on conservait en temps de paix dans les bois sacrés.

Ces sacrifices, ces sanctuaires, ces divinations surtout, supposent nécessairement, partout et à toutes les époques, l'existence de sacrificateurs, de devins et de prêtres; mais les institutions sacerdotales, le pouvoir, les attributions et l'influence des prêtres, devaient se développer chez ces peuples d'une manière bien différente, et conformément à la direction diverse que prenaient leurs religions elles-mêmes. Une hiérarchie complétement organisée à l'instar de celles des anciens Perses, des Hindous et de l'Europe catholique, n'est connue, relativement à l'ancienne Europe septentrionale et occidentale, que chez les Celtes, dans les Gaules et dans la Grande-Bretagne. Le chapitre suivant traitera en détail des institutions hiérarchiques de ces peuples. Quelques indices nous font supposer un pouvoir sacerdotal fort puissant chez quelques peuples slaves. La plus grande obscurité règne sous ce rapport, relativement aux deux grandes branches de la race gothique, établies en Scandinavie et dans la Germanie. L'histoire nous en dit aussi peu que l'Edda et la mythologie scandinave; mais la nature même de cette mythologie, et les effets politiques qu'elle a évidemment produits, écartent toute supposition d'un grand pouvoir politique des pontifes chez les races germaniques au temps du paganisme. Deux passages qu'on rencontre dans les écrits de César et de Tacite, et où il est question des Germains à deux époques distantes d'un siècle, confirment cette supposition. César raconte, au sujet des Germains, qu'au contraire des Gaulois, ils ne faisaient pas beaucoup de cas des sacrifices, et qu'ils n'avaient point de druides qui présidassent au culte de leurs divinités. Selon Tacite, tout père de famille était, chez les Germains, en même temps le prêtre et le sacrificateur de sa maison. La déclaration de César, qui ne connaissait que superficiellement les Germains, doit être acceptée avec beaucoup de réserve. Au contraire, ce qui a été observé par Tacite, un siècle plus tard, a été probablement toujours ainsi, quoique pendant le temps qui s'est écoulé entre les deux observateurs, les Germains paraissent avoir adopté la théogonie odinique, qui n'était nullement favorable au pouvoir pontifical, et qui fondait plutôt celui des rois. Il paraît certain que les Germains sacrifiaient moins souvent des victimes humaines que les Gaulois, et qu'il y avait chez eux des prêtres de la cité, qui présidaient aux sacrifices et aux cérémonies publiques de tout un peuple, tandis que le culte privé était exclusivement dans les mains des pères de famille; ceci était indubitablement une grande restriction à l'influence sacerdotale. Nous trouvons encore un autre indice de la dépendance où les prêtres étaient du pouvoir temporel, dans une loi des Anglo-Saxons, qui défendait aux pontifes de porter des armes et de monter des chevaux entiers. Dans les Gaules, le clergé était, au contraire, armé, et se disputait quelquefois par les armes la succession au pontificat suprême.

Cependant le pouvoir judiciaire ne paraît pas avoir été séparé du pouvoir pontifical chez aucun peuple de l'ancienne Europe du Nord. Les séances judiciaires s'appelaient, en germain et en scandinave, *things*. Or, un des noms gothiques des pontifes est *cotine*, composé de deux mots, dont l'un signifiait dieu, et dont l'autre désignait les séances des juges. D'ailleurs, les séances judiciaires avaient lieu dans les sanctuaires, comme les assemblées politiques et civiles; la police des derniers appartenait donc ainsi de droit aux prêtres. En Islande, les fonctions judiciaires des prêtres se maintinrent encore quelque temps après l'introduction du christianisme, mais jamais il n'est question de leur influence politique dans les cours des rois scandinaves. Tacite dit expressément que les prêtres des Germains avaient aussi la police sur les armées entrées en campagne. Il était permis aux seuls prêtres, dit Tacite, de blâmer, de faire lier ou battre quelqu'un pendant la campagne, et ils ne faisaient pas cela pour punir, et sur l'ordre du capitaine, mais parce que la Divinité, qu'on croyait présente aux armées, était censée le commander. Sans doute, les prêtres exerçaient partout aussi une influence indirecte par les interprétations et les divinations; mais on ne sait pas, du moins pour ce qui concerne les Germains, si l'office de devin et celui de sacrificateur étaient réunis dans la même personne, ou si c'étaient des charges séparées. Néanmoins, on suppose qu'en Scandinavie, en Germanie et dans les pays slaves, les prêtres formaient aussi, sinon comme dans les Gaules une corporation organisée et gouvernée par des chefs, du moins une caste à part et héréditaire. Selon Jornandès, les prêtres des Goths avaient seuls la tête couverte pendant les sacrifices, et recevaient, pour cette raison, le nom latin de *pileati*. Sans doute, les pontifes récitaient aussi chez les Germains les prières solennelles et publiques, immolaient les victimes dans les sacrifices, bénissaient les rois élus et les morts, peut-être aussi les mariages, et faisaient prêter les serments.

Comme chez les Celtes, il y avait aussi chez les Germains des prêtresses, et il paraît qu'elles jouissaient de plus de considération que les prêtres, du moins comme devineresses; car les Germains croyaient que les femmes, agissant plutôt involontairement que par réflexion, avaient en elles quelque chose de divin. L'histoire ne nous a conservé le nom d'aucun prophète ou devin, mais bien ceux de plusieurs prophétesses; on nous a parlé surtout de Velléda, faite prisonnière par Vespasien, et conduite en triomphe à Rome, après avoir habité une tour isolée, située sur le Rhin, où l'on allait la consulter comme une déesse, et où on se soumettait aveuglément à son arbitrage dans des contestations de peuple à peuple. Tacite ajoute les noms d'Auzinia, de Ganna, de Thiotra. Lorsque les Cimbres envahirent la haute Italie, ils avaient avec eux toute une bande de devineresses, que Strabon décrit avec détails. Elles étaient toutes avec des cheveux gris, habillées de blanc, couvertes d'une saie de toile attachée par le haut avec des boucles; autour des reins, elles avaient une ceinture de cuivre, et marchaient les pieds nus. Ces femmes couraient, l'épée à la main, au-devant des prisonniers qu'on amenait au camp, et après s'en être rendues maîtresses, elles les menaient à la cuve d'airain. Sur la cuve, il y avait un banc où la prophétesse montait, et tirant à soi les prisonniers l'un après l'autre, elle leur coupait la gorge et tirait des présages par l'inspection de leur sang, tandis que d'autres disséquaient les cadavres de ceux qu'on venait d'égorger, et en examinaient les entrailles. Ce tableau hideux contraste singulièrement avec le portrait gracieux qu'on fait de Velléda, jeune fille des Bructères. Aussi les Cimbres appartenaient-ils à cette branche de Germains qui était mêlée de Gaulois, et à laquelle des savants modernes attribuent principalement le développement du système druidique dans les Gaules.

On ne sait rien de positif sur le costume des prêtres. Une fois seulement, Tacite parle de la robe de femme d'un pontife. Peut-être le costume des prêtresses des Cimbres était-il celui de tous les prêtres.

CHAPITRE TROISIÈME.

Histoire religieuse des populations celtiques dans les Gaules et dans la Grande-Bretagne.

Les anciennes Gaules nous présentent le spectacle unique d'une nation nombreuse et puissante, arrivée à un degré de civilisation telle qu'elle s'adonne partout à l'agriculture et au commerce, possède des villes nombreuses et fortes, connaît les richesses et les raffinements du luxe, et ne professe cependant d'autre religion que celle qui consiste dans l'adoration des phénomènes de la nature extérieure, comme émanés d'une seule puissance divine invisible, une religion toute païenne et pourtant sans dieux personnifiés, sans mythes, sans temples et sans idoles. Des écrivains modernes, s'appuyant sur quelques données des auteurs de Rome et de la Grèce, ont, il est vrai, admis l'existence simultanée, dans les Gaules, de deux religions diverses, à savoir, un panthéisme métaphysique et un véritable polythéisme; mais rien ne prouve que ce dernier ait été jamais autre chose qu'un culte purement local ou adopté çà et là après l'invasion romaine, par esprit d'imitation ou de flatterie envers les vainqueurs. Nous avons déjà dit que les Romains, en signalant l'existence dans les Gaules d'un polythéisme tout à fait semblable au leur, avaient pris les attributs variés et différents d'une même divinité pour des attributs appartenant à autant de divinités diverses, trompés en cela par la conformité de quelques-uns de ces attributs avec ceux qu'ils donnaient eux-mêmes aux dieux divers de leur Olympe. Puis le culte des éléments eux-mêmes, tels que l'eau, le feu, le soleil, devaient les conduire à supposer ce culte des éléments personnifié sous les formes d'un Apollon, d'un Vulcain, d'un Neptune. La preuve que ce fut là de leur part une simple supposition, c'est qu'ils ne nous indiquent nulle part les formes sous lesquelles ces prétendus dieux personnifiés étaient adorés. On sait, d'ailleurs, qu'un des principes de la politique romaine était d'adopter les divinités indigènes des nations conquises ou à conquérir; d'en rechercher par conséquent partout les traces ou d'en provoquer le culte; et l'histoire nous dit qu'elle avait spécialement appliqué ce principe aux Gaules, afin de jeter de la division dans les esprits.

Nous avons expliqué pourquoi les Romains pouvaient avec raison désigner par le nom de leur Mercure la divinité suprême et primitivement unique de tous les peuples du Nord. Dans les Gaules, ce qui dut surtout les confirmer dans la supposition que Mercure était partout vénéré de préférence, c'était le grand nombre de pierres placées dans les sanctuaires, et particulièrement sur les routes, usage pratiqué chez les Grecs et les Romains par rapport à leur dieu des chemins. Le dieu-ciel des Gaulois s'appelait Dis ou Teutatès, c'est-à-dire le père de Teut, fils du Ciel et de la Terre, dont les Gaulois, selon le dire de leurs druides, étaient issus. Or, tous les peuples septentrionaux s'attribuaient dans leurs traditions nationales une semblable origine. L'empereur Julien avait bien reconnu la véritable signification de ce Teutatès-Mercure, lorsque, pendant son séjour dans les Gaules, il adressait durant la nuit, où les Gaulois pratiquaient de préférence leurs rites et leur culte, ses prières à ce dieu, comme au dieu de l'intelligence suprême, au dieu universel, au conducteur des âmes, qu'il recevait après la mort.

Le second dieu qui nous est désigné comme ayant été généralement adoré dans les Gaules, porte le nom de Hésus. Mais celui-ci est représenté aussi avec des attributs tout différents. Généralement on le désigne comme le dieu de la guerre, comme le Mars des Gaulois; mais un bas-relief, trouvé sous le chœur de Notre-Dame de Paris, et qui date de l'époque romaine, le représente couronné de feuillage, une cognée à la main et le genou gauche appuyé sur un arbre qu'il coupe, donnant aux hommes l'exemple des travaux rustiques. C'est donc toujours le même dieu, réunissant en soi tous les attributs. Selon quelques mythographes, le nom de Hésus rappelle évidemment celui des Ases des Scandinaves, et des Aesars des Étrusques, nom qualificatif donné aux divinités en général. D'autres ont cru voir dans Hésus le même personnage que les Celtes du pays de Galles ont divinisé plus tard sous le nom de Hu ou Hy, comme premier législateur druidique et grand prêtre de sa nation, qui l'a apporté d'Orient en Europe. Nous verrons plus tard que celui-ci a aussi reçu tous les attributs d'une divinité universelle, tout en restant druide et prêtre de soi-même, personnage mystérieux dont le peuple n'a jamais dû avoir qu'une notion vague et abstraite, et qui était sans doute toujours l'objet de la vénération secrète des druides, qui se le réservaient pour eux seuls.

On nous désigne comme troisième dieu généralement reconnu par les Gaulois, Taranis, le dieu du tonnerre, en le comparant au Jupiter des Romains. Mais c'est Lucain qui, seul parmi les anciens, le mentionne, et nous ne le retrouvons que chez les Celtes établis en Allemagne, lesquels, sous le nom de Taran, le portèrent chez les peuples slaves, leurs voisins, en Bohême et en Moravie. C'est encore le dieu-ciel, en tant que président à la fertilité du sol et à l'abondance des moissons, dieu que nous voyons invoqué dans tous les autres pays du Nord, dès l'époque où l'agriculture commença à disputer la prépondérance au système de guerre. C'est le Donar des Allemands, le Thorr des Scandinaves, dieu élémentaire et probablement antérieur à l'introduction du culte apporté par les Ases en Suède ; c'est le Pierun ou le Perkeunos des peuples slaves, qui devint de préférence la divinité prépondérante chez les peuples agriculteurs.

Mais rien ne prouve d'une manière plus évidente l'habitude des Gaulois de réunir, à l'instar de tous les peuples du Nord, dans le seul dieu-ciel les attributs et les symboles de toutes les forces physiques et intellectuelles de la nature, que la description que Lucain nous fait de l'image d'une divinité qu'il appelle l'Hercule Ogmius des Gaulois, image qui doit aussi dater de l'époque où le contact avec les Romains avait déjà introduit l'usage des statues et fait même connaître la mythologie romaine. « C'est un vieillard décrépit, dit Lucain, qui a le derrière de la tête chauve ; le peu de cheveux qu'il conserve sur le devant sont parfaitement blancs. Il a la peau ridée et d'un noir de suie, comme les vieux marins. Couvert d'une peau de lion, il tient une massue dans la main droite ; un carquois lui pend sur les épaules, et dans sa main gauche est un arc bandé ; enfin il a tout l'attirail d'Hercule. Mais ce qu'il y a de plus extraordinaire dans ce tableau, c'est que ce vieux dieu traîne après soi une grande multitude d'hommes, qu'il tient tous attachés par les oreilles avec des chaînes d'or émaillé fort délicates et fort précieuses, qui ressemblent à celles qu'on porte autour du cou. Attachés par des liens si fragiles, ils ne pensent pas à s'enfuir ; ils ne résistent point ; ils le suivent volontairement et avec joie, en louant celui qui les conduit ; ils se hâtent même, et on voit, par les chaînons qui sont lâches, qu'ils tâchent de devancer leur conducteur. Le bout de la langue du dieu est même percé, et les petites chaînes y sont attachées, de sorte qu'elles vont toutes aboutir à sa bouche, et que le dieu tire toute la foule avec sa langue. Le dieu a les yeux tournés vers la multitude, qu'il regarde d'un air gracieux et riant. » On n'aura pas même besoin de savoir que le mot *ogma* veut dire, dans l'ancienne langue celte, lettres secrètes écrites en chiffres, pour comprendre que dans ce vieillard sont réunis les symboles du dieu créateur comme le plus ancien des êtres, du dieu de la guerre et de l'extirpateur des géants, et enfin du dieu de l'intelligence, l'inventeur des arts et des lettres, le dieu de l'éloquence, qui entraîne par la douceur et l'harmonie de ses discours ; enfin, c'est une autre représentation bizarre d'Odin le Scandinave, le père universel, le directeur des batailles et des victoires, le Hermès Trismégiste, l'inventeur des runes, le distributeur de la poésie; Odin, qui, lui aussi, est souvent représenté en vieillard, enveloppé d'un large manteau et couvert d'un chapeau à larges bords. L'Hercule Ogmius se ressent seulement de l'influence de la mythologie romaine.

Enfin, il est fait encore mention d'un dieu gaulois plus généralement vénéré sous le nom de Belenus, comme dieu de la lumière, et qui, présidant aussi à la médecine, rappelle en effet Apollon. Ceux qui expliquent son culte dans les Gaules par le voisinage des colonies phéniciennes, oublient que la fête de Beiltine, dont nous avons parlé dans le précédent chapitre, était célébrée dans toutes les Gaules, et qu'elle se maintint même fort longtemps sous ce nom dans la Grande-Bretagne. Mais c'était sans contredit un simple esprit élémentaire du feu et de la lumière, qui, dans les environs de Marseille, avait été avec le temps identifié avec l'Apollon grec.

Les autres divinités gauloises dont on nous parle sont tout à fait locales : ce sont des esprits et des génies tutélaires, dont les noms, d'ailleurs, ont été trouvés dans les inscriptions monumentales, qui sont toutes de l'époque gallo-romaine. On y voit une déesse Ardoziunne, résidant dans la forêt des Ardennes; un dieu Vosège, déification des Vosges; le génie des Arvernes; la déesse Bibracte, déification de la ville capitale des Éduens; le dieu Nemausus, chez les Arécomikes; la déesse Aventia, chez les Helvètes; enfin le Jupiter Penninus, en Helvétie, lequel n'est rien autre chose que le Jupiter romain, ayant un temple sur la cime (penn) des Alpes. Le nombre même de ces divinités locales prouve de la manière la plus évidente que, avant l'invasion romaine, il n'a jamais existé un polythéisme gaulois ou celtique reconnu par la nation ou la race tout entière; que ces divinités étaient pour la plupart empruntées, et qu'au contraire elles n'auraient pu s'introduire dans les Gaules, si la religion indigène eût pu fournir des formes de ralliement pour pouvoir les opposer aux influences d'une mythologie étrangère, qui, lorsqu'elle envahit les Gaules, avait fait, dans la personne de l'empereur Auguste et de ses successeurs divinisés, descendre sur la terre des dieux reconnus par une vaste partie du monde, pour la gouverner, en séjournant constamment parmi les hommes. C'est même le besoin d'avoir des dieux tutélaires personnifiés, que les croyances nationales ne donnaient pas, qui probablement fut cause de la création de ces divinités de provinces et de villes à l'époque où le pouvoir des druides était brisé.

On peut donc dire que la religion celte était un panthéisme, conservant le fond de l'ancien monothéisme qu'on avait apporté de l'Asie; que ce panthéisme, maintenu bien plus longtemps que chez les autres peuples par les efforts des prêtres, a été remplacé par le polythéisme romain au moment où il commença à manifester une tendance à se dissoudre en un polythéisme par trop multiple, et qui a été arrêté ainsi au milieu de la marche qui, selon Schelling, est commune à toutes les anciennes religions.

L'existence et la longue domination d'une religion païenne sans dieux à formes humaines, restant à l'état du simple symbolisme et sans produire des mythes, s'expliquent par la circonstance seule, qu'à côté de ce culte tout pur de la nature extérieure, tel qu'il avait dû se présenter primitivement aux peuples du Nord, il se trouvait dans les Gaules une hiérarchie sacerdotale plus fortement organisée que ne l'a jamais connue aucune autre nation du Nord. En effet, mettez une caste de prêtres nombreuse et puissante en présence d'un principe qui proclame la divinité répandue dans tous les objets visibles, parlant à ceux qui possèdent le secret de les interroger, et prêtant ses forces à ceux qui savent les conjurer ou les dompter, et tous les efforts de ces prêtres tendront à perpétuer une manière de voir qui met nécessairement dans leurs mains la domination exclusive, la direction des âmes comme le pouvoir civil. Ils auront surtout le plus puissant intérêt à s'opposer à la croyance de dieux personnifiés, de dieux qui, sous cette forme, doivent tôt ou tard, aux yeux du peuple, intervenir directement dans les affaires humaines, se mettre en relation avec les hommes et choisir indistinctement les mortels qu'ils veulent favoriser de leur commerce. Or, les peuples ont toujours cru les dieux plus disposés à s'associer à leurs magistrats et à leurs chefs qu'à leurs pontifes. Les prêtres combattront nécessairement à outrance toute croyance qui peut conduire à la création de mythes qui font descendre des divinités elles-mêmes les chefs laïques, en apportant à leur autorité la sanction de la religion.

Il est très-vrai que les prêtres celtes étaient, dans cette tâche, autant favorisés par les circonstances sous lesquelles vivaient ces peuples, que les chefs guerriers des Scandinaves et des Germains l'étaient dans leurs tendances opposées par les influences que nous avons déjà développées. Les Celtes habitaient en général des pays plus fertiles et d'un climat bien plus tempéré; ils purent de bonne heure s'adonner à l'agriculture; rien ne les portait donc à émigrer; ils n'y étaient pas excités par la facilité des communications que présentait le bassin de la Baltique. Il fallait trop de peines et d'efforts pour traverser les chaînes des Alpes et des Pyrénées pour qu'ils ne finissent pas par abandonner à leur sort leurs frères établis au delà de ces montagnes. Les côtes de la Méditerranée étaient, en Espagne comme dans les Gaules, occupées par des colonies phocéennes et phéniciennes; on ne pouvait pas se hasarder bien loin sur l'Océan, et à l'est on avait devant soi, dans la Germanie centrale et méridionale, de vastes solitudes où ces migrations de peuples pouvaient s'écouler sans être obligées de forcer le passage. Les Celtes sentaient donc peu la nécessité de se réunir souvent en grandes massses et de se grouper autour de chefs guerriers d'une autorité bien étendue. Ils pouvaient, dans leur état social, développer plutôt ce principe d'égalité et de liberté démocratique, base fondamentale du caractère des peuples du Nord, et vivre dans un grand nombre de petites cités séparées, dont la confédération passagère suffisait à conjurer un danger général quand il se présentait. Ils devaient être disposés à accorder aux prêtres un pouvoir fort parce qu'il était purement moral. Aussi longtemps que les Romains furent hors d'état de les subjuguer, l'influence religieuse de ces voisins dut être d'autant plus faible auprès des Gaulois, que leurs prêtres devaient faire une guerre plus acharnée à la mythologie romaine, guerre où devait périr enfin une de ces deux religions si antipathiques. Car on voit que partout, dans leurs excursions lointaines, les Celtes furent excités sans doute par leurs prêtres à détruire les temples des Romains et des Grecs.

Mais ces circonstances extérieures ne pouvaient que favoriser le développement et la consolidation d'un état de choses qui avait pris déjà une certaine extension dès le commencement de l'établissement des Celtes en Europe, les seules influences du climat et du sol des contrées du nord ne pouvant partout créer que la prépondérance et le pouvoir des guerriers. L'existence d'un pouvoir théocratique aussi développé que nous le trouvons chez les Celtes seuls doit nous faire supposer, avec une grande vraisemblance, qu'eux seuls, parmi les peuples du Nord, l'avaient déjà apporté de l'Asie. Nous avons dit que les événements qui avaient dispersé la famille indo-européenne établie dans le centre de l'Asie sont inconnus; mais un coup d'œil jeté sur l'histoire primitive des Hindous peut nous faire deviner les motifs des migrations qui se firent d'Asie en Europe et expliquer en même temps la cause première des caractères si distincts et de la marche historique si différente des grandes races des peuples sortis de cette souche, et qui se sont successivement établis en Europe.

Nous voyons dans l'Inde trois castes en présence, et les deux premières de ces castes, les prêtres et les guerriers, se disputer la suprématie avec des chances diverses; mais toutes les deux oppriment la troisième caste, celle des parias, jusqu'à ce qu'enfin les prêtres l'emportent définitivement. Ces luttes provoquèrent probablement les migrations. Les fractions de l'une ou l'autre caste partirent, pendant la durée de la lutte, pour se soustraire à l'oppression et aux vengeances du parti momentanément vainqueur ; les parias ont sans doute de tout temps essayé de se soustraire au joug qui les écrasait. Ainsi, on comprendrait parfaitement pourquoi chez les Celtes la théocratie, et chez les Germains le pouvoir monarchique et guerrier, présidaient aux institutions religieuses et civiles qui étaient propres aux deux premières castes, et pourquoi les Slaves, ce peuple d'un naturel paisible et de tout temps agriculteur, anciens parias en Asie, ont de tout temps été en butte à l'anarchie civile et religieuse, réduits à emprunter de tous côtés des croyances et des institutions, toujours hors d'état de former des gouvernements et des états stables et bien organisés, et constamment exposés à être maltraités, subjugués, dénationalisés, ou du moins gouvernés par les Germains, leurs voisins.

Ce qui rend cette supposition plus vraisemblable encore, c'est que nous trouvons parmi les Celtes des Gaules et de la Grande-Bretagne, dès le commencement de leur histoire, deux éléments distincts qui se livrent une guerre incessante jusqu'à ce qu'ils se transforment tous deux et se fondent ensemble dans la nationalité gallo-romaine. Il y avait même deux races très-distinctes dans les Gaules : les Gaulois proprement dits et les Kimri, race que tous les historiens désignent comme étant arrivée dans les Gaules plus tard que les Gaulois. Il y a eu même deux invasions des Kimri : la première s'était fondue entièrement avec les Gaulois et formait la population gallo-kimrique; la seconde était restée sans mélange et s'appelait belge. Mais les Celtes-Kimri formaient la population la plus nombreuse. Toutes les Gaules étaient habitées par soixante-deux nations, dont dix-sept gallo-kimriques et vingt-trois belges, tandis que les Gaulois purs n'en formaient que vingt-deux. Or les traditions des Kimri racontent que ce sont eux qui ont introduit et qui ont fait prévaloir partout dans les Gaules, soit par la force, soit par une propagande morale, la théocratie gauloise et le système druidique proprement dit. Nous savons en outre qu'il y a eu dans les Gaules une lutte continuelle entre la théocratie et les chevaliers. Les Celtes-Gaulois, arrivés les premiers, étaient donc plutôt de la caste guerrière ; les Belges occupèrent plus tard surtout les Iles Britanniques, et la Grande-Bretagne est toujours représentée comme le principal foyer du système druidique. L'Irlande fut occupée par la race gallo-kimrique, et nous verrons plus tard la différence qui se manifesta entre les institutions des Irlandais et celles des habitants des pays de Galles et de Cornouailles, lorsque les deux peuples se virent en état de reconquérir leur nationalité et leur indépendance sur les Anglo-Saxons.

Par suite de la coexistence de ces éléments divers, l'histoire des Gaules offre trois époques bien distinctes. La première et la plus longue est celle de la domination de la théocratie pure. Elle dura jusqu'à la première moitié du troisième siècle avant notre ère ; elle cessa donc deux siècles seulement avant la conquête des Gaulois par les Romains. Cette domination devait par conséquent avoir formé tout à fait le caractère religieux et social de la nation. Ce ne fut qu'à l'époque indiquée, que les familles des chefs des tribus s'insurgèrent et constituèrent une aristocratie militaire ; mais les soixante-deux nations de la Gaule, subdivisées de nouveau en plusieurs centaines de tribus, restèrent indépendantes les unes des autres, et liées seulement par des fédérations. Ce fut le règne illimité de la violence et de l'anarchie. Mais, même à cette époque, les prêtres avaient acquis le privilége de diriger l'éducation, d'appliquer les lois tant civiles que religieuses, et le sacerdoce ne manqua pas de profiter de cette influence pour ressaisir plus tard, en partie du moins, le pouvoir. Déjà, vers la dernière moitié du second siècle, les villes avaient opéré une troisième révolution, qui brisa la puissance éphémère et disséminée des chefs militaires, établit le règne de la démocratie élective dans une foule de cités séparées ou confédérées, et plusieurs constitutions admirent de nouveau les prêtres parmi les autorités des cités, parce qu'ils avaient favorisé la cause du peuple.

Pendant tout ce temps le pouvoir des prêtres était resté toujours plus grand chez les Kimri que chez les autres peuples de la Gaule, et l'Angleterre surtout était devenue le foyer des doctrines qui étaient restées pures et le plus accréditées. Ainsi la rébellion de l'aristocratie militaire et aristocratique contre la domination de la caste sacerdotale, qui s'était toujours recrutée par l'élection, n'avait eu d'autre résultat que de préparer les voies à la domination plus démocratique des villes qui, en s'étendant et en se multipliant, avaient créé un peuple à part, mais élevé par les prêtres et soumis à leur influence.

Le corps sacerdotal des Gaulois se composait de trois classes, savoir : les druides proprement dits, les ouates ou vates, et les bardes. Les Druides étaient ainsi appelés du mot *derw*, *deru* ou *dair*, qui signifie chêne ; car ils demeuraient dans les sanctuaires, qui, comme nous l'avons vu, étaient, pour la plupart, des forêts de chênes. Ils devaient y loger dans des cavernes, parce qu'il était défendu de bâtir dans les sanctuaires. Ils y menaient une vie retirée, et formaient la classe savante, qui s'occupait des doctrines religieuses et civiles, de la théologie, de la morale, de la législation ; ils formulaient les arrêts, que les autres classes de l'ordre exécutaient, et s'occupaient surtout de l'enseignement religieux et civil. Plusieurs auteurs grecs ajoutent qu'ils y vivaient en communauté à la manière des pythagoriciens, s'appliquant à des questions ardues et s'élevant au dessus de la condition humaine. Leur enseignement était tout verbal ; leurs doctrines étaient rédigées en vers, et ces vers étaient si nombreux que les élèves passaient quelquefois vingt années à les apprendre. Ces vers renfermaient sans doute toutes les règles de la magie, de la divination, de la médecine et de l'art oratoire, par lequel les Gaulois se distinguaient entre tous les autres peuples ; ils contenaient en outre quelques notions d'astronomie, quelques principes de théologie, de morale et de législation, enfin tout ce qui pouvait constituer alors la science. Une partie de ces disciples allaient trouver les druides de leur propre mouvement ; les autres étaient envoyés par leurs parents. Toute cette jeunesse demeurait avec ses maîtres dans les sanctuaires, qui étaient ainsi des espèces d'académies. On y discourait, dit César, des astres et de leurs mouvements, de la grandeur du monde et de la terre, de la constitution de l'univers, de la puissance et de l'empire de la Divinité. Ils enseignaient dans tous ses détails l'art de la poésie, et leurs doctrines devaient être rédigées en vers, pour s'imprimer plus facilement dans la mémoire, et pour former des bardes, leurs agents dans le monde civil. La magie et la divination étaient sans doute leurs doctrines occultes, qu'ils n'enseignaient qu'à ceux qui étaient destinés à devenir membres de l'ordre. Il était défendu, sous les peines les plus sévères, de déposer ces enseignements dans un écrit, et cette prohibition fut maintenue même à l'époque où la Gaule avait reçu l'alphabet grec par l'entremise des Massaliotes, et où l'on permettait au peuple de rédiger par écrit des lettres, des comptes, des transactions civiles et des contrats. La vulgarisation des sciences aurait rendu inutile le corps des druides, et aurait mis fin à leur pouvoir et à leur influence. L'ordre des druides était électif, et comme il possédait le monopole de l'éducation, il pouvait à loisir se former des adeptes au moyen desquels il se recrutait. Un druide suprême, ou grand pontife, investi pour toute sa vie d'une autorité absolue, veillait au maintien de l'institution. A sa mort, il était remplacé par le druide le plus élevé en dignité après lui.

S'il se trouvait plusieurs prétendants dont les titres fussent égaux, l'ordre s'assemblait et prononçait à la pluralité des voix; quelquefois même on se réunissait en armes. De temps à autre les druides sortaient de leurs retraites et formaient, à certaines époques de l'année, des cours de justice. Là se rendaient ceux qui avaient des différends; on y conduisait aussi les personnes accusées de crimes et de délits. Les cas de meurtre et de vols, les procès sur les héritages, étaient alors soumis à leur arbitrage. Ils infligeaient des peines, fixaient des dédommagements, décernaient des récompenses. César ajoute que leur principale assemblée se tenait une fois l'an sur le territoire des Carnutes, dans un lieu consacré, qu'on tenait pour le point central de toute la Gaule. On y voyait accourir de toutes parts ceux qui avaient des contestations; mais en général on allait trouver les druides dans leurs retraites. Selon Strabon, ils passaient pour être d'une intégrité à toute épreuve. «De là vient, dit-il, qu'on leur remet la décision des différends que les peuples ont les uns avec les autres. Quelquefois les druides des deux parties discutent entre eux ce qui fait le sujet d'une guerre, et trouvent le moyen de pacifier des armées qui étaient près d'en venir aux mains.»

Mais, en général, les druides proprement dits n'agissaient point, et se bornaient à être les gardiens des lois et des doctrines, dont l'exécution était confiée aux autres classes, aux vates et aux bardes, envoyés dans le monde comme agents et organes de la caste savante. Les vates étaient chargés de la partie extérieure et matérielle du culte et de la célébration des sacrifices; ils étaient donc les sacrificateurs et les devins. Ils vivaient dans la société civile, et en dirigeaient en grande partie les mouvements; au sein des villes, auprès des chefs et dans les armées, ils transmettaient la volonté des druides, dont ils étaient les organes. Par conséquent, ils étudiaient spécialement les sciences naturelles appliquées à la religion, l'astronomie, la divination par les oiseaux et par les entrailles des victimes, la médecine, la magie, l'art des enchantements. Les bardes étaient spécialement chargés d'agir sur l'imagination du peuple. Ils animaient par leurs chants les guerriers sur le champ de bataille, célébraient leur gloire ou blâmaient leur pusillanimité; comme chez tous les peuples du Nord, ils récitaient dans les assemblées du peuple les traditions nationales. L'effet qu'ils produisaient est décrit par les écrivains grecs et romains dans des termes très-poétiques. Comme ils parvenaient quelquefois à arrêter l'effusion du sang entre deux armées dans une guerre civile, Diodore de Sicile dit qu'au son de leurs lyres, les passions les plus sauvages s'apaisaient comme se calment les bêtes féroces.

La différence entre la position des vates dans les Gaules et celle des prêtres chez les Germains, ressort tout d'abord d'un passage de Diodore de Sicile, comparé à celui que nous avons emprunté à Tacite, où cet historien dit que chez les Germains tout chef de famille était en même temps le pontife de sa maison. Selon Diodore, il était d'usage parmi les Gaulois, quand on voulait offrir des présents à la Divinité ou lui demander des grâces, de recourir à la médiation des hommes qui connaissaient la Divinité et étaient ses confidents. Jules César dit également que les vates présidaient aux sacrifices publics et privés. Pour augmenter en même temps le nombre et l'importance de ces sacrifices, et pour faire livrer surtout des victimes humaines dans leurs mains, les prêtres gaulois enseignaient cette doctrine : à savoir que la vie d'un homme souillée par un crime pouvait être rachetée par la vie d'un autre homme. Aussi, les Gaulois se sentaient-ils attaqués d'une maladie dangereuse, ils faisaient vœu d'offrir des victimes humaines; et les superstitieux et les lâches, qui étaient obligés d'exposer leur vie aux périls d'un combat, croyaient la sauver en chargeant les devins d'immoler pour eux quelques malheureux, doctrine qui certainement eût été méprisée par une des nations exclusivement guerrières du

Nord. Plusieurs écrivains ont prétendu qu'ils enseignaient même la métempsycose et la transmigration des âmes, dont on ne trouve que quelques rares indices dans les mythologies des autres peuples du Nord, et qu'il dépendait du prêtre d'empêcher une transmission imminente, en livrant aux agents de la métempsycose une autre créature de la même espèce. On a prétendu encore que les druides admettaient cette métempsycose pour établir, comme peine après la mort, la transmigration de certaines âmes en des êtres inférieurs, avant de les faire arriver dans le paradis terrestre, dont nous avons parlé dans le chapitre précédent, et que les druides plaçaient dans l'île de la Grande-Bretagne, désignée déjà plusieurs fois par nous comme le foyer central du druidisme. Toujours est-il que les Gaulois croyaient si fermement à une vie future, qu'ils se prêtaient de l'argent sur la simple promesse de le rendre dans cette autre vie, et que, durant les funérailles, on brûlait des lettres, que le mort devait lire ou qu'il devait remettre à d'autres morts. Conformément à cette doctrine, que le crime d'un homme peut être expié par l'immolation d'un autre homme, ils faisaient plus qu'aucun autre peuple souffrir les victimes qu'ils immolaient; ils croyaient que l'expiation en devenait plus efficace et plus proportionnée à la grandeur des crimes qu'elle devait effacer, ou à celle des maux qu'elle devait racheter. Ainsi on construisait, en osier ou en foin, un immense colosse à figure humaine; on le remplissait d'hommes vivants, et on le plaçait sur un bûcher; un prêtre y mettait le feu avec une torche, et lorsque le colosse disparaissait sous la fumée et les flammes, le chant des devins, la musique des bardes, les acclamations de la foule, couvraient les cris des victimes. Quant à la morale enseignée par les druides, on nous dit qu'ils la résumaient dans ces trois préceptes: vénérer la Divinité, ne pas faire de mal, et être brave sur le champ de bataille.

L'influence exercée par les vates, comme devins, était également remarquable. Aucun individu presque n'osait prendre une résolution ou entamer une affaire avant de s'être assuré, par la divination, que le résultat en serait propice. Un homme voulait-il prendre femme ou entreprendre un voyage, il commençait par consulter le devin ; si le devin désapprouvait un projet, on le rejetait sur-le-champ. Dans les assemblées nationales, le devin pouvait faire ajourner toutes les propositions qui ne lui plaisaient pas ; car, quand le sacrificateur déclarait, après avoir interrogé le sort, que la Divinité n'était pas propice au projet, on ne devait plus revenir le même jour sur cette affaire. Quand cependant une résolution avait été prise contre l'avis du devin, celui-ci avait encore mille moyens d'en contrarier l'exécution. Une armée ne devait pas entrer en campagne, changer de camp, ou attaquer l'ennemi, avant que les vates eussent examiné si le moment était propice à ces opérations. Les rois étaient plus que personne soumis aux avis des devins. « Il ne leur est pas permis, dit Dion Chrysostome, de mettre une chose en délibération, encore moins de rien exécuter, sans l'aveu des membres du corps sacerdotal ; ce sont, de fait, eux qui gouvernent, assis sur des trônes d'or, et logés dans des palais magnifiques, où ils ont des tables somptueuses ; les rois ne sont que les exécuteurs de la volonté des ministres de la religion. » Pour apprécier entièrement cette dépendance, il faut se rappeler que les Gaulois choisissaient eux-mêmes leurs juges et leurs rois, en se réservant le droit de les destituer : rois et juges étaient donc obligés de caresser le peuple pour se maintenir dans leurs dignités. Or, le véritable moyen de s'attirer l'affection du peuple, c'était de s'assurer la bienveillance du sacerdoce. Un roi devait avoir pour règle de ne rien entreprendre sans consulter les devins ; on les admettait dans les conseils. Le premier sacrificateur d'une nation était ainsi un personnage d'autant plus puissant qu'il était inamovible dans ses fonctions.

Il y avait aussi dans chaque canton un sacrificateur chargé

spécialement de la discipline dans les sanctuaires. Par ce moyen, le corps sacerdotal étendait constamment son influence sur tout acte public ou privé, et principalement sur l'administration de la justice. Nous avons déjà parlé de la police exercée, chez tous les peuples du Nord, par les prêtres dans toutes les assemblées civiles ou religieuses, parce qu'elles avaient lieu dans les sanctuaires. Dans les Gaules, le comte ou le juge du canton tenait ses séances judiciaires dans les mêmes lieux. Souvent on décidait par le chêne si l'accusé était innocent ou coupable, et les vates présidaient surtout à toutes les épreuves par le feu et l'eau. Quand, en outre, les prêtres voulaient punir une personne qui ne se soumettait pas régulièrement à leur arbitrage, ils n'avaient qu'à l'exclure des assemblées tenues dans les sanctuaires, ce qui l'excluait, par conséquent, aussi des assemblées civiles, et lui enlevait l'exercice de tous les droits civils et politiques. Aussi César désigne-t-il cette punition comme le plus grand malheur qui pût frapper un homme. « Tout le monde, dit-il, l'évite; on craint de l'approcher et de s'entretenir avec lui, comme si on appréhendait d'en être infecté. Il n'est pas permis de lui rendre justice quand il le demande, et on ne l'élève à aucune dignité. »

Quant à l'intérieur des familles, les vates y pénétraient, non-seulement comme ministres nécessaires aux sacrifices privés, mais aussi en leur qualité de médecins. Cet art de la médecine, ils ne l'exerçaient pas uniquement par les divinations, qui recherchaient la cause de la maladie, et par des conjurations magiques, qui prétendaient la guérir par des cérémonies et par des cantiques chantés au chevet du malade; ils administraient aussi aux malades certaines herbes, auxquelles on attribuait, et qui possédaient quelquefois en effet, une qualité médicinale; mais ces plantes devaient être cueillies ou préparées avec un cérémonial mystérieux : c'étaient les druides savants qui, dans leur retraite, fournissaient ces médicaments à leurs agents. Le samolus, par exemple, préservatif contre les maladies des animaux, devait être cueilli à jeûn; on l'arrachait de terre sans le regarder, et on le jetait de la même manière dans les réservoirs où on abreuvait les bestiaux. Avant de chercher la sélage, qui agit comme purgatif, et qui croît dans les endroits ombragés des montagnes et dans les fentes de rochers, il fallait d'abord faire des ablutions et une offrande de pain et de vin, puis marcher, nu-pieds et vêtu d'une robe blanche, vers les lieux où on espérait en trouver. Quand on en apercevait une plante, on devait se baisser comme par hasard, et, glissant sa main droite sous son bras gauche, l'arracher sans employer le fer; on l'enveloppait ensuite d'un linge qui ne devait servir qu'une fois. Avec un cérémonial semblable, on cueillait la verveine, remède contre les maux de tête. Mais la véritable panacée de la médecine druidique, et qui tirait son nom d'un mot qui signifie « tout guérissant, » c'était le fameux gui de chêne. C'est une plante qui croît sur les branches de divers arbres, le plus communément sur le pommier, le poirier, le tilleul, l'orme, le frêne, le peuplier, le noyer, et plus rarement sur le chêne, dont l'écorce dure ne permet pas facilement aux racines du gui de s'y fixer. Le gui fleurit vers la fin de l'hiver; ses fleurs, de couleur jaune, sont groupées en bouquets, et ont la forme de petites cloches. La valeur attribuée au gui de chêne avait donc sa cause dans la rareté de son apparition, dans la vénération dont jouissait le chêne, que les druides disaient être venu du ciel, et dans la circonstance que sa verdure perpétuelle sur un arbre sacré paraissait le symbole d'une végétation résistant à la force destructive de tout un hiver. Lorsqu'on se proposait de le cueillir, les druides se rassemblaient en grande pompe, en hiver, à l'époque de la floraison. On choisissait, dit Pline, pour cette cérémonie, le sixième jour de la lune, lequel marquait chez les Gaulois le commencement des mois, des années et des siècles. Après avoir préparé sous l'arbre tout ce qui était nécessaire pour un sacrifice et un festin, on faisait approcher deux taureaux blancs qui n'avaient jamais été employés à aucun travail; un sacrificateur, habillé de blanc, montait sur l'arbre, coupait le gui avec une faucille d'or, et le recevait dans un linge blanc. On immolait ensuite les taureaux, et, pendant le sacrifice, on priait la Divinité qui a fait ce présent aux hommes, de vouloir aussi le leur rendre salutaire. Les Gaulois prétendaient que le gui de chêne, pris en infusion, donnait la fécondité aux femmes et aux animaux stériles, et qu'il était en même temps un antidote contre toute espèce de poison et de maladies contagieuses. Sans doute les druides, après avoir cueilli le gui au jour consacré, qui était alors le premier jour de l'an, le distribuaient comme cadeau; d'où vient évidemment que de notre temps encore, dans plusieurs localités de France, des troupes d'enfants parcourent, le premier de mai, les rues, en frappant aux portes et en criant : « Au gui l'an neuf! » et demandent ainsi leurs étrennes. Selon M. Amédée Thierry, c'était probablement de cette façon que la récolte du gui était annoncée chez les Gaulois, et elle se faisait probablement aussi au renouvellement de l'année, qui, dans cette hypothèse, aurait eu lieu au sixième jour de la lune de mars. On voit d'ailleurs, par cette description, que l'observation des phénomènes planétaires jouait un rôle important dans tous les rites religieux des Gaulois, comme dans beaucoup d'actes de leur vie civile. Leur année se composait, selon le même écrivain que nous avons cité, de lunaisons; et leur plus long période d'années, ou leur siècle, était de trente ans, au bout desquels il y avait concordance entre l'année civile et l'année solaire, ce qui suppose, sur les trente années, onze années de treize lunes. Le sixième jour de la lune commençait le mois, l'année et le siècle, puisque alors la moitié du disque de la lune est éclairée, et que ce phénomène est invariable, tandis que le temps de la première apparition est sujet à des variations; le sixième jour était donc, en général, un saint jour, consacré aux plus solennelles cérémonies religieuses. C'est pourquoi on représentait souvent les druides tenant dans leurs mains un croissant de la lune à son premier quartier.

Les druides fabriquaient aussi des talismans, dont la vertu garantissait de tous les accidents de la vie ; tels étaient ces chapelets d'ambre, que les guerriers portaient sur eux dans les batailles, et qu'on trouve souvent dans leurs tombeaux. Le plus efficace de ces préservatifs était le fameux œuf de serpent. Ils donnaient ce nom à une pétrification d'oursin de mer, comme on l'a reconnu en trouvant sur ce fossile les signes caractéristiques qu'un auteur romain dit avoir observés lui-même sur ce talisman. On l'appelait l'œuf de serpent, pour rappeler sans doute l'œuf cosmogonique de l'Orient, ainsi que ce symbole de l'éternité formé par un serpent qui se mord la queue. Ce que les druides racontaient eux-mêmes sur la manière dont cet œuf de serpent se formait, est reproduit ainsi par Pline : « Une infinité de serpents s'enroulent et s'enlacent artistement les uns sur les autres pendant les grandes chaleurs, étant d'ailleurs collés ensemble par la bave qui leur sort de la bouche et par l'écume dont leur corps est couvert ; ils forment ainsi une espèce de peloton. Les druides prétendent entendre que les serpents jettent un œuf en l'air en faisant des sifflements, et qu'il faut le recevoir dans une saie avant qu'il retombe à terre, sans quoi l'œuf perdrait toute sa valeur ; ils ajoutent que celui qui a enlevé l'œuf doit s'enfuir à cheval, parce que les serpents se mettent à sa poursuite jusqu'à ce qu'il ait mis une rivière entre eux et lui. On dit que cet œuf, quand il est bon, doit nager sur l'eau et la remonter, fût-il même enchâssé dans de l'or. On ordonne d'enlever cet œuf un certain jour de la lune, comme s'il dépendait de l'homme de le faire produire aux serpents dans le temps qu'il fixe pour le recevoir. J'ai vu un de ces œufs que les druides vantaient beaucoup ; il avait la forme d'une pomme de moyenne grandeur. Ses écailles étaient pleines de petites cavités, semblables à celles qu'on remarque sur les bras du polype. On assure qu'il est d'une merveilleuse utilité à ceux qui le portent sur eux, pour leur faire gagner des procès, et pour leur ouvrir un libre accès auprès des rois. Cette imagination est si fausse, que l'empereur Claude fit mourir un chevalier romain, originaire du pays des Vornutiens (le Dauphiné), par le seul motif qu'en plaidant devant l'empereur, il avait porté un de ces œufs sur sa poitrine. » On voit que le bon Pline croyait lui-même sincèrement à l'existence de ces œufs. Quand l'œuf de serpent avait été éprouvé, on l'enchâssait précieusement, et on le suspendait à son cou. Les druides le portaient parmi leurs ornements distinctifs.

Les prêtresses jouaient un rôle important parmi les Gaulois. Les druides étaient mariés, et leurs femmes et leurs enfants demeuraient avec eux dans les sanctuaires. Comme magiciennes et prophétesses, ces femmes étaient des instruments d'autant plus précieux de la politique druidique, que les Gaulois, bien qu'en général ils ne traitassent pas bien leurs femmes, ont dû partager à leur égard l'opinion de tous les peuples du Nord, qui trouvaient en elles quelque chose de divin et d'inspiré. Quand les druides prenaient eux-mêmes une part active aux combats, leurs femmes présidaient aux sacrifices dans les armées. Ainsi, dans les guerres que les Romains eurent à soutenir contre les gladiateurs, composés en grande partie de prisonniers gaulois, un corps que Crassus avait détaché pour attaquer à l'improviste, fut découvert par les femmes qui sacrifiaient à la tête du camp ennemi. Quand Suetonius Paulinus, l'an 61 de notre ère, attaqua l'île de Mona dans la Grande-Bretagne, on vit, au milieu des rangs des Gaulois-Bretons, courir, avec des torches en main, des femmes vêtues de noir, les cheveux épars, et dévouant à la mort l'armée romaine par des imprécations et des cérémonies magiques, dans lesquelles on employait toujours des torches ardentes. Elles accomplissaient aussi des rites mystérieux auxquels aucun homme ne devait assister. Les devineresses et les prophétesses étaient tellement renommées, que les grands seigneurs et même les empereurs romains passaient rarement dans les Gaules sans y consulter une druidesse. Les écrivains romains citent plusieurs occasions où les prédictions de ces femmes se sont réalisées. Un jour, une prophétesse du pays de Tongres (Liége) annonça à Dioclétien qu'il serait empereur lorsqu'il aurait tué un aper (ce mot signifie un sanglier). Dioclétien saisit pendant longtemps toutes les occasions qui s'offraient de chasser au sanglier; enfin, se trouvant à la tête de l'armée romaine, il tua un préfet militaire qui avait assassiné l'empereur Numérien pour monter sur son trône, et ce préfet s'appelait Aper. Une autre druidesse annonça à l'empereur Aurélien la prospérité future de la famille de Claude.

Toutes les prêtresses n'étaient pas mariées. A quelques-unes il était prescrit de ne dévoiler l'avenir qu'à l'homme auquel elles s'étaient prostituées, tandis que d'autres devaient se vouer à une virginité perpétuelle; d'autres encore devaient, quand elles étaient mariées, s'abstenir pendant un temps désigné de tout commerce avec leurs maris. Selon Strabon, un collége de prêtresses de cette dernière espèce habitait un des îlots qui se trouvent à l'embouchure de la Loire, appartenant à la nation des Nannètes. Quoiqu'elles fussent mariées, nul homme n'osait approcher de leur demeure, et à des époques prescrites elles allaient visiter leurs maris sur le continent. Elles partaient de l'île, après le coucher du soleil, sur des petites barques qu'elles dirigeaient elles-mêmes, passaient la nuit dans des huttes préparées pour les recevoir, et aux premières clartés de l'aube, elles quittaient leurs maris pour retourner de la même manière dans leur île. Tous les ans, les mêmes prêtresses étaient obligées d'abattre et de reconstruire le toit de leur demeure dans l'intervalle d'une nuit à l'autre. Au lever du jour, couronnées de lierre et de feuillages, elles commençaient à arracher le chaume du toit et à le disperser; elles en brisaient la charpente, puis elles recueillaient les matériaux et les replaçaient. Celle qui en laissait tomber quelque chose par terre était saisie sur-le-champ par ses compagnes, qui poussaient un cri de mort, se ruaient sur elle, la frappaient, et après l'avoir mise en pièces, semaient les lambeaux de sa chair autour d'elles. Il y avait encore une autre île près de la Bretagne, où les voyageurs n'osaient pas se rendre, parce qu'on entendait au loin sur la mer des cris furieux poussés par les femmes et le bruit des cymbales. Les écrivains grecs crurent y reconnaître leur culte de Bacchus et surtout les orgies du culte de la divinité de l'île de Samothrace. Pomponius Mela parle, de son côté, des prêtresses de l'île de Sena, située vis-à-vis du cap le plus occidental de l'Armorique, où il y avait un collège de neuf vierges qui étaient appelées Senæ. Enfin, Pline raconte que quelquefois ces prêtresses devaient assister à des sacrifices nocturnes, toutes nues et le corps teint de noir. Les marins seuls avaient le droit de consulter les femmes de Sena, et seulement quand ils avaient fait le voyage exprès dans ce but. Ces femmes non-seulement connaissaient l'avenir et guérissaient les maladies les plus incurables, mais on leur attribuait aussi le pouvoir de déchaîner les vents et les tempêtes, et de prendre à leur gré la forme de tous les animaux.

Voilà les données qui nous restent sur les institutions et la constitution de l'ordre sacerdotal des anciens Celtes dans les Gaules et dans la Grande-Bretagne avant les invasions des Romains. Il faut ajouter que ces prêtres, sans doute, accumulaient beaucoup de richesses. Cela se conçoit, car avec la surveillance ils avaient aussi l'emploi des riches trésors déposés dans les sanctuaires, qui, d'ailleurs, étaient entourés de terres labourables données aux prêtres pour qu'ils en tirassent leur subsistance. Enfin ils devaient faire un commerce lucratif de leurs remèdes magiques et de leurs amulettes, de leur gui de chêne et surtout de leurs œufs de serpent.

Pendant toute cette longue domination de la caste sacerdotale, on conçoit combien ce pouvoir dut peser d'une manière insupportable sur ce grand nombre de Gaulois qui formaient la caste guerrière. Il n'est donc pas invraisemblable qu'avant qu'une révolte générale eût mis fin à cette tyrannie théocratique, les émigrations gauloises en Italie, en Allemagne, en Grèce et jusqu'en Asie-Mineure, émigrations qui cessèrent dès que le joug des prêtres dans les Gaules fut brisé, aient eu les mêmes causes que les émigrations primitives de l'Asie, c'est-à-dire le besoin de se soustraire à l'oppression de la caste dominante, au moyen d'expéditions vers le dehors. Ce qui vient à l'appui de cette opinion, c'est cette circonstance remarquable, que les débris des Gaulois, qui, échappés au désastre éprouvé en Grèce, fondèrent un état fédératif dans l'Asie-Mineure, sous le nom de Galates, y établirent des institutions semblables en tout à celles des Germains, telles que Tacite les décrit, c'est-à-dire un mélange d'institutions aristocratiques et militaires, et de démocratie élective. Or, les Galates quittèrent les Gaules précisément pendant la durée de la domination théocratique, et les institutions militaires ne furent introduites dans leur ancienne patrie que longtemps après leur départ.

Dans les institutions des trois nations gauloises qui s'établirent dans l'Asie-Mineure, les prêtres ne prenaient part aux affaires civiles que parmi les vingt notables tirés de la noblesse, du clergé et du peuple, avec lesquels le tétrarque, le juge, le duc et ses deux lieutenants, se rendaient au conseil général de la nation divisée en douze tétrarchies; ainsi ce conseil était composé de trois cents personnes. Les affaires criminelles ne pouvaient se décider que dans l'assemblée de ces trois cents, parce que chez les Galates, comme chez les Germains, elles étaient du ressort de la haute justice. Deux faits encore mettent en lumière la différence qui existait dans la composition des classes qui formaient la nation des Galates et celles qui constituaient la société restée dans les Gaules : le premier est que le gouvernement des Galates finit par se concentrer dans les mains de deux chefs laïques, même d'un seul; tandis que l'aristocratie militaire dans les Gaules ne pensa seulement pas à fonder un pouvoir central pendant sa domination. Mais grâce à l'influence des prêtres qui continua à subsister, cette aristocratie fit place à la démocratie pure des villes. Ceci prouve évidemment, que la plus grande partie des Gaulois qui passèrent dans l'Asie-Mineure était composée de laïques et de guerriers, et que le clergé n'y fut jamais nombreux ni puissant. Le second fait, c'est la tolérance que les Galates montraient à l'égard des croyances indigènes ; ils laissaient paisiblement à leurs sujets grecs le culte de leur Jupiter et de leur Diane, et aux Phrygiens les oracles de Cybèle, tandis qu'ils conservaient eux-mêmes toutes les croyances des peuples du Nord. Dans les Gaules, au contraire, le corps des prêtres ne subit pas tout entier une complète déchéance politique pendant l'époque de la domination des chefs guerriers qui se disputaient le territoire par les armes. Le corps des druides proprement dits, ou les druides spéculatifs, cachés dans leurs retraites, conservèrent toujours des priviléges importants. A ceux que nous avons déjà mentionnés, il faut ajouter le privilége d'être exempts de tout impôt et de tout service militaire. Il n'y eut de dégradées que les deux classes des vates et des bardes. Les vates ne furent plus employés que comme devins dans les armées et dans les campagnes, et les bardes devinrent tout à fait les poëtes domestiques des rois et des chefs militaires, ou leurs parasites, selon l'expression des écrivains grecs et romains. Tout cela désorganisa, en effet, le corps sacerdotal dans les Gaules, et c'est de cette époque surtout que date la haute réputation des prêtres celtes de la Grande-Bretagne. Les jeunes gens qui se destinaient au sacerdoce se rendaient dans cette île, pour y retrouver encore une image vivante de l'organisation et de la puissance qui disparaissait de plus en plus dans les Gaules. Il est fort probable que c'est à cette époque, et par réaction contre les prêtres, que sont nées les divinités locales et les esprits tutélaires des provinces, ce qu'on a appelé le polythéisme gaulois, et que le culte de Taran et de Belenus a été importé dans certaines contrées des Gaules.

Lorsque, par suite de l'insurrection victorieuse des villes, les vates reprirent de l'influence politique, il y eut trois sortes de gouvernement dans les Gaules. Il y avait d'abord le gouvernement des notables et des prêtres formés en sénat, et adopté particulièrement par la grande nation des Éduens. Là le sénat nommait un juge ou vergobret qui avait droit de vie et de mort sur tous les citoyens; mais son pouvoir ne durait qu'une année. Il ne pouvait l'exercer hors des limites de la cité. Il ne devait y avoir eu dans sa famille aucun vergobret encore vivant ni aucun membre du sénat; il devait, en outre, avoir à côté de lui, en cas de guerre, un capitaine d'armes nommé par la multitude et aussi puissant que lui. Dans d'autres cités, il y avait un gouvernement des mêmes notables formés en sénat souverain, ou élisant des chefs militaires ou civils, soit temporaires, soit à vie. Enfin, il y avait aussi des démocraties pures, où le peuple en corps nommait soit des sénats souverains, soit des magistrats, soit des rois, sur lesquels, selon l'expression de César, la multitude avait autant de droits que les rois en avaient sur la multitude.

Tel était l'état social et politique des Gaules, lorsque César les envahit. On comprend quelle facilité il dut avoir pour détruire cette nationalité disséminée et sans consistance, à laquelle la religion existante ne fournissait pas un drapeau de ralliement. Vis-à-vis de cette religion, la politique des Romains était toute tracée par les circonstances. Il fallait empêcher qu'elle ne devînt sous leur administration ce qu'elle n'avait pas été avant leur invasion, c'est-à-dire, rechercher d'un côté les éléments d'un polythéisme gaulois, et les assimiler à la mythologie romaine; extirper de l'autre côté les druides, dépositaires vivants d'une doctrine non écrite, et des secrets par lesquels l'homme se mettait en relation avec les divinités, dont alors aucune forme ni aucun temple ne présentaient l'action au peuple, mais qu'ils pouvaient bien faire descendre sur terre, pour fonder une religion vraiment nationale, diviniser des chefs et créer des dieux personnifiés; car ceci fut fait dans la Grande-Bretagne et dans les contrées où les Romains n'avaient pu pénétrer, comme nous le verrons tout à l'heure. Auguste n'osa pas s'attaquer aux druides, qui avaient conservé le monopole de la science et une influence absolue sur les mœurs; mais il défendit à tous les citoyens romains, et les Gaulois étaient du nombre, l'observance du culte druidique, qu'il déclara contraire aux croyances romaines. Il abolit directement les sacrifices humains, ce grand moyen d'influence pour les druides, et permit seulement aux prêtres de faire une légère blessure à ceux qui voudraient absolument répandre du sang sur les autels ou sur les bûchers. Puis il donna le premier l'exemple public de la fusion du culte du polythéisme romain avec celui d'un dieu gaulois, en dédiant un temple au Kirk ou Circius, personnification du mistral qui sévit sur la côte narbonnaise; après quoi, il se donna lui-même comme dieu aux Gaulois, en se laissant ranger parmi les esprits tutélaires de quelques cités. La noblesse gauloise, devenue courtisane, s'empressa de suivre cet exemple. De la déesse Ardouine on fit une Diane, de Belenus un Apollon; on créa une Belisana ou Minerve. Les noms de Teutatès et de Mercure furent inscrits sur le même autel. Ces autels collectifs devinrent très-communs, et dans le bas-relief déjà mentionné, qu'on a trouvé entre autres au dix-septième siècle dans les fouilles faites au-dessous du chœur de Notre-Dame de Paris, on voit figurer à la fois Jupiter en costume romain, Hésus en tablier de bûcheron, et Castor avec son cheval et un taureau à trois grues, une plume sur la tête et deux autres sur le milieu du corps et sur la croupe, avec l'inscription : Tarvos

TRIGARANOS (*tarv* taureau, *tri* trois, et *garan* grue). Ce taureau rappelle en effet celui du dieu Hy des Celtes du pays de Galles, dont nous parlerons plus bas; et de ce qu'il est mis à côté de Castor, on a supposé, non sans quelque probabilité, que le culte de Hésus ou de Hu avait quelque ressemblance avec celui des Cabires dans l'île de Samothrace.

Ce mouvement des classes élevées vers le polythéisme romain provoqua, dans les rangs inférieurs de la nation gauloise, une subite réaction en faveur du druidisme, qui s'érigea en effet en dépositaire des mœurs et de l'indépendance nationale, et les druides profitèrent avec empressement de cette réaction. Ils devinrent plus fanatiques et plus cruels que jamais, et multiplièrent les sacrifices humains. Ils sortirent de leurs retraites et de leurs cavernes où ils s'étaient tenus cachés, et se mirent à la tête de toutes les insurrections que les Romains avaient à combattre. Il n'était réservé qu'à l'empereur Claude de leur porter le coup mortel; mais pour cela il devait aller frapper le druidisme dans la Grande-Bretagne même, après y avoir proclamé une loi formelle qui abolit pour toujours le culte druidique, et qui ordonna l'extermination de ses prêtres. Les légions romaines exécutèrent cette loi avec une horrible cruauté; les prêtres furent massacrés, les colléges des femmes livrés à la brutalité du soldat, dont la hache coupa les forêts sacrées. Les druides qui avaient échappé aux massacres dans les Gaules se réfugièrent enfin dans l'île de Mona, séjour âpre et inculte, d'un aspect lugubre, qui depuis des siècles avait été l'asile le plus secret de leur culte, et qui devint encore plus tard, lors du rétablissement de l'ordre druidique dans le pays de Galles, le tombeau sacré du dieu-prêtre Hu. Ils y formèrent un conseil suprême, qui dirigea de là les opérations des peuples bretons qui résistaient encore. Ils y rendirent pleinement aux Romains cruautés pour cruautés. Tous les prisonniers romains dont on pouvait s'emparer y étaient sacrifiés avec d'horribles tortures. Enfin l'empereur Néron chargea son capitaine Suetonius Paulinus de pénétrer jusqu'à Mona et d'y éteindre le dernier foyer du druidisme. Il fut forcé de livrer bataille, sur le rivage, à toute une armée bretonne accourue à cette heure suprême pour défendre ses prêtres. Tout fut égorgé. Les druides, les prêtresses, les soldats, furent brûlés sur les mêmes bûchers qu'on avait allumés pour les Romains. Dans les Gaules, le druidisme ne se releva plus de ce désastre. Des druides isolés, il est vrai, se cachèrent encore dans les cavernes et les grottes; ils en sortirent même encore une fois en masse, lorsque, à l'occasion de l'embrasement du Capitole à Rome, toute la Gaule prit les armes pour reconquérir un empire gaulois, dont l'avénement certain fut hautement annoncé par les prêtres. Mais les druides, en recommençant leurs sacrifices humains, inspirèrent de l'horreur à la partie éclairée de leurs compatriotes adoucis par les mœurs de Rome, et ils se convainquirent que la civilisation était trop avancée pour que leur appel fût entendu. Repoussés ainsi par la plus grande partie de la nation, qui, ne pouvant plus trouver un drapeau de ralliement, se soumit entièrement à Rome, les druides regagnèrent une dernière fois leurs retraites et disparurent pour toujours.

Si tel devait être le sort de la nationalité celte, guidée par le druidisme dans les Gaules, où une grande nation se trouvait constituée sur un vaste territoire dont la nature semblait avoir marqué les limites, à plus forte raison les colonies celtiques, poussées en dehors des Gaules, et se trouvant sans cesse en contact immédiat soit avec les Romains, soit avec les Germains, devaient se dénationaliser plus complétement et plus rapidement encore. Les Galates, en Asie-Mineure, finirent par être incorporés à l'empire romain, comme la Gaule cisalpine l'avait été depuis longtemps. Les noms des nombreuses tribus celtiques établies dans l'Allemagne méridionale, dans la Bavière, la Bohême et sur les bords du Danube, disparurent bientôt dans celles des tribus germaines avec lesquelles elles se fondirent, en adoptant leur religion et leurs systèmes sociaux et politiques. Les Boïens cédèrent même la Bohème à des tribus slaves. La plus grande partie des Celtes de la Grande-Bretagne furent d'abord romanisés, puis germanisés par l'arrivée des Saxons, qui leur imposèrent la religion odinique avant qu'ils adoptassent avec eux le christianisme, et les Germains y firent prédominer leur nationalité, tandis que la nationalité germaine se perdait dans la nationalité gallo-romaine, et que les rois francs ne devenaient les maîtres des Gaules qu'en se mettant à la tête des chrétiens de ce vaste pays.

Il n'en était pas ainsi des Celtes de l'Irlande, des montagnards de l'Écosse, des habitants des pays de Galles et de Cornouailles, chez lesquels les Romains ni les Anglo-Saxons n'avaient pu s'affermir; là la nationalité celte, et avec elle la théocratie druidique, se conserva encore pendant plusieurs siècles, mais avec des modifications et des transformations, et en subissant les diverses influences auxquelles cette partie des Celtes, abandonnée à elle-même et séparée du gros de la nation, ne pouvait échapper. Toutefois, l'histoire de leurs institutions et de leurs symboles peut encore jeter quelque jour sur ce que la vie religieuse des Celtes avait été dans les Gaules. Ce n'est qu'au treizième siècle de notre ère que l'indépendance de l'Irlande succomba sous les conquérants normands, et le druidisme ne fut entièrement détruit dans le pays de Galles que sous Édouard Ier. Dans les deux pays, il s'était déjà confondu avant cette époque avec le christianisme, prêché avec succès par quelques apôtres, comme en Irlande par saint Patrick. Les habitants de ces contrées étaient en effet chrétiens de nom, mais sous le nom de chrétiens ils professaient les doctrines de la religion antique, et adoraient les divinités nationales créées par des hommes qui se disaient les successeurs des druides détruits à Mona, divinités auxquelles les mythes chrétiens furent appliqués.

Les documents les plus féconds que nous possédions sur cette époque curieuse de l'histoire des croyances celtiques et des transformations du druidisme concernent le pays de Galles, où, comme nous l'avons dit, la race kimrique pure s'était établie. Ces documents sont rédigés d'une manière bizarre (c'est ainsi qu'avait été probablement formulée dans les Gaules la science druidique), en triades, qui sont tantôt en vers et tantôt en prose, mais plus souvent en prose. Le nom de triade est donné à tout discours où trois choses sont groupées ensemble, quelle que soit la science à laquelle appartienne la matière traitée. Il y avait donc des triades religieuses, des triades historiques, des triades juridiques, et les constitutions civiles et sociales étaient également rédigées sous cette forme. On plaçait quelquefois ensemble les choses les plus hétérogènes, pour les graver plus facilement dans la mémoire, au moyen du contraste. Les triades datent des époques les plus diverses ; car on trouve quelquefois réunis dans la même triade des événements qui se sont passés à une distance de plusieurs siècles l'un de l'autre. Les Grecs et les Romains citent souvent, sans le savoir, de semblables triades, qui s'étaient transmises sans autres moyens que la tradition, et dont l'origine et l'auteur sont restés inconnus. Cette sorte de tradition se continua dans le pays de Galles jusqu'à la chute de l'État au treizième siècle. Nous en citons plusieurs exemples : 1° Triade religieuse : « Les trois chefs-d'œuvre de l'île de Bretagne sont : *a*. le navire de Nev Nevydd Nav Neivion, qui porta un mâle et une femelle de tous les êtres vivants, lorsque le lac des lacs déborda ; *b*. la sortie du castor du lac sur la terre, opérée par les bœufs de Hy Gadarn, de sorte que le lac des lacs ne déborda plus ; *c*. les pierres de Gwyddon Ganhebons sur lesquelles on pouvait lire les arts et les sciences du monde. » — 2° Triade historique : « Trois peuples arrivèrent avec le consentement du peuple de Galles dans l'île de Bretagne, le peuple des Calédoniens dans le Nord, les Gwyddel qui sont encore en Écosse, et les hommes de Galedin qui vinrent sur des navires dans l'île de Wight, parce que leur patrie était inondée, et ils reçurent des terres du peuple de Galles. » — 3° Triade juridique : « Trois états ne peuvent pas être choisis par le fils d'un paysan à corvée sans la permission de son seigneur ; les arts libres, le métier de métallurgiste et la poésie et la musique ; car le seigneur, s'il fait tonsurer quelqu'un pour en faire un prêtre, ou s'il en fait un métallurgiste ou un barde, ne peut plus le réduire en servage. » — 4° Triade constitutive : « Il y a trois assemblées ou réunions d'armement général : contre un étranger et pour l'invasion d'un pays limitrophe, contre ceux qui violent le privilége et la loi, et contre les animaux féroces ou sauvages. »

Ce fut le célèbre Merlin ou Merddin, devenu un enchanteur dans les traditions populaires du moyen âge, qui fonda dans le pays de Galles un nouvel ordre de bardes druidiques. Il était druide et barde du roi Emrys Wledig, qui, de 481 à 500, résista victorieusement aux Anglo-Saxons. Selon la tradition, Merlin ou Merddin était le fils d'un esprit (incubus) et de la fille d'un roi de Dywed, le pays de Galles méridionale ; car Dywed est la contrée où la doctrine primitive des Celtes était censée s'être le plus purement maintenue. Merlin possédait et représentait donc la véritable doctrine druidique, et sa fondation de l'ordre des bardes druidiques était un rétablissement du vrai druidisme, autant qu'il était encore possible de le relever de ses ruines, puisque des doctrines romaines et chrétiennes s'y étaient déjà mêlées. Son œuvre fut continuée et développée par deux de ses successeurs, Merddin Wyllt, c'est-à-dire Merddin le sauvage, appelé aussi Sylvestre ou Merlin le Calédonien, et surtout par le barde Taliesin. Les bardes, tels qu'ils surgirent de cette nouvelle fondation, n'étaient pas seulement poëtes et musiciens, mais à la fois prêtres, philosophes et professeurs ; ils ne se servaient de la poésie que comme d'une forme d'enseignement scientifique et religieux. Le nom de cet ordre était celui du bassin de Ceridwen, être mythique, dont nous parlerons plus bas. Le chef s'appela *bardd cadair* ou *cadeiriang*, barde de la chaise de président. Les membres étaient druides ou bardes, ou étaient bardes et druides à la fois. Disons encore que les mythographes anglais font dériver le nom de druides (*dryw* ou *derwydd* en gallois) du mot *rhy*, état d'inspiration, étymologie d'après laquelle les druides auraient été des hommes inspirés. Il y avait quatre classes de druides ; on appelait *disgibliysbas* celui qui avait étudié la poésie et la musique pendant trois années ; *disgibl deigibliaid* celui qui avait étudié pendant six années ; *disgibl pencerddiaidd* celui qui avait étudié neuf ans, et *pencerd an atho* celui qui était docteur et comptait douze années d'études. Les bardes se distinguaient de trois manières diverses. Premièrement, d'après la classe du peuple parmi laquelle ils vivaient : ainsi il y avait le *pencerdd* ou le barde des princes et des seigneurs, le *teluwr*, le barde des classes moyennes, et le *elerwr* ou le barde ambulant des paysans. Deuxièmement, d'après les sciences qu'ils cultivaient de préférence ; il y avait le *priveirdd* ou barde de création et d'invention, et celui-ci était de plus ou *priverdd* proprement dit, qui faisait valoir son autorité dans les assemblées populaires selon les droits coutumiers ou selon la voix du peuple, ou bien l'*ovydd* ou *ovates*, qui réglait son action selon les circonstances, tout en observant strictement la doctrine des maîtres ; il portait une robe verte. La deuxième classe, selon la diversité des sciences, était celle du *druide* (derwyz) qui recherchait les causes et la nature des choses, et qui était chargé de l'enseignement. Il portait une robe blanche. La troisième classe scientifique était celle du *posweirdd*, ou continuateur de l'art sans inventer et sans établir de nouvelles doctrines. La troisième classe scientifique était celle du *arwyddeird*, le héraut ou porte-enseigne dans les guerres. Ces trois espèces de bardes, qui appartenaient aux classes élevées du peuple, étaient *prydyddion*, ou inviolables ; ils étaient employés à la cour et se distinguaient entre eux par la couleur de leurs habits. Sous le rapport de la hiérarchie intérieure de l'ordre, les bardes étaient d'abord *awenyddion*, c'est-à-dire apprentis ; on les consultait comme prophètes et interprètes des songes ; ils tombaient dans une sorte de somnambulisme dont on les tirait, ou par des pratiques magiques, ou en leur infiltrant du miel et du lait dans la bouche, et une fois éveillés, ils n'avaient plus aucun souvenir de ce qui s'était passé. Le *bardd taleithiawy* était supérieur aux avenyddion et présidait aux divers cantons ; il devait être un barde gradué ou docteur. Le chef de l'ordre portait une robe couleur bleu de ciel, comme symbole de la paix et de la fidélité ; il ne portait point d'armes, et il était défendu de tirer l'épée en sa présence.

Les princes du pays de Galles protégeaient cet ordre de toutes manières, malgré la déférence qu'ils montraient pour le christianisme. A la fin du douzième siècle, le roi Hywel Dda assigna à son *bardd teulu* ou barde de cour, la huitième place parmi les vingt-quatre dignitaires de sa cour. Le maire de son palais était tenu de lui remettre la harpe (telyn) aux trois principales fêtes de l'année. Il recevait comme appointement une terre libre, un cheval et un vêtement de laine auquel la reine ajoutait un vêtement de toile. A son installation, le roi lui donnait une harpe et la reine une bague d'or. Il était tenu de suivre l'armée en campagne, de chanter des chants de guerre, et sa part du butin était la meilleure pièce de bétail prise sur l'ennemi. Afin que les bardes fussent moins tentés de déroger à leur dignité, le même roi publia une loi portant que le barde qui demandait quelque chose au roi n'eût à chanter qu'une seule chanson, tandis que s'il voulait obtenir quelque chose d'un noble, il lui fallait réciter deux chansons ; mais s'il s'adressait à un paysan, il fallait qu'il chantât jusqu'à la nuit et jusqu'à ce que les auditeurs en fussent las. Le bardd teulu était commensal du roi et avait sa place auprès du maire du palais, qui était toujours de race royale. Le *pencerdd* ou élève de douze ans, ou docteur, pouvait être un vassal ; mais lorsqu'un vassal avait passé l'examen de pencerdd, son seigneur était obligé de lui donner une terre libre, une harpe ou un crwtlo ou violon. Le pencerdd recevait en outre de chaque jeune fille qui se mariait vingt-quatre deniers, et autant de chaque élève qui avait été instruit dans son école. Pour avoir tué un bardd teulu, il fallait payer cent vingt vaches d'amende; pour avoir volé sa harpe, cent vingt deniers, tandis que pour le vol de la harpe d'un noble on ne payait que la moitié; car une triade instituait trois harpes privilégiées, celle du roi, celle du pencerdd et celle du noble, et une autre triade comptait la harpe parmi les trois choses dont un noble ne pouvait pas se passer.

Ce que nous apprenons des symboles, des mythes, des divinités et de leurs attributs enseignés par cet ordre de bardes druidiques, confirme entièrement ce que nous avons dit sur les tendances religieuses des Celtes en général. Il n'est toujours question que d'une seule divinité universelle, qui réunit en elle toutes les qualités et tous les pouvoirs partagés dans d'autres mythologies entre une foule de divinités. Mais, par suite du développement que cette peuplade isolée et séparée de sa souche devait continuer à donner à la religion commune, pour se défendre contre les attaques d'autres peuples inspirés par une mythologie régulièrement organisée, ceux parmi les Celtes qui conservèrent encore leur nationalité et leur indépendance pendant des siècles, se mirent également à personnifier leur divinité et à la rattacher plus immédiatement à eux et à leur histoire nationale; ils la firent descendre et vivre parmi eux, pour opposer, de cette manière, une force plus égale à leurs adversaires. C'est ainsi que le dieu suprême du pays de Galles apparaît dans les triades comme le fondateur et le législateur de la nation, comme son chef divinisé. C'est le dieu-ciel devenu chef de nation, son prêtre, et druide suprême en même temps qu'il est resté dieu. On le nomme *hu* ou *hy gardan*, c'est-à-dire le hu puissant. Selon la tradition, il conduisit son peuple dans le pays de Galles, après l'avoir emmené du pays Hâv ou Defrobani, situé sur la mer Noire, et avoir traversé sur des vaisseaux la mer Germanique. Ce peuple était la première des trois bonnes nations qui, selon la triade, arrivèrent dans l'île de Bretagne et cherchèrent à dominer le pays, non pas par l'oppression et par la violence, mais par la paix et par la justice. Les deux autres bons peuples, qui se joignirent à lui plus tard, étaient d'abord les anciens Lloegriens, guidés par Brut ou Prydain, venant de la Vendée; puis ensuite les Bretons, qui arrivèrent avec Rhita de l'Armorique. Brut ou Prydain et Rhita devinrent aussi des héros divinisés, et furent le sujet de mythes particuliers. Avant l'arrivée de Hu le puissant, il y avait eu un déluge dans l'île de Bretagne par suite du débordement du lac Llyn Llion ou lac des lacs. Ce débordement avait noyé tous les êtres, excepté un homme appelé Dwyron et une femme nommée Dwyvan, qui avaient échappé à la mort sur un navire sans voiles. Ce vaisseau avait été bâti par Nevyd Nav Nevion et avait reçu dans son sein un mâle et une femelle de toutes les espèces d'animaux. Mais le lac déborda toujours. Hu voyant que l'eau ne cesserait pas de monter dans le lac aussi longtemps qu'un avanc (castor) y resterait, prit ses trois bœufs, et fit tirer par eux le castor du lac. Aussitôt l'eau baissa, la terre reparut, et le couple sauvé sur le vaisseau vint repeupler le pays. Pour lui, il régla le nouveau monde, enseigna au peuple l'agriculture et lui donna des institutions. Il inventa la poésie pour qu'elle servît de vêtement à la science. Il devint le héros du soleil ; comme tel il meurt dans l'hiver, et est enseveli solennellement sur l'île de Mona; et chaque année, à l'automne, l'image du suprême chef de l'ordre, sous le nom sacré d'Aeddon, était enterrée dans l'île de Mona, où elle était portée sur un navire qui représentait un cercueil. Mais au printemps il revient : sa mort n'est qu'une transformation. Hu est aussi le dieu de la guerre ; il est roi des mers, et Penn ou Anmon, régent de la profondeur. Il est l'homme de la charrue, qu'il fait traîner par ses bœufs; il est l'homme du déluge, et comme tel féconde la terre; il est vainqueur des géants ; il donne du courage aux guerriers; il est enchanteur, barde et harpiste; il est le suprême ordinateur des batailles (cadwaladr); il est druide; il est Mercure comme inventeur des arts, comme premier conducteur de son peuple, comme guide des âmes; il est Apollon ou Bel comme dieu du soleil ; Jupiter comme maître des cieux; Mars comme président aux guerres ; Neptune comme prince des mers; enfin il est dieu universel et législateur à la fois.

Il est impossible de suivre les triades mythologiques du pays de Galles dans tous leurs récits et symboles obscurs, relativement à Hu et à ses trois bœufs, à la force créatrice de l'eau ou à sa cristallisation en rochers, et dans les explications astronomiques, physiques, métaphysiques et historiques que les savants anglais ont essayé d'en donner. Ce qu'on y voit de plus clair, c'est la peine que les philosophes du pays de Galles ont eue à créer, avec une imagination influencée de tous côtés par des mythologies étrangères, quelque chose d'original pour leur nation, dépourvue de mythes primitivement et spontanément engendrés autour de son berceau. C'est pourquoi dans leur symbolisme la bizarrerie le dispute à l'obscurité. Mais toujours la base fondamentale de ces mythes et de ces allégories est la mort, comme résurrection et renaissance symbolisant le développement de l'âme et les changements de la nature, par les diverses saisons, ainsi que dans toutes les mythologies du Nord. Pour donner une idée plus complète de la manière de symboliser des druides du pays de Galles, vers la fin du premier siècle, nous donnons la tradition complète sur Ceridwen et sa chaudière, qui est le récit du premier établissement de l'ordre des bardes druidiques, et qui décrit en même temps le principe féminin de la divinité du pays de Galles.

Il y avait, dit la tradition, dans les temps reculés, un homme de noble origine nommé Tegid Vohel, dont le pays natal était situé au milieu du lac de Tegid. Sa femme s'appelait Ceridwen; il en avait une fille, Creiwy, la plus belle femme de l'univers, et deux fils, Morvean et Avaggdu, ce dernier, le plus laid de tous les êtres, bien que doué de beaucoup de connaissances et de qualités. Pour que son fils si laid fût mieux reçu dans la société, Ceridwen résolut de préparer pour lui une chaudière remplie de l'eau de l'inspiration et des sciences, selon les secrets de Pheryllt (la science naturelle personnifiée); cela devait surtout lui apprendre à connaître l'avenir. L'eau de la chaudière commençant à bouillir, et devant bouillir toute une année pour qu'on obtînt trois gouttes bénies des dons de l'esprit, Ceridwen plaça le petit Gwion près de la chaudière pour la surveiller, et chargea un homme aveugle, Morda, d'allumer et d'entretenir le feu au-dessous de la chaudière, pendant qu'elle était occupée à étudier dans les livres et à cueillir des plantes rares et d'une vertu merveilleuse. Un jour, vers la fin de l'année, il arriva que trois gouttes de cette eau magique jaillirent de la chaudière et retombèrent sur les doigts de Gwion, qui en furent brûlés. Celui-ci mit ses doigts dans sa bouche. Dès que ces gouttes précieuses eurent touché ses lèvres, l'avenir se dévoila soudain à ses yeux, et il comprit qu'il lui fallait se hâter d'échapper à la colère de Ceridwen. Il s'enfuit donc effrayé. La chaudière se rompit en deux, car tout le reste de l'eau était empoisonné. Dans ce moment, Ceridwen accourut et se mit à la poursuite de Gwion. Celui-ci, la voyant venir, se changea en lièvre et redoubla de vitesse; mais Ceridwen se transforma aussitôt en levrette, et le chassa vers une rivière. Gwion s'y précipita sous la forme d'un poisson; Ceridwen se changea alors en loutre, et le força de prendre la forme d'un oiseau et de s'élever dans les airs. Ceridwen se fit alors faucon, et elle était sur le point de le saisir, lorsque, voyant un tas de grains de froment, Gwion s'y glissa et devint lui-même un de ces grains. Ceridwen prit la forme d'une poule noire à haute crête, sépara les grains de froment, reconnut le grain qu'elle cherchait, et l'avala. Elle en devint enceinte, et accoucha de lui après neuf mois, mais sous la forme d'un enfant si beau, que, ne pouvant se décider à le tuer, elle le mit dans une nacelle couverte d'une peau, et, le 29 avril, elle le jeta dans la mer. Or, il était d'usage de pêcher le 1ᵉʳ mai, dans cette mer, des poissons d'un poids de cent livres. Cette fois, on chargea de la pêche Elphin, fils de Gwydion, le suprême initiateur dans les secrets druidiques; Elphin avait été jusque-là un jeune homme constamment malheureux, auquel rien ne réussissait, et on avait conseillé à son père de lui laisser essayer cette fois la pêche; peut-être y serait-il plus heureux. Elphin pêcha, mais ne prit rien, et il songeait déjà à s'en aller, lorsqu'il découvrit la nacelle. Il souleva la peau et il vit un enfant dont la tête était entourée de rayons; il lui donna le nom de Taliesin, qui signifie front rayonnant; ce fut le même qui devint le principal fondateur de l'ordre des bardes. Elphin plaça l'enfant sur le dos de son cheval, et l'enfant se mit sur-le-champ à entonner une chanson à la louange d'Elphin, et lui prédit sa gloire future. Elphin porta l'enfant à son père, qui lui demanda s'il était un être humain ou un esprit, et l'enfant répondit par la chanson suivante : « Je suis le barde teulu d'Elphin, et ma patrie est le pays des Chérubins. Le divin saint Jean m'appela Merlin, mais les rois postérieurs me nommaient Taliesin. J'ai été pendant neuf mois dans le sein de ma mère Ceridwen; avant ce temps, j'étais le petit Gwion; maintenant, je suis Taliesin. J'étais avec mon maître dans le monde supérieur, lors de la chute de Lucifer; je portais la bannière devant Alexandre; je connais les noms des étoiles, du nord jusqu'au sud. J'étais dans le cercle de Gwydion ou Tetragrammaton; j'accompagnais Hean dans la profondeur de la vallée de Hébron; j'étais en Canaan lorsqu'Absalon fut tué; j'étais dans la cour de Don avant que Gwydion fût né, et j'étais camarade d'Élie et d'Hénoch; j'assistai au jugement qui condamna à la croix le fils de Dieu riche en grâces; j'étais le chef des surveillants lorsqu'on bâtit la tour de Nemrod; j'étais la triple rotation dans le cercle d'Arianod; j'ai vu la destruction de Sodome et de Gomorrhe; j'étais en Afrique avant la fondation de Rome, et je suis venu en Angleterre pour y rejoindre les débris de ceux qui avaient échappé au sac de Troie; avec mon Seigneur, j'étais dans la crèche de l'âne; je fortifiai Moïse dans les eaux du Jourdain; j'étais au firmament avec Marie Magdeleine; je fus doué d'esprit par la chaudière de Ceridwen; j'étais un barde harpiste à Teon en Lochlin (Norvége); j'ai souffert la faim pour le fils de la Vierge; j'ai demeuré dans le royaume de la Trinité; on ignore si mon corps est de la chair ou du poisson; j'étais le précepteur de tout l'univers, et je reste en présence de la terre jusqu'au dernier jour du monde; j'étais aussi sur la chaise ébranlée à Caer Sidin, qui se tournait entre trois éléments. L'eau a la qualité d'apporter le salut. Je suis trois fois né, et il est triste que les hommes ne viennent pas chercher les pierres qui sont cachées dans ma poitrine. »

Selon les explications des savants anglais, cette chanson de Taliesin est le symbole des cours qu'un apprenti est appelé à faire jusqu'au suprême degré de l'ordre; c'est l'histoire de l'ordre de la chaudière de Ceridwen, et enfin l'histoire de la nature elle-même. La course de la nacelle sur l'eau est l'image du voyage par eau de Hu, vers l'île de Mona, où il meurt pour ressusciter; c'est la troisième naissance que chaque initié devait avoir eue, comme le chef de l'ordre Taliesin. Des épreuves difficiles précèdent la seconde naissance, et entre la première naissance, ou la naissance naturelle, et la seconde, l'homme est laid et difforme comme Avaggdu, jusqu'à ce qu'il reçoive, après un enseignement de plusieurs années, les trois gouttes vitales. Mais, à ce moment même, Ceridwen devient une furie : c'est la matière qui réclame ses droits à l'esprit réveillé avec violence. Ceridwen est la mort, et sa nacelle, la terre dans laquelle l'homme est enseveli. Elle est la mère nature, qui élève l'enfant faible et sans esprit jusqu'à la beauté et à l'intelligence; l'image de ce développement est la chaudière qui bout pendant une année. Gwion est l'esprit réveillé; il est faible, parce qu'il est dans l'adolescence et fréquente encore l'école des druides. Ses transformations sont autant de purifications qu'il subit successivement, jusqu'à ce qu'il soit reçu comme un grain pur de froment dans le sein de la poule noire, ou la mère terre. A sa première renaissance, il entre dans un degré supérieur d'activité morale. Le sein qui l'enferme est le symbole d'un temple druidique; car les élèves de ce grade étaient tenus séparés du monde, et instruits dans une profonde solitude. La seconde renaissance se faisait par la sortie solennelle du temple. La troisième se rattachait à la renaissance de la terre au printemps, et se faisait à l'équinoxe du mois de mars. Tous les noms propres de ce mythe représentent des idées, soit cosmogoniques, soit métaphysiques; mais on voit surtout dans cette bizarre tradition symbolique quel étrange mélange de mythes druidiques, germaniques et de traditions chrétiennes de l'Ancien et du Nouveau Testament se rencontrait dans les chansons religieuses des bardes du pays de Galles, et avec quel effort l'ancienne religion celtique luttait ainsi contre la mythologie anglo-saxonne et le christianisme. Hu, le dieu-ciel mâle, et Ceridwen, la terre, ou le principe de création féminin, furent même souvent ouvertement opposés, le premier au Christ, l'autre à la vierge Marie, et la chaudière ou le lavoir de Ceridwen au baptême chrétien. Gwydion, dont il est question, est le Satan des Anglo-Saxons; Arianrod, une fée celtique, est présentée comme sa sœur, et Don comme le père des deux. On nous dit surtout que la tâche principale de Taliesin a été de montrer que les doctrines de l'ordre du lavoir de Ceridwen contenaient déjà tout ce qu'enseignait le christianisme, et que Taliesin possédait quelque chose de plus profond dans les sciences naturelles, auxquelles les moines étaient complétement étrangers.

En effet, ce qui distingue le plus les institutions du pays de Galles de cette époque et les institutions celtiques en général, c'est l'esprit des sciences et des arts, qui y prédomine partout. Les triades galloises concernant la constitution sociale et civile, n'admettent que trois classes d'hommes libres et privilégiés, les bardes, les métallurgistes, qu'on appelle aussi simplement des maréchaux-ferrants, et qui sont évidemment tous les artisans en métaux, et les harpistes. La musique surtout y joue un grand rôle. Nous avons déjà dit que la harpe était comprise parmi les trois choses qu'un noble devait posséder, et cet instrument se trouvait encore parmi les trois gages qu'on n'était pas forcé d'exhiber aux créanciers. Tout serf devenait libre, s'il se faisait barde, harpiste ou métallurgiste; mais ses enfants redevenaient serfs, s'ils embrassaient un autre métier. Dans ces triades, le cornet à bouquin jouait également un rôle distinctif. Ainsi, il y avait trois assemblées qui s'annonçaient au bruit de la trompette; la convocation d'un canton, par les anciens et les chefs des tribus, le cornet à bouquin de la judicature, et le cornet à bouquin de la bataille et de la guerre contre l'invasion d'un pays voisin ou d'un peuple étranger. Il y avait en outre trois cornets à bouquin d'assemblée générale: celui de la moisson, celui du plaidoyer et celui du culte religieux.

Il y a une autre série de mythes dans les triades galloises, qui se groupent autour du mythique Arthur, qu'il faut bien distinguer du roi historique Arthur du sixième siècle : le premier était la personnification de la Grande Ourse, d'où vient aussi le mythe de la table ronde, au moyen âge. Lui aussi, il est le sujet de récits symboliques, qui mentionnent le passage par les divers degrés de l'ordre des bardes, et les diverses renaissances après des retraites solitaires, figurées par ses divers emprisonnements. D'autres mythes se groupent autour des autres conducteurs des bons peuples du pays de Galles: Prydain ou Brut, Rhita et Arthur. Prydain, Rhita se rattachent encore à Hy, prennent sa place, et varient, sous d'autres formes, la symbolisation des mêmes idées métaphysiques, cosmogoniques et physiques, ce dont il résulte une confusion et une obscurité à l'éclaircissement de laquelle les savants anglais ont consacré une foule de gros volumes.

En tournant nos regards vers l'Irlande, nous y trouvons un ordre semblable de bardes, chargés de conserver par des chants les doctrines du druidisme. Là aussi régnait la forme des triades. Elles constatent trois fondateurs des sciences. Le premier est le roi fabuleux Achoieus, qui institua la diète de Teamos ou de Tarah, et la cour des savants, nommée Mar Ollamhain. Le second est le roi Tuethal Teachtruhar, qui ordonna que tous les trois ans aurait lieu un examen des anciens livres par un comité composé de trois nobles, de trois druides et de trois archéologues. Le troisième est le roi Cormac Ulfhada, qui renouvela ces institutions. Selon les dernières, les bardes étaient instruits par les druides; après douze ans d'enseignement, l'élève devenait *ollamh* ou docteur. Il y en avait trois classes : les *filidhes*, chargés des chants religieux et guerriers; ils étaient les hérauts des armées et siégeaient au conseil des rois; ils étaient tous accompagnés de harpistes ou *orfidigh*. La seconde classe était celle des *breithamhain*, ou bardes de la loi et de la justice, qui décidaient des cas douteux. La troisième classe était celle des *seanachaide*, c'est-à-dire des généalogistes, des archéologues et historiens; chaque canton et chaque prince en possédaient un. Mais les Irlandais n'étant pas de la race pure des Kimri, supportaient moins patiemment que les habitants du pays de Galles la tyrannie de cette caste sacerdotale, et nous avons vu que ce furent les rois irlandais, et non pas des prophètes, comme au pays de Galles, qui en réglèrent les statuts. Aussi les bardes irlandais furent-ils bientôt expulsés, et ils se réfugièrent en Écosse, d'où plus tard le roi de Munster, Canvocar mac Nasse, les rappela. Ce prince en fixa le nombre à deux cents et leur donna de nouvelles lois, qu'il fit graver sur des tables de bois, appelées *boathe nimbe*, lois divines. Ces lois instituaient sept degrés par lesquels tout élève devait passer. Premier degré, *fochlucan*. On l'obtenait en récitant dans une assemblée ou à une diète trente chansons. La récompense consistait dans le don de deux jeunes vaches, d'un cheval et d'un levrier; dans le droit d'être hébergé pendant une journée, et d'être accompagné en voyage de deux hommes pendant cinq jours. Second degré, *mac fuir*. On l'obtenait par le récit de quarante chansons ou traditions. Récompense : trois vaches à lait et accompagnement par trois hommes pendant trois jours à toutes les fêtes et assemblées, et nourriture pendant ce temps. Troisième degré, *doss*. Cinquante chansons. Récompense : tantôt une vache, tantôt une voiture de la valeur de trois vaches, tantôt cinq vaches, selon la nature des récits; mais toujours accompagnement par trois hommes savants. Quatrième degré, *canaith*. Cinquante chansons; six hommes pour accompagnement, entretien pour huit jours et affranchissement de toute poursuite pour dettes pendant la durée des fêtes. Cinquième degré, *cli*. Cinq vaches; pour suite, huit apprentis de la poésie et de la science, entretien pour huit jours, exemption de toute poursuite pendant les fêtes. Sixième degré, *anstruth*. Vingt vaches, douze apprentis pour suite pendant quinze jours avec entretien. Septième degré, *ollamh*. Récit de trente-cinq chansons; vingt vaches, accompagnement perpétuel par vingt-quatre hommes, et entretien aux fêtes et assemblées pour un mois. Au milieu du treizième siècle, il se trouva qu'au second rang des dignitaires de la cour du roi Cormac-O-Conn était placé un *brehon*, ou savant de la loi; au troisième, son druide; au quatrième, le médecin du roi; au cinquième, l'ollamh de Seanacha, consulté pour l'histoire et la chronologie; au sixième, le *and-filea*, poëte de la cour, et au septième, le ollramh de Ceol, ou musicien de la cour. Le même roi est devenu célèbre par son capitaine Fin, appelé ordinairement Fingal, et chanté par Ossian. Fin défendait la colonie irlandaise en Écosse contre les Romains; il périt dans un combat livré à Rathbréa, sur les rives du Bayne, où est son tombeau, Cill-Fin. Il était d'une famille de bardes, et Ossian fut son fils.

Quant aux divinités que les Celtes-Irlandais vénéraient depuis leur séparation de la Gaule, ils procédaient absolument comme les habitants du pays de Galles, en se créant des dieux nationaux par la divinisation des chefs, auxquels le peuple rapportait son origine ou son arrivée en Irlande, et qui devinrent tout à la fois hommes et dieux, chefs et prêtres et ancêtres de leurs rois, et en mêlant également dans leur histoire les notions cosmogoniques, chronographiques, métaphysiques. On créa des généalogies héroïques, mais tellement multipliées et confuses qu'il serait fastidieux d'en donner autre chose qu'un court aperçu. Ainsi, par exemple, Hu dans le pays de Galles, leur dieu suprême Bath ou Baath, dont le nom signifie matelot, homme de mer, était venu de l'Orient; il avait débarqué dans la partie du Munster oriental, nommée Cariadon Ibne, près de la forêt de Kéasaire. Lui et ses compagnons sont assaillis aussi par un déluge, et ils se dispersent. Bath devient père d'un autre Bath, il renaît de lui-même, et d'Ire, le principe féminin, dont l'Irlande tire son nom. Des hermaphrodites, des incestes entre frères et sœurs, entre pères et filles, des ondines, des esprits de toute espèce, des transformations en animaux, des lacs et des eaux cosmogoniques, se confondent dans ces récits. Des rois et des reines mythiques succèdent à ces premiers personnages, et deviennent les fondateurs et les dieux d'autant de tribus diverses. Cette première immigration est suivie par d'autres, par celle de Bartolam, par exemple, qui arrive avec une suite de guerriers, et débarque dans la partie occidentale du Munster; il opprime les anciens habitants, et nommément les druides. Un mythe représente Bartolam égorgeant le chien favori de son épouse adultère. Le chien étant le symbole du prêtre en Irlande, il est probable que l'Irlande est l'épouse elle-même. Le tout n'est que le symbole de la translation de la puissance souveraine, qui, des mains des prêtres, passa dans celles des guerriers; le symbole de luttes, qui, comme on le sait, se répétait partout dans l'histoire des Celtes. Il y eut encore une troisième invasion, conduite par Milès, appelé Spain ou l'Espagnol, qui arriva avec les Milléadths; il était fils d'Ith, dieu suprême de cette peuplade, et il fut assassiné au premier débarquement de ces guerriers en Irlande, ce qui prouve que la caste guerrière eut de plus en plus la prépondérance dans cette île. Or, à la faveur de ces héros mythiques, invoqués par les bardes, pour allumer dans le cœur de leurs concitoyens le patriotisme et la haine des envahisseurs, l'indépendance de l'Irlande se conserva jusqu'au treizième siècle. De là le long maintien des bardes dans ces pays, où cette classe de l'ancien corps sacerdotal était devenue plus instruite et plus puissante que le druidisme proprement dit, anéanti par les Romains. Henri VIII même et Élisabeth se virent dans la nécessité de sévir contre les ménestrels de l'Irlande, du pays de Galles et de l'Écosse, longtemps encore après que le christianisme y avait détruit entièrement les doctrines druidiques. Le dernier barde irlandais mourut en 1738, et encore aujourd'hui il existe un président du fauteuil de Glamargan dans le pays de Galles. Le druidisme, se défendant, dans les derniers temps de son existence surtout, par sa connaissance des sciences naturelles, devait entièrement mourir lorsque celles-ci avaient fait des progrès dans le monde chrétien. Dans l'histoire de l'apostolat de saint Patrick en Irlande, la tradition chrétienne fait surtout lutter le convertisseur des Ires contre les enchantements druidiques par des miracles chrétiens, et c'est par là seulement qu'elle lui fait opérer des conversions. Ainsi le druide Lochu, qui, à l'époque de Patrick, était vénéré presque à l'égal d'un dieu, et possédait le secret de voler, fut précipité du haut des airs, et fut écrasé dans sa chute, par suite de la prière du saint. On voit aussi qu'au temps de saint Patrick, les Irlandais avaient des idoles, contrairement aux doctrines du pur druidisme; car on raconte que ce saint foudroya par sa prière la grande idole de Theamhair, qui prononçait des oracles, et que les petites idoles dont elle était entourée s'enfoncèrent jusqu'au cou dans le sol. A son arrivée à Munster, toutes les idoles des temples tombèrent d'elles-mêmes.

Il nous reste à parler encore des monuments du culte extérieur des peuples celtes, dont les traces se sont conservées jusqu'à nos jours. Dans les Gaules, et surtout en Bretagne, ces monuments sont ou des mottes (collines), ou des pierres druidiques. Les derniers sont de quatre espèces; ce sont des pierres ayant servi au culte religieux, des tombeaux, des pierres itinéraires et des pierres historiques. Les pierres ayant servi au culte sont de quatre sortes : 1° des obélisques ou piliers de pierres, appelés par les Bretons *min-hir*, ou *peul-ven*, ou *mir-sar*. Ce sont les anciens sanctuaires; on les voit généralement sur des collines d'une hauteur de douze à quinze pieds; le peuple y rattache aujourd'hui des contes de fées ou de nains. 2° Des pierres au nombre de trois, dressées en autel, appelées pierres couvertes, parce que l'une de ces pierres couvre toujours les deux autres; les Bretons leur donnent le nom de *dol-men* et de *lech* ou de *liach*. Dans la Grande-Bretagne, leur nom est celui de *cromlech*. Souvent on trouve près d'elles des charbons et des ossements, ce qui prouve qu'elles servaient aux sacrifices. 3° Des pierres qui forment un cabinet ou une caverne, différentes de celles qui sont creusées dans les montagnes. 4° Des roches mobiles ou pierres branlantes, érigées sur une ou deux bases, de manière à ce qu'on puisse les soulever ou les abaisser sans beaucoup de peine, comme les fléaux d'une balance. Elles paraissent avoir servi à des enchantements; leur nom anglais est *rocking-stones*. Les tombeaux de pierre ont ordinairement la forme de portes; on les appelle *kist-ven* en Bretagne. Les pierres itinéraires sont toujours sans inscription. Il se trouve, près de Plouaret, une pierre historique, nommée le Bren-antech, ou fuite des princes; mais les monuments principaux en pierre sont les temples des druides, c'est-à-dire des pierres rangées en cercles. Le temple le plus gigantesque qui existe est formé par les rochers de Carnac, près de Quiberon; il est nommé par les Bretons Ti-Goriquet, ou maison des géants. Il y a environ quatre mille obélisques de quatre à vingt-cinq pieds de hauteur, placés sur onze rangs parallèles; les allées de pierre ont une largeur de deux à six toises.

Près de Vitré, dans le département de l'Ille-et-Vilaine, il y a deux chambres de druides de quarante-deux rochers. Dans la forêt de Limelange (Deux-Sèvres), on trouve une pierre branlante ou pierre pèse, de vingt-deux pieds et demi de hauteur et de douze pieds de largeur. A l'ouest de Blois, on voit sur une colline un dolmen appelé la Pierre de minuit, parce que le peuple croit que les fées la font tourner dans la nuit de Noël; mais le plus grand dolmen est dans l'île de Guernsey : il consiste en cinq immenses rochers, dont le plus grand, d'une longueur de seize pieds, pèse quatre cents quintaux. Autour de ce rocher, à quelque distance, il y a deux cercles de pierres. Les mottes ou collines artificielles sont très-nombreuses dans les Gaules, et souvent d'une grande dimension. Celle qui est près d'Angers a quarante-cinq pieds de hauteur et trois pieds de largeur; près de Pouilly-sur-Saône, on en voit une de soixante pieds de hauteur, et dont la superficie au sommet a cent trente pieds de largeur : sa base couvre presque soixante-six ares. Toutes ces mottes servaient de tombeaux, et dans la plupart on a trouvé une quantité d'ossements; celle de Pouilly renfermait jusqu'à deux mille squelettes. C'était surtout dans les îles que les Celtes plaçaient leurs sanctuaires. Les plus célèbres de ces îles étaient celles de Mon, de Guernsey, de Rhé, de Gersey, et les îles de la Seine, de la Saône et du Rhône.

Dans la Grande-Bretagne, les temples s'appelaient *caen, cîr, cylch*, c'est-à-dire cercle, ou *meini-hirion*, ce qui signifie pierres érigées en obélisques. Ce sont des places rondes et ouvertes, dont la périphérie est formée par de grandes pierres, posées à une distance de quelques pieds l'une de l'autre. Il y a de grands et de petits temples, et des temples d'un rond de boule et d'un rond ovale. Les petits temples n'ont qu'une périphérie, dont les pierres sont séparées et sans jonction entre elles; les grands consistent dans plusieurs cercles concentriques (on en a trouvé qui en ont jusqu'à quatre), et dont les pierres sont, dans le deuxième et le troisième cercle, jointes deux à deux par des architraves, appelées trilithones ou triples pierres. Le nombre des pierres, dans la périphérie d'un temple, est de 7, 12, 19, 20, 30 et 60. Généralement il y a des autels et des mottes tout près des temples. Les dolmens des Bretons s'appellent, dans le pays de Galles, *cromlech* ou *kistvaen*, en Irlande *cromleach*. En Angleterre, les pierres branlante ou rocking-stones sont d'une autre construction qu'en France : la pierre et sa base ont un creux à demi rond, contenant une boule de pierre, au moyen de laquelle la pierre branlante peut être tournée de chaque côté, en haut et en bas et en cercle. Les mottes, ou collines de terre, s'appellent en Angleterre *carn*, et ont quelquefois des pierres sacrées sur leurs sommets; on exécutait les criminels sur ces pierres. Il y a encore dans ce pays des remparts couverts d'un ciment vitrifié par le feu, et ordinairement placés sur les sommets des montagnes; puis des dons ou donjons, ou des murailles rondes et hautes sans toiture, et garnies d'une porte et d'un escalier, par lequel on monte sur le sommet des murs. Enfin on trouve en Angleterre des maisons de druides, des édifices ressemblant aux dons, de petites maisons de pierres rondes, voûtées ou découvertes, sans ciment, et ayant un foyer au milieu et ordinairement destinées à un homme seul. On voit beaucoup de cavernes en Angleterre. Le temple druidique le plus grand et le plus célèbre de la Grande-Bretagne était le Stone-Henge, dans la plaine de Salisbury. En général, les pierres druidiques, les temples et les cromlechs sacrés de l'Angleterre, de l'Irlande et de l'Écosse, ne le cèdent à ceux de la France ni par le nombre ni par la grandeur; on a ordinairement bâti les couvents chrétiens sur les emplacements des anciens temples des druides.

Le culte des fées s'étant attaché plus tard aux monuments druidiques, nous terminerons ce chapitre en mentionnant, dans un court exposé, ce culte, qui appartenait principalement aux habitants des pays celtes. Les fées, nous le répétons, furent une création de l'époque gallo-romaine, et leur rôle le plus brillant est dans les traditions du moyen âge. Ces êtres étaient un mélange des fata ou parques des Romains, lesquelles disposaient du sort des hommes, et des esprits élémentaires du sexe féminin de l'ancien culte de la nature extérieure. Aussi les fées sont-elles ordinairement attachées à des fontaines; elles en sortent, elles s'y replongent, ou bien elles séjournent dans les forêts ou dans les grottes des rochers; car l'influence directe et volontaire sur l'existence ou le sort d'un être humain n'était nullement dans les attributs des esprits élémentaires, qui menaient ordinairement une vie à part, et n'entraient que fortuitement en relation avec l'homme. Aussi les traditions féeriques rappellent-elles les parques des Romains et les nornes des Scandinaves, en ce sens qu'on y voit très-souvent figurer trois fées, dont l'une, à l'instar de l'Atropos grecque, qui coupe le fil filé par les autres, gâte tout ce que ses sœurs ont fait de bien. Quelquefois il y en a sept, comme dans le conte de la *Belle au bois dormant*, et la septième, parce qu'on l'a oubliée, maudit ce que les six autres ont béni. Dans d'autres traditions, il n'y a qu'une seule fée, comme dans le conte anglais *the Weir-lady of the Wood;* et l'Arié de la Franche-

Comté apparaît aux fêtes des campagnards, surtout à l'époque des moissons, récompense les fileuses laborieuses, secoue les fruits des arbres pour les enfants sages, et leur donne, à Noël, des noix et des gâteaux.

L'idée qu'on se faisait des fées est exposée de la manière la plus nette dans *li Jus* Adan de le Halle d'Arras, ou *la Feuillide*, composé au treizième siècle, et qui donne des dates précises sur la célèbre dame Morgue la fée, ou Fata Morgana et sa « compaignie. » Ce sont de « beles dames parées » qui, à une époque fixe de l'année, visitent, la nuit, une maison où l'on met des plats pour elles sur une table. Les hommes qui assistent à leur repas doivent rester muets. Avec Morgue la sage apparaissent Arsile et Maglore, et la dernière s'aperçoit en s'asseyant qu'on ne lui a pas mis de couteau, tandis que les deux autres fées vantent la beauté des leurs. Maglore, pleine de colère, s'écrie :

> Suis-je li pire ?
> Si m'aït diex ! peu me prisa,
> Qui establi ni avisa
> Que toute seule à coutel faille.

Arsile tâche de l'apaiser, en disant qu'elles doivent faire un cadeau à ceux qui ont tout arrangé si bien pour elles. Morgue donne à l'un la richesse, et Arsile donne à l'autre le don de la poésie ; mais Maglore dit :

> De mi certes n'aront il nient.
> Bien doivent falir à don bel
> Puisque j'ai fali à coutel.
> Honnis soit qui riens leur donra !

Mais comme Morgue insiste pour un cadeau, Maglore donne à l'un des assistants une tête chauve, et à l'autre l'oubli de ce qu'il avait à faire, en disant :

> Ains comperront chier le coutel,
> Qu'il ouvlièrent chi à mettre.

Avant l'aube du jour, les fées s'en vont sur une prairie,

leur lieu de rendez-vous ; car, pendant le jour, elles évitent les regards des hommes. Le nom de la fée Margana ou Morgea, qui est une altération de Morgan, vient du breton, où Morgana veut dire femme de mer, de *mor*, mer, et *geden*, brillant et femme. Dans d'autres contes, les fées ressemblent aux filles des géants de la tradition allemande ; elles portent des rochers immenses sur la tête et dans leurs tabliers, tandis que leurs mains tournent un fuseau. Un jour, une de ces fées ayant terminé une maison qu'elle bâtissait, cria à ses sœurs de cesser d'apporter des pierres ; celles-ci, quoique éloignées encore de quatre lieues, entendirent sa voix et laissèrent tomber les pierres, qui s'enfoncèrent profondément dans le sol. Elles étaient généralement bienveillantes et soignaient surtout les enfants dont elles prédisaient le sort. Elles descendaient par les cheminées dans les maisons, et en sortaient par la même voie. Un jour l'une d'elles s'y brûla et poussa un cri plaintif, et toutes les fées du pays accoururent à son secours. Elles ne se laissaient pas tromper ; car un jour, un mari ayant mis la robe de sa femme pour soigner à sa place l'enfant que la fée visitait, celle-ci, en entrant, s'écria aussitôt : « Non, tu n'es point la belle d'hier au soir, tu ne files ni ne vogues ni ton fuseau n'enveloppes, » et pour le punir, elle changea en pois les pommes qui cuisaient sur le feu.

Un des anciens contes de fées les plus poétiques est celui du chevalier Stauffenberg, dont le manuscrit a été récemment découvert. La scène se passe dans le duché de Bade, non loin de Strasbourg, d'où l'influence des Celtes s'étendit dans l'Allemagne méridionale. La fée apparaît au chevalier assise sur le gazon tout près de son manoir, dont les ruines existent encore. Elle lui dit qu'elle est depuis longtemps son génie tutélaire, et se donne à lui en l'assurant qu'elle lui apparaîtra partout quand il le désirera ; elle lui laisse, du reste, toute liberté, excepté celle de se marier légitimement ; car, s'il enfreint sa défense, il mourra. Longtemps le chevalier entretint avec sa fée un commerce heureux; il résiste à toutes les instances de ses parents, qui le pressent de se marier. Enfin, s'étant distingué à un tournoi en présence de l'empereur d'Allemagne, ce prince lui offre pour femme une de ses parentes. Stauffenberg résiste, et déclare enfin sa liaison secrète, et le sort qui le menace s'il se marie. Les prêtres s'en mêlent, représentent la fée comme un démon, et lui persuadent enfin de consentir au mariage. Pendant les préparatifs de la noce, Stauffenberg appelle sa fée ; celle-ci l'avertit encore une fois et lui prédit une mort inévitable s'il accomplit le mariage projeté; elle lui annonce qu'au moment où il verra sa jambe lui apparaître, son sort s'accomplira. Le chevalier méprise néanmoins cet avis; mais pendant le repas, après la bénédiction nuptiale, le plafond de la salle s'ouvre subitement, et la plus délicieuse jambe de femme devient visible à tous les assistants. Le plafond se referme; toute trace de jambe a disparu, et le chevalier est emporté mourant de la salle.

CHAPITRE QUATRIÈME.

Mythologie des Scandinaves.

Ce fut, selon tous les indices historiques, à peu près vers l'époque où les Romains pénétrèrent en conquérants dans les Gaules et y arrêtèrent tout développement des croyances religieuses, que les Ases, tribu guerrière des Médo-Sarmates, arrivèrent en Suède, et fondèrent à Sigtuna, près d'Upsal, le culte et la doctrine religieuse qu'on désigne sous le nom de mythologie odinique. Il n'y a rien de hasardé dans la supposition qu'une tribu alano-gothique se soit dirigée, au milieu du premier siècle avant notre ère, de la Bactriane vers le bassin de la Baltique. Nous voyons encore, près de deux siècles plus tard, les Hérules retourner des mêmes contrées en Scandinavie, après avoir quitté auparavant avec les Goths les bords de la Baltique, pour se rendre de là vers la mer Noire. Et cette émigration même d'une partie des Goths de la Scandinavie, qui allèrent joindre leurs frères sur la mer Noire, coïncide singulièrement avec l'invasion des Ases en Suède; car le principal temple de leur culte avait été fondé, comme nous venons de le dire, dans le pays des Suéons, nation distincte de celle des Goths, dans la Suède proprement dite. Upsal resta toujours le foyer central du culte odinique, et ce culte, en fondant un pouvoir monarchique fortement constitué, donna une certaine suprématie aux rois qui présidaient aux cérémonies religieuses, dans le premier et le plus célèbre temple qui lui fut consacré. Les rois suédois d'Upsal avaient été bientôt reconnus comme les suzerains de tous les autres rois scandinaves. Tacite avait déjà reçu des renseignements sur ce qui s'était passé à ce sujet en Suède; car il désigne les rois des Suéons comme étant les seuls autocrates parmi les autres rois du Nord, dont le pouvoir fut limité par le peuple. Or une partie des Goths se lassa du joug et émigra. Après avoir quitté le sol de la Scandinavie, ils allèrent s'établir sur les bords de la Baltique, où leurs chefs comptaient toujours parmi leurs principaux titres au commandement, leur origine, qu'ils faisaient remonter aux dieux ases de la Scandinavie. En Scandinavie, la supériorité politique des Suédois sur les habitants du Gothland, fondée par l'établissement du temple d'Upsal, ne se maintint pas seulement pendant tout le temps que dura le règne du paganisme, mais elle subsista même encore longtemps après l'introduction de la religion chrétienne. Elle fut depuis lors une cause de contestations permanentes entre les Suédois et les Goths, et les Suédois jouirent encore longtemps du privilége de donner les premiers leur voix dans l'élection d'un nouveau souverain. Des communications suivies entre la Scandinavie, la mer Noire, la mer Caspienne et la Grèce, sont en outre constatées, depuis les temps les plus reculés, par l'existence d'une grande route de commerce traversant la Russie ou le pays des Vénètes. Cette route longeait d'un côté le Dniéper et conduisait vers le Danube et la mer Noire: une autre suivait le Wolga et conduisait à la mer Caspienne. C'est par ces routes que les Normands se rendaient à Byzance pour y entrer dans le corps particulier de la garde des empereurs, appelé le corps des Varangues ou Varègues. La preuve de ces communications fréquentes de la Scandinavie avec les pays situés sur la mer Noire et la mer Caspienne, se voit encore aujourd'hui en Suède, dans le grand nombre de pierres runiques érigées en mémoire de ces nombreuses expéditions en Grèce, et dans les monnaies arabes des pays avoisinant la mer Caspienne, qui sont exhumées chaque jour du sol de la Suède.

Il y a dans le système mythologique des Scandinaves, tel que les chants poétiques des deux Edda nous l'ont transmis, trois éléments bien distincts, qui se sont successivement superposés l'un sur l'autre. On en peut apercevoir les époques et les tendances diverses, bien qu'elles soient tellement fondues qu'on ne trouverait pas dans l'antiquité un autre monument religieux aussi complet et qui présente autant d'unité. La fin du monde et la résurrection y sont aussi nettement formulées que sa création, et les principes qui les gouvernent y sont poussés jusqu'à leur dernière conséquence.

On y trouve d'abord entièrement développée, détaillée avec la plus grande précision et dramatisée, cette idée fondamentale de la croyance commune aux peuples du Nord, d'une résurrection des morts dans un plus beau séjour, placé dans l'univers actuel, avec pleine jouissance des biens terrestres qui ont paru les plus désirables dans la première vie. Ce séjour ne peut être obtenu que par la lutte ici-bas, par le courage, et par une mort glorieuse dans les combats, tandis que les faibles, les lâches, les malheureux qui meurent d'une mort naturelle, sont relégués dans un séjour sinistre, à côté des assassins et des parjures. A ces destinées préside ce dieu-ciel qui pénètre tout de son souffle et qui est le suprême dispensateur de tous les biens matériels et moraux; c'est lui qui accorde la victoire, le savoir et le don de la poésie; les autres dieux ne sont que des émanations de son essence. Cette série d'idées est bien distincte des autres qui se groupent autour d'Odin le Scandinave, dieu suprême seulement pendant la durée de l'univers actuel.

Un second élément bien distinct se rattache au dieu Thorr; c'est l'élément physique, la symbolisation de l'action et de l'antagonisme des saisons et des climats, que les Celtes, comme nous l'avons vu dans les symboles et les mythes du pays des Gaules, ont également cherché à exprimer par tant de formules. Nulle part on n'a peint aussi vivement que dans la mythologie scandinave les luttes entre l'été et l'hiver, luttes qui se faisaient si puissamment sentir dans ces contrées septentrionales, surtout lorsqu'on s'y adonnait à l'agriculture. Cet élément est, pour ainsi dire, la partie matérialiste de la mythologie scandinave, et les mythes qui s'y rapportent ne s'occupent presque pas d'Odin.

Mais à ces éléments, qui, quoique moins nettement séparés, se rencontrent partout, comme nous l'avons vu, dans les intuitions religieuses de l'Europe septentrionale, les Ases, arrivés du centre de l'Asie à une époque où le bouddhisme s'y était déjà répandu, ajoutèrent une nouvelle série d'idées qui dominent d'en haut tout cet édifice, et qui donnent à l'ensemble de ces mythes une profondeur imposante, un caractère tout à fait unique dans l'histoire des anciennes religions; c'est la doctrine de la destruction future de l'univers tout entier, et la destruction même du séjour des morts bienheureux, pour faire place à un nouvel univers plus épuré, plus lumineux, où il n'existera plus d'hiver, où tout croîtra sans labeur, où il n'y aura plus de combat, plus de ténèbres, où régneront l'amour et la paix, où le meilleur sort ne sera plus réservé à celui qui a été brave et fort, mais à celui qui a été bon et juste, et où les assassins, les parjures et les séducteurs des femmes seront séparés des faibles, et seuls punis. C'est pourquoi ils introduisent le principe destructeur dans le monde actuel, dès sa création et à côté des dieux mêmes, dont il ronge peu à peu les forces. Le principe destructeur est même en partie créé avant le monde; il réside dans le dieu suprême et mystérieux qui plane invisiblement sur tout; ce principe de destruction est suspendu constamment sur l'univers actuel comme une gueule ouverte toujours prête à l'engloutir. Il s'attaque surtout aux dieux chargés de conserver et de gouverner ce premier monde. Et les dieux du monde actuel, obligés de le gouverner d'après la lutte morale et physique, contraints eux-mêmes de lutter contre l'élément destructeur, ne seront pas aptes à présider au meilleur monde futur; ils sont donc eux-mêmes périssables et menacés de mort; c'est pourquoi la cosmogonie les fait surgir de la matière. Quelques-uns seulement parmi eux sont exceptés de ce destin; mais ce sont ceux qui ne font pour ainsi dire qu'apparaître dans ce monde-ci, et y restent dans une inaction complète. Tel est surtout le dieu qui représente de préférence la vie de l'âme, de la bonté, de l'amour, de la lumière; il n'apparaît en quelque sorte ici-bas que pour attester par sa seule présence l'existence du principe d'une beauté toute morale et intellectuelle, tellement que la durée de la vie de l'univers, y compris celle des autres dieux, est attachée à sa présence dans ce monde. Dès le moment de sa disparition (car il meurt passagèrement par suite d'une machination du principe du mal personnifié), les dieux commencent à déchoir, le monde actuel vieillit, et leur fin commune est annoncée. Ce qu'il y a de plus remarquable dans cette intuition, c'est que ce dieu bon et lumineux rachète même en quelque sorte, pour l'avenir, les morts paisibles, comme le Christ par son trépas vainquit, selon la doctrine chrétienne, les terreurs de la mort; car lui-même descend dans ce sinistre séjour destiné à ceux qui meurent sans combat, et il y reste jusqu'au jour du crépuscule des autres dieux; car c'est le nom pittoresque que l'Edda donne à la catastrophe qui fait disparaître la plupart des dieux dans le dernier combat général contre les puissances destructrices, et avec eux l'univers actuel.

Pour bien apprécier l'action morale que cette dernière idée devait avoir sur les sectateurs de la religion odinique, il ne faut pas perdre de vue qu'ils s'imaginaient vivre à l'époque du monde où la mort de ce dieu est déjà accomplie, et où le jour ou crépuscule des dieux est attendu; car l'Edda raconte cette mort avec tous ses détails, comme un fait déjà accompli. Par conséquent le monde scandinave se trouvait en présence de dieux qui voyaient eux-mêmes leur perte inévitable; il se trouvait à cette époque comprise entre la décadence commencée par la disparition du dieu lumineux, sentimental et paisible, et la fin du premier monde. Cette intuition donne à la mythologie scandinave quelque chose de tragique qu'on ne rencontre dans aucune autre doctrine dualiste. Il est même étonnant de voir ces peuples conserver cette fierté d'âme, cette inébranlable confiance dans leurs forces, ce mépris de la mort, pour gagner un paradis provisoire, en présence de dieux dont la plupart ne doivent pas reparaître dans l'univers futur. Mais, d'un autre côté, l'idée qu'on se croyait gouverné par des dieux dont les plus puissants et les plus actifs n'étaient pas éternels, en rabaissant ceux-ci moralement aux yeux des Scandinaves, introduisait dans leurs mythes ce ton d'ironie et ces plaisanteries, cet *humour* qui fait sourire aux dépens des divinités, exposées à toutes sortes d'humiliations ou engagées dans des aventures presque burlesques, et dont la mythologie grecque n'offre qu'un seul exemple dans la personne de Vulcain, boiteux, difforme et trompé par sa femme. On rencontre donc déjà dans les poëmes mythiques des Germains ce qui distingue toutes les littératures des diverses branches de cette race : l'union du comique, du burlesque, du trivial même, avec le tragique, le sublime et le sentimental. Le principe du mal personnifié, séducteur introduit, sans être dieu lui-même, au milieu des dieux scandinaves, provocateur du crépuscule des dieux et meurtrier de celui de qui dépend la durée du monde, est en même temps une sorte de *clown*, comme Shakspeare en introduit dans ses tragédies, et qui joue aux dieux toute espèce de tours, se moque d'eux et se fait remarquer comme leur contempteur ; il est en quelque sorte l'organe qui exprime les pensées du peuple lui-même au sujet de dieux périssables, dont on a pourtant tant à craindre et tant à espérer ici-bas, qu'on n'ose pas dire soi-même ce qu'on en pense. D'un autre côté, on est étonné de trouver dans cet autre dieu, de la présence duquel dans le monde dépend, malgré son inaction constante, le bonheur des autres dieux et de l'univers, le symbole de cette vie de contemplation abstraite et de rêverie, dans laquelle les Allemands ont vu plus tard la mission principale de l'humanité; et le dieu Baldr, beau, débonnaire et éloquent, apparaît en quelque sorte comme le père de ces philosophes qui se sont imaginé que de tel ou tel système de métaphysique abstraite formulé dans la solitude d'un cabinet, dépendait le sort du monde, lequel, dans la réalité, ils laissent aller comme il peut.

La nature des choses indique déjà que les deux premiers éléments de la mythologie scandinave ont été bien antérieurs au troisième, qui n'a jamais pu, pendant tout le temps que régna le paganisme, neutraliser les effets moraux des deux autres; et cela d'autant moins que les Ases étaient eux-mêmes une tribu guerrière, qui venait se joindre à d'autres guerriers, et devait contribuer plutôt à développer et à perpétuer ce qui, dans les religions du Nord, avait été constitué en vue de la guerre, du combat et du butin. Aussi est-il certain que les dieux ases ont été précédés par diverses séries d'anciens dieux élémentaires personnifiés qu'ils ont en partie adoptés, en partie rabaissés au rôle d'êtres intermédiaires, de géants et de démons hostiles, comme cela a eu lieu partout où une nouvelle religion en a remplacé une plus ancienne. Il y a même ceci de particulier dans le dualisme établi dans les mythes scandinaves, c'est que le principe destructeur et hostile est placé en dehors des dieux, et qu'il n'y a pas de divinité bonne et de divinité mauvaise; la puissance et les tendances destructives sont dévolues à des êtres intermédiaires, à des géants et à des animaux monstrueux. Ceux-ci n'ont pas gardé seulement des forces et des pouvoirs surhumains; les dieux ases ont même été occupés longtemps à leur arracher par la ruse ou la violence des dons divins, dont ils font un mauvais usage ou qu'ils cachent, afin d'en faire jouir le monde et les hommes; ou bien ils sont forcés de s'en associer formellement quelques-uns pendant quelque temps pour opérer la création du monde, et de les supporter ensuite parmi eux, parce qu'ils ont besoin de leur expérience et de leur sagacité, et ils introduisent ainsi eux-mêmes le germe de la destruction parmi eux. C'est là un des côtés les plus piquants de ces mythes, où partout une nouvelle religion est en lutte avec une religion plus ancienne. On y distingue même deux séries de dieux élémentaires, dont l'une avait été déjà dépossédée par celle que les Ases trouvèrent établie. La première était évidemment celle des dieux des anciens Finnois, peuple que les premiers colons scandinaves exterminèrent ou refoulèrent dans le Nord et qui est représenté par les mythes postérieurs comme autant de géants hideux, se cachant dans les cavernes : ce sont les Jotun ou géants de neige et de glace des Edda. La plupart des noms de ces anciens dieux finnois qui nous sont parvenus, signifient neige, ou glace, ou tempête; ce sont les dieux que l'Edda appelle les dieux de Forniotr ou du vieux Jotun. Les mythes disent que leurs autels furent renversés par Thorr, que nous avons déjà désigné comme la principale divinité élémentaire des peuples du Nord, et qui apparut dès que l'agriculture commença à fleurir. La généalogie de ses anciens dieux est ainsi indiquée : Forniotr eut trois fils : Iller ou Oegir, la mer; Loge le feu, et Kari, le vent. Kari engendra Frost (le frimat), et celui-ci Inio (la neige); Dpava (neige condensée) et Miol (neige fondante), et enfin Thorr, dont les deux fils, Nor et Gor, se partagèrent la Norvége, car c'est dans ce dernier pays que Thorr a été toujours vénéré de préférence.

Voici maintenant la cosmogonie, la théogonie, et les mythes de l'Edda :

Avant la création du ciel et de la terre, il y avait un vaste abîme (Ginnunga gap, ou abîme des abîmes) couvert de brouillards; mais, aux deux extrémités opposées de cet espace, il y avait au midi Muspell (le feu), et au nord Nifl (le froid). De Muspellheim, il venait de la chaleur et de la lumière; de Niflheim, des ténèbres et de la glace. Au milieu de l'abîme il y avait une fontaine appelée Hergelmir, d'où sortaient douze fleuves, nommés Eligavar. Lorsque ces fleuves se furent éloignés si loin de leur source que la goutte de feu qu'ils contenaient s'endurcit, ils devinrent de la glace. Mais, échauffée par l'air tiède du midi, la glace commença de nouveau à fondre et à couler goutte à goutte. Par l'action continue de la chaleur, ces gouttes s'animèrent, et il en surgit un être viril, Ymir, géant farouche. Ymir s'endormit et eut une sueur; un mâle et une femelle naquirent sous son bras gauche, et un de ses pieds engendra avec l'autre un fils à six têtes, d'où est venue la race des géants nommés les géants de la glace. La glace continua de couler goutte à goutte, et il naquit une vache nommée Audhumla; quatre fleuves de lait coulèrent de ses mamelles et nourrirent Ymir. Puis la vache lécha les pierres glacées et couvertes de sel, et vers le soir du premier jour, il en sortit des cheveux d'homme, le second jour une tête, et le troisième, un homme entier; il était beau, grand et fort, et s'appela Buri. Son fils s'appela Bœrr. Celui-ci prit pour femme Bestla, la fille du géant Bœlthorn, et eut d'elle trois fils, Odin, Vili et Ve. Ceux-ci tuèrent le géant Ymir, et lorsqu'il tomba par terre, il coula de ses plaies tant de sang que tous les géants de la glace furent noyés, à l'exception d'un seul, Bergelmir, qui se sauva avec sa femme dans une caisse; c'est de lui que vient la nouvelle race des géants. Les fils de Bœrr traînèrent le corps d'Ymir au milieu du gingunna gap, et créèrent de son sang la mer et l'eau; de sa chair, la terre; de ses os, les montagnes; de ses dents et de ses os cassés, les rochers et les écueils. Puis ils prirent son crâne, et en firent le ciel, et ils prirent les étincelles qui s'échappèrent de Muspellheim, et les fixèrent au ciel, afin que tout en fût éclairé. La terre était ronde, plate, et entourée de la mer profonde, dont les rivages furent donnés aux géants pour les habiter. Mais, pour protéger la terre contre eux, les fils de Bœrr construisirent, avec les sourcils d'Ymir, Midgard (séjour du milieu), grande forteresse. Ensuite, ils jetèrent la cervelle du géant dans les airs, et en formèrent les nuages « de l'âme endurcie. » Après avoir accompli ces œuvres, les fils de Bœrr allèrent sur les bords de la mer, y trouvèrent des arbres, et créèrent avec l'un un homme, Askr (le frêne), et une femme, Embla. Odin leur donna l'âme et la vie; Hœnir, l'esprit et le sentiment; Lodr, le sang et la couleur. Puis les dieux virent que des vers vivants s'étaient formés dans la chair d'Ymir, et ils en créèrent les nains, et quatre de ces nains furent placés aux quatre coins du monde pour soutenir le ciel. Les fils de Bœrr donnèrent alors des noms aux diverses parties du jour et de la nuit. Ils placèrent au ciel des êtres chargés de diriger le soleil et la lune. C'est que le géant Nœrwi, dans Jotunheimr, le pays des géants, avait une fille, Nott (la nuit), noire comme sa famille; celle-ci avait de son premier mari un fils, Audr, et du second, Dellingr, une fille, Dagr (jour), belle et lumineuse. Odin prit Nott et Dagr; il les plaça dans le ciel et leur donna deux chevaux, pour qu'elles fissent l'une après l'autre le tour du monde. Nott va la première, montée sur son cheval Hrimfax (crinière de glace), et l'écume qui tombe de son frein est la rosée matinale. Le cheval du Jour, Skinfaxi (crinière lumineuse), éclaire l'air et la terre de sa crinière brillante. Un bouclier est placé devant le soleil, et, si le bouclier tombait, la terre brûlerait. Mais la course du soleil et de la lune est dirigée par les enfants de Mundiffori, le géant. Ils étaient si beaux et si bien faits que le père donna à son fils le nom de Mani (lune), et à sa fille celui de Sol (soleil), et la maria à un homme nommé Glenvr (brillant). Les dieux, irrités de cet orgueil, les enlevèrent à leurs parents et les exilèrent, en leur fixant leur tâche : Sol dirige les chevaux du char du soleil, que les dieux avaient formé des étincelles de Muspellheim. Les chevaux s'appellent Aswakr (veillant) et Alvidre (tout voyant), et ont au-dessous de leurs ventrières deux outres remplies d'air, pour se rafraîchir. Mani dirige la course de la lune. Un jour, il enleva deux enfants, Bil et Hiuki, qui revenaient d'une fontaine, portant une cruche suspendue à un bâton. Depuis, ils accompagnent ainsi toujours la lune, comme on peut le voir de la terre. Si le soleil et la lune roulent si vite, c'est qu'ils sont poursuivis par deux loups qui veulent les dévorer : l'un s'appelle Skoell; il poursuit le soleil; l'autre, qui veut prendre la lune, le précède, et s'appelle Skati. Ils sont les fils d'une géante, et le plus puissant se nomme aussi Manaenir; il se nourrit d'hommes mourants, arrose de sang le ciel et l'air : c'est de là que proviennent les ouragans et les éclipses de soleil. Les fils de Bœrr bâtirent encore un pont, qui conduit de la terre au ciel; ils l'appelèrent Bifrost; les hommes le nomment arc-en-ciel. C'est l'œuvre la plus accomplie : il est tricolore; le trait rouge au milieu est du feu ardent, afin que les géants ne puissent, du haut des montagnes, grimper dans le ciel. Enfin, au milieu de l'univers fut bâti le fort d'Asgard, où chacun des dieux a son palais, et d'où ils accomplissent leurs grandes actions sur la terre.

Les ressemblances de quelques parties de cette cosmogonie avec des mythes de l'Inde sont frappantes. On sait que ces mythes font sortir les quatre castes de la bouche, des bras, des cuisses et des pieds de Brahma. Une tradition hindoue raconte que Brahma fut tué par les autres dieux, et que le ciel fut formé de son crâne. Des traditions de la Cochinchine disent que Bouddha a fait le monde du corps du géant Bosio; le ciel de son crâne; de ses yeux, le soleil et la lune; de sa chair, la terre; de ses os, les rochers et les montagnes; de ses cheveux, les plantes. Les îles du Japon et de Ceylan offrent des traditions semblables.

L'origine et la généalogie des dieux ases ne sont pas complétement données par l'Edda, qui ne nous dit pas surtout d'où les déesses sont venues; celles-ci jouent d'ailleurs un rôle assez secondaire dans ces mythes. La plupart des dieux sont pourtant une émanation d'Odin. L'épouse légitime d'Odin s'appelle Frigga; en elle se réunissent l'ancienne Jœrd, ou la terre d'été, et Rindr, la terre en hiver. Odin eut de Frigga sept fils, Thorr, Baldr, Braga, Tyr, Hermod, Haudr et Vali; de Gerdur, sa maîtresse, dont nous ne savons que le nom, il eut un fils nommé Widar, et de neuf vierges mystérieuses, le dieu Heimdallr. Thorr prit pour femme Sif, et eut d'elle le dieu ase Ullr; Baldr eut de sa femme Nanna le dieu ase Forseti. Plus tard, les Ases reçurent encore dans leur rang trois divinités importantes: Niord, Freyr et la déesse Freya, prises, selon les expressions du mythe, parmi les Vanes. Suivant ce mythe, les Ases avaient une guerre avec les Vanes; ils firent avec eux la paix, et les deux partis se donnèrent mutuellement des otages: les Vanes envoyèrent aux Ases les trois divinités ci-dessus nommées, qui furent admises parmi les Ases; et ils reçurent en échange Hœnir, qui, lors de la création de l'homme, lui avait donné la raison, et qui est une des énigmes de l'Edda, et Mirnir, un être intermédiaire, un sage, un prophète, qui rendait des oracles. Il y avait alors treize dieux ases: Odin, Thorr, Niord, Freyr, Baldr, Tyr, Heimdallr, Forseti, Hermod, Haudr, Wali et Ullr. Les déesses ases (asyriar) étaient aussi au nombre de treize: Frigga, Freya, Saga, Egr, Gefion, Fulla, Siofn, Lofna, Vor, Syn, Hlin, Snotra et Gna; les épouses de Thorr et de Baldr n'étaient que des filles de géants; Oegir et sa femme, Ran, qui gouvernent la mer, et qui engendrèrent les nymphes des ondes, qui viennent au secours des étrangers, ainsi que Skade, la femme du dieu Niord, ne sont que des demi-divinités. Quant à Loke, l'ancien dieu du feu, qui est devenu, dans la mythologie odinique, le principe du mal personnifié, il est représenté comme le fils de Laufega, femme du géant Farbouti.

On est surpris de ne plus voir paraître dans cette liste de dieux les deux personnages Vili et Ve, qui créèrent le monde avec Odin, ni celui de Lodr, qui donna à l'homme le sang et la couleur. Mais Vili et Ve constituent avec Odin une sorte de trinité, qui s'efface dans le développement ultérieur de la théogonie, et ne reparaît plus qu'une fois encore dans l'introduction de l'Edda de Snorre, où figurent trois personnages divins, assis sur trois trônes, et expliquant à un roi de Suède, détrôné par les Ases, la nature des dieux scandinaves dans Asgard; ils sont nommés : Har, Japhnar et Thridi, c'est-à-dire le haut, le haut également et le troisième. Or, Har et Thridi se trouvent parmi les cent trente noms qui désignent alternativement Odin dans les poëmes de l'Edda. Quant à Lodr, membre de la seconde triade, qui coopère à la création de l'homme, il est, dans un autre passage de l'Edda, mentionné sous le nom de Loki, et il est évident que c'est le même que le Loke des mythes; ceci est indiqué déjà par le sang et la couleur qu'il donne personnellement, comme esprit du feu, à l'être qu'on crée. Car Loke, qui se rend longtemps utile aux nouveaux dieux par cette force subtile du feu qui vivifie tout, Loke, qui est plein d'expédients ingénieux, rappelle à Odin, dans un poëme où il éclate en reproches contre les Ases qui tâchent de le saisir, leur ancienne confraternité. Le mythe le représente donc comme expulsé plus tard du ciel des Ases, et retombé, après être devenu uniquement le feu destructeur, dans son ancienne et mauvaise nature, et il est alors ce *clown*, dont nous avons parlé, et le principal promoteur de la destruction finale du monde, après s'être de nouveau allié à ses anciens compagnons, les géants de la glace; il devient même le principal instrument du dieu invisible, quand ce dieu apparaît comme destructeur.

Quant aux dieux vanes, le mythe de l'Edda qui les concerne n'est pas encore suffisamment expliqué. Les uns n'y ont vu qu'une allusion ethnographique aux Venètes ou Slaves, habitant sur le continent bordant la mer Baltique, et vivant, après quelques guerres, en bon accord avec les Scandinaves. Ils s'appuient sur ce que Freya a le surnom de Vanadis, et qu'on rencontre en Dalmatie une déesse slave, appelée la bonne Fricco, et ayant des attributs semblables à ceux de la déesse scandinave. D'un autre côté, on voit dans les Vanes les esprits de l'eau, luttant d'abord avec les Ases, désignés comme esprits de la lumière, et créant enfin le monde, conjointement avec eux, après une réunion paisible. On allègue pour raison que Niord préside à la navigation et aux vents de la mer, et que Freyr et Freya ont les attributs de l'amour et de la puissance génératrice, que beaucoup de mythologies ont donnés à l'eau, comme l'atteste le mythe grec qui fait naître Aphrodite de l'écume de la mer. Le mythe relatif aux Vanes paraît, en effet, confirmer cette opinion. Les Vanes, y est-il dit, voyant que le prophète Mimir ne disait rien qu'en présence de Hœnir, et qu'ils avaient été trompés à son égard, le tuèrent, lui coupèrent la tête, et envoyèrent son corps à Odin. Celui-ci l'embauma avec des herbes magiques, et le rendit impérissable, par des enchantements, pour le consulter dans toutes les circonstances difficiles. Plus tard, les Vanes et les Ases firent une nouvelle paix, et, pour gage de cette paix, ils se réunirent, afin de créer en commun le sage Quasir; ils y parvinrent en crachant tous ensemble dans un vase, et du sang de ce Quasir naquit plus tard la poésie. Il y a sans doute des poëmes perdus qui expliquaient cette partie excessivement obscure de l'Edda.

Le nombre des dieux ainsi complété, Odin se composa, des douze Ases, un conseil, dont la mission principale était de s'assembler chaque jour pour former un thing ou tribunal, qui jugeât les différends de ce monde. Chacun des Ases, excepté Thorr, avait un cheval, sur lequel il se rendait au lieu du tribunal. Chacun d'eux avait aussi un palais séparé au ciel, dans Asgard. Cette dernière circonstance a porté plusieurs mythographes du Nord à voir dans les douze Ases les dieux présidant aux douze mois de l'année, et dans leurs palais les douze signes du zodiaque, tandis qu'Odin est le suprême dieu des douze mois ensemble, comme réunissant en lui les attributs spéciaux de chaque dieu. Ils ont même entrepris de désigner le mois auquel présidait chacun de ces dieux, et de comparer chaque palais à un signe correspondant du zodiaque. Mais les mythes scandinaves donnent aussi des palais aux déesses, et ce fait seul jette des doutes sur l'exactitude de ces explications astronomiques.

Voici la topographie et la statistique de l'univers tel que les Scandinaves se le figuraient. Au milieu de l'univers, qui se compose de neuf mondes, encerclés l'un dans l'autre, se trouve la terre, plate et ronde, embrassée tout autour par l'Océan. La terre habitée par les hommes s'appelle Mannheim; les Scandinaves croyaient en occuper eux-mêmes le centre, qui est nommé Midgard. Dans l'écorce du globe terrestre, demeurent les nains ou les elfes noirs, les swartalfars dans Swartalfheim, où ils forgent avec les métaux les ouvrages les plus merveilleux; ils ne sortent que rarement de leur sombre demeure. Les esprits élémentaires, qui habitent la surface de la terre, sont les ividies, ou elfes, ou gnomes, auxquels est confiée la surveillance des plantes; ce sont encore les aettar, les trollen, esprits des forêts, des montagnes et des eaux. Il y a aussi dans Midgard des êtres humains, doués de forces surnaturelles, et surtout des femmes prophétesses, appelées Wole et Spadise. Chaque homme a, en outre, un génie tutélaire et un génie de la mort : ce sont des fylgies et des homingies, qui restent toujours invisibles à ses yeux. Au fond de l'Océan, gouverné par Oegir et Ran et leurs filles, habite le serpent monstre Jormurgundur ou Midgardsorm, engendré un jour par Loke; ce reptile immense embrasse toute la terre comme un anneau de fer, et il y attend le crépuscule des dieux. Au delà de l'Océan, qu'il environne à son tour, est le pays des géants, Jotunheim, avec sa capitale Utgard, où règne leur roi, le méchant Utgard Loke. Au-dessus de la terre, dans la direction horizontale, est Godheim, le séjour des dieux, où conduit Bifrost, le pont à trois couleurs. Au milieu de Godheim est Asgard avec les palais des dieux en or et en argent. Au-dessus de Godheim est Liosalfarheim, le séjour des elfes lumineux, et, au-dessus de cette région et au delà des étoiles, est Gimlé, le monde éthéré, où demeureront les bienheureux du monde futur; car ni Liosalfarheim ni Gimlé ne seront détruits par l'incendie général. Le zénith enfin est formé par Muspellheim, le ciel de feu éthéré, où réside Surtur, l'être invisible. Au-dessous de la terre, dans la direction opposée, est d'abord Helheim ou Niflhel, le sombre séjour de Hela, la fille de Loke; c'est là que vont ceux qui sont morts sans combats. Plus bas, est Niflheim, la région des brouillards, d'où venaient les fleuves de glace, à la création du monde, et qui est restée la demeure des géants de la glace, les Hrymturses, qui se réuniront un jour aux esprits de feu de Muspellheim, pour détruire le monde; Niflheim aussi restera intact, et, non loin de là, est déjà préparé Nastrœnd, qui recevra ceux qui seront condamnés au dernier jugement.

Par-dessus tout cet univers, s'étend un arbre immense, le frêne Ygdresil, symbole du monde et de la vie humaine. Ses branches s'élèvent au-dessus de tous les cieux, et les étoiles sont suspendues à ses rameaux. Il a trois racines : l'une est dans Asgard, près des dieux; l'autre est chez les géants; la troisième couvre Niflheim, là où est la fontaine Bergelmir. Sous la racine qui est chez les géants est la fontaine dont l'onde contient la sagesse et la science humaine; Mimir y buvait chaque matin dans sa corne appelée Giallhar; Odin lui-même demanda un jour à s'y abreuver; mais il ne put l'obtenir qu'en mettant un de ses yeux en gage : c'est pourquoi il est borgne depuis ce jour. La racine qui est dans le ciel, près des Ases, est l'endroit où les dieux se rendent tous les jours à cheval, en passant par le pont Bifrost, pour tenir le thing. Un énorme serpent ronge la racine qui couvre la fontaine à Hvergelmir. Un aigle perche sur la cime du frêne, ayant un épervier entre ses yeux. Un écureuil monte et descend du frêne, en semant de mauvais rapports entre l'aigle et le serpent. Quatre cerfs courent à travers les branches de l'arbre, et en dévorent l'écorce et le feuillage; il y a tant de serpents dans la fontaine de Hvergelmir, qu'aucune langue ne saurait les compter, et le grand frêne souffre plus de maux qu'aucun homme ne peut le croire. Aussi doit-il périr le jour du crépuscule des dieux; mais jusque là son feuillage doit se conserver toujours vert, grâce aux soins de trois vierges, qui demeurent dans un beau palais, près de la fontaine placée sous la racine qui s'étend jusqu'au ciel. Ces trois nornes, qui de plus fixent à l'homme la durée de sa vie, sont : Urtha, la norne du passé; Verthandi, la norne du présent, et Skulld, la norne de l'avenir. Chaque jour, elles arrosent la racine du frêne avec de l'eau puisée dans la fontaine du passé, afin que ses branches ne puissent pourrir ni se dessécher. Cette eau est si saine, que tout ce qu'elle touche devient aussi blanc que la peau qui revêt intérieurement la coque d'un œuf. C'est aussi du frêne Ygdrasil que tombe sur la terre cette rosée, qu'on nomme *hunangsfall*, rosée de miel, dont les abeilles se nourrissent. Il y a aussi sur la fontaine deux cygnes qui ont produit tous les oiseaux de cette espèce.

Bon nombre d'explications détaillées ont été essayées au sujet de ce symbole. Il est fort intelligible, en tant qu'image d'un monde destructible qui n'a d'autre durée que celle que lui assigne le sort, dont les nornes sont l'organe. L'une des racines dont il est question est près de la fontaine qui a donné lieu à la création du monde et en causera aussi la destruction; l'autre, avec la fontaine de la sagesse, est chez les géants, ces anciens dieux déchus, mais qui ont conservé tant de savoir que les nouveaux dieux eux-mêmes doivent recourir à eux. Et la racine qui est arrosée avec tant de soin est près des maîtres actuels de l'univers, qui ont tant d'intérêt à conserver l'arbre, parce qu'ils doivent périr avec lui. Mais les divers animaux occupés de l'arbre se rattachent plutôt à ce symbole comme images de la vie morale de l'homme. On a expliqué ce mythe de la manière suivante : Les cygnes, en bas, sont l'image de l'âme nouvellement née, encore innocente et inexpérimentée, qui nage encore sur l'eau, d'où toute chose est sortie. L'aigle, en haut, est le symbole du savoir d'un être entièrement développé, et l'épervier, entre ses yeux, est le sens intérieur; l'esprit, avant de s'élever de bas en haut, a beaucoup d'obstacles à vaincre. Les serpents sont les vices, qui rongent le corps; les cerfs, les maladies de l'âme, car les noms des quatre cerfs signifient délire, peur, inquiétude, stupeur. L'écureuil figure la passion qui tourmente l'esprit et le corps, et ne laisse ni l'un ni l'autre en repos. Nous nous abstenons de hasarder une autre explication de ces allégories, sur lesquelles aucun contemporain ne nous a laissé de commentaire, et nous passons à la description de la nature et des attributs des dieux ases eux-mêmes et aux divers mythes qui les concernent spécialement.

Odin ou Othin, appelé le plus fréquemment Alfader, père universel, gouverne le monde, dit l'Edda, et quoique les autres dieux soient aussi tout-puissants, ils le servent comme des fils servent un père. Il donne aux uns la victoire, aux autres de l'or, aux grands l'éloquence, aux navigateurs le vent, aux poëtes l'inspiration, et à l'homme courageux la bravoure. Le lieu Asgard, où est son palais, s'appelle Gladheim; c'est le plus beau palais de la ville des dieux, Walhalla. C'est là qu'il préside aux festins des dieux, et qu'il rassemble autour de lui les héros tombés sur le champ de bataille et dont il a fait choix parmi les combattants; car *val* signifie un homme qui a péri de mort violente, et *halle* veut dire salle. Le palais est tout d'or; sa voûte s'élève si haut, que le regard de celui qui entre ne peut y atteindre. Le plafond est formé de boucliers d'or; le carreau, de lances, et les bancs sont couverts de cuirasses. Walhalla a cinq cent quarante portes; un aigle perche au-dessus de celle qui regarde l'ouest, et un loup y est couché sur le seuil. C'est par cette porte qu'entrent les élus; elle est fermée, le soir, par la grille sacrée Walgrind. Odin est assis sur un siége plus élevé que les douze autres dieux. A ses pieds sont debout deux loups, Geri (avide) et Feki (violent), et sur ses deux épaules sont perchés deux corbeaux, Hugirn (esprit) et Mugiun (mémoire). Odin les lâche tous les jours, afin que, après avoir parcouru le monde, ils rentrent vers l'heure du repas pour lui dire à l'oreille tout ce qu'ils ont vu; c'est pour cela qu'il sait tout. Mais il a en outre, sur les sommets du Walhalla, un trône appelé Hlidskiaf, d'où il peut embrasser d'un seul coup d'œil tout l'univers, et entendre tout ce qui s'y passe. Sa femme Frigga a seule le droit de s'y asseoir avec lui.

Les héros morts, appelés Einheriar, s'asseyent à la table des dieux sous la présidence d'Odin. On leur donne pour nourriture la chair du sanglier Serimner qu'on cuit tous les matins, et qui redevient entier tous les soirs. Mais Odin n'en mange pas; il distribue sa portion aux deux loups, et ne se nourrit que de vin. Les Einheriar sont salués à leur entrée dans Walhalla par Braga, dieu de la poésie, et Hermod, et leur salut solennel les rend demi-dieux. La boisson destinée pour eux vient de la chèvre Heidrun, des mamelles de laquelle l'hydromel coule en si grande abondance, qu'on en remplit tous les jours une vaste cruche. L'air de Walhalla est rafraîchi par une foule de fleuves qui en arrosent le sol: l'eau vient du cerf Eichsthyrmir, qui habite Walhalla; il s'échappe de ses cornes une vapeur si abondante qu'elle forme la fontaine qui donne naissance à ces fleuves. Dans leurs repas, Odin et les Einheriar sont servis par des vierges armées et cuirassées, appelées Walkyries; les mêmes que Odin envoie pour choisir sur les champs de bataille les héros morts avec éclat, qu'il veut convier dans son palais. Leur nom vient de *val* (tué) et *kur* (choisir). Ces vierges sont de la plus éclatante beauté; elles portent des casques et des boucliers enrichis d'or, et traversent les airs sur leurs chevaux. Une lueur vacillante annonce leur arrivée sur le champ de bataille, et des crinières de leurs coursiers il tombe de la rosée dans les vallées et de la grêle sur la cime des forêts. Tantôt elles paraissent sauvages ; car souvent elles se confondent avec les nornes, et font avec des entrailles d'homme des tissus mystérieux, pour formuler dans une image le sort de la bataille sanglante qui va se donner, et les poids qui soutiennent ce tissu sont alors des têtes d'homme ; les aiguilles avec lesquelles elles le tissent sont des flèches ; le sang inonde le tissu, et elles accompagnent ce travail sinistre de chansons de guerre. Mais, après les batailles, elles prennent doucement les héros morts, les portent vers « la verte patrie » des dieux, y redeviennent des femmes tendres et souriantes, et versent à boire aux élus d'Odin, qui les ont eues pour témoins de leur bravoure et de leur gloire. Odin est servi spécialement par les Walkyries Mista et Prista ; il recrute souvent ses femmes parmi les filles des rois ; elles doivent être vierges pour être admises à son service ; souvent elles deviennent ensuite les maîtresses et les épouses des héros sur la terre : alors elles donnent la victoire à leurs amants, mais ceux-ci tombent bientôt dans les combats.

Le repas n'est pas, du reste, la seule occupation des Einheriar élus par Odin. Destinés à assister les dieux au jour du crépuscule dans le combat contre les destructeurs de l'univers (et ce jour-là huit cent Einheriar sortiront de chacune des cinq cent quarante portes de Walhalla), ils s'exercent tous les jours en combattant entre eux sur la grande prairie Idavull, qui est près du palais. Le matin, un coq à plumage d'or les appelle ; ils prennent les armes, entrent en lice, et se mettent en pièces les uns les autres. Mais aussitôt que l'heure du repas approche, ils remontent tous à cheval et s'en retournent au palais d'Odin. Là, le repas commence, accompagné des chants de Braga, scalde dieu, qui célèbre les plus beaux faits d'armes des héros terrestres. Ceux qui ont été les rois les plus riches et les plus puissants, qui ont dévasté et conquis des royaumes entiers, ceux surtout qui arrivent suivis d'une grande foule de compagnons, d'amis et de serviteurs, qui se sont volontairement immolés sur leurs tombeaux; ceux-là sont distingués des autres dans le Walhalla; ils voient à leur entrée se lever l'illustre assemblée des dieux et des héros; ils sont conduits aux places d'honneur, et on leur donne même à goûter du vin, qui ordinairement est réservé à Odin. En outre, les Einheriar se promènent dans le délicieux bois Glasur, situé près des portes de Walhalla.

Odin a encore comme signe distinctif un cheval à huit jambes, nommé Sleipnir, le meilleur et le plus rapide des coursiers. Il possède la formidable lance Gangnir, qui atteint toujours l'ennemi, qui procure la victoire à celui qui s'en sert, et tue tous ceux sur la tête desquels elle vole. Odin la prête quelquefois à ses élus. Il possède encore la bague Draupnir, dont chaque neuvième nuit il sort huit autres bagues aussi précieuses. La manière dont Odin acquit la possession de ces trois choses est racontée dans des mythes que nous donnerons plus bas, lorsqu'il sera question de Thorr; car ce n'est que là qu'ils trouvent leur explication.

Comme suprême dispensateur du dieu de la poésie et de l'inspiration des scaldes, Odin est le sujet d'un mythe des plus curieux, plein de cette ironie et de ce persiflage dont nous avons parlé. Quasir, que les Ases avaient produit ensemble avec les Vanes d'une manière si bizarre, était l'homme le plus sage qui existât. Il était si habile, qu'on ne pouvait lui proposer de questions auxquelles il ne satisfît pleinement. Il parcourut toute la terre pour enseigner la sagesse aux peuples; mais sa gloire ayant réveillé l'envie, deux nains, Fjallar et Galar, le tuèrent, versèrent son sang dans deux tonneaux, Bodn et Son, et dans la chaudière Odhrair, et le mêlant avec du miel, ils en firent un breuvage qui, réunissant la raison aux grâces, rend poëtes ceux qui le boivent. Les dieux, ne voyant plus le sage, interrogèrent les nains, et ceux-ci répondirent que Quasir était mort suffoqué par la science, parce qu'il ne s'était trouvé personne en état de le soulager par des questions assez fréquentes et assez ardues. Mais les deux nains ayant noyé plus tard le géant Gilling, furent attaqués par son fils Suttung, qui les prit et les exposa sur un rocher au milieu de la mer; ils se sauvèrent, en offrant pour rançon le sang de Quasir. Suttung enferma le breuvage à Hnitberg, dans un rocher creux, et le confia à la garde de sa sœur Gunlœd. C'est pourquoi les poëmes de l'Edda appellent la poésie le sang de Quasir, la liqueur d'Othrar, de Bodn et de Son, le breuvage, la rançon et le navire des nains, l'hydromel de Hnitberg. Odin, cherchant à s'en emparer, se rendit, sous le nom de Bœlwerk, chez le frère de Suttung, Baugi, et travailla pour lui tout un été, afin que Baugi lui laissât boire un seul coup du précieux hydromel. Mais Suttung le lui refusa, et Baugi l'aida à percer dans le rocher un trou par lequel Odin se glissa sous la forme d'un serpent. Il y gagna le cœur de Gunlœd, passa avec elle trois nuits dans la caverne, et obtint enfin d'elle la permission de boire trois coups de l'hydromel. Il s'y prit de manière à ne laisser plus rien dans les tonneaux ni dans la chaudière; puis il prit la forme d'un aigle et s'envola. Mais Suttung s'en étant aperçu, se changea aussi en aigle, et poursuivit si rapidement Odin, qu'il faillit l'atteindre tout près d'Asgard. Alors les autres dieux, qui l'avaient vu venir, accoururent hors de leurs palais, et prévoyant qu'Odin aurait de la peine à conserver la liqueur, sans s'exposer à être pris par son ennemi, ils exposèrent en grande hâte tous les vases qu'ils trouvèrent. Odin, conservant toujours sa forme d'aigle, se débarrassa en effet du poids qui appesantissait son vol, en vidant son estomac dans les vases. Mais, dans sa précipitation, il n'avait pu rendre le tout par le bec; une partie était sortie du côté opposé. De là vient la bonne et la mauvaise poésie. L'hydromel rendu par le bec est donné par le dieu à boire aux bons poëtes et à ceux qu'il veut animer d'un esprit divin ; l'autre est le breuvage qu'il réserve aux mauvais rimeurs. Le premier est bien rare, parce que le bec par lequel il coula était étroit ; l'autre coula, au contraire, abondamment de sa source suspecte ; les dieux en laissent boire à qui en veut ; c'est pour cela qu'il y a foule autour des vases qui le contiennent, et qu'il y a tant de mauvais rimeurs.

Odin est peint, dans le chant mystique intitulé Wafthrudnismal, comme le représentant du savoir, de l'amour de l'étude et de la gloire scientifique. Wafthrudni est un des Jotuns ou géants que nous avons désignés comme les anciens dieux déchus, et qui est partout vanté pour ses connaissances supérieures ; il a la réputation de ne rien ignorer, et sa gloire tourmente Odin. Celui-ci, au commencement du poëme, fait part à Frigga, sa femme, du désir qu'il a d'aller se mesurer en science avec Wafthrudni, et de l'éprouver en se soumettant à la condition établie pour ces sortes de luttes, à savoir, que celui-là doit perdre la vie, qui ne sait pas répondre à une question faite par son adversaire. Frigga craint tellement la supériorité du géant, qu'elle conseille « au père des guerriers » de rester dans les demeures des dieux, parce qu'il n'y a pas de génie égal à Wafthrudni. Toutefois, comme Odin persiste dans son projet, Frigga lui souhaite d'avoir assez de science pour pouvoir lutter victorieusement avec le savant Jotun. Odin se déguise en homme, prend les traits et le nom d'un certain Gangrad, et sous cette forme il se rend chez Wafthrudni, et lui fait connaître son désir. Celui-ci le prévient qu'il ne sortira point de sa demeure s'il ne montre plus de savoir que lui. Odin pose alors au géant une série de questions sur la mythologie scandinave, sur la création et l'avenir du monde et ses dieux. Wafthrudni répond à toutes ces questions avec la plus grande précision, jusqu'à ce qu'Odin lui demande quelles sont les paroles qu'Odin a dites à l'oreille de son fils **Baldr**, lorsque celui-ci était placé sur le bûcher funèbre. Alors le géant reconnaît à qui il a affaire, et répond : « Personne que toi-même ne sait ce que tu as dit à ton fils au commencement des jours. La mort sur les lèvres, j'ai trahi les secrets des temps primitifs et le sort futur des dieux. J'ai lutté avec Odin en discours savants ; tu es éternellement le plus savant de tous. »

Le chant Runatals-thattr présente Odin tel qu'il se qualifie lui-même, comme inventeur des runes en tant que moyens de magie et d'enchantements. Il décrit la vertu de huit divers runes magiques qu'il sait graver sur des bâtons. Le premier éloigne les querelles, les maladies et la tristesse ; le second rend les hommes habiles médecins ; le troisième émousse et enchante les armes des ennemis, et rend impuissants leurs artifices ; par le quatrième, on fait tomber les liens dont on est garrotté ; le cinquième apaise la haine qui a éclaté entre les hommes ; le sixième fait taire le vent et rend le calme à l'air agité ; par le septième on trouble d'un seul regard les magiciennes qui traversent l'air, et on les force d'abandonner leurs entreprises ; le huitième, enfin, réveille les morts. Dans le même chant, Odin se vante encore, s'il aspire à l'amour et à la faveur de la fille la plus vertueuse, de savoir tourner à son gré, à l'aide de ses runes, son esprit et sa volonté, et de connaître le secret de se faire aimer constamment de sa maîtresse. Nous verrons plus tard, dans l'histoire de la mort de Baldr, comment Odin se sert des runes pour conjurer une vieille prophétesse, endormie depuis des siècles, et la consulter sur le sort qui menace les dieux.

Dans un autre chant, plus ancien encore, appelé Havamal ou le discours sublime d'Odin, le dieu donne en cent quarante strophes, aux voyageurs, aux hôtes, aux personnes en ménage et aux amants mêmes, des règles de conduite et de science pratique pour la vie sociale et domestique, règles qui frappent même par leur trivialité. Nous en citerons quelques strophes littéralement traduites : « Des hôtes circonspects, assis à un repas, se taisent prudemment ; ils prêtent l'oreille, ils guettent des yeux. — Le meilleur bagage d'un voyageur est le bon sens; il est plus utile en route que la richesse, même pour le pauvre. — Personne ne paye plus cher un repas que celui qui s'y enivre de bière; car plus il boit, plus il perd de sa raison. — Personne ne peut blâmer celui qui se couche de bonne heure. — Les troupeaux savent quand ils doivent quitter le pâturage, et ils s'en vont d'eux-mêmes; mais le fou ne connaît jamais la mesure de son estomac. — Un ménage à soi, quoique petit, est toujours ce qu'il y a de mieux. Tu es alors maître de ta maison, et ton toit, fait de branches d'arbre, n'abritât-il que deux petites chèvres, il est encore préférable à l'asile qu'on te donne sur ta prière. Le cœur saigne à celui qui est forcé de chercher, en priant, chaque jour son repas. — Levez-vous le matin, si vous voulez vous enrichir ou vaincre un ennemi. Le loup qui est couché n'attrape point de proie, et l'homme qui dort ne gagne point de victoire. — On fait toujours un long chemin, en se rendant chez un faux ami, même lorsqu'il demeure tout près de nous; mais aucun chemin n'est trop long quand il conduit chez un véritable ami, si loin qu'il demeure. — Sache que si tu as un ami, tu dois le visiter souvent. Le chemin se remplit d'herbes et les arbres le couvrent bientôt, si l'on n'y passe pas sans cesse. — Ne romps jamais le premier avec ton ami. La douleur ronge le cœur de celui qui n'a personne à consulter que lui-même. — Il vaut mieux avoir un fils tard que jamais. On voit rarement des pierres sépulcrales élevées sur les tombeaux des morts par d'autres mains que celles d'un fils. — Les richesses s'écoulent en un clin d'œil, les troupeaux périssent, les parents meurent, les amis ne sont pas immortels; vous mourrez vous-mêmes; mais ce qui ne meurt pas, ce sont les jugements qu'on porte des morts. — Louez la beauté d'un jour quand il est fini; une femme, quand vous l'avez eue; une épée, quand vous l'aurez éprouvée; une fille, après qu'elle est mariée; la glace, quand vous l'aurez traversée; l'hydromel, quand vous l'aurez bu. — Ne vous fiez pas à la glace d'un jour, ni à un serpent endormi, ni à une épée rompue, ni au fils d'un homme puissant, ni à un champ nouvellement semé. »

Odin est aussi un grand voyageur; il descend souvent du ciel sous divers déguisements, et parcourt ainsi le monde. Il est de préférence le dieu voyageur; de là vient sans doute que Tacite mentionne des courses d'Ulysse en Germanie. Dans le Wafthrudnismal, Odin commence chaque question en se vantant d'avoir vu beaucoup de pays, d'avoir éprouvé beaucoup de choses. Dans ces métamorphoses, il prend souvent la figure d'un vieillard enveloppé d'un large manteau, et portant un chapeau à larges bords, dont il a même tiré un de ses noms. L'œil qui lui manque rappelle son aventure à la fontaine de Mimir. Quelquefois il trouve plaisir à protéger quelque mortel au sort duquel, après son retour au ciel, il continue à s'intéresser. Une des plus curieuses aventures de ce genre est racontée dans le poëme de l'Edda, appelé Grimnismal.

Le roi Hodrung a deux fils, Agnar et Geirrœd, l'un âgé de dix ans, l'autre de huit. Les enfants se promènent un jour sur la mer pour pêcher; une tempête entraîne leur nacelle et les jette, la nuit, sur une île. Ils y trouvent une chaumière, dont les habitants, Odin et Frigga, les accueillent et les gardent pendant tout un hiver. Frigga soigne spécialement Agnar, et Odin Geirrœd, qu'il instruit dans beaucoup d'arts ingénieux. Au retour du printemps, Odin et Frigga renvoient les enfants chez leurs parents; mais lorsque le bateau arrive sur le bord, Geirrœd ayant gagné le premier la terre, le repousse dans la mer avec son frère. Tandis que ce dernier se sauve dans le pays des géants, Geirrœd devient roi après la mort de son père. Un jour, Odin et Frigga, assis ensemble sur le trône Hlidskialf, jettent leurs regards sur leurs anciens protégés, et voient Agnar vivant avec une fille des Jotuns, tandis que son frère règne glorieusement sur son pays. Odin fait remarquer à Frigga la supériorité que sa faveur a value à son protégé; et

Frigga, désappointée, lui objecte que le roi Geirrœd viole toujours les droits sacrés de l'hospitalité en accueillant mal les étrangers. C'était une calomnie. Odin ayant déclaré qu'il voulait lui-même s'en convaincre, Frigga envoie sur-le-champ la déesse Fulla au roi, en lui faisant dire de prendre garde à un magicien qui allait venir chez lui, et qu'il reconnaîtrait, parce que les chiens les plus féroces se tairaient à son arrivée. Odin descend sous son déguisement de vieillard à manteau bleu, et sous le nom de Grimnir. Lorsqu'il arrive, les chiens s'éloignent de lui avec terreur. Alors Geirrœd le prenant pour le méchant magicien, et voulant le forcer de se faire connaître, le fait placer à cet effet entre deux bûchers allumés, dont le feu s'approche de lui de plus en plus; Odin reste ainsi pendant neuf nuits. Or, Geirrœd a un fils âgé de huit ans, et appelé Agnar comme son oncle. Cet enfant a pitié de Grimnir et lui offre une corne remplie d'hydromel. Dès que le feu menace d'atteindre le manteau de Grimnir, celui-ci commence un chant dans lequel il se plaint d'abord des mauvais traitements qu'il subit, et promet à Agnar le trône de son père; puis, pour faire deviner à Geirrœd qui il est, il fait une description détaillée des douze palais des dieux, des miracles du monde; et, sans que le roi y fasse encore attention, il énumère les surnoms d'Odin, parlant peu à peu à la première personne, jusqu'à ce qu'enfin il se nomme lui-même. Alors Geirrœd, effrayé, se lève subitement pour retirer son hôte du feu; mais, dans sa précipitation, son épée sort du fourreau et il tombe sur la pointe. Ce chant est un des plus importants de l'Edda, parce qu'il est une des formes choisies, comme celui de Wafthrudnismal, pour développer une partie de la mythologie scandinave.

Il va sans dire qu'Odin descend encore plus souvent sur terre pour prendre part aux batailles, en se rangeant du côté de ceux qu'il protège. Les vaincus trouvaient même dans cette croyance une puissante consolation. La célèbre bataille de Bravallah, livrée l'an 750 de notre ère, et à laquelle presque tous les rois scandinaves prirent part, est notamment citée par la tradition, comme celle où Odin, sous la forme d'un certain Bruner, tua de sa propre main le roi Harold Hiltetand. Nous reviendrons sur les autres mythes qui le concernent, dans la description de la mort de son fils Baldr, à laquelle ils se rattachent. Ici, nous croyons avoir recueilli assez de données sur lui pour faire voir l'universalité de ses attributs. Les divers chants de l'Edda lui donnent plus de cent soixante surnoms, tous empruntés à ses diverses attributions. Il a entre autres celui d'exterminateur et de furieux ; car c'est ainsi qu'il devait toujours apparaître aux yeux des vaincus. Ce surnom lui a encore été donné comme au promoteur du combat, conduisant à la mort glorieuse du Walhalla, et en cette qualité il est le patron de ces héros qui, sous le nom de Berserker, se mettaient, comme les derviches de l'Orient, dans un véritable état de délire pendant lequel ils frappaient aveuglément autour d'eux, et tuaient même leurs amis.

Le dieu du Nord le plus important après Odin, celui qui lui disputait partout le culte et l'encens des mortels, et qui, chez quelques peuples, l'emportait même sur lui, c'est Thorr, la divinité qui préside à ce que nous avons appelé l'élément physique de la mythologie scandinave. Il est plus que probable que les Ases trouvèrent son culte déjà prédominant en Scandinavie lorsqu'ils y arrivèrent, et ce ne fut que leur théogonie qui le plaça parmi les fils d'Odin, pour sanctionner ainsi les idées morales qui se rattachaient à ce dernier. Malgré cela, les mythes de l'Edda dont il est le sujet sont les plus nombreux et les plus détaillés. On nous dit même qu'il y a eu deux sectes en Scandinavie, l'une qui vénérait avant tout Thorr, et l'autre qui se rattachait plus particulièrement à Odin. Cette dernière devait avoir plus de respect pour les choses intellectuelles ; et il existe même dans l'Edda un chant mythique, dont nous parlerons plus loin, et qui ne paraît avoir eu d'autre but que de rehausser Odin aux dépens de son rival Thorr. Comme fils et émanation d'Odin, Thorr a reçu par transmission la force et la puissance du corps qui se concentre en lui; tandis que Baldr est l'émanation abstraite de son âme. Mais, même dans cette théogonie, Thorr est par excellence le dieu de l'action; il est appelé, entre tous les dieux, à exercer son activité dans ce monde, parce qu'il y trouve un plein emploi de ses forces; il agit dans l'intérêt des dieux menacés constamment par des ennemis, et dans l'intérêt des hommes qui doivent péniblement tirer leur subsistance de la terre fécondée par leurs sueurs, et dont les fruits sont menacés par l'hiver, personnifié dans les mêmes géants de la gelée qui tâchent de tuer dans Baldr le principe moral du monde. Dans la lutte soutenue par les dieux qui président à ce monde, contre les ennemis puissants qu'ils ont dépossédés et contre ceux que le sort a suscités parmi eux-mêmes, Odin s'est principalement réservé, comme nous l'avons vu, de dérober aux Jotuns et aux anciennes puissances divines leur pouvoir intellectuel, la science, la magie, la poésie, pour les rendre accessibles aux hommes; et au fond, il ne se mêle des batailles que pour préparer les hommes, dans le Walhalla, au combat pour le grand jour du crépuscule des dieux. Thorr, au contraire, a pour mission de procurer aux hommes, par ses combats, le bien-être matériel. Comme dieu du tonnerre, qui purifie l'air, et de la pluie bienfaisante, qui fertilise la terre, il a spécialement à repousser les géants de la gelée, qui tâchent d'y ramener l'ancien hiver polaire. Il a aussi pour tâche d'y conduire le printemps et l'été. La force physique, rehaussée en lui par les armes spéciales qu'on lui donne dans ce but, combat donc seulement la force physique des géants, qui veulent ramener les maux matériels et les frimas sur Midgard et Mannheim. Pendant l'hiver, où il n'y a ordinairement pas d'orages, il est absent d'Asgard et de Midgard, et fait des expéditions vers l'Orient pour combattre les Jotuns et les Trollen dans leur propre pays, mais naturellement sans succès ; car l'hiver n'en existe pas moins. Thorr revient avec le printemps, et tombe comme la foudre sur les géants de l'hiver, qui se sont attardés malgré l'approche de la belle saison ; et alors il est toujours le plus fort. Tel est le sens de tous les mythes qui le concernent, et on comprend qu'il y a dû avoir beaucoup de ses sectateurs qui préféraient les biens qu'il était censé donner (car *Sif*, qui est le nom de son épouse, a la même signification que moisson), aux biens moraux et intellectuels, dont Odin s'était réservé la disposition.

Tous les attributs extérieurs de Thorr caractérisent sa force physique un peu lourde. Seul parmi les dieux, il n'a pas de cheval, mais un chariot attelé de deux boucs ; il se rend à pied au thing que les Ases tiennent sous le frêne Ygdrasill ; le tonnerre ne lui était pas nécessaire là, et un cheval n'était pas assez fort pour le transporter. Il traverse donc à pied jusque des rivières pour y arriver. Thorr a une longue barbe rouge, qui représente l'éclat lumineux de l'éclair ; quand il se met en colère, il souffle dans sa barbe rouge, et alors le tonnerre retentit dans les nuages, parce que son char se met en mouvement. Le trait qui tombe quand le tonnerre frappe, c'est le marteau Miœlnir à manche court, que ce dieu lance, et qui a le pouvoir de revenir de lui-même dans ses mains. Les géants connaissent bien ce marteau quand il vole au travers de l'air ; car l'éclair et le tonnerre précèdent toujours son vol. Outre son marteau Miœlnir, Thorr possède la merveilleuse ceinture Megingiardur, qui double sa force quand il la met autour de ses reins ; il a de plus deux gants de fer dont il ne peut se passer quand il veut prendre le manche de son marteau. Le palais de Thorr, à Asgard, s'appelle Bilskirnir ; c'est le plus grand de tous ceux qui existent ; car il a cinq cent quarante étages.

Dans les mythes qui contiennent le récit des combats de Thorr contre les géants de l'hiver, Loke figure toujours à côté de lui comme son compagnon inséparable. Avant que Loke se soit séparé des Ases, il suit ce dieu peu intelligent pour l'aider de ses ruses et de ses conseils ; plus tard, c'est pour lui jouer plus facilement des tours. Mais Loke, comme ancien esprit du feu, est naturellement d'abord l'associé du feu électrique du dieu du tonnerre, et il l'aide ou tâche de le remplacer là où il s'agit de fondre les neiges et les glaces, jusqu'à ce qu'il s'allie de nouveau et sans réserve au feu souterrain et destructeur resté dans les mains des anciens dieux déchus.

Plaçons d'abord ici les mythes qui racontent de quelle manière Odin a obtenu son cheval, sa lance et sa bague, et Thorr son marteau, et qui décrivent les tentatives des géants, toujours renouvelées pendant l'absence de leur plus redoutable adversaire.

Un jour un maréchal ferrant vint offrir aux dieux de leur bâtir, dans l'espace de deux saisons, une ville si bien fortifiée qu'ils y seraient parfaitement à l'abri des invasions des géants. Il demanda pour récompense la déesse Freya, et de plus le soleil et la lune. Sur le conseil de Loke, les dieux y consentirent, à condition que tout l'ouvrage serait terminé pendant un seul hiver, et sans que le maréchal se fît aider de personne, si ce n'est de son cheval Swaldifœre. Ce traité fut scellé par plusieurs serments. Contre toute attente, les travaux avancèrent si vite, que trois jours avant la fin de l'hiver tout était achevé, à l'exception des portes. Les Ases menacèrent alors Loke de la mort la plus cruelle s'il n'empêchait pas l'achèvement de cette ville. Loke le promit par serment, et lorsque, le soir suivant, l'ouvrier fit porter, comme à son ordinaire, des pierres par son cheval, Loke parut sous la forme d'une cavale et appela le cheval par ses hennissements. Celui-ci courut après la cavale dans la forêt, de sorte que le maréchal, voyant qu'il ne pourrait terminer son ouvrage, reprit, dans sa colère, sa véritable forme de géant, et avec elle la force nécessaire pour l'accomplissement de sa tâche. Mais les Ases crurent ne pas devoir tenir compte de leur serment, et appelèrent Thorr, qui venait d'arriver d'un de ses voyages en Orient, où il était allé combattre les géants de la gelée. Thorr tua le géant avec son marteau, et Loke mit au monde un poulain gris à huit jambes qui fut appelé Sleipnir et devint le cheval le plus excellent de tous ceux que les dieux et les hommes possèdent ; car l'esprit du feu l'avait conçu et porté dans son flanc. Un autre jour, Thorr étant de nouveau absent, Loke essaya de séduire sa femme, Sif (la moisson) ; mais celle-ci le repoussa avec dedain. Irrité de ce refus, Loke coupa à Sif sa longue chevelure brillante comme de l'or (c'est-à-dire les épis de la moisson que la trop grande chaleur a brûlée en l'absence de l'orage). Pendant qu'il emportait ces cheveux, le vent en sema beaucoup sur la terre ; ils tombèrent, pour la plupart, dans deux vallées situées dans la partie septentrionale de la Norwège (où Thorr fut toujours vénéré de préférence à Odin) ; d'où vient que les femmes de cette contrée ont de si beaux cheveux dorés, elles qui autrefois les avaient fauves comme ceux des Finnoises. De retour de son voyage, Thorr menaça Loke des peines les plus sévères s'il ne réparait pas son larcin. Loke se rendit alors auprès des nains, ces habiles forgerons avec lesquels l'esprit du feu avait naturellement de bonnes relations, et il leur commanda une chevelure d'or pour Sif. Les nains venaient d'achever le vaisseau miraculeux Skibladnir et la lance enchantée Gangnir, qu'ils furent forcés d'exhiber à Loke sur sa demande ; mais Loke, pour se mettre bien avec les dieux, désirait avoir à leur porter encore plus de cadeaux, et dans ce but, voici la ruse à laquelle il eut recours : Il paria avec le nain Brok que son frère Sindri ne parviendrait pas à faire d'aussi belles choses que les trois premières qui avaient été exécutées par Brok. Il ne s'agissait, pour le perdant, de rien moins que de sa tête. Alors Sindri mit une peau de sanglier sur le foyer et ordonna à Brok de mettre en mouvement le soufflet. Bientôt il tira du feu le sanglier Gullimbrost, qui resplendissait comme de l'or. Après cela, il mit de l'or sur le feu, et lorsqu'il le retira on vit la bague Draupnir. Enfin Sindri jeta dans le fourneau du minerai de fer et sortit un instant; en rentrant il s'écria qu'il avait failli manquer son ouvrage, et il retira du feu le fameux marteau Miœlnir, dont le manche était devenu si court, qu'on ne pouvait que le lancer. Sindri remit tous ces ouvrages merveilleux à son frère Brok, et le pria d'accompagner Loke à Asgard et de rendre les dieux juges du pari. A Asgard, Odin, Freyr et Thorr, qui formaient la triade suprême des dieux scandinaves, furent choisis pour arbitres. Loke donna à Odin la lance Gangnir dont nous avons déjà indiqué les vertus; à Freyr il donna le vaisseau Skidbladnir. Ce vaisseau était si vaste qu'il pouvait contenir tous les dieux avec leurs armes; aussitôt qu'on en déployait les voiles, il était poussé par un vent favorable en quelque lieu qu'on voulût aller; et quand les dieux ne voulaient plus naviguer, ils pouvaient le démonter en tant de petites pièces, qu'étant plié, on pouvait le mettre dans sa poche. Sif reçut la chevelure d'or, qui croissait comme une chevelure naturelle. Après cela Brok s'avança et remit à Odin sa bague Draupnir. A Freyr il remit le sanglier, en disant qu'il pourrait le monter et chevaucher sur lui comme sur le coursier le plus rapide, tandis que ses crins d'or éclaireraient pendant la nuit. Thorr enfin eut ce marteau qui écrase tout et qui ne peut jamais se perdre. Toutefois, il avait un défaut irréparable: celui d'avoir le manche trop court. Les juges accordèrent unanimement le prix au marteau Miœlnir, puisqu'il les protégeait le plus puissamment contre leurs ennemis. Le nain demanda alors à Loke sa tête; celui-ci voulut la racheter avec une grosse somme d'argent, et comme le nain refusa cette offre, Loke lui cria de venir la prendre, et disparut.

Nous passons maintenant aux mythes qui nous montrent Thorr dans ses expéditions contre les Jotuns. L'Edda dit que ces exploits furent si nombreux que personne ne pourrait les raconter tous.

Un jour Thorr partit de nouveau avec Loke pour le pays des géants, dans son char traîné par deux boucs. Le soir étant venu, ils allèrent loger dans une chaumière habitée par un paysan, sa femme, son fils Thialfi et sa fille Rœska. Lorsque la nuit fut arrivée, Thorr tua ses boucs et invita le paysan et sa famille à partager son repas, en leur recommandant de poser tous les os sur les peaux des boucs, qu'il avait étendues sur la table. Mais le jeune Thialfi, pour avoir de la moelle, cassa avec son couteau l'os d'une jambe de l'un des boucs. De grand matin Thorr se leva, toucha les peaux avec son marteau; les deux boucs reprirent leur forme; mais l'un d'eux boitait de l'une des jambes de derrière. Thorr, irrité, saisit le manche de son marteau et le serra avec tant de force que les jointures de ses doigts en blanchissaient. Le paysan, tremblant, le supplia de lui pardonner, et lui offrit sa famille et tous ses biens en dédommagement. Thorr se contenta d'emmener avec lui Thialfi et Rœska, qui devinrent pour toujours ses serviteurs. Thialfi, excellent coureur, porta la valise de Thorr, puisqu'il devait laisser ses boucs à la chaumière. Arrivés aux bords de la mer qui sépare la terre du pays des géants, il la traversa à la nage avec ses compagnons. Quand ils eurent fait quelques pas, ils trouvèrent une vaste plaine où ils marchèrent tout le jour, quoique réduits à une grande disette de vivres. Lorsque la nuit approcha, ils cherchèrent de tous côtés un endroit où ils pussent se reposer, et ils trouvèrent enfin dans les ténèbres une chaumière spacieuse, au fond de laquelle était une porte aussi large que la chaumière elle-même, qui était, du reste, complétement vide et déserte. Vers minuit ils sentirent un violent tremblement de terre. Thorr se leva et appela ses compagnons. Ceux-ci se cachèrent dans un petit cabinet latéral, tandis que Thorr, s'armant de son marteau, se plaça sur le seuil de la porte et se prépara courageusement au combat. Lorsque le jour commença à poindre, Thorr sortit et découvrit un énorme géant qui ronflait étendu dans la forêt. Thorr comprit alors d'où était venu le bruit qu'il avait entendu pendant la nuit. Il serra sa ceinture et voulut assommer le géant; mais au même instant le géant se réveilla et souleva son corps monstrueux. Thorr, effrayé, n'osa pas lui lancer son marteau, et se borna à lui demander son nom : « Je m'appelle Skyrmir, répondit le géant; pour moi, je n'ai pas besoin de te demander si tu es le dieu Thorr. » Le géant se mit tout à coup dans une colère effroyable, parce qu'il ne pouvait pas retrouver son gant. Enfin il se baissa et le releva, et Thorr vit que c'était la chaumière où ils avaient passé la nuit, et que le cabinet où ses compagnons s'étaient cachés était le pouce de ce gant. Skyrmir s'offrit alors de les accompagner. Tous acceptèrent avec reconnaissance et se mirent en route, quoique le chemin fût rude et difficile. « Vous avez sans doute faim, dit enfin Skyrmir en leur remettant le panier de provisions qu'il portait sur ses épaules; le soir sera bientôt venu, et pendant que vous mangerez je vais dormir sous ces arbres. Mais, prenez garde au lien avec lequel j'ai fermé le panier; il est cassant, et je n'en ai pas d'autre à ma disposition. » Ils cherchèrent à ouvrir le panier; mais le lien était si fort que Thorr, avec toute sa vigueur, ne put ni le délier ni le couper. Furieux, il frappa de son marteau sur le front du géant endormi, qui se réveilla en demandant si quelque feuille lui était tombée sur le front; puis il s'informa s'ils avaient terminé leur repas et s'ils voulaient prendre aussi un peu de repos. Thorr fit semblant de s'être, lui aussi, réveillé à l'instant même. Vers minuit le géant ronfla de nouveau comme si le tonnerre eût retenti dans la forêt. Thorr se leva une seconde fois, posa en avant un de ses pieds, et frappa de son marteau le géant entre les deux sourcils avec tant de force que la pointe du marteau pénétra dans la tête de Skyrmir. Le géant se réveilla en demandant si un gland du chêne était tombé sur sa tête. Thorr, embarrassé et confus, lui répondit qu'il était minuit précis et qu'il désirait dormir encore. Vers le lever du jour, Thorr s'apercevant que le géant était profondément endormi, se promit à lui-même de l'assommer au troisième coup. Il recueillit toutes ses forces, et lui lança le marteau sur les tempes avec tant de vigueur qu'il s'y enfonça jusqu'au manche. Skrymir se réveillant encore, porta la main à sa joue en disant : « Y a-t-il des oiseaux perchés sur cet arbre? Il me semble que quelque chose est tombé d'une branche sur ma figure. » Puis il ajouta : « Pourquoi veilles-tu, Thorr? Je crois qu'il est temps de nous lever et de partir. Vous n'aurez pas beaucoup de chemin à faire encore pour arriver à la ville qu'on nomme Utgard. Je vous ai entendus vous dire à l'oreille, les uns aux autres, que j'étais d'une bien grande taille; mais vous en verrez là-bas de bien plus grands que moi. C'est pourquoi je vous conseille, quand vous y serez arrivés, de ne pas trop vous vanter; car on ne souffre pas volontiers, dans ce pays, des hommes aussi petits que vous. Vous feriez même bien de vous en retourner. Cependant, si vous persistez dans votre résolution, prenez votre route à l'Orient; mon chemin me mène au Nord. » Là-dessus il mit sa valise sur son dos et se perdit dans la forêt. Thorr continua sa route avec ses compagnons, et après avoir marché près de la moitié du jour, il aperçut une ville au milieu d'une vaste campagne. Cette ville était si élevée qu'il ne pouvait en voir le faîte sans renverser sa tête sur ses épaules. La porte en était fermée par une grille, que Thorr ne put jamais ouvrir; il fut obligé, lui et ses compagnons, de passer à travers les barreaux. Étant entrés dans la ville, ils y virent un grand palais et des hommes d'une taille prodigieuse. Ils parvinrent jusqu'au roi appelé Utgardloki, et ils le saluèrent poliment. Le roi les ayant enfin regardés, éclata de rire en tordant la bouche. « Il est trop tard, dit-il, pour vous interroger sur le long voyage que vous avez fait; cependant, si je ne me trompe, le petit homme que je vois là doit être Thorr; peut-être est-il plus grand qu'il ne le paraît; mais pour m'en assurer, voyons quels sont les arts dans lesquels tu excelles, toi et tes compagnons ; car personne ne peut rester ici s'il ne connaît quelque art particulier, et s'il n'y surpasse tous les autres. » Loke dit alors que son art était de manger plus que personne au monde, et qu'il était prêt à porter un défi dans ce genre à quiconque se présenterait. Le roi fit venir un de ses gens qui s'était assis sur un banc à l'écart, et qui se nommait Logi, et il fit placer sur le parquet un grand vase plein de viandes. Les deux champions se placèrent en face l'un de l'autre de chaque côté du vase, et ils se mirent à avaler les viandes avec tant de vitesse qu'ils se rencontrèrent bientôt au milieu du baquet. Mais Loke n'avait mangé de sa moitié que la chair, tandis que Logi avait aussi avalé les os. Tous jugèrent donc que Loke avait été vaincu. Utgardloki demanda alors quel art savait le jeune homme qui était avec Thorr. Thialfi répondit qu'il lutterait avec qui que ce fût à qui courrait le plus vite avec des patins. Utgardloki le conduisit dans une plaine, et lui donna pour antagoniste un jeune homme appelé Hugi ; mais Hugi devança tellement Thialfi qu'en revenant au point de départ il le rencontra encore face à face. Ils essayèrent une seconde course, et Hugi était déjà arivé au but que Thialfi en était encore à une portée de trait. Ils coururent une troisième fois ; mais avant que Thialfi fût à moitié chemin, Hugi avait déjà touché la borne. Lorsque vint le tour de Thorr, il offrit de boire plus que personne. Utgardloki rentra dans le palais et alla chercher une grande corne. L'échanson la remplit et la présenta à Thorr pendant qu'Utgardloki lui disait : « Un bon buveur doit vider cette corne d'un seul trait ; quelques-uns le font en deux ; mais il n'y a si mince buveur qui ne la vide en trois. » Thorr examina la corne et ne la trouva pas trop large, mais démesurément longue. Il se mit à boire avec force et aussi longtemps qu'il le put, sans respirer, afin de n'être pas obligé d'y revenir ; mais quand il eut éloigné la corne de sa bouche pour regarder dedans, la liqueur n'était pas descendue plus bas que ses lèvres n'avaient atteint. Il revint à la charge avec une nouvelle ardeur; mais il ne diminua le breuvage qu'autant qu'on pouvait le porter sans en répandre quelques gouttes. Plein de colère, il porta encore une fois la corne à ses lèvres et fit les plus grands efforts pour la vider entièrement; après cela il regarda dedans et trouva que la liqueur s'était en effet un peu abaissée. Il rendit alors la corne, ne voulant plus boire, et Utgardloki lui dit : « On voit bien que tu n'es pas aussi fort que nous pensions; mais veux-tu essayer encore d'autres luttes? Je suis sûr que tu n'y gagneras pas de gloire. » Thorr insista sur de nouveaux paris. « Ce n'est qu'un jeu d'enfant que je vais te proposer, dit alors le roi. Essaye de soulever de terre mon chat. Je ne t'en parlerais pas si je n'avais pas vu que tu n'es pas tel qu'on le disait. » En même temps un grand chat de couleur grise sauta au milieu de la salle. Thorr s'approchant lui passa la main sous le ventre et employa toutes ses forces pour le soulever; mais le chat ne fit que courber son dos très-haut, et Thorr réussit à peine à soulever un de ses pieds. « Le résultat a été tel que je le présumais, dit alors Utgardloki; Thorr est petit en comparaison de mes gens. — Si je suis petit, répondit Thorr, fais paraître quelqu'un avec qui je puisse lutter. » Utgardloki regarda de tous côtés, et dit : « Je ne vois ici personne qui ne crût au-dessous de lui d'entrer en lice avec toi. Mais qu'on fasse venir ma nourrice Elli pour lutter avec le dieu Thorr; elle en a terrassé de plus forts que lui. » Au moment même une vieille édentée entra dans la salle. Après s'être porté de part et d'autre de grands coups et avoir longtemps et vaillamment combattu, Thorr tomba sur un genou. Utgardloki s'approcha, leur ordonna de finir la lutte, et ajouta qu'il n'y avait plus à sa cour personne à qui on pût honnêtement proposer de se battre avec Thorr. Ce dieu passa la nuit dans la ville d'Utgard avec ses compagnons, et le lendemain, à l'aube du jour, il se prépara à partir. Mais le roi le fit appeler et lui donna un brillant festin, après quoi il l'accompagna hors de la ville. Au moment de se séparer, le roi demanda à Thorr ce qu'il pensait du succès de son voyage. Thorr lui répondit qu'il ne pouvait nier qu'il ne sortît de chez lui honteux et mécontent. « Il faut donc, dit le roi, que je te découvre à présent la vérité, puisque tu es hors de notre ville, dans laquelle tu ne rentreras jamais tant que je vivrai et régnerai. Je t'assure que si j'avais pu prévoir que tu eusses tant de forces, je ne t'y eusse point laissé entrer; mais je vous ai enchantés tous par mes prestiges. D'abord, dans la forêt où je suis venu au devant de vous, vous n'avez pu défaire votre valise, parce que je l'avais fermée avec une chaîne magique. Ensuite tu as voulu me frapper trois fois de ton marteau. Le premier coup, quoique léger, m'eût terrassé si je l'eusse reçu ; mais lorsque vous serez sorti d'ici vous trouverez un très-grand rocher dans lequel il y a trois vallées de forme carrée, dont l'une est très-profonde ; ce sont les endroits que ton marteau a frappés, parce que je me cachais alors derrière un rocher que tu ne pouvais voir. Quant aux luttes qui ont eu lieu dans mon palais, l'adversaire de Loke était un feu souterrain et errant qui a bientôt consumé la viande, les os et le baquet même. Hugi, qui a vaincu à la course Thialfi, était ma pensée, et il n'était pas possible que Thialfi pût l'égaler en vitesse. Quand tu as voulu vider la corne, tu as fait ce que je n'aurais pu croire si je ne l'avais vu, car un des bouts de la corne s'étendait jusqu'à la mer ; et quand tu arriveras au bord de la mer, tu verras combien elle est diminuée. Tu as fait une aussi grande merveille en soulevant le chat; quand nous avons vu qu'un de ses pieds quittait la terre, nous avons été bien effrayés ; car le chat était le grand serpent, le Midgardsorm, qui entoure toute la terre. Quant à ta lutte avec la vieille, il est bien étonnant qu'elle ne t'ait fait tomber que sur un genou ; car c'est contre *le Temps* lui-même que tu as combattu, et il n'y a et il n'y aura personne qu'il n'abatte à la fin. Mais à présent, puisque nous allons nous quitter, je te déclare qu'il est de l'intérêt de nous deux que tu ne reviennes plus chez moi, et si tu veux le faire, je me défendrai encore par d'autres prestiges, en sorte que tu ne pourras jamais rien contre moi. » Comme il achevait de parler, Thorr, indigné, prit son marteau pour le lancer contre lui; mais il avait disparu, et Thorr, voulant retourner vers la ville, ne trouva plus que de vastes campagnes *couvertes de verdure*. Continuant donc sa route, il revint, sans se reposer, dans son palais.

Pour faire comprendre ce mythe, les mythographes allemands expliquent que Thorr fait ici une de ses campagnes d'hiver, afin de ramener le printemps avant la saison. L'hiver revenant chaque fois malgré ses efforts, il est naturel qu'il échoue contre la force et les artifices des géants, si puissants dans cette saison. Pendant l'hiver il est lui-même faible et petit, et le panier de provisions qu'il ne sait pas ouvrir signifie la stérilité momentanée de la terre, enserrée par la glace et la neige, que figurent les liens du panier. Les coups de son marteau contre les pierres, que représente le front d'un géant, signifient cette action du fluide électrique qui change la terre rocheuse en terre labourable et que nous symbolisent plus encore les mythes suivants où Thorr est plus heureux ; mais on voit comment Thorr gagne graduellement en force à mesure que le printemps approche. Lorsque, à sa sortie d'Utgard, il lève son marteau contre Utgarldloki, celui-ci est forcé de prendre la fuite, et au même moment Thorr voit des prairies verdoyantes à la même place où, peu de temps auparavant, Thialfi avait patiné. Le mythe nous montre en même temps cette vertu du marteau de Thorr qui ressuscite les êtres qu'il tue ; c'est pourquoi le marteau de Thorr devint un signe de résurrection et de fécondité. On plaçait ce marteau sur les bûchers où l'on brûlait les morts pour rendre leur résurrection plus certaine, et on le mettait sur les genoux des fiancées comme symbole du mariage. Deux mythes particuliers nous représentent Thorr bénissant ainsi un bûcher et consacrant une fiancée, et c'est évidemment par suite de cette croyance générale que l'on trouve dans des tombeaux celtes de petites haches de pierre à manche très-court, dont on a longtemps cherché la signification.

L'Edda ne manque pas de faire prendre à Thorr sa revanche, quand, de leur côté, les géants de la gelée et de l'hiver font irruption dans Asgard pendant son absence, et se laissent surprendre par lui à son retour, ou lorsqu'ils sont assez téméraires pour le défier à l'approche du printemps. Un jour, nous raconte l'Edda, Odin alla, sur son cheval Sleipnir, se promener dans le pays des géants. Un d'eux, nommé Hrugnir, l'aperçut, et demanda qui était cet homme à casque d'or, qui traversait ainsi les airs et les flots, et possédait un si excellent cheval. Odin lui répondit qu'il pariait sa tête que l'on ne trouverait pas dans tout le Jotunheim un cheval comparable au sien. Hrugnir se vante alors de posséder lui-même un semblable cheval, appelé Gullfaxi. Ils disputent là-dessus, et Hrugnir, entrant en colère, monte sur Gullfaxi, et se met à la poursuite d'Odin. Celui-ci gagne bientôt les devants, et l'autre, le suivant toujours, s'aperçoit trop tard qu'il s'est laissé entraîner par son ardeur jusque dans les murs d'Asgard. Les dieux, respectant les saintes lois de l'hospitalité, l'invitent à boire avec eux, et Hrugnir entre dans le Walhalla. Là, on lui offre les mêmes coupes que Thorr, alors absent, avait coutume de vider. Le géant les vide toutes, et, devenu à moitié ivre, il commence à dire des rodomontades : il menace de prendre le Walhalla et de le transporter à Jotunheim, de détruire Asgard, de tuer tous les dieux, et d'enlever surtout Freya, la déesse de la fertilité, cet éternel objet de la convoitise des géants, et Sif, l'épouse de Thorr (la moisson). « Que Freya, s'écrie-t-il, me remplisse encore les coupes, et je boirai tout ce qu'il y a d'hydromel et de vin dans le Walhalla. » Les dieux, las d'entendre ces fanfaronnades, prononcent enfin le nom de Thorr. Ce dieu apparaît à l'instant, armé de son marteau, et prêt à en frapper l'insolent. Hrugnir lui rappelle qu'il est à Asgard sur la foi de l'hospitalité promise par

Odin, mais il lui désigne la frontière des deux pays pour rendez-vous, et il s'en va se préparer au combat. Thorr promet de s'y rendre. De retour à Jotunheim, les géants s'apprêtent à recevoir Thorr, et, dans ce but, ils fabriquent, pour s'en faire un auxiliaire, un énorme géant de terre gelée, de neuf aunes de hauteur et de trois aunes de largeur; mais ils n'ont aucun autre cœur à lui donner que celui d'une jument. Hrugnir, au contraire, s'arme de pierres, et son cœur et sa tête même se pétrifient. Thorr arrive avec Thialfi, son serviteur. A leur aspect, les géants commencent déjà à trembler; le cœur de jument, qui est dans la poitrine de l'homme de terre, se met à battre de terreur, et ce géant laisse même couler son urine. Les mythographes du Nord voient dans cela la neige qui fond sous l'air tiède du printemps, qui précède Thorr ou l'orage électrique, et qui est représenté par Thialfi, le patineur agile, vaincu pendant l'hiver par la pensée d'Utgardloki. Thialfi abat sans peine le géant de terre. Thorr a affaire au géant de pierre, et lance contre lui son marteau. Hrugnir lance en même temps sa massue de pierre. Le marteau et la massue se rencontrent dans l'air; l'une des moitiés de la massue tombe à terre, brisée en une infinité de petits morceaux, et de là viennent toutes les meules de grès de l'univers; l'autre moitié atteint Thorr à la tête, et le renverse sur le sol; mais, en même temps, le marteau du dieu casse la tête de pierre de Hrugnir. Le géant tombe sur Thorr, qui ne peut se relever de dessous cet immense fardeau. Thorr est même forcé de rester ainsi jusqu'à l'arrivée de son fils Magni, qui, quoique âgé seulement de trois nuits, parvient à le débarrasser des jambes de Hrugnir, qui étaient tombées sur son cou. Ce fils Magni figure, selon le commentaire des mythographes du Nord, le jeune blé semé l'hiver, et qui, poussant les premiers jours du printemps, est seul capable de soulever entièrement l'écorce de l'hiver, que Thorr, à cette époque, a pu déjà briser, mais non encore assez pour qu'on sente déjà l'action de l'été. Thorr, très-joyeux du haut fait de son jeune fils, lui donne en récompense le cheval de Hrugnir, Gullfaxi, c'est-à-dire cheval à la crinière d'or, sur lequel Magni, le jeune blé, arrivera promptement à l'automne, c'est-à-dire à l'époque des épis dorés, cet objet principal des désirs des Scandinaves, figuré déjà par la chevelure de Sif, et, comme nous le verrons, par le sanglier d'or, que les nains avaient donné à Freyr.

Mais la moitié de la massue de Hrugnir est toujours restée dans la tête de Thorr. Pour s'en débarrasser, le dieu se rend chez la sorcière Groa. Celle-ci prononce des paroles magiques, et la pierre commence déjà à s'ébranler; Thorr alors, pour lui dire quelque chose qui lui fasse plaisir, lui raconte qu'il a connu son mari Oervandill et l'a porté un jour sur ses épaules à travers des rivières empoisonnées d'Elivagar. Groa ne voulant pas le croire, Thorr lui montre au ciel une constellation, disant qu'on la nommait le doigt du pied d'Oervandill, puisque le doigt s'étant gelé dans le pays des géants, Thorr l'avait ôté et jeté au ciel. Il ajoute que le mari de Groa va bientôt revenir. Étonnée et enchantée de cette nouvelle, Groa a oublié ses paroles magiques, et la pierre, ne pouvant plus être ébranlée, est encore dans la tête de Thorr. Pour comprendre ce mythe étrange, il faut savoir qu'Oervandill est le pays qui touche au pôle arctique; Groa en est la partie la plus méridionale, et Élivagar est la mer de glace. Oervandill ne dégèle jamais, et son doigt de pied est l'étoile polaire; Groa dégèle un peu, quand l'étoile polaire, au printemps, s'élève au delà de la mer Glaciale; mais elle refroidit bientôt de nouveau, quand cette étoile repasse; c'est pourquoi la pierre qui est dans la tête de Thorr s'ébranle, mais ne sort pas entièrement.

Mais l'impuissance et la faiblesse de Thorr pendant les huit mois d'hiver, le pouvoir des géants pendant ce temps, la force du dieu revenant avec la saison printanière, sa lutte avec les géants, et la convoitise de ces derniers, formant un thème répété et varié par des mythes, sont le plus remarquablement représentés dans le chant dit Thrymsquida. Dans ce chant, un des géants, Thrym ou Thrymur, dont le nom veut dire aussi tonnerre, et qui a été sans doute, avant Thorr, l'ancien génie des orages, a profité du sommeil de ce dieu pour lui voler et cacher son marteau. Thorr se réveille, et ne trouvant pas le marteau à ses côtés, frémit de colère, hérisse sa barbe, secoue sa tête, mais il cherche en vain son Miœlnir. Il s'adresse, comme de coutume, à Loke, et lui demande s'il ne sait pas qui le lui a dérobé. Ils se rendent tous deux chez la déesse Freya, pour lui emprunter ses ailes de faucon, afin que Loke puisse s'envoler, pour faire partout des recherches. Freya prête ses ailes avec empressement. Loke se rend au pays des géants, et trouve Thrym, le roi des géants, assis sur une colline, tressant les crinières de ses chevaux, et forgeant des colliers d'or pour ses chiens. Le géant s'informe de ce que font les dieux et les elfes, et pourquoi Loke va seul à Jotunheim. « Les dieux et les elfes vont mal, répond Loke; Thorr a perdu son marteau. — C'est moi, dit Thrym, qui ai caché Miœlnir à huit milles au-dessous de la terre, et je ne le rendrai que si l'on m'amène ici Freya, pour que j'en fasse ma femme. » Loke reprit son vol et revint au palais de Thorr. Après avoir appris la réponse de Thrym, Thorr retourne avec Loke chez Freya, et il invite la déesse à se parer de ses plus beaux atours pour les accompagner à Jotunheim. A cette demande insolente, Freya se met en colère, de manière à faire trembler le palais des dieux et à casser et à faire tomber le collier suspendu à son cou. Tous les dieux se rassemblent pour tenir conseil; les déesses même y assistent par curiosité, et on délibère comment on pourra ressaisir le marteau de Thorr. Enfin le dieu Heimdallr conseille de mettre à Thorr lui-même la robe de noces et le brillant collier de Freya, de lui arranger les cheveux comme ceux d'une fiancée, de lui suspendre les clefs de ménage à la ceinture, de parer son sein de bijoux, et de l'amener ainsi à

Thrym. Thorr se refuse d'abord à ce déguisement, de peur que les Ases ne le qualifient de lâche; mais Loke lui représente que si l'on ne rentre en possession du marteau, les géants prendront bientôt Asgard d'assaut, et alors Thorr consent à se travestir. Loke s'offre de l'accompagner, également déguisé en femme, et en qualité de servante. On attèle les boucs au char, et Loke et Thorr vont si vite, qu'il jaillit des étincelles des pierres sur lesquelles roule le char. Thrym, les voyant arriver, fait rentrer les bœufs à cornes d'or, qui paissent, et il ramasse tous ses trésors pour préparer une grande fête. La foule des géants accourt au repas. Thorr y mange à lui seul un bœuf et huit saumons, et y boit trois tonneaux de bière. Le géant s'étonne de l'appétit de sa fiancée, et Loke l'explique, en disant que Freya n'a ni bu ni mangé depuis huit nuits, dans l'impatience où elle était d'arriver à Jotunheim. Thrymur s'approche alors, et lève le voile de sa fiancée pour lui donner un baiser; mais il recule d'effroi en voyant ses yeux étincelants. Loke explique aussi ce phénomène, en disant que la fiancée n'a pas fermé les paupières pendant huit nuits, par suite du grand désir qu'elle avait de voir son futur. Au même instant, la fière sœur de Thrymur entre dans le salon, et demande à la prétendue Freya ses anneaux et son collier pour dot. Mais Thrymur l'interrompt, en ordonnant d'apporter le marteau, et de le mettre sur les genoux de Freya, pour bénir ainsi leur mariage. Le cœur bat de joie à Thorr, lorsqu'il reconnaît son Miœlnir. Il se lève, et frappe Thrymur et toute sa race, sans excepter la sœur, qui était venue réclamer la dot.

Thorr, en possession de toute sa force, est enfin le sujet de deux autres mythes. Le premier est celui de Geirrœdur, auquel Loke, devenu prisonnier de ce géant, promet pour rançon de lui livrer Thorr désarmé; mais Thorr, amené chez lui par une ruse de Loke, le tue, après avoir brisé le dos à ses deux filles, qui, cachées sous la chaise où Thorr est assis, essaient de soulever ce dieu. Les mythographes voient là le symbole de la lutte contre les volcans. L'autre mythe est le célèbre Hymisquida, où Thorr, voulant, pour brasser de la bière, une chaudière qui manque aux Ases, dans un repas chez Oegir, esprit de la mer, va la prendre chez Hymir, esprit des eaux, et s'en empare par de grands exploits sur la mer, où il va pêcher avec Hymir, et où il déploie une force prodigieuse. Il y combat notamment le grand serpent qui entoure la terre, et le frappe de son marteau sur la tête avec tant de vigueur, qu'il l'oblige à se replonger au fond de la mer. Ce mythe est regardé comme le symbole de l'orage sur la mer, et de la foudre, qui recherche toujours l'eau.

Nous laisserons de côté les détails de ces deux mythes, pour ne pas fatiguer nos lecteurs, suffisamment au courant du ton qui règne dans les récits symboliques relatifs à l'action du dieu du tonnerre des Scandinaves. Le contraste qui existe entre ces derniers mythes et ceux qui concernent Odin ressort pourtant de la même manière, et nous avons déjà dit que les partisans de l'un n'étaient pas toujours ceux de l'autre, mais qu'il y avait en Scandinavie deux sectes distinctes, dont l'une préférait l'élément odinique comme plus spirituel, et l'autre, l'élément matérialiste, représenté par Thorr. Il paraît même que le culte du dernier était souvent un sujet de sarcasmes et de plaisanteries pour les odinistes; car c'est de cette manière qu'on explique un poëme de l'Edda qui, sous forme d'un dialogue entre Thorr et un nommé Harbard, nom qui, chez les scaldes, est souvent un surnom d'Odin, a pour principal objet d'humilier le lourd dieu du tonnerre. Dans ce poëme, Thorr, de retour d'une de ses expéditions, arrive au bord d'une baie, qu'il ne peut franchir. Il appelle le batelier, qui est sur l'autre rive, pour qu'il vienne le chercher avec son bateau. Celui-ci refuse, et lui dit toutes sortes d'injures : il le traite de va-nu-pieds et de vagabond, tandis que lui, Harbard, se vante de ses prouesses auprès des femmes. Thorr, en le menaçant de sa vengeance, s'il parvient à passer l'eau, énumère également ses hauts faits contre les géants; mais l'autre lui rappelle la lâcheté qu'il a montrée un jour, en se cachant dans le pouce d'un gant, et l'irrite, en lui disant que Sif, sa femme, avait, dans ce moment, un amant chez lui, et il lui déclare enfin qu'il n'ira pas le chercher avec son canot, et qu'il ne lui reste qu'à se rendre à pied à Asgard, en faisant un grand détour. Thorr est encore fort heureux que le batelier veuille bien lui indiquer le chemin qu'il a à suivre.

Nous passons au dieu qui, en Scandinavie, surtout dans les temps postérieurs, disputait le rang à Odin et à Thorr, et formait avec ces deux divinités, la triade de dieux supérieurs, dont les idoles étaient placées ensemble dans le grand et principal temple du culte scandinave, à Upsala. Ce dieu est Freyr, que nous connaissons déjà comme un des dieux Vanes donné comme otage aux Ases, avec son père Niord et sa sœur Freya. Le récit de son origine et la nature de ses attributs indiquent que son culte est postérieur à celui d'Odin et de Thorr. Freyr est le dieu de la fertilité, en tant qu'elle émane des rayons du soleil et de la pluie, c'est-à-dire de la fertilité obtenue sans travail et sans lutte, et plutôt par le mariage paisible des éléments unis, en quelque sorte, par la volupté. Il préside spécialement aux moissons, en tant qu'elles enrichissent. On peut dire que Freyr est le résultat des luttes de Thorr, qui le précède et lui prépare la voie. C'est lui qui accorde les années paisibles et fertiles : la richesse et l'abondance sont un de ses dons. Il appartient donc à l'époque où l'agriculture, après avoir surmonté les premiers obstacles, commençait à fleurir, et il était surtout vénéré dans les plaines de la Scandinavie les plus fertiles et les mieux cultivées. On trouvait surtout son culte dans la partie méridionale de la Suède, telle que la province de Schonen, où il y eut de bonne heure de riches champs de blé et d'abondants pâturages, tandis que l'âpre et rocheuse Norwège tenait toujours de préférence à Thorr, et que le culte guerrier d'Odin dominait en Danemark et sur les îles, d'où partirent ces formidables pirates, les Normands. Le sanglier Gullimborsti, à crinière d'or, lui revient comme symbole des épis mûris, qu'il parcourt assis sur ce sanglier. Le vaisseau Skidbladnir est le symbole des nuages de pluie, qui semblent s'abaisser lentement et paisiblement vers la terre, pour la fertiliser doucement; et les petites parties dont, selon le mythe, se compose le vaisseau, et qui peuvent se démonter de manière à le mettre dans la poche, figurent ces petites nuées floconneuses, débris des gros nuages, que le souffle du vent disperse et sème dans les cieux. Son palais au ciel est aussi lumineux; c'est Alfheim, où il demeure avec les elfes blancs et brillants, et avec sa femme Gerda, la déesse aux bras blancs et resplendissants comme la neige. Toute sa nature aimante, voluptueuse et imprégnée de ce désir sexuel qui est la cause de la fertilité paisible, est représentée dans un de ces mythes, bien peu nombreux, de l'Edda, qui parlent de tendresse et d'amour.

Un jour, ainsi le raconte l'Edda, Freyr s'avisa de monter, à l'insu d'Odin, sur son trône Hlidskialf, d'où l'on pouvait d'un seul regard embrasser le monde tout entier, et qui était réservé au père universel et à son épouse. Il aperçoit dans Jotunheim et dans la demeure du géant Gymir, à la porte du gynécée, appelé Skemma, une vierge d'une beauté et d'une blancheur merveilleuses. Freyr descend du Hlidskialf tellement agité d'amour et de désir, que, ne pouvant se calmer, il tombe dans une sorte de fureur semblable à celle des Berserkers d'Odin. Niord, son père, et sa mère Skàde, inquiets de ce changement dans le caractère de leur fils autrefois si doux, chargent le serviteur de Freyr, appelé Skirnir, de le questionner sur la cause de son irritation. Skirnir aborde Freyr, et lui demande pourquoi il reste assis seul dans son palais pendant toute la journée. Freyr lui répond qu'il a vu une femme dont les traits sont aussi lumineux que l'air et la mer dans tout leur éclat; qu'il l'aime de toute son âme, mais que ni les Ases ni les Alfes ne veulent permettre qu'il s'unisse à elle. Skirnir lui demande son cheval Blodughofi, sur lequel on peut traverser les flammes, et sa fameuse épée qui se met en mouvement d'elle-même pour tuer les géants, et il s'offre d'aller chez Gerda pour lui gagner son amour. Skirnir arrive, en passant par des flammes, devant la demeure de Gymir, entourée d'un mur, et dont les portes sont gardées par des chiens. Il descend de son cheval, qu'il laisse paître ; et, malgré l'avertissement d'un berger qui lui dit que la mort l'attend dans cette demeure, il n'hésite pas à s'y rendre. A son approche, le palais de Gymir retentit de bruits; la terre tremble ; mais Gerda l'invite à entrer pour boire de l'hydromel. Skirnir lui offre d'abord onze pommes d'or si elle consent à épouser Freyr. Gerda refuse. Skirnir lui offre alors la merveilleuse bague Draupnir. Gerda lui répond qu'elle possède assez d'or. Skirnir la menace de lui couper la tête avec l'épée de Freyr. Gerda s'indigne qu'on veuille ainsi user de violence envers elle; mais elle consent à partir avec lui s'il veut combattre contre Gymir, son père. Il lui représente qu'alors la mort de son père serait certaine, parce que l'épée de Freyr le tuerait infailliblement, et il commence à la conjurer avec des paroles magiques et des runes, la menaçant de la marier à des géants de la gelée ou de lui défendre tout commerce avec un homme, et de la priver du pouvoir d'aimer; il menace de plus de lui tailler des bâtons de runes qui la rendront stérile, la feront dessécher comme le chardon, et la précipiteront dans le séjour de Hela et des horribles géants. Pendant cette longue harangue magique, le cœur de Gerda s'attendrit de plus en plus; ce que l'or ni les menaces n'avaient pu faire, les runes magiques l'opèrent : l'amour ne peut être obtenu que par la persuasion et la sympathie, et Gerda s'écrie enfin : « Salut à toi, jeune homme ; prends ce calice de glace plein de vieux hydromel. Jamais je n'aurais cru que j'aimerais un des Vanes. »

En même temps, à la demande de Skirnir, elle indique à Freyr un rendez-vous dans un bois sacré, où après neuf nuits elle viendrait se livrer à l'amour du fils de Niord.

Nous ne nous arrêtons pas aux explications physiques qui ont été données des détails de ce mythe, et d'après lesquelles Gerda, la vierge aux bras lumineux, est l'aurore boréale, que Freyr, le dieu du soleil, désire. Nous nous en tenons à la signification morale concernant la nature de l'amour ; et, sous ce rapport, le symbole est complet, parce que l'Edda en prose ajoute : « Freyr ayant donné pour l'amour de Gerda sa puissante épée, le sacrifice devint une des causes de la défaite des dieux au terrible jour du crépuscule. Freyr y succomba, et ne fut plus en état de défendre les autres dieux, parce que sa puissante arme lui manquait. » C'est donc un corollaire du mythe concernant Baldr ; le monde actuel n'est pas un théâtre propre à l'amour passionné, réservé au monde meilleur, et ceux qui s'y vouent ici bas, périssent.

Le cercle des mythes scandinaves qui symbolisent la création, la production de ce qui existe dans le monde, est clos par celui qui raconte l'origine des trois classes qui, selon l'idée de ces peuples, composent le genre humain. Ce mythe se rattache à un dieu, dont l'action, dans le ciel des Ases, n'est que secondaire, mais qui, par le rôle qu'on lui attribue dans l'organisation de l'ordre social parmi les hommes, mérite d'être placé immédiatement après les trois dieux supérieurs. Ce dieu est Heimdallr, un des fils d'Odin. Dans le ciel, il a l'emploi assez poétique de gardien des dieux. Son palais, appelé Himinbœrg, est près de ce pont Bifrost, qui conduit de la terre au ciel, et dont la garde lui est spécialement confiée. Il est assis sur ce pont, à l'entrée du ciel, une corne, la corne de Giallar, à la main, pour sonner l'alarme aussitôt qu'un danger menace les dieux. Du haut de ce pont, il aperçoit tout ce qui se passe. Il a besoin de moins de sommeil qu'un oiseau, et il voit pendant la nuit comme pendant le jour. Son ouïe est si fine, qu'il entend croître l'herbe sur la terre et la laine sur la peau des agneaux. Ses dents sont d'or, et il est le fils de neuf vierges, dont l'Edda donne les noms, mais sans ajouter aucune explication. C'est sous le nom de Rigr ou Rigur, que Heimdallr descendit un jour sur la terre pour procréer les diverses classes du genre humain, et la manière dont il s'y prit est ainsi racontée dans le chant Rigsmal :

« Un Ase nommé Rigur, jeune encore, mais plein de sagesse et d'expérience et sachant beaucoup de choses, en parcourant le monde, arriva un soir, au coucher du soleil, à une chaumière dont la porte n'était qu'entre-bâillée. Il y entra. Le feu flambait dans l'âtre placé au milieu de la cabane, et autour du foyer étaient assis l'Ai (l'aïeul) et l'Edda (l'aïeule). Ils étaient vêtus de haillons et se reposaient des fatigues de la journée. Rigur s'assit à côté d'eux, et gagna le cœur du couple par ses bons discours. L'Edda apporta, couvert encore de cendres, un lourd et large pain fait de son, plaça sur le milieu de la table une terrine de bois remplie de soupe, et dans une large assiette, un veau bouilli. Après le souper, Rigur se leva, demanda à se reposer de la course fatigante de la journée, gagna de nouveau le cœur de ses hôtes par de bons discours, et se plaça dans leur lit au milieu d'eux. Il passa ainsi trois nuits avec eux, après quoi il continua son voyage. Or, lorsque la neuvième lune eut achevé son cours, l'Edda accoucha d'un garçon ; on aspergea d'eau le nouveau-né, dont la peau était toute brune, et ils l'appelèrent Træl (serf). L'enfant grandit et devint fort ; mais il avait la peau des mains calleuse et rude, les bouts des doigts pointus, les pommettes et la figure désagréables, le dos courbé, les talons larges et plats. Træl exerça ses forces, apprit à tresser l'écorce des arbres, et à chercher des rameaux dans la forêt. Puis, un jour, il vint une fille à la haie plantée autour de sa demeure, les mains pleines d'enflures, les bras brûlés des chauds rayons du soleil, et le nez pendant ; elle s'appelait Thy l'esclave. Elle s'assit près du fils de la maison, sur le banc de bois; puis, le serf et l'esclave se caressèrent, se construisirent le soir un lit, firent des enfants, et se bâtirent une maisonnette. Et ils appelèrent leurs fils : Hreimur (plein de suie), Klur (le grossier), Fjœsnir (le boueux), Kleggur (le dur), Keffir (l'entêté), Fulnir (l'insolent), Drumb (le bloc), Digraldi (la tête épaisse), Drœttur (le paresseux), Hœsvir (le sournois), noms habituels des serfs. Les fils plantaient des haies et engraissaient la terre, élevaient des porcs et des chèvres, et bêchaient de la tourbe. Træl et Thy eurent aussi des filles, qu'ils appelèrent : Drumba (la grommeleuse), Kumba (la lourde), Oeckvinkalfa (l'estropiée), Arinnefia (au nez aplati), Ysia (l'impudente), Eikintiasna (l'esclave), Ambatt (la querelleuse), etc. Ce fut de leur sang que naquit ensuite la race méprisée des serfs.

» Rigur, continuant son voyage, aperçut une autre maison dont la porte était entre-bâillée; il y entra, et vit le foyer allumé sur le carreau. Le couple qui l'habitait travaillait accroupi autour du feu. L'homme rabotait du bois pour en faire un métier; sa barbe était peignée et lisse comme sa chevelure autour du front. La femme était assise auprès de lui, ayant sa chemise serrée et fendue au cou; les bras étendus, elle tressait du fil. Ses cheveux étaient assemblés en nœuds sur le sommet de la tête; son corsage était ouvert sur la poitrine, et un col couvrait sa gorge; un bouton agrafait sa robe sur chaque épaule. L'homme s'appelait Asi (grand-père), et la femme Amma (grand'mère). Rigur, par ses discours, sut gagner leur cœur. Il demanda à prendre du repos, se plaça au lit au milieu du couple, et resta ainsi trois nuits. Et lorsque la neuvième lune eut accompli son cours, Amma accoucha d'un garçon, l'aspergea d'une goutte d'eau, et lui donna le nom de Karl (paysan), puis elle l'enveloppa avec soin dans des langes. Le nouveau-né, du reste, resplendissait de santé, et son œil était étincelant. Ainsi l'enfant grandit et prit de la force : il domptait des taureaux, construisait des charpentes pour les maisons et les granges, ainsi que des chariots et des charrues, et il labourait les champs incultes. On lui amena une fille étrangère, qui pour tablier avait une peau de chèvre et portait à sa ceinture un anneau garni de clefs, et on la lui donna pour épouse. Elle s'appelait Snoera (la diligente). Elle accepta avec plaisir le voile de mariée, et échangea l'anneau de mariage avec son époux. Puis, ils se bâtirent une maison pour demeure, et préparèrent le lit nuptial. Ils eurent des enfants, et vécurent en bon accord. Les fils s'appelèrent Drengur (le combattant), Hœlldr (propriétaire), Thegn (chef de clan), Hal (homme libre), Smidur (maréchal), Breidr (fermier), Bondi (paysan), Bundinskeggi (belle barbe), etc.; et les filles furent nommées Brudur (la fiancée), Svanni (la sage), Svarri (la majeure), Snot (la décente), Sprund (l'intrépide), Vif (la belle fille), Spracki (la maîtresse de maison), etc. Ces fils et ces filles devinrent la souche de la race libre.

«Rigur continua à marcher tout droit devant lui, et une grande maison ou halle s'offrit à ses regards; la porte s'ouvrait vers le sud; elle était entre-bâillée et garnie d'un anneau. Il y entra. Le plancher était couvert de paille. Les habitants de cette demeure étaient assis immobiles, se regardant l'un l'autre; d'un côté Fadir (père) et de l'autre Modir (la mère). Tout leur travail n'était qu'un jeu, car Fadir nouait une corde d'arc, courbait l'arc et coupait les flèches; et Modir regardait ses mains, puis elle changeait de place, plissait du linge et apprêtait ses manches plissées. C'est ainsi qu'était assise cette femme distinguée; un bijou précieux brillait sur sa poitrine, et sa robe, couleur bleu de ciel, était ornée d'une longue queue. Ses deux sourcils étaient blonds, et sa gorge était pleine et arrondie; son cou avait la blancheur de la neige qui vient de tomber. Et le discours de Rigur gagna le cœur du couple. Il s'assit entre eux sur le banc, et lorsque le soir arriva, Modir couvrit la table à manger d'un drap de toile à fleurs, et apporta des gâteaux minces et roulés et de la pâtisserie faite du froment le plus blanc; elle les plaça sur la table, et y ajouta des plats d'argent couverts de lard, de légumes, de volaille rôtie, ainsi que des gobelets d'argent remplis de vin. On but en causant. La nuit tomba, et Rigur, par ses discours, sut se concilier la bienveillance du couple, et lorsqu'il se leva le lit était déjà prêt. Il y dormit, et y passa trois nuits, puis il se remit en chemin. Et lorsque la lune eut accompli sa neuvième course, Modir accoucha d'un garçon, qu'elle enveloppa d'étoffes de soie; elle l'aspergea de quelques gouttes d'eau, et l'appela Jarl (seigneur). Le nouveau-né avait la tête blonde; ses joues étaient brillantes de fraîcheur, et son œil étincelait comme du feu, semblable à l'œil brûlant du serpent. Et le Jarl grandissait et apprenait à enlever l'écorce du tilleul, à tresser des cordes et à sculpter des arcs avec le tronc de l'orme; il pouvait tailler des flèches, lancer le javelot et manier la lance; il domptait des coursiers, lançait les chiens à la chasse, traversait les torrents à la nage, et se servait de l'épée avec adresse, soit à la guerre, soit dans un combat particulier. Et le voyageur Rigur arriva à pied, pour une seconde fois, à la halle, reconnut ce fils, lui enseigna les runes, et puis il lui ordonna de s'emparer de tous les châteaux et des terres seigneuriales. Le Jarl obéit, et s'en alla chevauchant pendant toute la nuit à travers des montagnes, jusqu'à ce qu'il arrivât aux châteaux de ses ancêtres. Là, il commence le jet de sa lance, il écorce des tilleuls, dompte des coursiers, excite des luttes, et tire sa redoutable épée; il renverse des ennemis, rougit de sang les champs, envahit les terres des autres, et devient maître de dix-huit manoirs; il fait un butin immense, accumule des trésors, et distribue à ses partisans des bijoux et d'autres biens : à l'un, un coursier rapide; à l'autre, un anneau; à celui-ci, des fragments d'une bague d'or. Un jour, des seigneurs se mettent en route par des chemins boueux vers la halle, où règne un noble comte. Dans cette halle, vis-à-vis du seigneur, était assise une demoiselle blanche, haute et mince de taille, qu'on appelait la belle Erna (la dame). Les seigneurs demandèrent la main de la demoiselle, qui se couvrit de son voile, et ils l'emmenèrent dans la maison de leur Jarl; et s'aimant l'un l'autre d'un égal amour, ils perpétuèrent la noble race, en jouissant de tous les bonheurs de la vie. Leur fils ainé fut appelé Bur, et les autres se nommèrent : Adal, Arfi, Mœgur, Jod et Nidur, Nidjungur et Sonr et Sveinn; ils surent bientôt jouer aux échecs, et ils naviguaient dans le Sund. Le fils cadet s'appelait Konr. Tous ses frères grandirent bientôt pour devenir des dompteurs de chevaux, pour se faire des boucliers et écorcer le frêne; mais Konr seul possédait l'art des runes et la connaissance du temps passé et présent. Il connaissait aussi ce qui sauve la vie aux héros; sa science magique émoussait le tranchant des épées, domptait la fureur des flammes qui s'élevaient au ciel, expliquait le langage des oiseaux des forêts, calmait la mer et la douleur du cœur, et lui procurait à lui-même la force de huit guerriers. Le jeune seigneur défia Rigur au combat. Et Rigur arriva en effet, et examina l'art du jeune seigneur, et sa connaissance des runes. Longtemps ils luttèrent ensemble, jusqu'à ce que le jeune seigneur en sortît vainqueur. Alors le fils eut pour prix le droit de s'appeler aussi Rigur, et d'être un savant dans l'art runique. Puis, il chevauchait dans les marais et dans les forêts, brisait des flèches et prenait des oiseaux. Mais une corneille, perchée sur la cime d'un arbre, lui adressa un jour ce chant : « Il ne convient pas aux nobles de prendre des oiseaux. Tu dois être assis sur ton coursier, et renverser dans la poussière l'armée des peuples. Ne connais-tu pas Danr et Danpur, qui sont plus riches que Konr ne l'a jamais été? Ils manient des épées, et naviguent sur l'Océan! » Et Konr retourna à son manoir, prit l'arc et la flèche, ceignit une large épée, et alla, avide de gloire, chercher la guerre et les combats. Ainsi un dieu, sachant beaucoup de choses, appelé par les hommes Rigur le voyageur, a ainsi engendré les trois espèces : le noble, le libre et le serf; il a assigné à chacun d'eux son lot, et les a doués des forces nécessaires à la destination de chacun. Le serf ne doit pas gouverner, mais à lui la corvée ; à l'homme libre, le ménage et les métiers ; le noble ne doit être ni paresseux ni oisif, mais gouverner avec sagesse et acquérir de la gloire. »

Ce qui frappe au premier aspect dans cette tradition, qui contient toutes les idées sociales particulières à la race germaine, et qui lui ont donné de tout temps cette forme gouvernementale, cet esprit de règle et d'ordre, d'obéissance et de soumission hiérarchique, c'est qu'il n'y est nulle part question de la classe sacerdotale, et que le principe monarchique et aristocratique, comme dérivant immédiatement des dieux, descendus du ciel parmi les hommes, s'y trouve développé plus en détail et plus conséquemment que chez aucune autre race qui a eu une mythologie organisée. Sous ce rapport, le Rigsmal est un des poëmes les plus importants de l'Edda.

Les autres dieux de la mythologie scandinave ne jouent tous qu'un rôle secondaire. Nous avons déjà parlé de la complète inactivité du dieu Baldr, le frère de Thorr ; l'Edda n'allègue, pour le caractériser, autre chose que son très-bon naturel, la beauté de sa figure et de son regard, si éblouissant qu'il semble répandre des rayons ; elle ajoute que la beauté de ses cheveux a fait donner à la plus blanche de toutes les herbes le nom de sourcil de Baldr. Ce dieu si brillant et si beau est aussi très-éloquent, et tellement ami de la justice, qu'on ne peut jamais rien changer aux jugements qu'il a prononcés. Mais cette justice, il ne l'exerce ici-bas que par le fils qu'il a eu de son épouse Nanna, appelée la fille par excellence. Ce fils est le dieu Forsète, dieu de la justice, et protecteur de la paix, de la concorde et des réconciliations. Le palais que Baldr habite dans le ciel s'appelle Breidablik, dans lequel la plupart des mythographes ont vu la voie lactée. Rien d'impur, dit l'Edda, ne peut y demeurer, et il y a dans ce lieu des colonnes sur lesquelles sont gravées des runes propres à évoquer les morts. Son fils Forsète demeure dans le palais Glitnir, dont le toit d'argent est supporté par des colonnes de couleur rouge d'or. Le siége où il s'asseoit pour juger est sous le frêne Ygdrasill, près de la fontaine d'Urda, et ni les dieux ni les hommes ne connaissent un juge plus équitable. On lui consacrait aussi les traités de paix.

Le troisième fils d'Odin et de Frigga est Tyr, le dieu spécial de la guerre; mais celui-ci ne décidait pas du sort des batailles, puisqu'il ne pouvait que donner assistance à un seul parti, et que la décision suprême était dans les mains d'Odin. Son intrépidité ne connaissait pas de bornes, et le mythe concernant la mort de Baldr le montre victime de sa témérité.

Braga, le quatrième fils d'Odin et de Frigga, est le dieu de la langue, de l'éloquence, du chant et de la poésie, appelée, d'après lui, du nom de Bragur. Au contraire de l'Apollon des Grecs et des Romains, il est représenté en vieillard, avec une barbe blanche, qui lui descend jusqu'à la ceinture. Il conserve, lui aussi, sa sagesse et la force de son esprit au moyen de runes magiques, qui sont gravés sur sa langue. C'est lui, c'est sa harpe d'or que les scaldes ou poëtes du Nord invoquaient à chaque instant. Mais les rois avaient aussi besoin de son appui. A son avénement au trône, on offrait au nouveau roi une coupe remplie d'hydromel et appelée Bragafull, et, avant de la vider, il était tenu de s'engager, par un vœu solennel, à accomplir quelque haute action. Par une belle et ingénieuse conception, le mythe donne pour épouse au dieu de la poésie, Idunna, la déesse de l'immortalité, en tant toutefois qu'elle peut exister dans ce monde périssable; elle était chargée de garder, dans un vase, les pommes d'or, dont les dieux étaient obligés de manger de temps à autre, pour ne pas vieillir et pour garder leur jeunesse jusqu'au jour du crépuscule. Un jour, Loke, tombé au pouvoir du géant Thiassi, ne put obtenir sa liberté que par la promesse de lui livrer Idunna avec ses pommes d'or. Il entraîna la déesse dans une forêt, sous prétexte de lui montrer des pommes plus précieuses encore que les siennes, et Thiassi, apparaissant sous la forme d'un aigle aux yeux brûlants, l'enleva. Le lendemain, les dieux, ne voyant plus leur déesse aux pommes rajeunissantes, en furent consternés, car ils commençaient déjà à ressentir les atteintes de la vieillesse. Soupçonnant Loke d'avoir joué ce tour, ils le menacèrent de la mort la plus terrible, s'il ne parvenait à ramener Idunna. Loke emprunta encore une fois à Freya ses ailes de faucon, et arriva à Jotunheim au moment où Thiassi en était absent. Il trouva Idunna seule, la changea en hirondelle, et s'envola avec elle. Thiassi, s'apercevant de ce rapt, reprit sa forme d'aigle, et poursuivit Loke. Les dieux avaient su le danger, et avaient allumé un grand feu devant les murs d'Asgard. Loke et Idunna arrivèrent à temps; mais Thiassi tomba dans les flammes, brûla ses ailes, et, ne pouvant plus s'envoler, il fut tué par les dieux. En signe de joie pour le retour d'Idunna, Odin prit les yeux du géant, les jeta au ciel, et en forma une belle constellation, nommée par les poëtes les yeux de Thiassi.

A l'époque où Freyr devint un des trois dieux suprêmes, son père Niord, le Vane, se rangea parmi les Ases, immédiatement après Odin, Thorr et Freyr. Il devint alors, pour la mer et les navigateurs, ce que son fils était pour les agriculteurs et les moissonneurs; il donne la richesse qu'on peut acquérir sur la mer; il dirige les vents et calme les flots que Oegir et Ran ont soulevés, et il est de préférence le protecteur des marins, des pêcheurs et des chasseurs; car il ne procure pas seulement les fruits du commerce et de la piraterie, mais aussi le butin que le chasseur cherche dans les airs. Niord a pour palais le pays de Noatun, situé sur les bords de la mer. Il eut pour femme Skåde, la fille du géant Thiassi, tué à l'occasion du rapt de la déesse Idunna; car, après la mort de son père, Skåde s'arma de son casque et de sa lance, et se rendit à Asgard pour le venger. Mais les Ases lui offrirent un accommodement par lequel elle devait se choisir un époux parmi eux, sans rien voir d'eux que leurs pieds. Skâde accepta, et se fit bander les yeux de manière à ne voir que les pieds des dieux. Ayant aperçu une paire de pieds très-beaux, elle en désigna le possesseur pour son époux, croyant avoir choisi le beau Baldr lui-même, mais ce fut Niord. Elle, fille des montagnes, ne pouvait cependant se décider à habiter toujours les bords humides de la mer. Préposée aux vents du printemps, il fut convenu avec son époux par contrat qu'elle n'habiterait à Noatun que pendant trois nuits, tandis que Niord devait la suivre pendant neuf nuits dans la demeure de son père. C'est pourquoi Niord, à cause de son absence, ne peut pas toujours calmer la mer. L'Edda nous a conservé même un chant où Niord et Skâde se plaignent mutuellement du séjour contraire à leur nature, auquel le mariage les a assujettis l'un et l'autre. C'est un chant dialogué entre Niord et Skâde, où le premier se plaint d'être tourmenté pendant neuf nuits par le hurlement des loups dans les montagnes, et où Skâde dit abhorrer les cris des oiseaux de mer sur les bords de l'Océan.

Le dieu Hermod est encore un des fils d'Odin; il est le messager des dieux, et son nom rappelle même assez l'Hermès des Grecs. Le dieu Uller, fils de Thor et de Sif, est un dieu d'hiver, glissant sur des patins à travers des montagnes couvertes de neige, et à travers des rivières et des lacs glacés; il est surtout le patron de la chasse, qui, dans les contrées septentrionales, est surtout productive pendant l'hiver. Mais il y a encore trois dieux ases qui, aussi inactifs que Baldr, se rattachent avec lui au monde futur, et comme lui, n'apparaissent dans le monde actuel que parce qu'ils servent d'instruments pour ramener le monde postérieur, qu'ils sont destinés à gouverner conjointement avec ce dieu. C'est d'abord Vidar, appelé l'Ase muet, fils d'Odin et de la géante Gridur, et qui glisse en silence dans l'air et sur l'eau, ayant à son pied un soulier de fer qui lui donne une force égale à celle de Thorr. Ce soulier de fer écrase tout ce qui lui résiste et le rendra, au jour du crépuscule, vainqueur du plus puissant instrument de destruction. Ce sont encore Vali, un dieu du printemps, fils d'Odin et de Brinda, la terre d'hiver, le vengeur de Baldr, et enfin Hodir, fils d'Odin et de Frigga, l'Ase aveugle, le meurtrier involontaire de Baldr, et qui pourtant ressuscite avec lui. Ces trois fils d'Odin reçoivent leur signification dans le mythe de la destruction et de la régénération de l'univers.

Les déesses scandinaves, à l'exception d'Idunna, se groupent presque toutes autour des deux déesses supérieures, Frigga, l'épouse d'Odin, et Freya, la déesse de l'amour régénérateur et fécond. Frigga, montant avec son époux Odin sur le trône Hlidskialf, connaît aussi les destinées de tous les hommes, mais ne les révèle jamais, quoiqu'elle soit consultée par Odin lui-même. Elle connaît le langage des animaux et des plantes; elle protége spécialement les métiers. Son palais, au ciel, s'appelle Fensal. Elle se promène dans un chariot d'or attelé de deux chats ou probablement de deux lynx. La constellation que nous nommons la ceinture d'Orion s'appelle le fuseau de Frigga, et les Scaldes prétendent qu'elle file les richesses des hommes. Elle aime surtout les bijoux (qu'on tire des entrailles de la terre), et elle a dans la déesse Fylla une servante qui lui garde son écrin, et est en tout sa confidente. Fylla a les boucles de ses cheveux tombantes sur les épaules, et son front est orné d'un cercle d'or. La messagère de Frigga, qui la représente sur la terre, est Gna, qui parcourt l'air, l'eau et le feu, montée sur son coursier Hofwarpnir. Quand Frigga monte sur l'Hlidskialf, elle envoie son amie Hlyn pour préserver les hommes de tout danger et les consoler dans leurs chagrins. Un feu qui ne s'éteignait jamais brûlait sur les autels de Frigga.

Freya est, comme nous avons vu, la fille de Niord et la sœur de Freyr; c'est la déesse la plus belle et la plus tendre parmi les Asynies. Elle préside à l'amour; elle est la divinité des amants comme des scaldes qui chantent l'amour, et qu'elle inspire. Le printemps et les fleurs lui sont surtout consacrés, et la fécondité, ce fruit de l'amour qui obéit à son pouvoir, la rend l'éternel objet de la convoitise des géants. Ceux qui regardent son frère Freyr comme le dieu du soleil, font de Freya la déesse de la lune, qui, dans le pays du Nord, éclaire en effet le plus souvent les amours rêveurs. Quelques passages de l'Edda qui la concernent rappellent même la déesse égyptienne Isis; car, comme celle-ci, Freya cherche son époux Odur, qui l'a abandonnée; mais on ne nous dit plus rien sur lui. Freya verse depuis son départ des larmes d'or, et parcourt après lui les pays les plus lointains. C'est de ces voyages qu'elle a reçu plusieurs noms. Ceci a évidemment rapport à son origine étrangère, et nous avons déjà dit que son surnom de Vanadis indique le pays des Venètes, auxquels elle a été empruntée. Freya a une paire d'ailes de faucon avec lesquelles elle traverse les airs, et qu'elle prête quelquefois aux autres dieux; elle a un collier brillant nommé Brising, cadeau de quelques nains, et, comme son frère, elle a pour coursier un sanglier appelé Hildesvine, dont la crinière d'argent illumine la nuit. Son palais, au ciel, s'appelle Folkrangur, et elle y reçoit les femmes après leur mort. Ce qui donne de l'importance à Freya, c'est qu'elle est la seule déesse dont un mythe de l'Edda s'occupe spécialement. C'est Hyndluliod ou la petite Voluspa. Un jeune héros, Ottar, qui a toujours sacrifié de préférence à la déesse de l'amour, a, au sujet d'un héritage, un procès où il doit prouver sa généalogie. N'en sachant rien, il s'adresse à Freya, qui, en le cachant dans le sanglier d'or de son frère, l'amène chez une Vola ou prophétesse, qui ne prophétise que pour les dieux, en le priant de lui nommer les ancêtres d'Ottar jusqu'à Odin. La Vola le fait, tout en soupçonnant, de temps à autre, qu'un homme est présent. Enfin elle découvre la ruse, se répand en injures et en malédictions contre Freya, et veut lui persuader de donner à Ottar une certaine boisson qui est censée fortifier la mémoire, mais qui la détruit. Freya détourne aussi ce danger de son protégé. Ses prêtresses, qui rendaient des oracles, s'appelaient Gydies : c'étaient les vestales du Nord.

A la suite de Freya se trouvent les trois déesses qui président spécialement aux diverses phases de l'amour et du mariage : Siofna, qui excite l'amour dans les cœurs ; Wara, qui préside aux fiançailles et punit la violation des serments d'amour, et Lofna, la déesse des nuits nuptiales, qui écarte surtout les obstacles qui s'opposent à l'accomplissement des unions, et réconcilie aussi les époux brouillés et en désaccord. On rencontre également à la suite de Freya les déesses Snotra et Géfion : la première est une sorte de Grâce qui donne de l'agrément aux gestes, aux discours, à la tenue et aux poésies des scaldes ; l'autre est la patronne de l'innocence et de la virginité ; elle accueille chez elle, dans les cieux, les femmes qui meurent vierges. Freya a eu aussi d'Odur deux filles, Hnossa et Gesemi, belles et gracieuses, et qui se joignent à elle.

Saga est la Clio du Nord, la déesse des traditions et de l'histoire. Son palais, au ciel, c'est Soëkvabetur, où tous les jours Odin se rend pour boire de l'hydromel dans des vases d'or, et entendre les récits de Saga.

Hlyn enfin, la déesse de la pitié, l'amie de Frigga, qui va consoler les hommes affligés, Eyr, la déesse de la médecine, qui guérit les blessés et réveille les Einheriars tués sur le champ de bataille, et Syn, la gardienne de la grille Wingolf, qui ferme le Walhalla, et qui est présente aux procès où l'on doit prêter le serment de purification, complètent la série des déesses scandinaves.

Après l'énumération des divinités et de leurs attributs, ainsi que des mythes et symboles relatifs à chacun d'eux en particulier, nous revenons à l'histoire générale de tous les dieux scandinaves, à celle de l'univers, et de sa destruction et sa renaissance future.

Après que le monde fut créé, Odin, avec son conseil des douze

Ases, amena d'abord l'âge d'or du monde actuel. A cette époque, les dieux inventèrent les arts utiles. Contrairement à la fable des Grecs, qui avaient fait consister le bonheur des premiers siècles dans l'absence de tout travail, l'âge d'or du Nord était l'âge des travaux paisibles. Les Ases forgeaient les métaux, sculptaient la pierre et le bois, modifiant partout la nature extérieure, et goûtant, au sein des plaisirs et de la joie, les bienfaits de leur industrie. Ils jouaient notamment sur la plaine d'Ida avec des dés d'or tombés du ciel des étoiles.

L'arrivée de trois puissantes femmes, filles des géants, troubla enfin cette félicité. Loke devint amoureux d'une d'elles, appelée Angurbode (messagère du malheur), et engendra avec elle le loup Fenris, le serpent de Midgard, destinés à devenir les instruments du crépuscule des dieux, et Hela, la déesse de la mort. Odin jette alors sa lance au milieu du peuple, et allume ainsi la première guerre dans le monde. Une lutte horrible s'engage entre les Ases et les géants. Les dieux sont vainqueurs, mais la haine subsiste. Les dieux n'ignoraient pas qu'on élevait les trois enfants de Loke dans le pays des géants; ils savaient tous les maux qu'ils en devaient attendre. La géante Angurbode avait été trois fois tuée par eux; mais trois fois elle était ressuscitée. Ils ne pouvaient se passer de Loke, qui longtemps aussi dissimula ses perfidies. Odin dépêcha donc des dieux pour lui amener le loup Fenris, le serpent Jormungur et Hela. Quand ils furent venus, Odin jeta ce serpent dans le fond de la grande mer, où il grandit de manière à ceindre presque le globe entier de la terre, et il pouvait encore se mordre lui-même l'extrémité de la queue. Hela fut précipitée dans les enfers, où on lui donna le gouvernement de neuf mondes, afin qu'elle y distribuât des demeures à ceux qui lui étaient envoyés. Sa salle est la douleur, sa table la famine, son couteau la faim, son valet le retard, sa servante la lenteur, sa porte le précipice, son vestibule la langueur, son lit la maigreur et la maladie, sa tente la malédiction. La moitié de son corps est bleue, l'autre moitié est revêtue d'une peau humaine dont elle a la couleur. Elle a un regard effrayant. Quant au loup Fenris, les dieux le nourrirent chez eux, et il n'y avait que Tyr qui osât lui donner à manger. Toutefois, s'apercevant qu'il croissait prodigieusement tous les jours, et forcés par le sort de le souffrir, ils tâchèrent de le lier pour le rendre inoffensif. Ils firent donc une chaîne, Læding, extrêmement solide, et, la présentant au loup, ils lui proposèrent de ne la mettre que pour essayer ses forces en tâchant de la rompre. Le loup se laissa enchaîner, et tendant ensuite ses nerfs avec violence, il brisa ses liens. Les dieux fabriquèrent de nouveaux fers plus forts de moitié, appelés Dromi, qu'ils engagèrent le loup à essayer, lui disant que s'il les rompait, il donnerait une grande idée de sa vigueur, et acquerrait beaucoup de gloire. Le loup soupçonnait bien que ces seconds liens n'étaient pas aisés à rompre; mais pensant que sa force était augmentée depuis qu'il avait brisé la chaîne Læding, et qu'on ne peut devenir célèbre sans courir quelque péril, il se laissa encore enchaîner. Cela fait, il s'agite, se secoue, se roule, heurte ses fers contre terre, tend ses membres avec violence, et fait enfin sauter les anneaux de la chaîne bien loin autour de lui. Les Ases désespéraient après cela de pouvoir jamais l'enchaîner; enfin Odin envoya Skirnir, le messager de Freyr, dans le pays des nains noirs, pour y faire fabriquer un nouveau lien. Les nains firent la chaîne Gleipnir des racines des montagnes, de la barbe des femmes, de la salive de l'oiseau, du bruit des pas du chat et de l'haleine des poissons; c'est pourquoi rien de cela n'existe plus dans la nature. Lorsque Skirnir fut de retour avec ce lien, les dieux se rendirent à l'île Lyngvi, au milieu du lac d'Amsvartnir, et amenèrent le loup avec eux. Ils lui montrèrent cette chaîne, en lui demandant s'il pourrait la rompre, et l'assurant qu'elle était plus forte qu'on pourrait le croire en la voyant si mince. Ils se la passèrent même l'un à l'autre, essayant inutilement de la rompre, et lui disaient qu'il n'y avait que lui qui pût en venir à bout. Le loup leur répondit : Ce cordon est si mince, qu'il n'y aura point de gloire à le rompre; mais comme il y a peut-être là-dedans quelque fraude cachée, il ne touchera jamais mes pieds, si un de vous ne met sa main dans ma gueule pour me prouver que vous ne me trompez pas. Les dieux, se regardant les uns les autres, étaient bien embarrassés; mais l'intrépide Tyr mit sa main droite dans la gueule du loup. Les dieux ayant alors lié le loup, il s'étendit fortement et usa de toutes ses forces pour se dégager; mais plus il faisait d'efforts plus le lien se serrait étroitement. Tous les dieux éclatèrent de rire, excepté Tyr, qui perdit sa main droite. Les dieux prirent alors le bout du lien et le firent passer par le milieu de deux grands rochers, Gjœll et Thviti, qu'ils enfoncèrent jusqu'à leurs sommets dans la terre. Le loup hurla d'une manière effroyable, et ouvrait sa gueule comme s'il eût voulu engloutir l'île de Lyngvi; ce que les dieux voyant, ils lui lancèrent dans la gueule une épée qui, lui perçant la mâchoire inférieure, s'enfonça jusqu'à la garde, en sorte que la pointe atteignait jusqu'au palais. Depuis ce temps l'écume sort sans cesse de sa bouche avec tant d'abondance, qu'elle forme un fleuve appelé Vœnd. Le loup « restera ainsi jusqu'au jour du Ragnarok. »

Mais cela ne conjura pas le danger. Loke trouvant un jour le cœur à demi brûlé de la géante Angurbode sa maîtresse, abandonna les Ases et jura la perte de Baldr, le principe vital de leur existence. Les dieux s'en inquiétèrent; ils prirent l'alarme et craignirent une catastrophe prochaine. Odin manifeste surtout ses craintes dans un poëme que l'Edda nous a conservé sous le nom de Hrafnagalldr ou Chant du corbeau d'Odin. Le dieu raconte les signes menaçants que les Ases commençaient à apercevoir. Ils consultent les deux nains Thrain et Dain; ceux-ci savent seulement répondre que leurs rêves sont lourds et obscurs; car les forces et les facultés des nains commencent aussi à diminuer. Le ciel semble s'abaisser sur la terre; le soleil et la terre commencent à vaciller. La source de prophétie de Mimir devient muette. Alors les dieux envoient Idunna à l'enfer de Hela pour y consulter le sort. On l'enveloppe dans une peau de loup magique ; arrivée à Niflheim, elle tombe dans un profond sommeil. Odin envoie Heimdallr, Braga et Loke pour arracher des oracles à la déesse endormie. Les dieux montent des coursiers enchantés, tandis qu'Odin grimpe sur Hlidskialf pour entendre la réponse d'Idunna. Heimdallr lui demande si elle sait quelque chose de la durée des dieux ou de la chute du ciel ; mais Idunna ne répond point et ne fait que verser des larmes abondantes. Alors les dieux se consultent de nouveau, taillent des runes pour apprendre ce qui les menace. Baldr surtout est tourmenté par des rêves effrayants. Les deux corbeaux d'Odin lui disent dans l'oreille des choses obscures concernant le sort de Baldr. Enfin Odin se décide à se rendre lui-même aux enfers pour consulter la vieille Vola, qui y gît endormie depuis des siècles. Ce voyage est décrit dans le chant de l'Edda intitulé Vegtams-Hrida, ou Conjuration de la morte. Odin monte son coursier Sleipnir, et arrivé à la demeure de Hela, Gamur, le chien qui la garde, le reçoit en aboyant ; il lui montre sa gueule formidable d'où sortent des torrents d'écume, et le poursuit bien loin ; mais Odin franchit les portes de l'enfer et s'asseoit sur une pierre runique à côté de l'endroit où la Vola dort depuis mille ans. Tournant ses regards vers le nord, Odin prononce trois fois la parole runique et écrit trois fois sur le sable la phrase qui éveille les morts. Aussitôt une voix d'en bas lui demande qui il est, et le prie de ne pas troubler son sommeil. Odin s'annonce comme un pèlerin et comme le fils d'un guerrier, et lui demande à qui sont destinés la table brillante et le lit d'or qu'il aperçoit dans la demeure de Hela. La Vola répond qu'ils attendent Baldr, et elle lui révèle qui sera le meurtrier du dieu chéri et qui sera son vengeur ; puis, à une demande mystérieuse, reconnaissant le père des dieux, elle le renvoie au crépuscule des dieux, et se rendort.

Ici le chant le plus remarquable de l'Edda, intitulé Voluspa, ou la Prophétie de la Vola, continue le récit : Odin retourne au Walhalla, et des torrents de larmes échappent de ses yeux; car il a perdu tout espoir de sauver Baldr. Toutefois, Frigga tâche encore de détourner le danger en faisant promettre par serment à tous les êtres, au feu, à l'eau, au fer et à tous les minéraux, à la terre, aux pierres, aux arbres, aux maladies, aux quadrupèdes, aux oiseaux, aux poissons et aux serpents, de ménager son fils Baldr. Les dieux, croyant après cela pouvoir être tranquilles, exécutent des combats en l'honneur de Baldr, et ils le prennent pour point de mire de leurs coups. En effet, la lance d'Odin, le marteau de Thorr et les flèches des autres dieux rebondissent impuissantes sur la poitrine du dieu si bon, auquel tout ce qui existe ici-bas a manifesté une si touchante sympathie. Cependant Loke s'en va, sous la forme d'une femme étrangère, au palais de Frigga. Celle-ci le prie de lui dire à quoi les dieux s'occupent le plus dans ce moment. Loke lui ayant raconté les jeux auxquels ils s'amusent, Frigga lui fait part du serment qu'elle avait exigé, en ajoutant qu'il n'y avait qu'un seul arbuste, croissant vers le côté occidental du Walhalla, et qu'on nommait Misteltein (le gui), auquel elle n'avait pas jugé à propos de demander ce serment, parce qu'il lui avait paru trop jeune et trop faible. Loke entendant cela disparaît, et reprenant sa véritable forme, il va arracher l'arbuste par la racine, puis il se rend à l'assemblée des dieux. Hodur s'y tient à l'écart, sans rien faire, parce qu'il est aveugle. Loke s'approche de lui et lui demande pourquoi il ne lance pas aussi quelques traits à Baldr. « C'est, répond Hodur, parce que je suis aveugle et sans armes.—Fais comme les autres, réplique Loke; rends honneur à Baldr en lui lançant cette branche; je t'enseignerai l'endroit où il est. » Hodur ayant pris le gui et Loke lui dirigeant la main, il le lance à Baldr. Celui-ci en est percé de part en part et tombe sans vie.

Baldr étant mort, les dieux demeurèrent sans force et sans

voix ; tous étaient plongés dans le deuil le plus profond, et surtout Odin, qui sentait mieux que les autres la perte qu'on avait faite. Ils n'osaient se venger, par respect pour le lieu où ils étaient. Lorsque leur douleur fut un peu calmée, ils portèrent le corps de Baldr vers la mer, où était son vaisseau Aringhorni, qui passait pour le plus grand de tous. Mais les dieux voulant pousser ce navire à la mer, après y avoir élevé un bûcher pour y déposer le corps du dieu, ne peuvent plus le remuer, tant la mort de Baldr avait déjà diminué leurs forces; ils sont même forcés d'avoir recours à leurs ennemis les géants, et ils font venir la géante Hyrrokin, qui arrive à cheval sur un loup qu'elle dirige au moyen de serpents dont elle se sert en guise de bride. Odin fit venir quatre de ses Berserkers pour tenir le loup de dessus lequel la géante est descendue, et celle-ci, se courbant sur la proue du vaisseau, le met à flot d'un seul effort. Le feu étincelle sous le bois violemment entraîné, et la terre tremble du choc. Thorr, irrité à la vue de cette femme, prend son marteau pour lui briser la tête ; mais les dieux le retiennent. Le corps de Baldr ayant été porté sur le vaisseau, on allume le bûcher, et Nanna, sa femme, qui est morte de douleur, y est brûlée avec lui. Thorr consacre le feu avec son marteau, et il y pousse du pied un nain qui par hasard court devant lui. Outre tous les dieux et toutes les déesses, un grand nombre de géants assistent à cette lugubre cérémonie. Odin pose sur le bûcher sa célèbre bague Draupnir. Le cheval de Baldr est également consumé avec le corps de son maître.

Mais Frigga ne renonce pas encore à l'espoir de revoir son fils parmi les dieux. Elle promet tout son amour à celui des dieux qui voudra aller chercher aux enfers son cher Baldr et offrir à Hela la rançon qu'elle exigerait pour le rendre au ciel des Ases. Hermod, le messager des dieux, se charge de cette mission. Il monte Sleipnir, le cheval d'Odin. Pendant neuf jours et neuf nuits, il traverse des vallées profondes et si ténébreuses qu'il ne commence à voir où il va que lorsqu'il arrive au pont brillant de Giallar, gardé par la fille Modgudur. Quand celle-ci voit Hermod, elle lui demande son nom et quelle est sa famille ; puis elle lui raconte que le jour précédent, où cinq troupes de morts ont passé le pont, ils l'ont moins ébranlé qu'il ne le fait lui seul dans ce moment. « Et d'ailleurs, lui dit-elle, tu n'as pas la couleur d'un mort : pourquoi vas-tu aux enfers ? » Hermod répond : « Je cherche Baldr ; ne l'as-tu pas vu aller chez Hela ? » Elle affirme que Baldr a passé le pont ; mais le chemin qui conduit chez Hela est plus vers le Nord. Hermod continue donc sa route jusqu'à ce qu'il arrive vers la grille de l'enfer ; alors il descend de cheval, serre les sangles de sa selle afin de l'affermir, et s'élançant à cheval aussitôt, il presse de l'éperon les flancs de son coursier, qui d'un seul bond franchit cette grille. En entrant, Hermod voit Baldr assis à la place la plus distinguée du palais, et il y passe la nuit. Le lendemain, il prie Hela de laisser Baldr s'en aller avec lui, puisque les dieux ont été profondément affligés de sa mort. Hela lui répond qu'elle veut d'abord s'assurer si Baldr est en effet aussi aimé de tout ce qui existe dans le monde qu'on le lui dit. Elle ajoute qu'elle ne le renverra chez les dieux que si toutes les choses animées et inanimées ont pleuré sa mort. Lorsque Hermod part, Baldr le reconduit hors du palais et lui remet sa bague Draupnir pour qu'il la donne de sa part à Odin en signe de souvenir. Nanna envoie aussi à Frigga un dé d'or et plusieurs autres cadeaux. — Les dieux ayant appris la réponse de Hela, dépêchent partout des messagers afin d'engager tout le monde à pleurer pour délivrer Baldr des enfers. Les hommes, les animaux, la terre, les pierres, les arbres et les métaux, tout s'empresse d'obéir, et l'on s'aperçoit encore de leurs larmes quand ils passent du froid dans un endroit chaud. Lorsque les messagers croient avoir rempli leur commission, ils trouvent dans une caverne écartée une femme Jotun, magicienne, nommée Thok, qui paraît tout à fait indifférente et ne prend aucune part au deuil général. Les messagers la prient de pleurer aussi ; mais elle répond : « Thok pleurera d'un œil sec la mort de Baldr, je n'ai jamais eu rien de bon de lui ni dans la vie, ni dans la mort ; que Hela garde sa proie. » Et elle disparaît. On dit que ce fut Loke qui avait pris cette forme.—Ainsi Baldr fut irrévocablement perdu pour les dieux.

Depuis ces méfaits, Loke n'ose plus paraître parmi les dieux, et il erre partout tourmenté comme la mauvaise conscience. Les dieux se retirent entièrement dans leurs domaines célestes, et la vie des hommes, abandonnés par eux, prend également une direction funeste. Poussées les unes contre les autres par une haine aveugle, des races de héros se combattent et se précipitent mutuellement dans la mort. Ils continuent le combat des dieux ; et c'est depuis ce temps qu'Odin convoque les morts dans le Walhalla, pour qu'ils prennent part à la dernière lutte, qui est celle de Raganrok, ou le crépuscule des dieux. Mais les dieux diffèrent de se venger de Loke jusqu'à ce qu'ils aient célébré la mémoire de Baldr par un grand repas funèbre qu'ils ont décidé de faire sur l'île de Hlesey ; ils s'y rendent et sont bien accueillis par Oegir, l'esprit de la mer. Ici se place l'Oegisdreika, ce mythe dont nous avons déjà parlé lorsque nous avons dit que les dieux avaient besoin d'une grande chaudière, que Thorr fut chargé d'enlever au géant Hymir. Pendant l'absence de Thorr, Loke, protégé par les droits sacrés de l'hospitalité, apparaît pour insulter encore une fois les Ases. Il se montre à la porte du palais d'Oegir ; le gardien Fimafengur lui en refuse l'entrée, et Loke l'ayant tué, pénètre dans la salle, où les dieux attendent le retour de Thorr, et là il vomit contre eux un torrent d'injures, que le chant de l'Edda intitulé Lokasenna reproduit sous forme de dialogue entre Loke et les divers dieux. Loke commence par dire aux dieux que plus son apparition leur sera désagréable, plus il en rira, et il se vante d'avoir tué le gardien pour pénétrer dans la salle. Odin le somme de se retirer et de ne pas troubler, par la présence d'un meurtrier couvert de sang, le repas des dieux, sous peine d'un châtiment terrible. Loke rappelle à Odin leur ancienne confraternité, et le somme de lui donner la coupe à boire. Braga lui promet un coursier, une épée et une bague, s'il veut se retirer et mettre un frein à sa langue de vipère. Loke demande en ricanant à Braga où il prendrait un coursier et une épée, lui qui n'en avait jamais possédé et qui fuyait avec tant de vitesse devant chaque flèche. Idunna intervient en faveur de son époux, et demande comment Loke peut oser irriter le dieu des chants et des scaldes, dont la harpe d'or chante toujours le bonheur de la paix et fait taire la méchanceté elle-même. Mais Loke insulte aussi Idunna, et lui reproche de s'être donnée au géant Thiassi lorsqu'elle était sa captive, sans songer à l'honneur de Braga. Géfion, déesse de la virginité, prend la défense d'Idunna et fait l'éloge de sa vertu. Alors Loke prétend que Géfion elle-même n'a pas toujours été cruelle et que, si les nuits pouvaient parler, Braga aurait bien des chansons à composer sur son compte. Odin l'interrompt une seconde fois, et lui conseille de s'en aller s'il veut avoir la vie sauve. « Tais-toi, Odin, lui répond Loke; tu ne sais pas bien gouverner: tu n'accordes jamais la victoire au courage ou au mérite; tu as parcouru le monde en enchanteur; tout cela me prouve ton impuissance. » A Frigga, qui l'invite à taire ce qu'il a autrefois appris avec Odin, sous peine de s'en repentir, Loke reproche sa trahison envers Odin dans l'affaire de Geirrœdr. Freya, la douce déesse, qui intervient avec ses prières, est accusée d'avoir reçu dans son lit les Ases et les Elfes pendant l'absence de son époux Odur, qui l'a abandonnée pour ce motif. Freyr, qui le renvoie aux plaisirs impurs dont il s'enivre près d'Angurbode, au lieu d'envier les joies sublimes des dieux, s'entend rappeler sa passion pour Gerda, pour laquelle il a donné l'épée qui aurait sauvé les dieux le jour du dernier combat. A Heimdallr, qui lui reproche de s'être enivré chez les géants, Loke conseille de garder plutôt son pont, qui s'évaporera un jour en fumée. Enfin Vidar, le muet, le fait taire d'un seul regard, et au même moment des éclairs resplendissent dans la salle et annoncent le retour de Thorr. Loke tremble, il se trouble à l'aspect du dieu, et il s'enfuit en l'insultant encore et en lui rappelant la lâcheté avec laquelle il s'est caché dans le pouce du gant de Skrymnir, sujet de plaisanteries répétées dans l'Edda.

Après leur repas funèbre chez Oegir, les dieux se mettent à la poursuite de Loke. Celui-ci s'est caché dans une montagne où il a bâti une maison ouverte de tous côtés et d'où il peut voir ce qui se passe partout dans le monde ; souvent aussi, au milieu du jour, il se cache, sous la forme d'un saumon, dans les eaux d'un fleuve. Un jour, étant dans sa maison, il prit du fil et en fit des rets comme les pêcheurs en inventèrent dans la suite. Cependant Odin ayant vu du haut de son trône le lieu où s'était retiré Loke, s'y rendit avec les autres dieux. Mais Loke ayant découvert leur marche, jette promptement son filet dans le feu et court se cacher dans la rivière. Les dieux s'étant approchés, Quasir, qui vivait encore, distingua dans la cendre chaude les vestiges du filet brûlé, et comprit par là l'invention de Loke. Les dieux se mettent à faire un filet sur le modèle qu'ils voient empreint dans les cendres, et le jettent dans le fleuve où Loke s'était caché. Thorr tenait un des bouts du filet, et tous les dieux ensemble tenaient l'autre, le tirant ainsi de concert le long du fleuve. Cependant, Loke se cachant entre deux pierres, les rets passèrent dessus lui sans le prendre, et les dieux sentirent seulement que quelque chose de vivant avait touché le filet. Ils le jetèrent donc une seconde fois après y avoir attaché un poids tel qu'il atteignît partout au fond de l'eau; mais Loke se sauva en remontant promptement à la surface de l'eau et en se replongeant ensuite dans un endroit où le fleuve formait une cataracte. Les dieux allèrent de nouveau vers cet endroit et se partagèrent en deux bandes : Thorr, marchant dans l'eau, suivait le filet, qu'ils traînèrent ainsi jusqu'aux rivages de la mer. Loke prit alors le parti de sauter de toute sa force pardessus le filet, mais Thorr, courant après lui, le prit dans sa main. Malgré cela, comme il était extrêmement glissant, il lui eût sans doute échappé, si Thorr ne l'eût arrêté par la queue; et c'est pourquoi les saumons ont depuis ce temps la queue si mince. On traîna alors Loke dans une caverne. Les dieux se saisirent aussi des fils, qu'il avait eus de sa femme légitime Sigyn. Le premier ayant été changé en bête féroce, déchira et dévora son frère. Les dieux firent de ses intestins des chaînes avec lesquelles ils lièrent Loke à trois pierres aiguës dont l'une lui pressait les épaules, l'autre les côtes et la troisième les jarrets, et ces liens furent ensuite changés en fer. Skade suspendit de plus sur sa tête un serpent dont le venin lui tombe goutte à goutte sur le visage. Cependant sa femme Sigyn est assise à côté de lui, et reçoit ces gouttes dans un bassin qu'elle va vider lorsqu'il est rempli. Durant cet intervalle, le venin tombe sur Loke, ce qui le fait hurler et frémir avec tant de violence que toute la terre en est ébranlée, et c'est ce qu'on appelle parmi les hommes des tremblements de terre. Il restera là, dans les fers, jusqu'au jour du crépuscule des dieux.

Ce mythe semble être évidemment une imitation du mythe grec de Prométhée enchaîné sur le Caucase et dévoré par un aigle. Mais le trait de dévouement de la femme pour le plus grand criminel qui jamais ait existé, car il cause à la fois la perte des dieux et des hommes, est véritablement germain; tous les traits caractéristiques de cette race se trouvent déjà en germe dans leur mythologie. On voit que la belle conception dans laquelle lord Byron nous peint Caïn, le premier meurtrier, repoussé, abandonné par tout le genre humain, mais suivi par sa femme seule dans la solitude du désert, s'est présentée, déjà plus de mille ans avant ce poëte, à l'imagination des hommes qui furent la souche de toutes les branches de la grande famille germanique.

Cependant, depuis la mort de Baldr, l'univers décline de plus en plus. Enfin, viendra le grand hiver, Fimbulvetir, pendant lequel la neige tombera des quatre coins du monde. La gelée sera forte, la tempête violente et dangereuse, et le soleil perdra son éclat. Trois hivers pareils se suivront, sans qu'aucun été les sépare. Pendant ce temps, la guerre et la discorde règneront dans le monde entier. Les frères, dit la Voluspa, se tueront les uns les autres, et deviendront meurtriers; les parents oublieront les liens du sang; la vie sera à charge; on ne verra qu'adultères. Il y aura l'âge barbare, l'âge de l'épée, l'âge de la tempête, l'âge des loups; on s'entr'égorgera jusqu'à la chute du monde. Le coq à la couleur rouge de feu chantera chez les géants, le coq à la couleur d'or chantera chez les Ases, celui de couleur de suie chantera dans le palais de Hela. Le loup Fenris brisera en hurlant ses fers. L'Océan franchira ses rivages, parce que le grand serpent Jormugandur, sous forme de spectre, gagne la terre. Alors Heimdallr se lèvera; il sonnera l'alarme avec le cor de Gialla, et appellera les dieux au combat. Les Ases se rassembleront pour tenir un thing; Odin ira consulter la tête de Mimir; mais elle ne répondra plus. Le frêne Ygdrasill chancellera jusque dans ses plus profondes racines. Les pays des géants et des nains seront remplis de cris et d'alarme. Les nains pleureront et pousseront des gémissements à l'entrée de leurs cavernes. Les hommes marcheront en masses dans les sentiers de la mort, et l'aigle croassera, et de son bec pâle déchirera les cadavres des morts. La mer soulèvera son sein orageux, et l'on verra s'avancer le vaisseau Nagelfur, construit avec les ongles des morts. Le géant Hrym arrivera du Sud, à la tête des Hrymthurses. Le loup Fenris ouvrira sa gueule, dont la mâchoire inférieure touchera la terre, et la mâchoire supérieure le ciel; s'il y avait plus d'espace, il l'ouvrirait encore davantage. Un feu brûlant jaillira de ses yeux et de ses naseaux. Le grand serpent vomira des flots de venin qui empoisonneront les eaux et les airs. Puis, le ciel se fendra, et les fils de Musspell en sortiront à cheval, conduits par Surtur, entouré de flammes, et tenant une épée qui brillera plus que les rayons du soleil. Sous leurs pieds, Bifrost, le pont du ciel, s'écroulera. Loke apparaîtra aussi, et se joindra aux fils de Hela et aux géants de la gelée, et tous se rendront dans la grande plaine de Wigrid, qui a en tous sens cent mille pas d'étendue. Là ils seront rejoints par le loup et le serpent. Tous les Ases et tous les Einheriar s'armeront, et courront à cheval vers la plaine. Odin s'avancera à leur tête, couvert de son casque d'or, de sa belle cuirasse, et tenant la lance Gangnir. Il marchera droit au loup Fenris. Il aura Thorr à ses côtés; mais celui-ci ne pourra lui être d'aucun secours, car lui-même il aura à combattre contre le grand serpent. Freyr tiendra tête à Surtur; mais n'ayant plus son épée, il sera bientôt abattu. Le chien Gurmur, enchaîné jusque-là à l'entrée de l'enfer, et qui aura également brisé ses liens, accourra et attaquera le dieu manchot Tyr, et tous les deux succomberont dans la lutte. Odin combattra longtemps avec le loup; Thorr écrasera le serpent avec son marteau; mais en même temps il retombera à neuf pas par terre, étouffé par les flots de venin que le serpent aura vomis contre lui. Fenris ouvrira alors sa gueule, et dévorera Odin; mais son fils Vidar accourra, enfoncera son pied armé du puissant soulier de fer dans la mâchoire inférieure du monstre, lui déchirera la gueule, et lui passera son épée dans les intestins, vengeant ainsi la mort de son père. En dernier lieu, Loke et Heimdallr combattront l'un contre l'autre, et s'entre-tueront. Alors Surtur lancera des feux sur toute la terre, et brûlera ainsi l'univers. Le soleil deviendra noir, la terre s'enfoncera dans la mer, les étoiles tomberont du ciel; une fumée brûlante enveloppera le frêne Ygdrasill, et les flammes s'élèveront jusqu'aux cieux.

Mais alors, dit la Voluspa, on verra la terre surgir une seconde fois du sein des mers, brillante de verdure. Ceux des Ases qui auront survécu se rassembleront dans la plaine d'Ida, et là ils s'entretiendront du puissant maître du monde, et se souviendront des grands événements passés et des anciens runes. Ils retrouveront dans l'herbe les merveilleux dés d'or que les dieux avaient possédés au commencement des temps. Les champs porteront alors des fruits, sans être ensemencés. Tout le mal disparaîtra, et Baldr reviendra, et habitera, avec son meurtrier Hodur, la salle de la victoire d'Odin. Vidar et Vali vivront aussi, et seront encore joints par Mothi et Magni, les fils de Thorr. Mais, tandis que le feu dévorera tout, deux créatures humaines, un homme et une femme, appelés, le premier, *Lif*, et la seconde *Lifthraser*, se cacheront sous une colline; ils se nourriront tous deux de rosée, et leur postérité sera si nombreuse que la terre sera bientôt couverte de nouveaux habitants. De même, le soleil, avant d'être dévoré par le loup Fenris, engendrera une fille aussi belle et aussi brillante que son père, et qui marchera dans la route qu'il a parcourue autrefois. Et lorsque tout sera de nouveau réglé, le maître puissant qui réside en haut et gouverne tout viendra au conseil des dieux; il rendra des jugements, et établira des lois qui dureront éternellement. Et alors les bons et les justes, et tous ceux qui auront été fidèles, demeureront dans Gimlé, la cité aux toits d'or, plus brillante que le soleil, et qui sera commune aux dieux et aux hommes. Mais dans Nastrœnd il y aura un bâtiment vaste et affreux, dont la porte sera tournée vers le nord. Il ne sera construit que de cadavres de serpents, dont toutes les têtes seront tournées vers l'intérieur de la maison; ils y vomiront tant de venin qu'il s'en formera un large fleuve empoisonné, où seront plongés les parjures, les assassins et ceux qui ont cherché à séduire les femmes d'autrui!

Ici commence dans l'Edda la mythologie héroïque des

Scandinaves. Nous avons déjà fait observer que les Scandinaves s'imaginaient être arrivés à cette époque qui sépare la mort de Baldr de la destruction finale des dieux et du monde, époque où, les dieux s'étant retirés chez eux, la lutte contre le mal est continuée par la race humaine, et c'est dans ces temps qu'Odin rassemble dans son palais les héros morts pour les préparer au grand et dernier combat. C'est pourquoi, reproduisant sous d'autres personnages toutes les tendances de leur mythologie proprement dite, les traditions héroïques des Scandinaves se placent dans l'histoire de l'univers, à cette époque où le monde a commencé son déclin et s'approche de cette effroyable et dernière catastrophe. La couleur sombre et terrible qui distingue de toutes les autres cette religion du Nord domine donc dans la Saga des héros comme dans celle des dieux. Comme celle-ci finit avec la chute du monde, dans la lutte des dieux contre toutes les forces de la nature révoltée, ainsi celle-là célèbre, malgré ses différentes modifications, un objet unique, les hauts exploits, les actions criminelles et la chute des races fameuses de héros. Le tragique y prédomine toujours, et ces chants disent d'eux-mêmes qu'ils vivront dans tous les pays, et qu'en comparant ses propres maux avec les tristes destinées qu'ils décrivent, tout cœur d'homme ou de femme qui souffre se trouvera soulagé, et sentira diminuer sa douleur. Une autre observation nous frappe en lisant ces traditions, c'est que le simple culte de la nature extérieure s'y montre plus souvent que celui des dieux personnifiés ; il s'y révèle plus nettement que dans les plus anciens chants, proprement dits mythologiques : le soleil, le jour, la nuit et sa fille, la terre qui nourrit tout, les eaux saintes, les pierres, les oiseaux, sont invoqués en même temps que les Ases et les Asynies. Il s'y trouve même souvent des traces de la plus ancienne croyance des peuples du Nord, la transmigration des âmes ; et pourtant les chants héroïques appartiennent à une époque postérieure aux chants mythologiques, car, tandis que les derniers ne font allusion qu'à une seule nation, les Goths, qui sont en même temps celle des dieux, les premiers appartiennent évidemment à l'époque de la grande migration des peuples; car il y est question non-seulement des Suédois, des Norvégiens et des Danois, mais aussi des Francs, des Lombards, des Bourguignons, des Huns et des Finnois, et nous retrouvons ces mêmes chants héroïques plus élaborés encore sur le sol germanique. Or, nous avons vu que le commencement de l'âge de l'épée et de la tempête est signalé comme celui où les hommes oubliaient presque les dieux, et nous y voyons une preuve éclatante de cette vérité, émise dans notre chapitre sur le culte primitivement commun à tous ces peuples du Nord, à savoir que le culte de tous les objets visibles de la nature extérieure a toujours été la base des religions du Nord, qu'il a dominé toutes les mythologies, et s'est conservé le plus longtemps dans le cœur de ces peuples. La personnalité ou l'individualité des dieux se confondait dans celle des héros, tandis que les forces divines étaient, pour ainsi dire, réparties entre les héros et les objets visibles de la nature, doués les uns et les autres de forces surnaturelles. Les dieux apparaissent encore dans les traditions, non pas comme les directeurs des destinées, mais, pour ainsi dire, à côté des autres éléments, qui pourraient exister sans eux; et c'est pourquoi ces traditions toutes païennes pouvaient se maintenir et se renouveler toujours sous de nouvelles formes, selon l'esprit de chaque époque, lorsque la croyance aux dieux païens avait entièrement disparu. De là cette conséquence naturelle que, tandis que les hommes étaient élevés presque au rang des dieux, les dieux, à leur tour, descendirent, dans la croyance des peuples, à la condition des mortels. Et voilà pourquoi Odin, Niord, Freyr, ne devinrent pas seulement, comme dieux, les générateurs de races héroïques, mais qu'il fut si facile au christianisme d'en faire, surtout d'Odin, des personnages tout à fait historiques.

Parmi le grand nombre de chants héroïques que renferme l'Edda, nous choisissons, pour les analyser, quelques-uns des principaux, ceux qui peuvent donner l'idée la plus claire du caractère et des allures de ces traditions mythiques. Au premier rang paraît cette célèbre tradition des Niebelungs, qui a fourni le sujet de la grande épopée nationale de l'Allemagne, et qui se trouve dans l'Edda sous sa plus ancienne forme et comme la preuve la plus incontestable de la communauté de la religion mythique des deux branches de la grande race germanique. Dans l'Edda, le sujet des Niebelungs est traité dans les chants appelés Volsunga-saga et Wilkina-saga.

Il y avait autrefois, y lit-on, dans les pays du Nord un homme appelé Sigi ; il descendait des dieux, et on le regardait comme un fils d'Odin. Ayant tué à la chasse, par jalousie, un de ses serviteurs, il fut forcé d'errer de pays en pays. Mais Odin le guida, lui procura des navires de guerre, de sorte qu'il parvint à se faire roi dans le pays de Iluna. Mais lorsqu'il fut devenu vieux, il fut tué par les parents de sa femme. Son fils, Rerir, devint un guerrier puissant, et agrandit son royaume; mais, n'ayant pas d'héritier, il pria les dieux de lui donner un fils. Odin l'exauça, et lui envoya sa confidente, la fille du géant Hrimner, avec une pomme. Cette femme prit la forme d'une corneille, vola vers la colline où le roi était assis, et fit tomber la pomme dans son sein. Le roi en mangea, et bientôt sa femme conçut; mais elle ne pouvait accoucher. En attendant, Rerir fit une expédition, durant laquelle il alla chez Odin, c'est-à-dire qu'il mourut. Sa femme resta encore enceinte pendant six hivers, et se décida enfin à se faire ouvrir le ventre pour donner passage à l'enfant prodigieux qu'elle avait conçu, et celui-ci embrassa encore sa mère avant qu'elle expirât. Il fut appelé Volsung ; il grandit rapidement, prit pour femme la fille du géant Hrimner, et eut d'elle dix fils et une fille, dont les deux aînés, les jumeaux Sigmund et Signe, se faisaient remarquer par leur rare beauté. Signe fut mariée à Siggeir, roi des Goths. Le jour du mariage, un vieillard borgne, coiffé d'un chapeau à larges bords, et couvert d'un manteau de plusieurs couleurs, apparut au milieu de la fête, tira son épée, et l'enfonçant jusqu'à la garde dans le chêne qui était dans la salle, et dont les branches dépassaient le toit, il offrit de la donner à celui qui l'arracherait de l'arbre. Sigmund, le frère de Signe, y parvint seul, au grand dépit de Siggeir, qui, pour se venger, invita, à son départ, le vieux Volsung à venir le trouver avec ses fils dans la Gothie. Mais ceux-ci en y débarquant furent surpris par une grande armée. Après une longue résistance, Volsung périt avec tout son peuple, et ses fils furent faits prisonniers. A la prière de Signe, leur sœur, ils ne furent pas tués sur-le-champ, mais enfermés dans une tour; et, chaque nuit, un Elch y venait, et déchirait un d'entre eux. Lorsqu'il ne resta plus que Sigmund, Signe vint lui couvrir le visage de miel et lui en mit une partie dans la bouche. L'Elch, en arrivant, lécha d'abord le miel, et mit sa langue dans la bouche de Sigmund. Celui-ci la saisit avec ses dents, et l'Elch se tordit avec une telle violence que la tour en croula. L'Elch périt, et Sigmund se sauva dans une caverne de la forêt. Après bon nombre d'aventures, que nous passons sous silence, Sigmund retourne au pays de Huna, et il épouse Hiordisa, fille du roi Elimi. Surpris par le roi Liugi, à la tête d'une grande armée, Sigmund y fit encore de grands exploits; mais comme avant d'épouser Niordisa il avait répudié cruellement sa première épouse, Borghild, le vieillard borgne apparut de nouveau, le combattit, et brisa avec sa hache l'épée merveilleuse de Sigmund. Depuis le sort lui devint contraire, et il tomba avec tous les siens sur le champ de bataille. Pendant la nuit, Hiordisa vient le trouver, et lui demande s'il pourrait encore être guéri. Sigmund répond qu'il désire mourir, puisque, depuis qu'Odin lui a brisé son épée, le sort lui est contraire; mais il la prie de ramasser les éclats de cette épée, et de les conserver pour le fils qu'elle portait dans son sein, et qui deviendrait le plus vaillant héros de la race des Volsung. Sigmund meurt, et Hiordisa accouche de Sigurd, le principal héros de l'épopée.

Sigurd est élevé et instruit dans les armes par Reigin, l'armurier de la cour, qui lui apprend, en outre, le jeu des échecs, la science des runes et les langues étrangères. Lorsqu'il est en état de combattre, et qu'il a besoin d'un coursier, Odin lui apparaît dans la forêt, sous la forme d'un vieillard à longue barbe, et lui procure le cheval Grani, descendant de Sleipnir. Reigin excite son élève à s'emparer de l'or d'un certain Fafnir, et lui raconte ainsi sa propre histoire, sur laquelle roule le poëme tout entier : « Hreidmar avait trois fils : Fafnir, Ottur et Reigin. Ottur pouvait se changer en loutre, et sous cette forme, il avait l'habitude de prendre dans une chute d'eau des poissons pour lui et les siens. Un jour qu'il y était assis, l'œil enflammé et déchirant de ses dents grinçantes un saumon, Odin, Loke et Haenir y arrivèrent, et Loke, le prenant pour une véritable loutre, le tua avec une pierre. Les Ases lui ôtèrent la peau, et entrèrent avec ce butin dans le manoir d'Hreidmar. Mais ils y furent saisis, et forcés, pour leur rançon, de remplir et de couvrir d'or cette peau de loutre. Pour se procurer l'or nécessaire, Loke emprunta à Ran, esprit de la mer, ses filets, les jeta dans la chute d'eau, et y prit le nain Andvari, qui y demeurait sous la forme d'un brochet. Le nain fut obligé de donner tout son or ; et Loke lui ayant demandé encore sa dernière bague, le nain prédit que le trésor, la bague notamment, causerait la perte de tous ceux qui la posséderaient. Les Ases alors remplirent et couvrirent d'or la peau de loutre, hors un seul poil qu'Odin fut obligé de couvrir avec sa bague. Bientôt après, Fafnir tua par cupidité son père, le premier propriétaire du trésor, fut changé lui-même en dragon hideux, et resta couché depuis sur le trésor pour le garder. »

Ayant appris ce récit, Sigurd demande à Reigin de lui

forger une épée. Celui-ci n'y ayant pas réussi, Sigurd lui présente les morceaux de l'épée de son père Sigmund, et Reigin en forge une lame qui coupe non-seulement une enclume, mais encore un flocon de laine que le torrent pousse contre le tranchant. Armé de cette épée, Sigurd va d'abord avec une flotte venger la mort de son père. Il est assailli par une tempête; mais un vieillard, appelé Hnikar, l'un des surnoms d'Odin, se fait prendre à bord, calme les flots, et disparaît. Les meurtriers de Sigmud tués, Sigurd va avec Reigin trouver le dragon Fafnir. Là aussi, un vieillard à longue barbe lui conseille de creuser des fossés pour y laisser couler le sang. Sigurd se cache dans un de ces fossés, blesse mortellement le dragon et le terrasse. Avant de mourir, le dragon Fafnir lui répète la sinistre prédiction du nain Andvari, et lui conseille de ne pas toucher au trésor. Mais Sigurd préfère en jouir aussi longtemps que la vie lui sera laissée. Après la mort du dragon, Reigin, qui s'était caché, arrive, boit le sang de Fafnir, et lui arrache le cœur, qu'il veut faire rôtir en manière d'expiation. Lorsque Sigurd le touche de ses doigts, une goutte de sang atteint sa langue, et aussitôt il comprend la langue des oiseaux. Une hirondelle lui conseille alors de manger lui-même du cœur du dragon, pour acquérir de la sagesse; une autre lui apprend que Reigin médite sa perte; une troisième l'invite à couper la tête à Reigin, pour rester seul possesseur du trésor; une quatrième lui conseille de prendre cet or et de le porter à la princesse Brynhild. Sigurd suit tous ces conseils, charge le trésor sur le dos de son cheval Grani, et se met en route pour le pays de Huna et le château de Brynhild. En y arrivant, il le voit tout environné de flammes; il y entre, et trouve une femme endormie tout armée : sa cuirasse semble faire partie de son corps. Sigurd ouvre la cuirasse avec la pointe de son épée; la vierge au bouclier s'éveille, et lui dit qu'elle est une Valkyrie, et qu'elle a été plongée par Odin dans ce sommeil enchanté pour avoir tué dans une bataille un roi auquel il avait promis la victoire. Odin l'a condamnée en même temps à cesser d'être vierge, en épousant un mortel. Puis Brynhild enseigne à Sigurd l'art des runes, l'avertit des dangers qu'il a à redouter de la part de ses parents, et lui donne toutes sortes de sages conseils. Ils engagent mutuellement leur foi par serment, et Sigurd, pour gage de sa fidélité, donne à Brynhild la bague d'Andvari, puis il part pour retourner auprès des siens.

A cette époque, il y avait un roi, Giuki, dont le royaume était situé sur le Rhin. Celui-ci avait trois fils, Gunnar, Hogni et Guttorm. Sa fille Gudrun, qui était la plus belle fille du pays, voit en songe un beau faucon qui vient la trouver, et une de ses servantes voit dans ce rêve le présage de l'arrivée d'un héros qui viendra l'épouser. Bientôt Sigurd apparaît à la cour de cette princesse avec son trésor. Grimhild, la mère de Gudrun, le convoite pour gendre et lui fait oublier Brynhild, en lui donnant un breuvage enchanté. Sigurd, en effet, épouse Gudrun, et jure alliance et fraternité avec les fils de Giuki. En même temps, Grimhild engage son fils Gunnar à demander Brynhild en mariage. Mais cette princesse demeure toujours dans son château qu'Odin a environné de flammes, et celui-là seul doit l'obtenir qui traversera ces flammes à cheval. Gunnar l'essaye en vain. Alors Sigurd change avec lui de forme, traverse les flammes sur son coursier Grani, et demande à la place de Gunnar la main de Brynhild, qui la lui accorde, liée qu'elle est par sa parole, qu'elle n'avait donnée que parce qu'elle croyait Sigurd seul capable d'accomplir cet exploit. Sigurd, toujours sous la forme de Gunnar, partage pendant trois nuits le lit de Brynhild, tout en ayant soin de placer son épée Grani entre elle et lui. Enfin il lui prend la bague du nain Andvari, et la remplace par une bague prise dans le trésor de Fafnir : cela fait, il s'en retourne au travers des flammes, et quelque temps après, le mariage de Gunnar et de Brynhild est célébré. Malheureusement Sigurd confie ce secret à sa femme Gudrun, et un jour où les deux belles-sœurs se disputent sur la supériorité de leurs maris, Gudrun révèle à Brynhild que c'est Sigurd qui a traversé les flammes et passé trois nuits avec elle. Comme preuve, elle lui montre la bague d'Andvari, que Sigurd lui avait ôtée pour lui en faire présent à elle-même. Brynhild, pâle d'indignation et de douleur, s'évanouit, et demande à être vengée de Sigurd. Guttorm est le seul qui n'a pas juré amitié et fraternité à ce héros, et c'est lui qu'on charge de le tuer. On lui promet pour récompense une partie du royaume de Sigurd, et afin de le pousser à ce meurtre, on lui donne une boisson faite d'un bouillon de serpents et de loups. Mais deux fois Guttorm recule devant le regard de Sigurd, qui brille d'un tel éclat qu'aucun mortel n'ose le regarder en face. Enfin, le trouvant endormi, il le tue. Mais à la nouvelle de sa mort, Brynhild est saisie d'une douleur si grande, qu'elle se perce le cœur d'une épée, et meurt en prédisant le sort terrible de Gudrun et la destruction de toute la race de Sigurd. Elle est brûlée sur le même bûcher que Sigurd, avec quatre guerriers et deux aigles, l'épée de Sigurd ayant été placée entre eux ainsi que pendant les nuits qu'ils passèrent ensemble. Gunnar et son frère Hogni s'emparent du trésor de Fafnir et de la bague d'Andvari. Gudrun, folle de douleur, s'enfuit dans de sombres forêts, et se réfugie enfin en Danemark, près de Thora, fille du roi Hakon, où elle reste trois années et demie, occupée à faire un tissu représentant les luttes et les aventures de Sigurd et des héros huniques. Sa mère, Grimbild, découvre enfin son asile, et s'y rend accompagnée de ses fils et d'une grande suite de Lombards, de Francs et de Saxons, pour lui persuader d'épouser le roi Atli, frère de Brynhild. Elle la décide enfin, au moyen d'une boisson enchantée. Tout ce cortége se rend à cheval et en voitures au manoir d'Atli, où l'on célèbre le mariage. Atli, tourmenté par des rêves inquiétants, se rappelant en outre que les Giukiungs ont causé la mort de sa sœur, et avide du trésor de Fafnir dont ils se sont emparés, médite contre eux de sanglants desseins, et leur dépêche un de ses confidents pour les inviter à se rendre auprès de lui. Gudrun, soupçonnant son projet, envoie à ses parents un bâton où sont sculptés des runes qui leur conseillent de ne pas partir; mais le confident d'Atli les change en chemin, de manière à leur donner un sens contraire, et Gunnar et ses frères se mettent en route, malgré les avertissements de leurs femmes, dont l'une avait remarqué le changement des runes. A peine sont-ils entrés dans la salle d'Atli, que les guerriers de ce roi les attaquent; ils sont tous massacrés, excepté Gunnar et Hogni, qu'Atli veut forcer à lui révéler l'endroit où ils ont caché le trésor de Fafnir. Gunnar promet de le faire dès qu'on lui aura apporté le cœur de son frère Hogni. On veut le tromper en lui apportant celui d'un serviteur; mais Gunnar dit que le cœur tremblant qu'on lui montre est celui d'un lâche et non pas celui de son frère le héros. On arrache enfin le cœur à Hogni, qui rit pendant cet affreux supplice. Gunnar le reconnaît, et s'écrie que maintenant lui seul connaissant l'endroit où l'on a caché le trésor dans les ondes du Rhin, personne autre désormais ne le saura dans ce monde. On saisit Gunnar, on lui lie les mains derrière le dos, et en cet état on le jette dans une caverne remplie de serpents. Gudrun lui envoie une harpe (guimbarde), dont il joue avec les dents et d'une manière si ravissante, que tous les serpents s'endorment, excepté un grand et hideux aspic, qui enfonce son dard venimeux dans le corps du héros jusqu'à ce qu'il lui perce le cœur. Atli insulte Gudrun par la joie qu'il manifeste de la mort de Gunnar; Gudrun dissimule sa colère, et l'invite à préparer un repas en l'honneur des morts. Pour ce repas, elle tue de ses propres mains les deux fils qu'elle a eus d'Atli, fait boire leur père dans leurs crânes, lui fait manger leurs cœurs rôtis, et ne lui révèle ce forfait qu'après qu'il s'est repu de ces horribles mets. Pour mieux encore assouvir sa vengeance, elle se concerte avec Niflung le fils, que Hogni a laissé. Lorsque Atli s'est endormi, après le souper, Gudrun lui enfonce une épée dans la poitrine, et prenant une torche, elle met le feu à la salle, et tous les gens d'Atli périssent dans l'incendie. Puis Gudrun se précipite elle-même dans la mer; mais les vagues la repoussent sur le rivage, et elle arrive au château du puissant roi Jonakur. Celui-ci la prend pour femme et en a trois fils, Hamdir, Sœrli et Erp. Swanhild, fille de Gudrun et de Sigurd, est également élevée à la cour du roi Jonakur, et elle est demandée en mariage par le roi Jormunrek, qui envoie pour la chercher son fils Randvor et son conseiller Biki. Celui-ci, après son retour, accuse faussement Randvor d'avoir joui en route des faveurs de Swanhild. Son père le fait tuer; quant à Swanhild, il la fait jeter sous les pieds des chevaux, pour qu'elle y soit écrasée; mais ces animaux n'osent pas la toucher lorsqu'elle ouvre ses yeux brillants comme ceux de son père Sigurd; Biki est obligé de lui couvrir le visage d'un sac pour que les chevaux l'écrasent sous leurs pieds. Gudrun excite alors ses fils Sœrli et Hamdir à venger Swanhild, en leur donnant des armures impénétrables au fer, mais non à la pierre. Après avoir tué, chemin faisant, leur frère Erp, ils vont attaquer Jormunrek, lui coupent les pieds et les jambes; et, assaillis à leur tour par une foule de guerriers, ils sont, d'après les conseils du roi et après une longue résistance, assommés à coups de pierres. Ainsi périssent les derniers membres de la race de Sigurd, et ainsi s'accomplit la prédiction et la malédiction du nain Andvari.

Voilà la première forme de ce long et lugubre récit de crimes et de meurtres enfantés par la soif de l'or, qui plonge dans le deuil et fait périr des générations entières de héros. Ce récit a circulé chez toutes les branches de la race germanique, et nous le retrouverons plus tard, avec des amplifications et des modifications, sur le sol germanique, à l'époque la plus florissante de la poésie véritablement nationale de ce pays.

Cette idée de la puissance magique de l'or revient plusieurs fois encore dans les chants héroïques des Scandinaves, comme dans le récit suivant du Volundur :

« Un jour, trois Walkyries, Alvit, Svanhit et Alruna, venant du Sud, passent par une forêt sombre, pour choisir les morts dans une bataille. Lasses de leur course, elles s'asseyent sur les bords d'un lac, et se mettent à tisser du lin fort précieux. Là, elles sont surprises dans cette occupation par trois fils de rois finnois qui les emmènent avec eux. Alruna embrasse de ses bras blancs Égil; Svanhit, la vierge du cygne, entoure de ses mains Slagfinn, et Alvit offre son cou charmant à Volundur. Ils passèrent sept années ensemble; mais lorsque vint la huitième année, elles furent saisies d'un désir violent de revoir leur patrie, et la neuvième année elles brisèrent les liens de l'amour, s'envolèrent toutes les trois loin des demeures de leurs époux, et se perdirent dans la sombre forêt. Au retour de la chasse, les princes finnois étant rentrés chez eux, trouvèrent leurs maisons vides et abandonnées, et ils cherchèrent en vain leurs bien-aimées. Égil se dirigea vers l'est pour retrouver Alruna, et Slagfinn vers le sud pour rattraper Svanhit; mais Volundur resta seul dans « les vallées des loups. » Là, il se mit à forger des bijoux avec beaucoup d'art, et à enchâsser des pierres précieuses dans de l'or, ayant soin d'enfiler à des cordes toutes les bagues qu'il faisait, dans l'espoir que sa belle épouse viendrait peut-être le rejoindre. Mais lorsque Nidud, prince des Niares, apprit que Volundur séjournait seul dans les vallées des loups, il envoya pendant la nuit pour l'attaquer ses guerriers bien armés et portant des boucliers qui brillaient aux rayons de la lune. Ils mirent pied à terre, montèrent dans la salle, et virent les bagues rangées sur les cordes, au nombre de sept cents. Ils en prirent une, pour en montrer un échantillon à Nidud. Pendant ce temps, Volundur revint de la chasse, mit la chair d'un ours sur le feu, puis il s'assit, lui, le roi des Elfes, près du foyer, pour compter ses bagues. S'apercevant qu'il en manquait une, il se dit à lui-même : « La jeune Alvit serait-elle revenue et aurait-elle pris la bague? » Ainsi il resta plongé dans ses méditations jusqu'à ce que le sommeil s'emparât de lui. Lorsqu'il se réveilla, il fut au désespoir ; des liens pesants enchaînaient ses mains et ses pieds. Il était au pouvoir de Nidud. Celui-ci lui fit couper les jarrets pour qu'il ne pût s'échapper, et le transporta dans un endroit solitaire où il devait forger des bijoux pour le roi, et personne ne devait aller le visiter dans sa solitude. Mais tout en battant les métaux avec son marteau, Volundur méditait une atroce vengeance. Un jour, les deux jeunes fils de Nidud vinrent à sa porte pour le regarder forger. Volundur leur fit voir la caisse où il avait placé son or ; et ces enfants s'étant baissés pour mieux regarder, il fit retomber sur eux le couvercle, et leur coupa ainsi la tête à tous les deux. Puis, ayant dépouillé leurs crânes de leurs chevelures, il les travailla, les orna de cercles d'argent, et en fit des coupes qu'il envoya à Nidud ; il fit de leurs yeux des pierres précieuses qu'il envoya à leur mère ; et de leurs dents, des perles qui furent envoyées à Bœdwild, fille du roi. Bœdwild ayant cassé une bague, vint trouver Volundur pour qu'il la réparât, et Volundur la viola après lui avoir fait boire une boisson enchantée. Puis il s'éleva dans les airs, et passant devant la salle de Nidud, il l'invita à aller chercher ses enfants mutilés, dont les crânes lui avaient servi de coupes, et à retrouver sa fille, qui portait dans son sein un enfant dont il était le père. »

Dans les chants héroïques scandinaves, l'injustice est toujours punie avec une impitoyable cruauté, et les effets s'en étendent sur plusieurs générations ; on y frappe toujours des masses et des races entières, en confiant à un objet inanimé le soin du châtiment. C'est ce que l'on peut voir encore dans la tradition suivante de l'épée Thyrsing :

« Swafurlami, le second dans la descendance d'Odin, était

roi de Gardarike (la Russie actuelle). Un jour, allant à la chasse, il cherchait un cerf, mais il n'en put trouver aucun de toute la journée. Au coucher du soleil, il se trouva si enfoncé dans la forêt, qu'il ne savait plus où il était. A sa droite s'élevait une colline, auprès de laquelle il aperçut deux nains; il tira alors son épée, et leur coupa la retraite en se plaçant entre eux et la colline. Les nains lui offrirent une rançon pour leur vie, et il leur demanda leurs noms : l'un se nommait Durin, l'autre Dvalin. Comme il savait qu'ils étaient les plus habiles de tous les nains forgeurs, il leur fit grâce de la vie, à condition qu'ils lui forgeraient la meilleure épée qu'il serait possible de faire, avec une poignée et un baudrier d'or. Cette épée ne devait jamais frapper à côté du but ni se rouiller; elle devait trancher le fer et l'acier comme une mince étoffe, et procurer toujours la victoire à celui qui la porterait. Au jour fixé, Swafurlami revint; les nains sortirent de la colline, pour lui remettre l'épée en question, et Dvalin lui dit : « Cette épée causera la mort d'un homme chaque fois qu'on la tirera; par son moyen seront commises trois des actions les plus criminelles qui puissent avoir lieu, et elle sera aussi la cause de ta perte. » A ces mots, Swafurlami frappa le nain avec tant de force, que le tranchant de son épée coupa du même coup un rocher. Depuis lors il portait cette épée, qu'il appelait Thyrsing, et il en perça le géant Thiasse, dont il prit pour femme la fille Fridur. Bientôt après, Swafurlami fut tué par le Berserker Arngrim, qui devint maître de l'épée, et lorsque les douze fils d'Arngrim combattirent contre Hialmal et Odur pour la fille du roi Yngwi, ce fut Argantyr qui portait la formidable Thyrsing; les douze frères furent tués dans le combat et ensevelis avec leurs armes. Argantyr avait laissé une fille unique nommée Hervora, qui, étant devenue grande, prit des habits d'homme, et s'associa à une bande de pirates appelés Wikings. Sachant que l'épée Thyrsing était enterrée avec son père, elle résolut de réveiller le mort et de lui demander l'épée enchantée. Un soir donc, elle débarqua à l'île de Sams, se rendit pendant la nuit au lieu où étaient ensevelis ses oncles, sans être arrêtée par les flammes qui environnaient leurs tombeaux, et là, par un chant solennel et au moyen de runes, elle conjura son père de lui livrer son épée. Longtemps ses conjurations demeurent sans effet, et le silence seul y répond. Alors elle menace ses oncles de suspendre leurs cadavres et de les donner en pâture aux vers. A cette menace, Argantyr élève la voix du fond de sa tombe, et nie d'abord qu'il ait cette épée, puis il prie sa fille de la lui laisser, parce qu'elle anéantirait toute sa race. Hervora persiste dans ses menaces. Argantyr l'avertit que son épée est, comme lui, entourée de flammes, qui la brûleraient. Mais Hervora ne veut pas croire que les flammes qui voltigent autour des pâles visages des morts aient le pouvoir de brûler. Alors Argantyr préfère lui donner l'épée. Hervora part avec l'épée et se rend à la cour du roi Gudmund. Là, un jour un courtisan prend Thyrsing et la tire hors du fourreau, brillante comme un rayon de soleil; mais Thyrsing ne sortant jamais du fourreau sans causer la mort de quelqu'un, Hervora se lève en sursaut et coupe la tête au courtisan. Retournant alors à la cour de son grand-père, elle y est mariée à Hofund, fils du roi Gudmund. Elle a de lui deux fils, Argantyr et Heidrek, le premier d'une humeur douce, et le second d'un caractère violent et hautain. Hofund ne veut pas permettre à Heidrek de rester à sa cour, et lorsque celui-ci part, sa mère lui donne Thyrsing. Son frère l'accompagne hors du manoir. Avant de se séparer de lui, Heidrek tire l'épée pour la regarder; mais à peine la lumière du jour tombe-t-elle sur la lame enchantée, que la fureur des Berserker le saisit, et il tue son frère. Heidrek s'associe alors aux Wikings, et se distingue tellement, que le roi Harald lui donne sa fille en mariage; mais Thyrsing devait commettre des crimes, et Harald tombe sous les coups de son gendre. Plus tard, Heidrek réside dans le Gardarike (la Russie de nos jours), et le fils du roi est son fils adoptif. Étant avec lui à la chasse, Heidrek tire par oubli Thyrsing pour tuer un sanglier; mais l'épée ne pouvant se désaltérer que dans le sang humain, Heidrek se tourne, ne voit personne que son fils, et il est forcé de le tuer. Plus tard, il est assassiné lui-même dans son lit par des esclaves écossais, avides de posséder Thyrsing; mais son fils Argantyr les découvre et reprend l'épée. Celle-ci fait encore, dans la bataille contre les Huns, un grand carnage; mais au nombre des morts se trouve Hlœd, le propre frère d'Argantyr. »

L'idée d'une lutte perpétuelle et incessante, comme étant ici-bas le lot de l'humanité, est encore symbolisée dans la tradition suivante :

« Hedin, fils du roi Hiarand, enleva un jour Hildur, fille de Hogni, pendant que celui-ci était absent pour une expédition guerrière. Hogni ayant appris l'enlèvement de sa fille, poursuivit le ravisseur avec une grande armée, et l'atteignit au delà des îles d'Orkney, sur un îlot isolé. Hildur alla au-devant de son père et lui offrit la paix au nom de Hedin. Le père refuse, et Hildur exhorte alors son amant à se préparer au combat. Les deux chefs débarquent et rangent leurs troupes en bataille. Hedin offre encore une fois au vieux roi la paix et une forte somme d'or pour indemnité; mais Hogni lui répond : « Tes offres arrivent trop tard; j'ai tiré maintenant mon épée Danislaif, et une fois tirée, il faut qu'elle tue, et toutes les blessures qu'elle fait sont inguérissables. » Alors le combat commença, et il dura toute la journée. Le soir, les rois retournèrent à leurs vaisseaux. Mais Hildur se leva pendant la nuit, traça des runes, murmura des chants magiques, et réveilla ainsi tous les morts. Le lendemain, les rois recommencèrent la lutte. Mais comme ceux qui avaient été tués la veille revinrent y prendre part, on combattit encore toute cette journée sans qu'aucun des deux partis fût vainqueur. Et Hildur continua chaque nuit à éveiller les morts; car elle ne voulait pas que son mari l'emportât sur son père, ni que son père l'emportât sur son mari. Ainsi la lutte durera jusqu'au crépuscule des dieux, et le peuple entend souvent dans les airs le bruit de ce combat. »

L'influence que ces tendances farouches de la mythologie et des traditions exerçaient sur les mœurs de la Scandinavie, se trouve tracée en caractères sanglants dans l'histoire des terribles expéditions maritimes des Normands, qui s'étendirent, comme on le sait, jusqu'au détroit de Gibraltar, et mirent plusieurs fois en présence les partisans de la religion d'Odin et les sectateurs non moins belliqueux de Mahomet. Deux choses inhérentes à leur culte contribuaient surtout à pousser les Scandinaves à ces expéditions lointaines : c'étaient d'abord la part que les femmes, à l'exemple des divines Walkyries, prenaient à ces combats, et la rivalité qui s'établissait sous ce rapport entre les deux sexes, rivalité qui enfanta cette chevalerie du moyen âge, propagée surtout par les Normands, et enfin les fêtes annuelles instituées par le culte d'Odin. Ce dernier institua trois grands sacrifices et festins pendant l'année : le premier au solstice d'hiver, pour obtenir du soleil une année heureuse (ces sacrifices s'adressaient de préférence à Thorr); le second au mois de février, pour obtenir une année fertile, et il se faisait surtout en l'honneur de Freyr; le troisième au solstice d'été, pour obtenir la victoire, et il avait lieu principalement en l'honneur d'Odin ; car c'était à cette époque que les rois de la mer ou les Wikings remettaient leurs barques à flots, pour recommencer leurs expéditions de pirates. Mais la fête la plus solennelle, la plus importante, celle qui exaltait le plus le courage et l'imagination des Scandinaves, c'était celle du solstice d'hiver, appelée Juul; le christianisme la remplaça par la fête de Noël, qu'on nomme encore aujourd'hui, en Suède, Juul; on appelle aussi juul-caps les cadeaux qu'on se fait à cette époque de l'année dans tous les pays germaniques. C'était au temps de cette fête que les Wikings revenaient de leurs expéditions chargés de butin, et après avoir traîné leurs barques sur la plage. Toutes les marques de la joie la plus dissolue étaient alors autorisées par un usage général, qui répondait aux saturnales des Romains. « Combien de fois, dit un historien des expéditions maritimes des Normands, les salles de ces festins égayées par les chansons à boire ou par les instruments de musique, ont dû retentir du récit animé des courses, des combats, des aventures où l'on s'était trouvé! Quelle gloire pour le conteur, si, en se vantant des ravages faits dans les pays lointains, de la terreur portée chez des peuples tranquilles, il faisait étinceler des armes de forme étrange dont il les avait dépouillés; s'il parait le cou et les bras de sa femme ou de son amante des colliers et des bracelets d'or et d'argent arrachés à la femme ou à la fille d'un Franc, ou à la sainte image de la Vierge dans une église; s'il faisait passer à la ronde le cornet à boire bizarrement ciselé et rempli d'un vin généreux qu'il avait pris dans la cave d'une abbaye de France ou d'Angleterre. » La fête de Juul, où les Scandinaves voyaient se réunir au même banquet les hommes qui, dans l'année, avaient bravé les périls de l'Océan et la vengeance des peuples étrangers, devait leur rendre cher, sous d'autres cieux, le souvenir de la patrie, et les enflammer du désir d'avoir pour la fête prochaine de nouveaux exploits à raconter à leurs compatriotes. Les Scaldes y faisaient entendre leurs improvisations sur les héros scandinaves, et à leur tour les Volas ou prophétesses prédisaient l'avenir en vers obscurs et mystiques. C'était aussi à ces fêtes qu'on récitait les poëmes où étaient racontés les exploits et les aventures des dieux, surtout de Thorr, poëmes que l'Edda nous a conservés. Lorsque enfin le retour du printemps chassait les glaces et les frimas, les Wikings se préparaient à d'autres expéditions; et avant d'affronter de nouveau les hasards de la mer, ils immolaient des victimes à Odin pour qu'il leur donnât des succès et les ramenât dans leur patrie. C'est à cette dernière fête surtout qu'on immolait des victimes humaines.

Au sacrifice de Juul ou de Thorr, on immolait des bœufs et des chevaux engraissés; à la fête de Freyr, le sanglier ou le pourceau le plus grand qu'on pouvait trouver; on sacrifiait à Odin des chevaux, des chiens, des faucons, quelquefois aussi des coqs et un taureau gras.

Avant l'arrivée des Ases, les sanctuaires des Scandinaves étaient les mêmes que chez tous les peuples du Nord. On trouve encore çà et là en Danemark, en Suède et en Norvège, au milieu d'une plaine ou sur quelque colline, des autels autour desquels on s'assemblait pour les sacrifices. La plupart de ces autels sont situés sur une petite colline. Ils ressemblent à ceux que nous avons déjà décrits. Mais depuis l'établissement du culte d'Odin, il y avait des temples proprement dits et des idoles. Le plus célèbre était celui d'Upsal. L'or y brillait de tous côtés; une chaîne de ce métal faisait le tour du toit, quoique sa circonférence n'eût pas moins de neuf cents aunes. En Norvége, dans le temple de Drontheim, que le roi Haquin avait fait bâtir et qu'Olaf, devenu chrétien, fit raser, on trouva de grandes richesses, et particulièrement un anneau d'or d'un grand prix. Deux autres temples furent découverts en Irlande. Dans chacun de ces temples il y avait une chapelle particulière où les idoles étaient placées sur une espèce d'autel; les victimes destinées aux sacrifices étaient rangées à l'entour; en face et sur un second autel garni de fer on entretenait un feu continuel; le sang était recueilli dans un vase d'airain, et les prêtres en aspergeaient les assistants. Dans le sanctuaire du temple d'Upsal on voyait les trois grandes divinités, Odin tenant une épée à la main, puis à sa gauche le dieu Thorr, une couronne sur la tête, un sceptre dans une main et son marteau dans l'autre; quelquefois on le représentait aussi avec des cornes sur la tête, comme symbole de l'année, ou assis, le front couronné d'étoiles, sur son char traîné par deux boucs qu'il guidait à l'aide d'un frein d'argent. Freyr était à la gauche de Thorr. Après avoir été immolées, les victimes humaines étaient ou brûlées ou suspendues dans un bois sacré voisin du temple. Chaque temple avait aussi un puits dans lequel on précipitait souvent les victimes. Si elles surnageaient, la divinité était censée les refuser, et on les suspendait aussi dans la forêt sacrée. C'est surtout dans les sacrifices destinés à Frigga qu'on se servait du puits. Près du temple d'Upsal, chaque arbre et chaque feuille étaient regardés comme la chose du monde la plus sacrée. Ce bois, nommé bois d'Odin, était rempli de cadavres d'hommes et d'animaux qui avaient été sacrifiés. Le chroniqueur Adam de Brême prétend y avoir vu soixante-douze cadavres humains suspendus à la fois, et Dithmar de Mersebourg parle de quatre-vingt-dix-neuf chiens, chevaux et coqs suspendus dans un bois près de Sederan, ancienne capitale du Seeland. Pour rehausser encore l'importance des fêtes d'Upsal, on y établissait en même temps un grand marché général pour toute la Scandinavie pendant la durée des solennités. A la première lune de la nouvelle année, des foires s'ouvraient sur la glace des lacs et des fleuves ; les traîneaux y amenaient quelquefois de très-loin et marchands et acheteurs. Au clair de lune, on y étalait des fourrures, des tissus, des armes, des outils, des vivres, des objets de parure. Les grands sacrifices, où se réunissait le peuple, eurent donc une influence remarquable sur la durée des institutions scandinaves. Dans ces régions où les points habités étaient séparés les uns des autres par des montagnes, des lacs et des forêts, les chefs auraient pu facilement détruire la liberté en attaquant les districts isolés et sans communication. Le culte odinique rallia tous les intérêts autour de quelques centres. Les assemblées périodiques ne servaient pas seulement de liens religieux, mais elles cimentaient encore la communauté politique en subordonnant à l'assentiment de tous les déterminations et les actes du pouvoir. Aussi, le nom de Thing signifiait-il en même temps sacrifice, diète, banquet, jour d'audience et foire ; et tel était le résultat de ces institutions, que tandis que la religion donnait de l'unité à la nation et aux rois un pouvoir fort, le peuple conservait toujours le droit de confirmer par l'élection l'avénement de ses princes, qui devaient être choisis parmi les membres de la famille dont l'hérédité était établie par le privilége de son origine divine. Ces rois étaient en même temps les suprêmes pontifes; ils présidaient des assemblées qui étaient à la fois religieuses, politiques, civiles et commerciales.

Dans le culte concernant les morts et les funérailles on distingue également deux époques en Scandinavie, celle qui est antérieure au culte odinique et celle qui lui est postérieure. Pendant la première époque, les Scandinaves se contentaient d'ensevelir le corps du défunt, avec ses armes, sous un monceau de terre et de pierres. Les Ases ordonnaient de brûler le mort sur un bûcher; mais cet usage ne devint jamais universel, et le premier prévalut de nouveau cinq ou six cents ans après. Ces deux espèces de rites funèbres ont servi à déterminer deux âges différents dans l'ancienne histoire du Nord; l'un était nommé l'âge du feu, l'autre l'âge des collines. Le mythe relatif aux funérailles du dieu Baldr indique la manière dont les corps étaient brûlés sur les bûchers, et le sacrifice de Nanna montre surtout que les femmes étaient ordinairement brûlées avec leurs maris. On raconte même que Segride, femme du roi Eric de Suède, se sépara d'avec son époux parce qu'elle avait appris qu'il avait fait vœu de se tuer et d'aller rejoindre Odin au bout de dix ans, ce qui l'aurait obligée de s'ensevelir avec lui. Les richesses qu'on enterrait avec les morts étaient sous la garde particulière d'Odin, qui les garantissait des attentats d'une cupidité sacrilége, au moyen de feux errants dont il environnait les tombeaux; mais les richesses qu'on avait reçues par héritage ne devaient pas être placées sur les bûchers funèbres, parce qu'elles auraient témoigné d'une vie paisible et oisive. Les plus brillantes funérailles dont l'histoire traditionnelle de la Scandinavie fasse mention sont celles du vieux roi Harald Hiltetand, tué par Odin dans la célèbre bataille de Bravalla. Les vainqueurs jetèrent tout ce qu'ils possédaient d'armes et de bijoux sur le bûcher, où l'on avait placé la proue dorée du vaisseau du roi et un coursier harnaché, afin que le mort pût arriver plus vite auprès d'Odin.

Quant aux femmes scandinaves, nous avons vu dans les traditions mythologiques déjà citées quel rôle elles jouaient parmi ces peuples guerriers. Elles ne se donnaient pas seulement aux plus braves et aux plus forts, mais elles tâchaient elles-mêmes de se rendre dignes de leur amour par des faits d'armes; non contentes de retracer avec l'aiguille sur la toile les hauts faits des héros, elles partaient elles-mêmes pour des expéditions, armées de lances et de boucliers. Les Skialdamour, ou vierges à boucliers, étaient parmi les hommes ce que les Walkyries étaient parmi les dieux. Une foule d'aventures qui les concernent nous ont été transmises par les chroniqueurs. Athilde, fille de Sivard, roi d'Ostrogothie, princesse belle, chaste et brave, pour échapper à l'amour d'un pirate nommé Alf, qui veut l'épouser, s'embarque avec une troupe de ses compagnes, toutes armées et vêtues en hommes. Une bande de pirates, qui les rencontrent et qui viennent de perdre leur chef, mettent à leur tête la jeune princesse. Le bruit de ses expéditions heureuses parvient aux oreilles d'Alf et excite son dépit. Il court avec sa flotte à la poursuite de celle qu'il aime, et l'attaque dans un golfe de Finlande. Athilde accepte le combat. Alf, accompagné d'un frère d'armes, saute dans le navire de la princesse. On combat corps à corps. Le compagnon d'Alf ayant fendu le casque d'Athilde, la fait tomber à la renverse. La vue de son beau visage et de sa chevelure ondoyante frappe de stupeur les deux guerriers. Athilde vaincue consent à épouser Alf, et son compagnon épouse une de ses compagnes. Thorburge, fille du roi Éric de Suède, était toujours armée pour le combat. Elle avait refusé tous les prétendants, et lorsqu'ils avaient insisté elle les avait tous tués ou chassés. Enfin le roi

Rolf se présente. Repoussé vigoureusement, il assiége le fort où résidait l'héroïne, et après une résistance acharnée, elle cède enfin et épouse son vainqueur. Quand on se rappelle qu'une colonie de Normands s'était établie en Sicile, on comprend où le Tasse a pris les modèles de ses héroïnes. Aussi les anciennes traditions scandinaves sont-elles pleines de récits de passions chevaleresques que les individus plus distingués des deux sexes ressentent les uns pour les autres, et tels qu'on les retrouve dans les romans du moyen âge. Nous y voyons Ale, prince vaillant, qui délivre une belle princesse du Wermeland des obsessions de deux pirates, en les tuant en duel dans une île avec leurs dix champions, et qui obtient sa main pour prix de sa victoire. Ailleurs, c'est Orvarodd qui, pour délivrer une autre princesse, combat six frères à la fois, succombe, et envoie en expirant un anneau à sa bien aimée, qui meurt de douleur en recevant ce gage de sa foi. A la nouvelle du supplice de son amant, Sighne met le feu à son palais et périt dans les flammes. L'Edda retrace enfin les aventures de Hogne, qui, pour avoir enlevé la fille d'un prince norvégien, d'un frère d'armes, est poursuivi par lui à outrance, se bat deux fois en duel, et périt tout en perçant son ennemi. Les qualités par lesquelles les Scandinaves gagnaient le cœur des femmes sont indiquées de la manière la plus naïve par l'étonnement que manifeste un roi de Norvége en apprenant qu'une fille ose le refuser, lui qui sait faire huit exercices d'armes différents.

Enfin nous avons l'expression la plus énergique de cet esprit guerrier, de ce mépris de la mort en vue d'une récompense dans un autre monde, et de la gloire acquise uniquement par la destruction de ses semblables, dans ce fameux chant de mort du roi Ragnar Lodbrok, qui se trouve parmi les poëmes de l'Edda. Ragnar est un roi historique dont on place le règne à la fin du dixième siècle, un des rois wikings les plus célèbres de la Scandinavie, et dont les fils ravagèrent surtout les côtes de France. Ayant fait, sur ses vieux jours, une expédition en Angleterre, il tombe au pouvoir du roi Ella, et, refusant de dire son nom, il est jeté dans un fossé rempli de serpents. Là il célèbre dans son chant de mort ses exploits et les joies qui l'attendent dans le Walhalla, puis il expire sous les morsures des reptiles. Il se vante, dans les vingt-neuf strophes de ce chant, d'avoir combattu dans cinquante et une batailles, et il décrit avec un plaisir féroce le cliquetis des épées, le bruit des lances et des arcs, le sifflement des flèches, le hurlement des loups, les cris des aigles, des faucons et des animaux sauvages auxquels il a procuré tant de proies, le sang et la sueur qui inondaient les boucliers, et les cervelles qui, s'échappant des crânes brisés, tombaient sur des seins pâlis par la mort. Au milieu de ces terribles images, le roi mourant s'écrie aussi : « Que celui qui convoite la faveur des vierges, l'amour des femmes, se précipite donc avec joie dans les premiers rangs des combattants ! »

Nous avons déjà dit comment, dans la mythologie scandinave, cet esprit de guerre et de combat et ce mépris de la mort fait peu à peu place, avec le développement successif de la civilisation et de l'agriculture, à des tendances plus paisibles, et comment Thorr et surtout Freyr disputent de plus en plus l'empire à Odin. Les traditions concernant les rois scandinaves comme personnages historiques, indiquent plus visiblement encore ces changements, et nous montrent en même temps comment s'est opérée la transformation des anciens dieux en rois, en pontifes suprêmes et en législateurs. Dans ces traditions, appelées les sagas des rois, le fondateur des royaumes du Nord est Odin, qui arrive en Suède entouré de douze prêtres appelés *diar* (dieux) et *drottnar* (chefs régnants), qui devinrent les juges du peuple. Ces chefs portent les mêmes noms que les dieux et sont adorés comme eux; ils ont des demeures portant aussi les mêmes noms que les palais des dieux dans le ciel. Le portrait humain d'Odin ressemble en tout à l'Odin mythologique; c'est un mélange du dieu, du héros, du poëte, du législateur et du chaman ou magicien asiatique. Il change souvent de rôle; mais il établit ces Berserkers, qui vont au combat en insensés et sans armes pour se défendre. Odin meurt en Suède d'une mort naturelle; mais sur son lit de mort il se fait blesser par la pointe d'une lance, et dit qu'il va à Asgard pour y acueillir et traiter ceux qui tombent dans la bataille. Les Suédois instituèrent depuis des sacrifices en son honneur. Se blesser au lit de mort fut appelé plus tard se donner à Odin ou se faire un signe pour Odin.

A Odin succède Niord. Pendant le règne de celui-ci, le pays jouit d'une grande fertilité, en sorte que le peuple croyait que Niord en était le dispensateur; sous lui, la plupart des dieux moururent. Lui aussi a une mort naturelle et se fait un signe pour Odin. Les Suédois brûlent son corps et pleurent sur son tombeau. Freyr, son fils, est son successeur, et son règne n'est pas moins heureux que celui de son père. Il établit le grand temple d'Upsal et y dépose toutes ses richesses, d'où vient le grand trésor qui appartint d'abord au temple, puis ensuite aux rois de Suède. Au temps de Freyr régna la paix dite de Frode, pendant laquelle il y avait de bonnes années dans tous les pays. Les Suédois regardent Freyr comme l'auteur de cette paix et le vénèrent plus que les autres dieux. Freyr tombe malade; il meurt; alors ses gens élèvent une grande colline funèbre, y transportent le mort, et durant trois années ils font croire au peuple que leur roi vit encore, et ils portent les impôts annuels sur la colline où il repose. La paix et le bonheur durent encore longtemps. Lorsque enfin les Suédois apprennent que Freyr est mort et qu'ils voient cependant leur félicité continuer, ils s'imaginent qu'elle durera aussi longtemps que Freyr restera en Suithiod; c'est pourquoi ils ne voulurent pas le brûler : mais ils l'appelèrent le dieu du monde, et ils lui sacrifiaient pour en obtenir la paix et des années fertiles. Il avait aussi le surnom d'Yngwe, qui devint ensuite le nom poétique des rois en général; et la première race des rois suédois s'appela celle des Ynglingar. Freya, sa sœur, lui survécut et présida aux sacrifices. Elle était la dernière parmi les dieux. Fiolner, fils d'Yngwe Freyr, est le premier Ynglingar et le premier roi purement homme. C'est sous lui que finit l'âge heureux; et, comme dans les chants mythologiques, ce sont deux filles de géant qui en sont la cause. Lorsque, disent-ils, le roi Frodi régnait en Danemark, le monde entier était en paix. Personne ne faisait alors de mal à son prochain : la vengeance était inconnue. Il n'y avait ni voleurs ni brigands, en sorte qu'un anneau d'or demeura longtemps sur la lande de Jollanghur sans que personne voulût le prendre. Mais le roi Frodi envoya des messagers au roi Fiolner, en Suède, et celui-ci lui expédia deux filles de géant, Fenja et Menja. Frodi ayant un moulin à deux meules que personne n'avait la force de tourner, il y plaça ces deux filles. Or le moulin avait la vertu de moudre tout ce qu'on voulait. Le roi Frodi ordonna donc aux servantes de lui moudre de l'or, de la paix et du salut, en leur défendant de se reposer plus longtemps que le coucou ne se taisait ou que ne durait une petite chanson. Les servantes mirent le moulin en mouvement et chantèrent le chant de Grotta, dans lequel elles se vantèrent de leur origine, de leurs exploits, et se plaignirent du lourd labeur qu'on leur avait imposé. Mais Frodi les pressa toujours sans trêve ni repos, jusqu'à ce que le sang coulât de leurs mains. Indignées de ce travail d'esclaves, les servantes commencèrent enfin à menacer le roi, et comme on continuait toujours à les presser, elles se mirent à prononcer des malédictions et des conjurations terribles, et elles ne moulurent que des armes et du malheur pour le roi aveuglé; elles lui moulurent enfin une armée ennemie et tous les désastres qu'elles purent imaginer; elles travaillèrent avec tant d'ardeur et de précipitation que le levier se rompit, les meules brûlantes volèrent en éclats, et le moulin s'écroula de fond en comble. Aussi, la même nuit, une armée ennemie arriva devant le fort de Frode, et le roi des mers Mysing tua ce prince et enleva beaucoup de butin. Telle fut la triste fin de la paix de Frodi.

Nous terminons ce long tableau des mythes et des traditions scandinaves en présentant les formes sous lesquelles Odin, suivant les croyances populaires, apparaissait encore dans ce pays au milieu du douzième siècle, c'est-à-dire deux cents ans après l'introduction du christianisme; ce sont les mêmes formes que nous retrouvons dans Saxon le Grammairien. L'histoire qu'il donne d'Odin est d'autant plus curieuse, qu'il énumère toutes les filiations des races royales qui se disaient descendues du dieu suprême de toute la race germanique, et qu'il constate ainsi l'étendue de la domination du culte odinique, en déclarant expressément n'avoir pris ces données de sa chronique dans aucun document écrit, mais seulement dans les traditions vivantes du peuple. Après avoir fait venir Odin de Byzance avec ses Ases, Saxon dit : « Son véritable nom était Ligge, fils de Fridulphe; il avait pris celui d'Odin, soit qu'il eût su se faire passer pour un homme inspiré par les dieux, soit qu'il fût le premier prêtre ou chef du culte qu'on rendait au dieu Odin. Odin ayant réuni la jeunesse des pays voisins, marcha vers les contrées du nord et de l'occident de l'Europe, soumettant tous les peuples qui se trouvaient sur son passage, et leur donnant quelqu'un de ses fils pour les commander. Svarlami eut la Russie ou le Gardarike, Baldag la Saxe occidentale ou la Westphalie, Segdir la Saxe orientale, et Ligge la Franconie. Après avoir disposé de tous ces pays et établi partout les rites du culte de sa patrie, Odin prit la route de la Scandinavie par le Jutland, et il passa peu de temps après dans l'île de Fionie. Il s'arrêta longtemps dans cette île agréable et y bâtit la ville d'Odensée, dont le nom rappelle encore le souvenir de son fondateur. De là, il porta ses armes dans tout le Nord. Il soumit le reste du Danemark et y fit reconnaître son fils Skiold en qualité de kœnig ou roi, titre que personne n'y avait encore porté et qui passa à ses descendants, appelés de son nom Skioldungiens. Odin se rendit ensuite en Suède, où régnait un prince nommé Gylphe, qui lui rendit de grands honneurs et l'adora même comme une divinité. Les Suédois déférèrent d'un consentement unanime le titre et le pouvoir de kœnig à son fils Yngwe et à sa postérité. De là le nom d'Ynglingiens, qui a servi longtemps à désigner les rois de Suède. Odin gouverna avec un empire absolu. Il fit de nouvelles lois, introduisit les usages de son pays, établit à Sigtuna un conseil ou tribunal suprême composé de douze seigneurs ou pontifes. Il fut bientôt reconnu comme souverain homme-dieu par tous les petits rois qui s'étaient partagé entre eux la Suède, et il établit une espèce de tribut qui se levait sur chaque nouveau-né dans toute l'étendue du pays. Il soumit encore la Norwége, qui obéit bientôt à un fils d'Odin nommé Saeming. Après avoir terminé ses expéditions, Odin se retira en Suède, où, sentant approcher sa fin, il assembla ses amis et ses compagnons, et se fit neuf blessures en forme de cercle avec la pointe d'une lance, et diverses autres coupures dans la peau avec son épée. Dès qu'il eut rendu le dernier soupir, on porta son corps à Sigtuna, où, conformément à l'usage qu'il avait introduit dans le Nord, il fut brûlé avec beaucoup de pompe. Un des artifices qu'il employa avec le plus de succès pour se concilier le respect des peuples, était de consulter dans les affaires difficiles la tête d'un certain Mimir, qui avait eu pendant sa vie une grande réputation de sagesse. Cet homme ayant eu la tête coupée, Odin la fit embaumer, et sut persuader aux Scandinaves qu'il lui avait rendu la parole par enchantement. Il la portait toujours avec lui et lui faisait prononcer les oracles dont il avait besoin, ce qui rappelle le pigeon de Mahomet. Il était doué d'une grande éloquence. Rien ne pouvait résister à la force de ses discours; il mêlait quelquefois à ses harangues des vers qu'il composait sur-le-champ. Il était grand poëte; ce fut lui qui le premier enseigna la poésie aux Scandinaves. Son habileté dans la magie n'était pas moins grande. Il pouvait parcourir le monde entier en un clin d'œil, disposer de l'air et des tempêtes, prendre toutes les formes, ressusciter les morts, prédire l'avenir, ôter par ses enchantements la force et la santé à ses ennemis, découvrir les trésors cachés dans le sein de la terre. Il savait aussi chanter des airs si tendres et si mélodieux, que les plaines et les montagnes s'enivraient de plaisir, et que les ombres, attirées par la douceur de ses chants, sortaient des abîmes qu'elles habitaient et demeuraient immobiles auprès de lui. Mais il était terrible pour ses ennemis et furieux dans la mêlée. Il leur inspirait une si grande terreur, qu'il les rendait sourds et aveugles; il se changeait en ours, en taureau ou en lion, et mordant son bouclier avec fureur, il se jetait au milieu des rangs et faisait autour de lui le plus horrible carnage, sans jamais recevoir aucune blessure. »

Voilà ce qu'avaient fait d'Odin, ce symbole d'une idée puissante, les premiers chrétiens de la Scandinavie. On doit d'autant moins s'en étonner, que déjà, vers les derniers temps du paganisme, l'incrédulité s'était fait jour parmi les rois et les guerriers les plus vaillants du Nord. Dans l'histoire d'Olaüs, roi de Norwége, qui se convertit au christianisme, un guerrier nommé Gonkathar dit publiquement qu'il se fie bien plus à sa force et à ses armes qu'à Thorr et à Odin. Un autre, dans le même livre, Bardur, parle ainsi à son ami : « Je veux bien que tu saches que je ne crois ni aux idoles ni aux esprits; j'ai voyagé dans plusieurs lieux, j'ai rencontré des géants et des hommes monstrueux, jamais ils ne m'ont vaincu. » Dans la chronique islandaise, Giest dit à son neveu, qui est sur le point de s'embarquer pour le Groënland : « Je supplie et je conjure celui qui a fait le soleil, de rendre ton entreprise heureuse. » Le héros d'Horstein dit de son père qu'il recevra une récompense « des mains de celui qui a fait le ciel et l'univers, quel qu'il puisse être. » Porchill, suprême juge d'Islande, ordonna qu'on l'exposât au grand air, le visage tourné en mourant vers le soleil, et il mourut en se recommandant au dieu qui avait fait le soleil et les étoiles. Dans une autre tradition, un roi guerrier, allant au combat, s'écrie : « Eh bien! où est donc cet Odin qu'on dit si formidable? qu'il vienne, que je le combatte! »

Une des choses les plus remarquables dans l'histoire religieuse des Scandinaves, c'est qu'à l'exception du roi Olaf de Norwége, tous les souverains s'opposèrent le plus longtemps qu'ils purent à l'introduction du christianisme, et que pour la plupart ils y furent forcés par les assemblées populaires. Ces rois craignaient le pouvoir des prêtres chrétiens ; et ceci prouve, plus que tout ce qu'on pourrait dire, le peu d'influence qu'exerçaient alors les prêtres païens, les rois étant en même temps les suprêmes pontifes. Les prêtres s'appelaient Prottès ; ceux de Freyer avaient le nom particulier de Godi. Comme chez les Germains méridionaux, le chef de la famille était en même temps prêtre et juge. En dehors de l'enceinte des sanctuaires, les prêtres n'exerçaient aucun pouvoir. Toutefois, dans une occasion, l'histoire nous montre, sans doute à l'excitation des prêtres, le fanatisme du peuple en révolte contre un de ses rois. Pendant une disette, le peuple du Vermeland brûla vif son roi Olaf pour expier la colère des dieux.

CHAPITRE CINQUIÈME.

<small>Dieux, mythes et traditions nationales et héroïques des Germains méridionaux.</small>

Plusieurs indications du chapitre précédent ont déjà fait entrevoir que la mythologie scandinave a été aussi, dans ce qu'elle a d'essentiel, la mythologie des branches de la grande race germanique qui se sont établies sur le sol de l'Allemagne de nos jours. Quoique aucun document complet par lequel on puisse prouver directement cette communauté de toute la mythologie entre les deux branches de la race germanique ne nous ait été conservé, et que les nombreuses tribus de cette race, restées indépendantes les unes des autres, y aient mêlé de bonne heure les traditions particulières sur leur origine et leur histoire primitive, il reste assez de faits pour mettre hors de doute qu'elles ont vénéré les mêmes dieux, et qu'elles ont eu les mêmes intuitions et idées religieuses. Ainsi avons-nous vu que les sources scandinaves représentent Odin apportant le culte odinique en Scandinavie, après l'avoir établi dans le nord de l'Allemagne, qu'il a traversé avant d'arriver en Suède; tandis que les traditions des races germaniques proprement dites rapportent que les peuples professant le culte d'Odin se sont transportés de la Scandinavie en Allemagne, comme nous l'avons déjà établi relativement aux Goths, aux Lombards, aux Saxons, aux Hérules, etc.

Le nom d'Odin était, chez les Germains Wuotan; Wodan ou Godan chez les Lombards; Wuodan ou Wodan chez les Saxons; Guodan ou Gudan chez les Westphaliens, et Voden chez les Anglo-Saxons. Ces légères différences dans la dénomination de ce dieu viennent de celles du verbe dont elle dérive, et qui est dans le Nord *od* ou *oth*, et chez les Germains du Sud, *watan* ou *wuot*. Ce verbe veut dire aller partout, pénétrer partout ; et le substantif qui en est formé signifie âme, sens, génie, et dans une acception dérivée, impétuosité et fureur. Wuotan, comme Odin, est donc l'esprit qui pénètre, qui forme, qui crée tout, et qui, comme dieu suprême de la guerre, sévit avec fureur.

Le dieu du Nord Thorr s'appelle en Germaine Donar ; Thorr n'étant qu'une abréviation de Thunar ; chez les Anglo-Saxons il se nomme Thunor ; le mot en outre qui en langue scandinave signifie son marteau, *hammer*, est le même chez les Germains. C'est un terme dont on se sert en Allemagne pour jurer ou menacer quelqu'un ; ainsi l'on dit : Que le hammer t'écrase !

Tyr, le dieu spécial de la guerre chez les Scandinaves, et qui chez les Germains était l'objet d'un culte plus répandu, y est désigné sous le nom de Ear ou Er, de Zio ou Tievès, d'Eor et d'Eo ; mais le nom de Zio était plus généralement en usage.

Freyr, sous le nom de Fro ou Frauja, apparaît également au rang des premiers dieux germains. Quant aux autres dieux mâles, on ne peut plus retrouver les traces de leur culte que dans les anciennes épopées nationales de l'Allemagne, épopées où ils apparaissaient sous la figure de héros qui sont une reproduction des anciens dieux supérieurs. Car le christianisme ayant été accepté par la plupart des races germaniques établies sur le continent de la mer Baltique, trois ou quatre siècles avant qu'il fût introduit dans la Scandinavie, cette transformation s'est faite bien plus tôt sur le sol de la Germanie.

Le culte dont Odin, Thorr, Tyr, Freyr et Freya étaient l'objet dans toutes les tribus germaniques, sous les noms de Wuotan ou Voden, de Donar, de Zio ou Tievès ou Tio, de Fro et de Frea ou Fria, est attesté, en premier lieu, par la dénomination des jours de la semaine, qui est la même en Scandinavie que chez les Germains. Il n'y a pas de doute que les dénominations planétaires de nos jours de la semaine ne soient passées de la Grèce, de l'Égypte et de Rome dans le Nord, longtemps avant le christianisme, et qu'on y a partout substitué les noms indigènes, pour le jour du soleil, ou dimanche, pour le jour de la lune, ou lundi, et les noms des dieux indigènes pour désigner les jours de Mars ou mardi, de Mercure ou mercredi, de Jupiter ou jeudi, de Vénus ou vendredi. En Scandinavie, comme dans la Germanie proprement dite, le dieu de la guerre Tyr ou Zio ou Tievès, donne son nom au jour de Mars ou mardi; Odin ou Wuotan, à celui de Mercure ou mercredi; Thorr ou Denarr, avec son tonnerre, à celui de Jupiter ou jeudi; Frea ou Freya, à celui de Vénus ou vendredi. Dans l'ancienne langue de la Scandinavie, les jours de la semaine sont : Sunundagr, Manadagr, Thyrsdagr ou Tysdagr, Odinsdagr, Thorsdagr, Friadagr ou Freyjudagr. Or, les Anglo-Saxons avaient Sonnandæg, Nonandæg, Tivesdæg, Vadnesdæg, Thunoresdæg, Frigedæg. Les Anglais de nos jours ont encore Sunday, Monday, Tuesday, Wednesday, Thursday, Friday. L'Allemagne méridionale avait Sununtag, Manindag, Wuotanesdag, Donarestag, Friadag ou Frigesdag. Les anciens Saxons avaient Tivesdag, Wodanestag, Thunaresdag, Friendag. L'allemand moderne a encore Dienstag, Donnerstag, Freitag, le mercredi ou Wootanstag ayant été remplacé par le nom abstrait du milieu de la semaine ou Mittwoch. Partout il n'y a que la différence des dialectes.

La meilleure preuve de la vénération générale dont Wodan et Frigga jouissaient en Allemagne, c'est le passage suivant de Paul Diacre, qu'on trouve dans son histoire des Lombards. « La tradition de ce peuple, dit-il, raconte qu'un jour les Vandales ayant supplié Wodan de leur accorder la victoire sur les Vinilles, ce dieu leur répondit qu'il la donnerait à ceux qu'il verrait les premiers au lever du soleil. Gambara, la reine des Vinilles, s'adressa, de son côté, à Frea, l'épouse de Wodan, et celle-ci leur conseilla de faire rabattre à leurs femmes leurs chevelures sur le visage, de manière à figurer des barbes, et de se placer ainsi le matin les premiers avec elles vis-à-vis de la fenêtre orientale, par laquelle Wodan avait l'habitude de regarder. Lorsque Wodan, au lever du soleil, les vit ainsi, il demanda : Quelles sont ces longues barbes? A quoi Fréa répondit que puisqu'il venait de leur donner un nom il devrait aussi leur donner la victoire; ce qu'il accorda. » Le chroniqueur ajoute, qu'en effet les Langobards ou Lombards avaient été nommés ainsi à cause de leurs longues barbes, qu'ils ne coupaient jamais; que Wodan ou Gwodan était adoré comme dieu par tous les peuples germaniques, et qu'on croyait qu'il avait été en Grèce, longtemps avant d'arriver en Germanie. On voit donc ici appliquée à Wodan la même tradition qui disait Odin venu de Byzance et de la mer Noire.

Une autre preuve de la vénération dont la triade germanique de Wodan, de Donar et de Zio était l'objet chez les Francs ripuairiens, se trouve dans la formule de l'abjuration du paganisme, usitée chez ce peuple après l'adoption du christianisme, et qui nous a été conservée. « Je renonce, y disait-on, au diable et à ses œuvres, à Thunaer et Woden, à Saxnote et à tous les mauvais esprits qui sont leurs compagnons. » Saxnote est le nom d'un héros, substitué plus tard au dieu de la guerre, Zio. Quant aux anciens Saxons, on a trouvé dans la ville de Goslar une formule de prière adressée à Wodan, aux temps de leurs guerres avec Charlemagne, et dans laquelle ils implorent l'appui de ce dieu. Enfin, les Anglo-Saxons, arrivés en Angleterre, montraient partout le tableau de la généalogie de leurs princes, qui tous faisaient descendre leurs ancêtres de Woden. Hengist et Horsa notamment prétendaient être de la quatrième génération issue de Woden. Enfin, dans toutes les contrées de l'Allemagne et de l'Angleterre modernes, on rencontre une foule de noms de montagnes, de villes, de rivières, qui viennent de Woden et de Donar, autant au moins qu'on en trouve en Scandinavie qui rappellent les noms d'Odin ou d'Othin et de Thorr. Le nom de Wodan, comme dieu des moissons, est encore aujourd'hui dans la bouche des laboureurs allemands, et il est l'objet de plusieurs cérémonies. Ainsi, dans beaucoup de contrées, les moissonneurs ne manquent jamais de laisser après la récolte un tas d'épis sur le champ moissonné, pour Woden et son cheval, en chantant dans leur patois une vieille chanson, où Woden est prié de se contenter cette année du peu qu'on lui donne, et où on lui promet pour l'année suivante du blé meilleur. Dans quelques endroits on donne même aux moissonneurs, après la récolte, de la bière de Woden à boire. Le jour de Thorr, Donar ou jeudi, était souvent encore célébré au moyen âge. Le culte du sanglier de Freyr ou Fro se retrouve surtout en Angleterre et même en Allemagne. Le peuple croit voir souvent un sanglier parcourir les champs de blé, ce qui annonce une récolte abondante. Le culte de Baldr, sous le nom de Paltar ou de Phol, existe également, à ce que l'on suppose, chez les Thuringiens et les Bavarois, et particulièrement chez les Frisons, où son fils Forsite était vénéré sous le nom de Fosite, surtout dans l'île d'Helgoland. Les Saxons avaient d'ailleurs dans leur généalogie un Baldæg, et les Anglais un Beldeg, l'un et l'autre fils de Woden; et, comme Phol, Paltar, Baldr, il était un dieu lumineux. Les mythographes retrouvent en lui le Beal et Belenus des Celtes, et le Bjelbog ou dieu blanc des Slaves.

Une différence bien caractéristique qui distingue les Germains méridionaux de leurs frères du Nord, c'est que chez les premiers les déesses ne sont pas seulement plus nombreuses, mais qu'en passant chez eux quelques dieux des Scandinaves ont pris la forme féminine. Nous avons vu le rôle assez secondaire que l'ancienne personnification de la terre, l'épouse du ciel et d'Odin, joue dans la mythologie scandinave; nous avons vu également que Frigga ou Fréa passait aussi pour l'épouse de Woden chez les tribus germaniques. Mais ces tribus avaient conservé, à côté d'elle, l'ancien culte de la Terre, représentée par cette déesse Nerthus dont Tacite décrit le culte d'une manière fort pittoresque, et dont le nom rappelle le Niord ou Niœrdr des Scandinaves, dieu dont on ne trouve aucune trace en Allemagne. L'idole de la déesse Nerthus était gardée dans une île et lavée dans la mer, ce qui prouve évidemment son identité avec Niord, qui était surtout en vénération chez les habitants des bords de la mer. « Les Lombards, dit Tacite, les Reudigniens, les Avions, les Angles, les Varinges, les Eudoses, les Suardes et les Nuithiens, vénèrent Nerthus, c'est-à-dire la mère-terre ; ils croient qu'elle intervient dans les affaires humaines et qu'elle se montre aux peuples. Il y a sur une île de leur mer une forêt sacrée, et dans cette forêt un chariot consacré, couvert d'une robe, et qu'un prêtre seul peut toucher. Ce prêtre sait quand la déesse est présente, et alors elle est conduite par deux vaches ; le prêtre l'accompagne avec beaucoup de respect. Ces jours-là s'écoulent dans la joie ; des fêtes sont célébrées dans tous les lieux que la déesse honore de sa visite. Toute guerre cesse ; personne ne prend les armes ; toute épée reste dans le fourreau : alors seulement on jouit de la paix et du repos jusqu'à ce que le prêtre rende enfin à son temple la déesse, lassée de son commerce avec les mortels. Après la réinstallation dans ce temple, le chariot, les habits et la déesse elle-même sont lavés dans un lac secret ; des serfs sont chargés de ce soin, et, leur tâche accomplie, le lac les engloutit aussitôt. De là la terreur mystérieuse et l'ignorance sacrée d'une chose, que n'apprennent que ceux qui sont destinés à périr. » De même, en Suède, le chariot de Freyr, le fils de Niord, le dieu de la paix et de la fertilité, que l'on confond souvent avec son père, était conduit, au printemps, à travers le pays, et nous ne pouvons douter qu'une divinité féminine n'ait pris ici la place d'un dieu. Aussi l'ancien droit germanique parlet-il des époques du printemps, de l'automne et de la saison où on labourait les champs avec la charrue, comme d'un temps de paix et de trêve. Dans quelques contrées de l'Allemagne moderne on substitue même à Wodan une dame Gode ou Gone, à laquelle on consacre des épis, en récitant les vers mentionnés plus haut. Ajoutons que dans la mythologie hindoue, Bhavani, l'épouse de Siva, est conduite aussi le jour de sa fête dans un chariot, et baignée par les brahmanes dans un lac secret.

La déesse Terre avait d'ailleurs encore d'autres noms chez les Germains. Ainsi nous trouvons, outre Hlodyn, une déesse Fiorgyn, mère de Donar, fils d'Odin et de la Terre. L'Edda elle-même nomme Thorr, Hlodynjar, c'est-à-dire fils de Hlodyn. Près de la ville de Clèves, on a découvert une pierre portant pour inscription : *Deæ Hludanæ sacrum*. Un autre nom de la déesse Terre est Fanfana ; et celle-ci a été comparée à Isis, parce que dans les Pays-Bas, à Aix-la-Chapelle et à Maestricht, elle était aussi promenée dans un vaisseau, comme cela se pratiquait chez les Grecs et les Romains, au commencement du printemps, pour la déesse Isis. La même cérémonie avait lieu en Souabe, où, quelquefois aussi, outre le vaisseau, on promenait une charrue.

Une autre déesse particulière aux Germains est Holda, nommée ainsi du mot *hold*, aimable, bienveillant, gracieux. Elle protége surtout les ménages où règnent l'ordre et le travail. Elle aussi se promène en chariot et répand la fertilité autour d'elle ; elle s'occupe surtout des filandières ; elle fait présent de fuseaux aux plus laborieuses, et fait leur ouvrage pendant la nuit ; quant aux paresseuses, elle les brûle ou les salit. C'est surtout à Noël qu'elle fait sa tournée d'inspection, et c'est pourquoi les femmes doivent tenir tout en ordre à l'approche de cette fête. Perahta ou Berchta joue à peu près le même rôle que Holda. Elle surveille également les fileuses, et paraît principalement au premier de l'an. Il faut alors manger en son honneur un plat de bouillie et de poissons; et si ce plat manque, Perahta se venge de celui qui a mangé quelques autres mets en lui ouvrant le ventre, qu'elle recoud avec le fer d'une charrue, après l'avoir empli de paille hachée. Mais Perahta est ordinairement une déesse lumineuse et bonne. Elle se fait suivre par des nains et des elfes qui lui obéissent. Quelquefois on la nomme Berchta la Blanche ou Berthe. Souvent son chariot se casse, et alors le paysan qui le lui raccommode reçoit d'elle en cadeau les copeaux qu'il enlève au bois du chariot, lesquels se trouvent être d'or.

Au moyen âge, on mêla aux traditions sur Holda et Berchta, des femmes et déesses de la tradition baltique et romaine, telles que Befania, Herodias, Abundra, Diana.

Les Anglo-Saxons avaient dans Hruoda ou Hreda, et Eastre ou Ostara, deux déesses particulières, deux déesses du printemps. La première présidait au mois de mars, au premier réveil de la terre; l'autre au mois d'avril : de là vient qu'en Allemagne on appelle encore le mois d'avril le mois d'Ostara (Ostermonat), et la fête de Pâques Ostern.

Dans la Souabe, on vénérait aussi une déesse Zisa, dont le temple principal était dans la ville d'Augsbourg; sa fête était célébrée par des jeux publics, vers la fin de la moisson, et comme le dieu de la guerre Zio était révéré de préférence par les Suèves, il est probable que, selon l'usage germain, on lui avait associé une déesse d'un nom semblable, comme cela avait eu lieu dans d'autres contrées, relativement à Wodan. A la déesse Fulla, servante de Frigga, dans la mythologie scandinave, correspond chez les Germains Folla, déesse de l'abondance, qui est regardée en Germanie comme la sœur de Freia : elle est figurée par la pleine lune, tandis que Frigga ou Freia, avec qui elle est si souvent confondue, est représentée par la constellation d'Orion. Enfin la déesse de l'enfer du Nord, Hel, est connue partout en Germanie sous le nom de Hellia.

Mais si les données qui nous restent encore sur les dieux supérieurs des anciens Germains se réduisent aux notions que nous avons exposées, les mythes héroïques des Germains sont plus nombreux et plus riches que ceux des Scandinaves, et c'est pour eux surtout que la communauté mythologique entre les deux branches de la même race s'établit le plus clairement. Ce phénomène s'explique de la manière la plus naturelle par la circonstance même que le christianisme enleva beaucoup plus tôt aux Germains leurs dieux supérieurs, et les força à les cacher, pour ainsi dire, dans leurs héros, et parce que ce grand nombre de tribus germaniques, dont chacune avait des chefs déifiés par l'ancienne croyance mythologique, voulant garder son existence particulière, tenait par conséquent à perpétuer par la tradition son origine divine. C'est pour cette raison que les Germains eurent de tous temps une tradition nationale, qui existait à côté de la mythologie des dieux proprement dits, et qui tendait à se rattacher à elle; aussi ces deux mythologies se croisent-elles, pour ainsi dire, quelquefois. La mythologie héroïque, les traditions sur l'origine de la nation germaine, sur l'origine des différentes tribus, devinrent une sorte de cosmogonie particulière qui domina principalement dans les contrées où le culte d'Odin n'avait été établi que plus tard, et seulement par le moyen de la propagande, dans les pays méridionaux de la Germanie, où d'ailleurs les établissements celtiques avaient dû exercer une puissante influence religieuse, quoiqu'ils aient été absorbés enfin par les Germains. Tacite avait sans doute principalement devant les yeux l'Allemagne méridionale et centrale, et c'est pourquoi il ne parle précisément que de la mythologie héroïque des Germains, et ne connaît aucun des noms indigènes des dieux supérieurs, qu'il désigne tous, excepté la déesse Nerthus, par des dénominations empruntées à la mythologie classique, comme César l'avait fait par rapport aux Gaulois.

Dans la mythologie héroïque des Germains, l'aïeul de toute la nation est Tuisco, fils de la terre. Tuisco vient du mot *tiv*, qui signifie le ciel, et n'est qu'une abréviation de Tivisco. Il est ce qu'est, chez les Grecs, Uranos, engendré avec Pontos par Gè, tout en ayant le nom de Zeus, que la mythologie grecque ne fait descendre d'Uranos que par Khronos, de la même manière que la mythologie des dieux du Nord fait naître Tyr ou Zio et Donar de Wuotan et de la Terre. Le fils de Tuisco était Mannus, mot qui signifie homme, ou Mannisko, c'est-à-dire l'homme pensant ou qui a la conscience de lui-même ; car, dans le sanscrit, *manus* et *manushja* ont la même acception. Mannus avait trois fils, Ingo, Isco et Hermino, et ceux-ci furent les ancêtres des Ingævons, des Iscævons et des Herminons, les trois principales races germaniques. Les Ingævons sont les habitants des bords de la mer, c'est-à-dire les Danois, les Suédois, les Nordalbingiens, les Frisons, etc. De là le surnom d'Ingwe que reçut Freyr en sa qualité de dieu-roi des Suédois, ainsi que ses descendants, la race des Ynglingiens. Selon Tacite, la série des dieux héros du Nord serait donc celle-ci : Tuisco, Mannus, Ingvio, Niord ou Nerthus, Fravio ou Freyr ; ce dernier étant une reproduction du dieu Freyr. Les Iscævons habitaient l'Allemagne centrale, et Iscio ou Isco est évidemment le même que Askr (frêne), dont les Saxons faisaient dériver leur origine. Les Herminons sont les Germains méridionaux, et Hermino est le même que Irmino, le héros divin, qui a donné son nom à la célèbre colonne d'Irmin ou Irminsul, détruite par Charlemagne. Irmin était devenu, comme tout l'annonce, un être divinisé par les Germains du centre aussi bien que par ceux du Midi ; car son nom rappelle en même temps celui d'Er, d'Ern, donné aussi au dieu de la guerre Zio. Nous trouvons aussi le fort d'Iresbourg, près de la colonne d'Irmin en Thuringe, et le jour de Mars ou mardi était appelé Erestac au lieu de Tivesdac ou Ziestac, particulièrement dans la Bavière et la Souabe. Les Saxons surtout paraissent avoir vénéré dans Irmin un Wodan, représenté en lui surtout comme dieu de la guerre. C'est sans doute l'Hercule dont parle Tacite. A côté d'Irmin, on trouve encore dans la tradition particulière des Saxons le héros Iring, qui a donné son nom à la voie lactée, appelée route d'Iring. Le chariot d'Iring signifie même chez eux la constellation de la Grande Ourse. On voit en lui une reproduction du dieu scandinave Heimdallr, qui, sous le nom de Rigr, créa en voyageant les trois classes de la société humaine ; car ce même nom d'Iring se retrouve également en Suède dans ces nombreux rois du nom de Erik qui, à l'avénement au trône, devaient parcourir la grande route du pays pour confirmer au peuple ses libertés. Iring est donc l'Ulysse de Tacite. Selon ce dernier écrivain, Mannus aurait eu, dans les traditions d'autres tribus, plusieurs fils encore auxquels elles rapportaient leur origine; de ce nombre sont Marso, père des Marses; Gambarv, souche des Gambrives, d'où vient Gambara, l'aïeule des Lombards, qui s'adresse à Frea, dans la tradition de Paul Diacre que nous avons citée, et dans une miniature d'un manuscrit des lois lombardes, du monastère de la Cava près de Salerne, écrit en l'année 1004, et publiée par M. Buchon, dans son Atlas de la principauté française de Morée.

Outre cette tradition héroïque concernant la nation tout entière, les différentes tribus avaient des traditions particulières relatives à leur origine. Les anciens Saxons avaient deux traditions différentes : la première rappelle la communauté des cosmogonies scandinave et germaine. Selon cette dernière, les Saxons sont sortis, avec leur roi Aschan, de rochers situés dans une verte forêt, près d'une fontaine ; d'où vient le dicton qu'en Saxe les filles croissent sur les arbres, dicton répandu encore de nos jours en Allemagne. Or, nous avons vu que Buri fut léché par la vache de sel, comme Tuisco est sorti de la terre. Le roi Aschan n'est donc autre chose que le frêne Askr, duquel l'Edda fait naître le premier couple humain, Askr et Embla; la forêt verte est le frêne Ygdrasil; la fontaine, le puits d'Urdar de l'Edda. L'autre tradition, postérieure de plusieurs siècles, concerne les migrations de cette tribu. Selon cette tradition, les Saxons faisaient partie de l'armée d'Alexandre le Grand, et l'aidèrent à conquérir le monde. Ne voulant pas rester avec ses successeurs, ils s'embarquèrent sur trois cents vaisseaux, dont cinquante-quatre seulement parvinrent jusque dans la mer germanique; les autres périrent en route. Dix-huit de ces vaisseaux abordèrent en Prusse, douze dans l'île de Rugen, et vingt-quatre dans l'ancienne Saxe. Ils firent un traité avec les Thuringiens, qui habitaient avant eux le pays. Mais bientôt ils tâchèrent de s'emparer du plus grand nombre de terres possible, en achetant d'un Thuringien un habit rempli de terre, qu'ils semèrent en route, sur un grand espace dont ils prirent possession. Une guerre éclata; mais lorsqu'on se réunit pour traiter dans un endroit sacré, les Saxons violèrent la trêve et massacrèrent tous les Thuringiens avec de grands couteaux cachés sous leurs habits et appelés sahses, d'où ils prirent le nom de Saxons. Dans une troisième tradition héroïque, il est de nouveau question d'une querelle avec les Francs, dans laquelle le héros des Saxons, Iring, venge son roi Irmenfried, assassiné traîtreusement par Théoderich, roi d'Austrasie, en tuant le meurtrier, dont il place le cadavre sous celui de son souverain, afin que celui-ci soit au moins vainqueur de l'autre dans la mort; et c'est pour cette action qu'Iring fut divinisé.

Les Goths racontaient ainsi leur histoire primitive : Ils partirent avec leur roi Berig, sur trois vaisseaux, de l'île de Skanzia (Scandinavie), et arrivèrent d'abord dans le pays de Gothiskanzia. De là, ils attaquèrent sur les côtes de la mer les Ulmeroxys, et vainquirent aussi les Vandales. Le cinquième roi après Berig, Filimer, conduisit son peuple dans la Scythie. Là, ils soumirent le peuple des Spales, et se rendirent à la mer Noire, où ils se partagèrent en Ostrogoths et Wisigoths; les premiers furent gouvernés par la famille des Amales, que nous retrouvons dans l'épopée allemande sous le nom des Amelungen; les autres, par la race des Baltes. Ils chantaient la gloire des ancêtres de leurs races royales, qu'ils appelaient Anses (Ases), et tous les noms de ces ancêtres reviennent dans l'épopée allemande.

Dans les traditions des Thuringiens on retrouve, cinq siècles après qu'ils eurent embrassé le christianisme, surtout la reproduction du mythe de la mort et de la résurrection du dieu Baldr, qui apparaît dans la fable du mont Kyffhauser, où l'empereur Barberousse est enfermé, assis à une grande table de pierre, dont sa barbe a déjà fait deux fois le tour ; quand elle l'aura entourée une troisième fois, le peuple allemand sera dans une grande angoisse, et Frédéric sortira de sa retraite pour sauver son peuple. C'est aussi chez les Thuringiens qu'il y avait le grand chêne consacré à Donar, et qui fut coupé solennellement par saint Boniface.

La tradition des Suèves ou Souabes les fait venir aussi d'au delà de la mer, c'est-à-dire de la Scandinavie ; ils se rassemblèrent d'abord sur le mont Suebo, d'où ils tirent leur nom. Ils se disent le peuple sage, élégant et instruit entre tous les autres. La triade suprême des dieux du Nord était vénérée chez eux dans un temple, près du lac de Constance, où leurs idoles furent détruites par des missionnaires chrétiens, longtemps après que ce temple avait été changé en église chrétienne. Les premiers prêtres, plus complaisants, avaient laissé les idoles fixées dans les murs à côté des autels chrétiens, en sorte que le peuple avait continué à les adorer en mêlant leur culte à celui du Christ et de la Vierge. C'est le seul temple germain sur lequel on a eu des données positives.

Il a été déjà question des traditions lombardes et anglo-saxonnes. Les Vandales, les Gépides, les Alains et les Hérules étaient liés à la destinée et à l'histoire des Goths. Ce que nous avons cité ici suffit amplement pour prouver que tous les peuples germaniques professaient le culte des dieux scandinaves, et que tous s'étaient donné des rois et des chefs descendus des mêmes dieux. Le fait le plus caractéristique sous ce rapport est la réponse que Clovis, roi des Francs, adressa à sa femme Clotilde (Grégoire de Tours, c. 29), qui lui conseillait de se convertir au christianisme. Clovis s'indigne de devoir se soumettre au Christ, qui, lui, n'avait pas eu des dieux pour ancêtres. (*Nec de deorum genere esse probatur !*) Ce dernier fait a considérablement influé sur le rôle que ces peuples ont joué dans l'histoire de l'Europe, et sur la marche sociale de toute la nation. Si, d'un côté, l'influence des mythes en faisait la race la plus facile à gouverner de l'Europe, et en même temps la plus conquérante et la plus vivace dans sa nationalité; d'un autre côté, une mythologie qui fournissait à toutes les tribus des chefs divins dont les droits étaient égaux, et permettait par conséquent à ces tribus de ne reconnaître à aucune d'entre elles aucune suprématie, empêcha toujours la nation germanique de parvenir à l'unité et à la puissance que cette suprématie donne à un grand peuple. Cette mythologie héroïque éternisa le partage de ce vaste pays entre les divers peuples issus d'une seule et même grande race. Ceci eut lieu en Scandinavie aussi bien que sur le continent germanique. En vain l'union de Calmar essaya-t-elle de réunir la Scandinavie en un seul empire; aujourd'hui encore, Suédois, Danois et Norwégiens se repoussent avec une égale énergie. Quant à la Germanie, les descendants prétendus de Ingvio, de Hermino et d'Iscio se formèrent en trois grands groupes de peuples différents, qui étaient incessamment divisés par des guerres nationales. C'étaient les peuples saxons, qui comprenaient les anciens Saxons (Ostphaliens, Engers et Westphaliens), les Frisons, les Nordalbingiens (Dithmarses, Holstaciens et Stormariens) et les Anglo-Saxons; les peuples franconiens, dont faisaient partie les anciens Francs (Saliens et Ripuairiens), les Est-francs, les

Hessois et les Bourguignons; enfin les peuples gothiques, comprenant les Ostrogoths et Wisigoths, les Vandales, les Alains, les Gépides, les Thuringiens, les Souabes, les Bavarois et les Lombards.

Mais, nous l'avons déjà dit, les documents les plus importants qui prouvent l'identité des idées religieuses et des mythologies scandinave et germaine, sont ces poëmes héroïques, qui, souvent refaits et renouvelés selon l'esprit des diverses époques jusqu'au quatorzième siècle de notre ère, forment tout un ensemble d'épopées nationales, et sont pour l'histoire des héros de toute la race germanique, ce que la collection des deux Eddas est pour l'histoire des grands dieux du Nord. Il est même plus que probable que l'ancienne Scandinavie a reçu ses poëmes héroïques de la Germanie, et que les Niebelungen, sous le titre de Wilkunsaga et Volkunsaga, ne s'y sont retrouvés sous leur plus ancienne forme que parce que la Scandinavie les a gardés intacts, par la raison que la mythologie divine a dominé plus longtemps dans ce pays; tandis que l'Allemagne les reproduisait constamment à côté du christianisme, forcée qu'elle était de cacher sous cette forme les croyances païennes, auxquelles elle resta longtemps encore attachée comme à une propriété toute nationale. Or, les anciennes épopées allemandes ne reproduisent pas seulement dans les héros principaux les anciens dieux supérieurs du Nord, mais tous ces sombres dogmes sur la vie, la mort et la résurrection du monde, sur la migration des âmes, qui, par un combat et une lutte perpétuels dans ce monde, cherchent pour ainsi dire à retourner dans leur véritable patrie, au delà de ce monde.

L'épopée allemande est identique avec celle que nous trouvons dans la mythologie scandinave : c'est une variation constante du mythe de Baldr, de l'idée représentée par Odin, des luttes de Thorr, des perfidies de Loke. Mais ces poëmes, de création postérieure, se rattachent toujours aux événements qui, ébranlant à ces époques le monde tout entier, ont dû apparaître aux anciens Allemands comme ces catastrophes qui devaient précéder la fin du monde et sa régénération. Telle fut avant tout la grande migration des peuples ; telles furent les expéditions des Normands et les guerres de Charlemagne, puis enfin les premières croisades. Et quoique les poëtes, qui pendant ces dernières époques se chargèrent de remanier ces anciens poëmes et de les mettre en harmonie avec l'esprit et les mœurs de leur temps, pour éterniser les idées et les tendances religieuses primitives, y fissent entrer le nom du Christ et de la Vierge, ces poëmes, même sous la forme où nous les ont transmis le treizième et le quatorzième siècle, sont tout à fait païens dans leurs tendances comme dans le culte de la nature extérieure qui y est professé dans chaque strophe, aussi bien que la magie et l'existence d'un pouvoir supérieur influant sur la destinée de l'homme. Seulement les géants et les nains de la première époque sont devenus, avec les croisades, les Sarrasins et les païens. Peu à peu la lutte et le combat des premières époques font place à l'amour, qui devient le sujet principal, jusqu'à ce qu'enfin l'épopée s'efface et se transforme tout à fait dans le roman amoureux et chevaleresque du moyen âge.

L'épopée nationale de la Germanie roule presque entièrement sur trois personnages : c'est d'abord Siegfried des Pays-Bas, le même que Sigurd dans les Niebelungen du Nord; c'est en lui que Baldr se reproduit ; mais comme le dieu est devenu héros, Siegfried lutte et combat, ce que le dieu ne faisait pas; il le fait toujours cependant pour aider les autres. Il représente cette vie de l'âme et du cœur, cette beauté qui, dans le ciel scandinave, est dévolue à Baldr. Traîtreusement assassiné comme celui-ci, la mort de Siegfried amène cette terrible série de malheurs qui plonge dans le tombeau des races entières de héros et de rois. Dans Dieterich de Berne, au contraire, on voit se reproduire la force et l'action toute matérielle de Thorr, et c'est à lui que sont dévolues les luttes les plus pénibles et les plus acharnées contre les géants et les guerriers félons et oppresseurs. Comme Thorr, Dieterich succombe quelquefois dans de grands périls, et n'est sauvé que par l'aide de son ami, qui est en même temps son conseiller. Enfin le rôle d'Odin, qui rassemble autour de lui, dans un palais splendide, les héros de toutes les races, est dévolu à Etzel, roi des Huns, bien que celui-ci ait plutôt l'attitude passive d'un père universel que celle du dieu suprême de la guerre, et qu'il ne rappelle d'Attila que son nom et sa splendeur. Loke est reproduit tantôt par Hagen de Tronek ou Troie, l'assassin de Siegfried, tantôt par le géant Ecke, qui va tourmenter Dieterich de Berne. Quelques autres héros rappellent Heimdallr, le gardien des dieux, et Bragi, qui est à la fois le dieu de la lyre et de l'épée. Chacun des trois principaux personnages a, de plus, ses douze champions, qui représentent les douze Ases, idée qui, quoique déjà bien affaiblie, se reproduit dans la Table-Ronde du roi Arthur de l'Angleterre celtique, et dans les douze paladins de Charlemagne. Le principal théâtre de ces épopées est Worms, où règnent les Giebichungen, rois francs, auxquels les Wolsungen de Siegfried sont unis par les liens du sang, de sorte que les deux races reçoivent ensemble le nom de Niebelungen ; puis Berne, où Dieterich règne avec la race gothique des Amelungen et des Wolfinger ; enfin la Hongrie, où est la splendide cour du roi des Huns Etzel. Le nombre de poëmes qu'on a retrouvés jusqu'à présent est de vingt, dont trois concernant les Francs, seize les Goths, et un seul les Saxons en leur qualité de pirates normands. D'après leurs tendances, ces poëmes sont de trois espèces. Les premiers ont comme pensée fondamentale la lutte et la pérégrination, ayant pour objet une femme quelconque. Le sujet principal des seconds, c'est la délivrance d'une femme et son hymen après maint combat et maint danger. Enfin les troisièmes nous peignent la destruction générale et sanglante de races et de peuples tout entiers, par suite de l'assassinat d'un héros chéri. Cette dernière série, qui reproduit surtout l'idée religieuse de l'ancienne mythologie et les poëmes qui s'y rattachent, appartient toute entière à l'époque de la grande migration des peuples; c'est pourquoi nous en donnerons une analyse succincte.

Nous occupant d'abord de Siegfried Baldr, nous allons tracer en premier lieu l'esquisse du poëme qui sert, pour ainsi dire, d'introduction au grand chant des *Angoisses des Niebelungen* (Niebelungen Not), et qui contient les aventures qui ont mis le héros en possession des dons surhumains dont il dispose pour accomplir sa tâche. Ce prince s'appelle Siegfried à la peau écailleuse (Hœrnen Siegfried). Siegfried, fils de Siegmond, roi des Pays-Bas, se montre dès son enfance si vigoureux et si audacieux, que le roi son père lui permet d'aller dans le monde chercher l'emploi de sa force. Il offre ses services à un maréchal qui habite une forêt, mais il le tourmente bientôt au lieu de l'assister par sa force surhumaine; car quand il frappe sur l'enclume, celle-ci s'enfonce dans la terre. Le maréchal, pour se débarrasser de lui, l'envoie chercher quelque chose dans un endroit de la forêt où sont cachés des serpents et des dragons, espérant qu'il y trouvera la mort. Mais Siegfried arrache des arbres, les jette sur les monstres, et mettant le feu au bois, parvient à les brûler. Les écailles des dragons se fondent dans les flammes. Siegfried y trempe un doigt, et voyant qu'en se refroidissant ce doigt s'est couvert d'une couche épaisse, il s'avise de plonger tout son corps dans ce liquide, ce qui le rend invulnérable. Un endroit seulement entre les deux épaules n'a pas été mouillé par le liquide, parce que la feuille d'un arbre y est tombée pendant l'opération. Cependant un dragon monstrueux a enlevé à Worms Chriemhild, fille du roi Giebich, et l'a transportée sur un immense rocher, où il veut la garder pendant quelques années, jusqu'à ce qu'il ait repris sa forme d'homme. Le rocher est situé au-dessus d'une colline, où les trois nains Niebelungen gardent un riche trésor. Siegfried, de retour à la cour de son père, va un jour à la chasse, et s'égare dans les montagnes : il y rencontre un roi des nains, monté sur un petit cheval noir, qui lui conseille de se sauver bien vite, parce qu'il se trouve justement près du rocher du terrible dragon ; après quoi il lui raconte l'enlèvement de la belle princesse. Siegfried jure de la sauver, et force le nain de lui apprendre où est la clef qui ouvre le rocher. Cette clef est dans la possession d'un géant horrible. Siegfried lutte avec le géant ; il est sur le point de succomber ; mais il lui échappe, au moyen d'un bonnet enchanté que le nain lui met sur la tête, et qui le rend invisible au moment où le géant va lui porter le coup mortel. Siegfried, se remettant, renverse le géant, après avoir, en vrai paladin, jeté bas son bonnet magique, et il le force à lui livrer la clef. Il ouvre le rocher, et monte jusqu'à l'endroit où est Chriemhild. Le géant, qui l'a accompagné, feint de l'amitié pour lui, et lui montre une puissante épée, la seule arme avec laquelle on puisse vaincre le dragon, qui va revenir d'un instant à l'autre. Mais, en la lui remettant, le traître tâche de le frapper en violation de son serment. Siegfried esquive le coup, tue le géant; mais lorsqu'il veut enlever la princesse, le dragon arrive en traversant les airs. Il s'ensuit une lutte terrible où Siegfried a beaucoup à souffrir des flammes que le dragon vomit sur lui. Pendant le combat, les nains Niebelungen, effrayés du tremblement du rocher, ont emporté le trésor hors de la montagne, et l'ont caché dans une caverne voisine. Siegfried s'y réfugie avec Chriemhild pour échapper à la fureur des flammes que le dragon vomit, et il trouve le trésor. Soixante dragons arrivent au secours du premier; mais Siegfried, n'étant plus suffoqué par les flammes, les chasse, tue le dragon ; et croyant que le trésor est à celui qu'il a vaincu, il l'enlève comme le prix de sa victoire. C'est le célèbre trésor ou *hort* des Niebelungen, que nous avons déjà trouvé dans le poëme scandinave. Le nain au petit cheval accompagne Siegfried et

Chriemhild, et lui fait cadeau du bonnet enchanté (tarnkappe), après lui avoir prédit qu'il ne possédera Chriemhild que pendant huit années, et qu'il sera ensuite assassiné et vengé. Siegfried arrive à Worms avec la princesse, le trésor, l'épée du dragon et le bonnet qui rend invisible, et il épouse Chriemhild.

Les *Angoisses des Niebelungen*, où est traité le sujet principal de l'épopée du Nord, ne font point mention de l'aventure de Siegfried à la peau écailleuse, et après avoir décrit son éducation, le font venir à Worms pour rendre visite aux trois fils du roi Giebich, dont l'aîné, Gunther, est roi, et y demeure avec sa belle-sœur Chriembild. Siegfried s'y rend sur le bruit de la beauté de Chriemhild, et précédé de sa grande réputation. L'affaire du trésor et de l'épée Balmung y est autrement racontée. Les nains l'ont choisi pour arbitre dans le partage du trésor, et lui ont fait cadeau d'avance de l'épée Balmung. Siegfried n'a pas bien également su partager cette immense quantité d'or et de bijoux, qui remplit plus de cent voitures, et les nains le font attaquer par douze géants, qu'il défait tous avec son épée. Il tue alors les nains, et s'empare du trésor comme du bonnet enchanté, qu'ils ont également en leur possession. Chriembild a, de son côté, comme Gunnar dans la tradition du Nord, rêvé d'un faucon, qui, poursuivi, vient se cacher dans son sein, où il est tué par deux aigles. Sa mère Ute lui prédit un hymen brillant; mais Chriembild assure ne vouloir jamais épouser personne, et elle ne se montre pas même aux yeux de Siegfried pendant une année entière que ce guerrier passe à la cour de Worms. Il ne la voit la première fois que lorsque, après avoir sauvé ses hôtes d'un grand danger, il amène en triomphe à Worms deux rois ennemis qu'il a faits prisonniers. Elle l'aperçoit alors en cachette et en devient éperdument amoureuse. Cependant, le roi Gunther s'avise de vouloir épouser Brunhild, princesse de l'Islande, dont l'extrême beauté est l'objet de tous les entretiens; mais Brunhild est si forte, qu'elle a juré de n'épouser que celui qui la vaincrait dans plusieurs combats, et beaucoup de héros ont déjà payé de la vie leur téméraire tentative. Gunther prie Siegfried de l'assister dans cette lutte; et Siegfried le lui promet, à condition que Gunther lui donnera sa sœur Chriemhild après qu'il lui aura fait obtenir la main de Brunhild. Les princes partent pour le Nord. Arrivés à la cour de Brunhild, Siegfried y accompagne Gunther, et se montre à Brunhild comme l'homme lige de Gunther; puis, lorsque les luttes doivent commencer, il retourne ostensiblement aux navires, et revient caché sous le bonnet qui le rend invisible. Cette lutte consiste à soutenir avec le bouclier le choc d'une lance que trois hommes peuvent à peine porter, et à lancer une pierre que douze hommes soulèvent avec effort. Siegfried, prenant invisiblement la place de Gunther, remporte la victoire, et Brunhild part avec les héros pour Worms, où sont célébrés ensemble le mariage de Siegfried avec Chriemhild, et celui de Gunther avec Brunhild. Mais une épreuve cruelle attend le roi Gunther. Lorsque, pendant la nuit des noces, il veut user de ses droits conjugaux, Brunhild lui défend de s'approcher d'elle, et comme il ne tient pas compte de cette défense, elle l'attache ainsi qu'un enfant avec sa ceinture, qu'elle suspend au ciel de son lit, et ne lui épargne la honte d'être ainsi vu le matin par toute la cour, qu'à condition qu'il ne songera jamais plus à lui faire violence. Honteux et triste, Gunther fait part de son malheur à Siegfried, qui est, quant à lui, tout radieux du bonheur qu'il a goûté avec sa tendre et bien-aimée Chriemhild. Siegfried lui promet de dompter encore une fois sa femme rebelle; il prend son bonnet enchanté, se glisse la nuit à la place de Gunther, dans le lit de Brunhild, et après un horrible combat, il la presse tellement contre le lit, que les os lui craquent, et qu'elle promet de se soumettre à l'amour d'un si fort et si puissant époux. Siegfried, en la quittant, lui ôte sa bague et sa ceinture en mémoire de cette lutte.

Après quoi, Gunther vient reprendre sa place, pour jouir en pleine sûreté de ses droits; et depuis, Brunhild ne pensa plus à résister à Gunther. La paix ainsi rétablie dans le ménage royal, Siegfried part avec Chriemhild pour retourner dans les Pays-Bas, à la cour de son père. Plusieurs années se passent, pendant lesquelles la réputation de Siegfried va croissant Brunhild croyant toujours que Siegfried est l'homme lige de son mari, s'en offense, et persuade à Gunther, qui n'a pu la désabuser sous ce rapport, d'inviter Siegfried avec sa femme à Worms, où elle se propose de se montrer à Chriemhild comme la femme du suzerain de son mari. Après beaucoup d'hésitations, par suite du pressentiment de ce qui va arriver, Gunther envoie une ambassade à Siegfried, et celui-ci, malgré les avertissements de son père, part pour Worms avec Chriemhild. Ici se renouvelle la même scène qui amène la catastrophe dans l'épopée scandinave; les deux femmes se querellent sur la supériorité de leurs maris. Brunhild appelle Siegfried l'homme lige de Gunther, et Chriemhild, exaspérée au plus haut degré, appelle Brunhild la concubine de Siegfried, et lui montre la bague et la ceinture que Siegfried lui a enlevées dans la lutte nocturne dont nous avons parlé, et qu'il a eu l'imprudence de confier à sa femme. Ceci a lieu en présence de toute la cour. Siegfried, effrayé, jure qu'il ne s'est jamais vanté d'avoir possédé Brunhild, et châtie sévèrement sa femme pour son bavardage. En véritable Allemande, Chriemhild raconte même que son « maître l'a vertement battue. » Mais rien ne peut apaiser la soif de vengeance qui tourmente Brunhild. Elle prie son frère et ses champions de tuer Siegfried. Le sauvage Hagen de Tronek, oncle de Gunther, s'offre à exécuter ce meurtre par trahison. On fait répandre la fausse nouvelle que Worms doit être prochainement attaquée par l'ennemi. Hagen s'adresse à Chriemhild pour qu'elle lui indique l'endroit où Siegfried est vulnérable, sous prétexte de veiller sur lui dans la guerre qui se prépare. Chriembild, entraînée par son amour pour son mari, brode une croix rouge sur son pourpoint, à l'endroit que la liqueur des écailles du dragon n'a pas atteint.

Siegfried est mené par Gunther et Hagen dans une forêt, au bord d'une fontaine, et invité à se baisser pour y boire; mais dès qu'il tourne le dos en se penchant sur la fontaine, Hagen le frappe de sa lance à l'endroit que Chriembild a marqué d'une croix rouge, et qui est ici ce que la branche du gui est dans le mythe de Baldr. Siegfried meurt sans pouvoir se venger, parce qu'on a eu soin de lui ôter préalablement son épée. Hagen a la cruauté de laisser porter le corps de Siegfried dans la chambre à coucher de Chriemhild. Rien n'égale la douleur à laquelle cette infortunée princesse s'abandonne. Aucune analyse ne saurait donner une idée des expressions pleines de douceur, de tendresse et de poésie avec lesquelles, dans cette première partie de l'épopée, sont peints les amours de Siegfried et de sa femme. C'est elle qu'il plaint seule au moment de sa mort, elle et le jeune fils qu'il laisse après lui, et c'est pour elle qu'il prend encore sur lui, avant d'expirer, de supplier Gunther, le complice de son assassin, de rendre à sa veuve inconsolable les immenses services qu'il lui a rendus pendant sa vie.

Mais dès ce moment le poëme change tout à fait de ton et prend la marche d'une terrible tragédie. Après les premiers épanchements de sa profonde douleur, Chriemhild ne pense plus qu'à une affreuse vengeance, qu'elle calcule avec une circonspection extraordinaire. Elle apaise son père et ses vassaux présents à Worms et qui veulent tomber sur les Giebichen, en leur montrant qu'ils sont trop faibles; elle refuse d'accompagner son père dans sa patrie, et se décide à rester chez ses frères pour y préparer sa vengeance et en épier l'occasion. Elle feint même une réconciliation sincère avec le roi Gunther, puis elle fait venir à Worms le trésor des Niebelungen, que Siegfried lui avait destiné pour douaire et qu'il avait laissé sous la garde des nains. Bien des tours en sont remplies à Worms. Cette princesse se retire dans un palais isolé, et répand de tous côtés des largesses, pour se faire des amis et des partisans; sa beauté est plus brillante que jamais, et si elle en prend soin, c'est pour en faire l'instrument principal de sa vengeance. Une foule de princes se présentent pour épouser la riche et belle veuve; mais elle les refuse tous, parce qu'aucun ne lui paraît assez puissant pour servir ses projets. Hagen, tourmenté par sa mauvaise conscience, s'effraye de l'usage qu'elle peut faire de son immense trésor, et un jour il l'enlève et le jette dans le Rhin, à un endroit connu seulement de lui et du roi Gunther. Douze années s'écoulent ainsi, pendant lesquelles Chriemhild se nourrit de sa douleur et de l'espoir de la vengeance. Enfin la femme d'Etzel, le grand roi des Huns, en Hongrie, meurt, et la réputation de la belle Chriemhild détermine ce monarque à lui envoyer à Worms une ambassade pour lui demander sa main. Chriemhild feint d'abord d'hésiter; puis elle accepte. Hagen, devinant ses desseins, conjure Gunther et ses frères de s'opposer à son départ; mais ceux-ci ne l'osent pas. Alors Hagen l'empêche du moins d'emporter ce qui lui est resté de ses trésors. Arrivée en Hongrie, Chriemhild dissimule, pendant sept années encore, ses projets de vengeance, pour ôter toute crainte à ses parents de Worms; puis elle persuade à son mari d'envoyer les inviter à une grande fête en Hongrie. Hagen fait encore tous ses efforts pour empêcher les Niebelungen de s'y rendre, et lorsqu'il les voit décidés à ce voyage, il obtient d'eux qu'ils ne partiront qu'accompagnés de plus de mille des plus fameux guerriers et de neuf mille varlets. Arrivés sur les bords du Danube, Hagen, en cherchant un passage, apprend par des femmes sages qui se baignent dans le fleuve, et auxquelles il ôte leurs chemises afin qu'elles ne puissent s'envoler, qu'aucun des Niebelungen ne reviendrait de ce voyage, excepté le chapelain du roi. Hagen voulant démentir cette prédiction, jette le chapelain dans le Danube pour le noyer; mais celui-ci, sachant nager, gagne la rive et retourne à Worms. Les Niebelungen arrivent à la cour du roi Etzel, et bientôt s'accomplit ce que Chriemhild a prévu. Le farouche orgueil des Niebelungen leur suscite des querelles avec les Huns. Le roi Etzel leur prépare un festin, en leur montrant le jeune fils qu'il a eu de Chriemhild. Alors celle-ci ne se retient plus; comme une furie, elle tâche d'abord de surprendre les Niebelungen pendant la nuit, puis force tous les héros d'Etzel, auxquels elle a auparavant arraché le serment de lui obéir en toutes choses, à se jeter l'un après l'autre sur ses frères, sur ses parents et leurs compagnons enfermés dans la salle du festin. Ils commencent par tuer les neuf mille varlets. Hagen apprenant cette boucherie, tue le jeune fils d'Etzel qui joue dans la salle, en sorte que sa tête tombe sur le sein de sa mère. C'est alors qu'Etzel se joint aussi à Chriemhild pour mettre ses hôtes à mort. Un horrible carnage s'ensuit. Les Niebelungen résistent avec une incroyable opiniâtreté à plus de trente mille des guerriers d'Etzel envoyés successivement par l'implacable Chriemhild; ses plus fameux guerriers restent sur le champ de bataille. A la fin, cette princesse fait mettre le feu à la salle du festin, confiant ainsi aux flammes l'espoir de sa vengeance. Les Niebelungen meurent de soif; mais Hagen leur conseille de se désaltérer avec le sang qui coule des blessures des morts et des mourants, et d'éteindre aussi le feu avec des torches trempées dans les torrents de sang qui ruissellent sur le plancher. Enfin Dietrich de Berne, qui n'a pas voulu d'abord prendre part au combat contre d'anciens frères d'armes, accourt pour venger la mort des siens, qui se sont laissé entraîner dans la lutte et ont tous été massacrés; mais ne voulant tuer ni Gunther ni Hagen, à cause de leur ancienne confraternité, il les renverse, les lie, et les remet ainsi à Chriemhild, mais en la priant de leur faire grâce. Chriemhild le promet. Ici s'offre encore une scène semblable à celle qui termine l'ancien poëme du Nord : Chriemhild promet astucieusement la vie à Hagen s'il lui révèle l'endroit où il a caché le trésor des Niebelungen. Hagen ne voulant pas mourir sans le roi Gunther, répond qu'il ne peut le dire qu'après la mort de Gunther. Chriemhild fait tuer son frère ; mais alors Hagen lui dit qu'elle ne saura jamais où est caché le trésor, puisque lui seul en a encore connaissance. Dans sa fureur, Chriemhild lui tranche elle-même la tête. Mais le vieux Hildebrant, l'ami et le mentor de Dietrich de Berne, a tout vu. Exaspéré de ce que la reine a violé la promesse faite à son maître, il perce de son épée la poitrine de la femme dont la haine et la vengeance ont envoyé à la mort tant de races de héros, des Giebichungen, des Danois, des Autrichiens, la plupart des Amelungen et des milliers de Huns.

Ainsi se termine le Niebelungen Not ; mais aucune analyse ne pourrait donner une idée des terribles tableaux de massacres et de carnage dont est rempli le dernier tiers de ce long poëme, et de l'intrépidité, des ricanements même que les Niebelungen opposent à tous les dangers, et surtout du sauvage défi que le farouche Hagen, au milieu de ces boucheries, jette à ses ennemis, qu'il exaspère de plus en plus avec dessein.

Les poëmes nationaux concernant Dieterich de Berne, cette reproduction héroïque du dieu Thorr et de ses luttes, ont un caractère tout différent. Ici rien que des luttes et la glorification la plus exclusive de la force physique et du désir perpétuel des combats. L'amour et les sentiments tendres en sont tellement bannis, que les femmes elles-mêmes, quoiqu'on recherche leurs sourires et leurs caresses comme la plus douce récompense du courage et de la force, prennent presque un caractère odieux en excitant au meurtre et au carnage pour en repaître leurs regards et tirer gloire et vanité des victimes qui s'entre-tuent et se déchirent afin de leur plaire. Chriemhild, qu'on rencontre encore dans ces récits, y devient presque une mégère ; elle y est accablée, par les douze compagnons de Dieterich, des épithètes les plus outrageantes, pour avoir excité, de sang-froid et de gaieté de cœur, des combats sanglants entre les héros de Berne et de Worms ; Siegfried, ce doux et noble héros, le Baldr des Niebelungen, s'y prête aux caprices odieux de son épouse, et il est humilié avec elle ; c'est là notamment le sujet du poëme intitulé *le Jardin des Roses à Worms*. Par une sorte d'ironie, c'est ce jardin de fleurs, que Chriemhild possède à Worms, qu'elle choisit pour être le théâtre sanglant de combats à outrance ; c'est là que se versent des flots de sang et qu'elle invite les douze héros de Dieterich à lutter avec les douze de Siegfried, en promettant aux vainqueurs des couronnes de roses et des baisers. Dieterich et ses héros sont toujours victorieux, parce qu'ils luttent pour une cause juste, soit qu'ils combattent, comme ici, des héros obéissant aux caprices provocateurs d'une femme, soit qu'ils luttent avec les géants insolents et dévastateurs dont ils ont pour mission de purger la terre. Dieterich va chercher les géants dans les forêts ou dans les cavernes où ils résident ; et si Siegfried est invulnérable à cause de sa peau de corne et tout-puissant par son épée Balmung, Dieterich, dès qu'il entre en fureur, a le pouvoir de lancer par la bouche un feu brûlant qui rappelle le marteau électrique de Thorr ; mais comme il lui faut une forte impulsion morale pour le mettre en cet état d'exaspération, cette fiction prolonge la durée des combats, dont la description détaillée est le sujet de prédilection de cette série de poëmes, qui peignent de la manière la plus énergique cette base fondamentale de la vie, du caractère et des intentions des anciens peuples du Nord, et cet unique objet de leurs pensées, le combat à mort. Dans cette fiction, l'issue du combat reste longtemps douteuse, et le héros qui en sort à la fin vainqueur est exposé à une foule de périls qui entretiennent l'intérêt et la curiosité des lecteurs ou auditeurs. Dans le même Jardin des Roses, où Siegfried se trouve à la fin en présence de Dieterich, ce dernier, qui doit combattre le chef des Wolsungen après que ses douze compagnons ont déjà triomphé des douze guerriers, s'effraye tellement de la peau de corne et de l'épée de son adversaire, qu'il s'enfuit honteusement et se refuse absolument à combattre. Forcé enfin par ses amis d'entrer en lutte, il est sur le point de succomber, lorsque son ami le plus chéri s'avise de lui faire dire qu'il est mort des blessures qu'il a reçues. Cette nouvelle opère un prodige sur Dieterich. Il est saisi d'une effroyable colère; les flammes lui sortent de la bouche, assaillent Siegfried dont elles fondent la peau, de manière que celui-ci est forcé de se réfugier dans le sein de Chriemhild, qui le sauve de la mort en couronnant de roses son adversaire et en lui prodiguant des baisers. Les mythes des combats de Thorr avec les géants de la gelée ne donnent qu'une faible idée de l'incroyable et sauvage fureur d'acharnement de ces combats, surtout dans les poëmes où Dieterich lutte avec les géants, qui le provoquent ou qu'il va lui-même chercher dans leurs solitudes. Les deux adversaires se frappent mutuellement durant des journées entières, en se reposant de temps à autre; souvent la nuit intervient, et ils attendent avec impatience l'aurore pour recommencer le combat. Ils se portent des coups si terribles que l'un ou l'autre tombe par terre et y reste évanoui; les casques et les cuirasses volent en éclats; le sang coule en telle abondance qu'il rougit l'herbe, les fleurs et les arbres, et qu'on ne comprend pas comment, après une seule heure d'une lutte aussi acharnée, il peut rester encore aux combattants un souffle de vie. Mais ce qui frappe le plus, c'est l'étrange générosité et la loyauté qui président à ces combats. Là aucune de ces ruses et de ces tromperies que, sur le conseil de Loke, le dieu Thorr se permet envers ses ennemis. Au contraire, aucun des combattants n'ose profiter du moment de défaillance passagère qui saisit son adversaire; il lui laisse le temps de se remettre et de se relever; et pendant la nuit même ils se veillent et se gardent alternativement, selon une convention formelle, et ils se livrent l'un après l'autre au sommeil pour réparer leurs forces épuisées. Rien de plus étrange encore que ces invocations à la Vierge et au Christ qui se rencontrent à chaque instant dans ces récits où tout est païen d'ailleurs; car nous ne possédons ces poëmes que sous la forme où ils ont été reproduits aux époques déjà avancées du moyen âge; ce qui prouve plus que tout ce qu'on pourrait dire combien étaient profondément enracinés auprès des peuples de la Germanie les caractères, les types et les idées qu'ils représentent.

L'exclusion mentionnée de l'amour et des sentiments tendres des femmes, dans la série des poëmes qui ont pour sujet Dieterich de Berne et ses luttes, peut faire paraître, au premier abord, ces poëmes peu germaniques et en opposition avec la tendance principale des intuitions religieuses de ce peuple; mais on cessera de les juger ainsi en apprenant qu'en revanche ils glorifient une autre affection toujours en honneur auprès de cette race, affection qui par sa solidité, et pour ainsi dire par sa nature calme et raisonnée, est plus en harmonie avec la mission sérieuse et grave de Dieterich et avec les scènes et les aventures qu'elle produit : c'est l'amitié fidèle, que ces poëmes glorifient à tout instant. A côté du héros de Berne apparait toujours le vieux Hildebrand, qu'on pourrait appeler le Mentor de cette Odyssée germanique, s'il ne réunissait à la sagesse des conseils le courage et la force physique des plus jeunes héros germains. La grandeur et le caractère de cette amitié sont énergiquement peints par ce trait déjà mentionné du Jardin des Roses, où Hildebrand réussit à rendre Dieterich vainqueur du formidable Siegfried en lui faisant parvenir la fausse nouvelle de sa mort, nouvelle qui seule est capable de réveiller les forces surnaturelles qui dorment cachées dans le sein du héros. Aussi un poëme spécial, intitulé *Le géant Siegesnot*, est consacré à célébrer la fidélité du vieux Hildebrand, qui sauve son ami et maître, vaincu par un géant des forêts, et le fait évader d'une tour remplie de serpents dans laquelle il a été enfermé. Et chaque récit est toujours terminé par un trait touchant de cette amitié : au retour de toutes ses expéditions périlleuses, Dieterich en rentrant dans les murs de Berne ne manque jamais d'y rencontrer son vieil et fidèle ami Hildebrand qui l'attendait avec anxiété.

C'est dans le poëme intitulé *l'Expédition d'Egge*, que Dieterich de Berne apparaît surtout, à l'instar de Thorr, comme exterminateur des géants malfaisants. Les combats décrits dans ce poëme sont encore provoqués par la frivolité de deux femmes, qui abusent du pouvoir que l'esprit chevaleresque des Germains leur donne sur les hommes, et auxquelles obéit le rude Dieterich, même quand, ainsi que dans le jardin des Roses, il manifeste son mépris pour elles. Deux reines ont envie de voir le célèbre héros, et engagent Egge, jeune géant doué d'une force prodigieuse et très-jaloux de Dieterich, à l'aller chercher, et à l'amener de gré ou de force dans leur château, lui promettant de l'épouser après l'accomplissement de cet exploit. Egge va chercher ce héros au milieu d'une forêt, lui ordonne de le suivre chez les reines, et, sur son refus, il le force à un combat à outrance. Après des efforts inouïs, Dieterich le tue; cela fait, il va volontairement faire une visite aux deux princesses, après avoir tué aussi en route d'autres géants, qui viennent l'assaillir pour venger la mort d'Egge. La beauté morale de cet Hercule germanique apparaît dans ce poëme, et y brille de tout son éclat. Rien de plus saisissant que le contraste entre l'insolence provocatrice du géant et la modestie et la modération de Dieterich, qui le prie longtemps de renoncer à un combat entrepris pour des motifs aussi frivoles. Nulle part encore, l'élément chrétien introduit dans ce monde tout païen ne ressort d'une manière aussi frappante que dans ce poëme. Accomplissant une mission puisée entièrement dans les anciennes intuitions religieuses des Germains, Dieterich, à chaque interruption forcée de la terrible lutte, met la justice de sa cause sous la protection du dieu chrétien, de la Vierge et du Christ, tandis qu'Egge déclare ne vouloir accepter d'autre appui que celui du diable.

Dans le quatrième poëme, qui traite spécialement des exploits de Dieterich, la tradition célèbre de nouveau le courage indomptable et presque frénétique des héros, dans les combats qu'ils se livrent entre eux. Ce poëme raconte la mort du jeune Alphart. Cet adolescent, de l'entourage de Dieterich, est envoyé pour reconnaître une armée que l'empereur allemand envoie contre Berne, également par un motif frivole ; et, sentinelle avancée, il combat seul contre une foule des plus célèbres guerriers ennemis. Il est tué, et les compagnons de Dieterich, sortis de la ville pour venger sa mort, mettent en fuite toute l'armée impériale.

Enfin, le sort tragique qui frappe tous les dieux et tous les héros de la Germanie païenne atteint, en quelque sorte aussi, Dieterich de Berne. Il est entraîné dans les grands événements de l'époque ; il livre la bataille de Ravenne à l'empereur Ermenrich, qui apparaît comme symbole des guerres italiennes faites par les empereurs allemands. Il le défait encore une fois. Mais bientôt après il est expulsé de Berne par la perfidie de son oncle Ermenrich ; il est forcé de s'exiler, et de chercher, avec son vieil ami Hildebrand, un refuge en Hongrie, à la cour du grand roi Etzel (Attila), que nous rencontrons maintenant comme le troisième élément des souvenirs mythologiques reproduits dans les épopées héroïques de l'Allemagne.

Nous l'avons déjà dit, le roi Etzel de l'épopée germanique, qui, quoique roi des Huns, n'emprunte à Attila que le souvenir de la domination presque universelle qu'avait su établir ce conquérant farouche, est la reproduction du dieu suprême Odin ou Wodan, mais seulement en tant que dieu universel, et sans ses attributs guerriers ; c'est un Odin paisible, et, pour ainsi dire passif, qui règne sans gouverner, et rappelle plutôt Jupiter trônant dans l'Olympe dans une calme majesté, et observant le monde bien plus qu'il ne l'agite. C'est évidemment la création d'un âge plus avancé, et surtout plus imbu des idées chrétiennes; d'un âge où l'on commença à renoncer aux anciennes intuitions concernant la lutte comme seul moyen de félicité, de bonheur et de bien-être sur la terre. Une profonde pensée paraît motiver la tournure que prend, avec la bataille de Ravenne, la marche de l'épopée elle-même ; car, quoique les données en soient distribuées dans un grand nombre de poëmes qui paraissent indépendants les uns des autres, ces poëmes forment un seul ensemble, qu'on réunit sous le titre commun de *Livre des héros* (Heldenbuch). En dispersant le groupe des héros de Berne, qui représentent spécialement l'idée de la nécessité de la lutte constante d'individus prééminents et doués de forces surnaturelles contre le mauvais principe, et en amenant son chef à se réfugier à la cour paisible d'Etzel, l'épopée indique que l'humanité était arrivée à une époque où la force et le courage individuels devaient se mettre sous la tutelle de l'ordre et de la paix. Dieterich ne périt pourtant pas, comme Siegfried, représentant cet amour de Baldr, qui n'est pas de ce monde, comme les farouches Niebelungen, mus par l'amour de l'or et par le désir de la vengeance ; il continue même à être actif : on a encore besoin de sa force et de son courage. Nous avons déjà vu comment à la cour d'Etzel on se sert de lui pour s'emparer du farouche Hagen et du roi Gunther, qu'il est seul capable de dompter, et comment on charge son ami Hildebrand de punir la sanguinaire Chriemhild. A la fin Dieterich est enlevé par une puissance divine, et caché dans une montagne, où il vit toujours, et d'où il reviendra un jour quand on aura encore besoin de lui ; idée qui plus tard s'est reproduite dans la tradition relative à l'empereur Frédéric Barberousse. Le poëme spécialement consacré au roi Etzel, que nous possédons sous le titre de *la Cour d'Etzel*, et où il est question des Sarrasins et des croisades, porte en lui-même la trace de son origine postérieure.

Dans ce poëme, nous voyons le puissant roi Etzel, comme roi des rois, dans son vaste palais, entouré des héros de tous les pays, même des plus lointaines contrées, lesquels se réjouissent dans des fêtes et des repas continuels. Pour démontrer l'universalité et la solidité de la domination établie par lui, toutes les portes de son palais sont sans gardes et perpétuellement ouvertes, car le roi Etzel ne peut plus avoir un ennemi sur la terre. Soudain une belle princesse sarrasine, appelée Selde, accourt toute éplorée, se jette aux genoux du roi, et le conjure de faire fermer toutes les portes du palais, car elle est poursuivie par un géant farouche, qui la cherche pour la dévorer; il est sur ses traces, et à l'instant même il va pénétrer dans le palais. Etzel refuse sa demande, car il regarde comme une honte de déroger à la loi qu'il s'est imposée de laisser ses portes toujours ouvertes; ce serait avouer qu'il peut avoir à craindre quelque agression, et cet aveu serait une lâcheté. Touché toutefois des pleurs de la belle Sarrasine, il l'engage à se choisir, parmi les héros présents, un champion qui la défende, et auquel il daignera permettre le combat dans sa demeure paisible. Le géant, venant de l'Orient, se précipite dans le palais, et y répand tant de terreur que plusieurs héros, malgré les prières de la princesse, refusent de la défendre. Enfin, elle s'adresse à Dieterich de Berne, qui, après un combat terrible, terrasse le géant; après quoi la princesse, cet élément de discorde inconnu désormais dans les pays gouvernés par Etzel, disparaît pour retourner dans l'Orient, où la guerre exerce encore ses fureurs.

Les poëmes épiques qui ont pour sujet des expéditions à Constantinople, dans le genre du voyage de Charlemagne à Constantinople, sont Wolfdieterich, le roi Rother et Otnit. Nous n'en donnerons pas d'analyse, parce qu'ils n'ont qu'une valeur mythologique tout à fait secondaire. Ce que nous avons dit suffit pour démontrer que l'idée religieuse primitive des Germains a été, sur le sol de la Germanie méridionale ou de la Germanie proprement dite, transmise de générations en générations jusqu'aux époques les plus modernes du moyen âge, tant elle était restée vivante dans le cœur et l'esprit du peuple! Elle a été seulement modifiée selon le génie et le progrès des temps; elle est restée exempte de toute atteinte essentielle au sein même du christianisme, qui n'a pu l'absorber. L'histoire de l'Allemagne présente ainsi le spectacle unique d'une nation qui, aussi longtemps qu'elle existe politiquement et socialement, garde ses intuitions religieuses primitives, à travers toutes les révolutions morales qu'elle subit, et reliant le christianisme au paganisme, se crée ainsi un développement intellectuel et moral qui prend sa source à l'origine même de son histoire. Il s'en est suivi que l'Allemagne possédait déjà une littérature d'une haute valeur et toute indigène, toute nationale, au moment où les nations les plus avancées de l'Europe s'en formaient une des débris de la littérature classique, après avoir perdu tout souvenir de leur premier développement intellectuel et indigène. Les idées, les types que les anciens poëmes héroïques de la Germanie ont pris pour sujet étaient si identiques, si enracinés, d'une si haute valeur pour toute la nation, que les esprits les plus éminents s'appliquèrent uniquement à leur donner les formes et les modifications qu'exigeait l'esprit avancé de chaque époque. Ils ont été mille fois reproduits, et le chant des Niebelungen, par exemple, sous la forme que nous possédons aujourd'hui, est si cher aux Allemands, qu'ils vont jusqu'à le mettre à côté de l'Iliade d'Homère. Il a été attribué tantôt à Henri d'Ofterdingen, tantôt à Herman von der Aue, tantôt à ce Klingsohr, qui, au quatorzième siècle, présida à la célèbre lutte poétique de la Wartbourg, où les poëtes germains se disputaient, sous les auspices des princes de Thuringe, la palme de la poésie. L'idée religieuse primitive de l'Allemagne avait réussi à s'accommoder parfaitement du catholicisme. Nous ajoutons à ce que nous avons déjà dit à cet égard, que la seule personne qui soit sauvée de la catastrophe des Niebelungen est un chapelain chrétien, et cela a lieu par suite d'une prédiction des esprits des eaux, qui se baignent dans le Danube. Dans le Jardin des Roses, le plus vaillant et le plus fougueux champion parmi les compagnons de Dicterich est un moine d'un couvent situé près du lac de Constance ; invité par Hildebrand, il a quitté sa cellule pour se joindre à une expédition sanglante, entreprise à la prière d'une femme capricieuse, et pour combattre sous les ordres d'un chef vomissant des flammes, contre un autre chef couvert de la peau d'un dragon et armé d'une épée forgée par des nains. Ce moine belliqueux gagne, à Worms, maintes couronnes de roses, et, à son retour à Constance, il en enfonce en ricanant les épines dans les crânes chauves des religieux de son couvent.

Mais voyez l'étrange sort de cette nation germanique ! Les races sorties de son sol apportent, grâce à la mythologie qui les accompagne, à presque tous les autres peuples de l'Europe cette unité, cet esprit et cette stabilité de gouvernement, qui fondent et perpétuent leur grandeur et leur influence sur l'histoire générale de l'Europe. Mais la nation mère, grâce en partie à cette même mythologie, qui crée un trop grand nombre de dieux, se divise à la longue, perd son unité, éparpille sa nationalité, reste politiquement et socialement en arrière de ses voisins, et ne sait pas par conséquent faire peser dans la balance des destinées de l'Europe l'influence de son action et de son génie ; et après avoir été la seule nation qui, au moment de la grande renaissance intellectuelle et artistique de l'Europe, a développé avec gloire une littérature nationale, née sur son propre sol et rattachée par mille liens à la première époque de son existence, elle voit cette même littérature, dont les écrivains les plus éminents étaient contemporains des fondateurs des littératures des autres peuples basées sur celles de l'antiquité, s'arrêter subitement pour toujours, et devenir en peu d'années, pour la grande masse de la nation, une lettre aussi morte et aussi stérile que l'édifice pétrifié des Edda le devint pour la vie religieuse des Scandinaves. En vain lutte-t-elle depuis presque un siècle pour se créer de nouveau une littérature vraiment nationale et originale; la sienne n'est plus guère qu'une imitation perpétuelle des littératures de l'étranger; elle subit l'influence tantôt d'un peuple, tantôt d'un autre, et présente dans la variété de ses couleurs, de ses tendances, un spectacle semblable à celui qu'offre la carte de son pays au milieu de celle des autres États européens.

Eh bien! ce fut encore une révolution religieuse qui interrompit ainsi le développement politique et social de la Germanie et fit de sa littérature nationale une sorte de littérature antique et inintelligible, preuve évidente que l'idée religieuse était l'âme et la vie de cette nation, et la base fondamentale de son action et de ses pensées. Cette nation devait perdre la séve vivifiante de sa nationalité, et même ses intuitions religieuses primitives. La triste révolution qui s'opérait ainsi fut amenée par la réforme, ou plutôt par le protestantisme, érigé en église constituée; c'est lui qui brisa à jamais les liens qui attachaient la pensée allemande au point de départ de son originalité nationale. L'ancienne idée religieuse avait bien pu, comme nous l'avons déjà dit, s'enfouir dans les légendes et les miracles du catholicisme, mais elle ne pouvait résister aux froids raisonnements du protestantisme, qui tarit entièrement la séve qui avait fécondé la littérature nationale, d'autant plus qu'il entraîna, dès les commencements, les esprits les plus éminents, les penseurs, les poëtes, les artistes du peuple, et rejeta ainsi hors du cercle du mouvement intellectuel la moitié du pays, restée catholique. Le protestantisme, ce fils rebelle, selon l'expression pittoresque d'un écrivain protestant allemand, estropia même le vieil Uranos, son père. Dans ces guerres de la réforme, qui rejeta tout le passé et tout l'héritage d'une longue suite de générations, disparurent même les dernières traces extérieures de l'ancienne idée religieuse, ensevelie sous les ruines des sanctuaires catholiques, où elle s'était glissée.

Toutefois, ces antiques croyances, toujours renouvelées dans des transformations diverses, avaient trop longtemps accompagné la pensée allemande, et l'avaient suivie jusqu'à une époque trop avancée de son développement pour que ce qui en elles ne se rattachait pas directement aux notions générales sur la destinée de l'homme et sur ses relations avec la Divinité ne dût point survivre au protestantisme. Nous voulons parler de ce culte de la nature extérieure animée et peuplée d'êtres doués de forces surhumaines, grâce à leur assimilation plus intime avec les éléments, de cette partie de toute religion, désignée sous le nom de superstitions, et née de ce panthéisme, qui était primitivement la religion principale de tous les peuples du Nord, et à laquelle, chose étrange, la métaphysique allemande, après avoir parcouru un cercle de systèmes plus ou moins subtils, revient toujours, comme la poésie lyrique de l'Allemagne en est toujours empreinte. Ce qui est bien plus curieux encore, c'est que ces croyances superstitieuses se sont maintenues le plus longtemps surtout dans les pays protestants, où l'imagination du peuple se cramponnait à ces superstitions, privée qu'elle était de la croyance dans des êtres surnaturels plus élevés. Ce qui frappe plus encore, c'est que Luther lui-même, le type allemand le plus prononcé qui ait jamais existé, sanctionna longtemps ces croyances, en racontant, avec la naïveté la plus sincère, dans ses sermons de table déjà mentionnés, une foule de contes drôlatiques sur les tours joués aux chrétiens par des esprits aquatiques, des gnomes et des nains hideux, qu'il transforme seulement en autant de formes qu'en prend le diable des chrétiens pour tenter les fidèles.

Il y a donc dans l'histoire du paganisme, en Allemagne, une quatrième époque, celle qui survécut à la réforme, époque où le sol de la Germanie était principalement le théâtre de ces esprits élémentaires.

En tête de ces esprits déchus, apparaissent même encore quelques dieux supérieurs, dans la légende si répandue en Allemagne sous le nom de *chasse infernale*. C'est le chasseur sauvage qui, suivi d'un cortége d'esprits malfaisants, montés sur des chevaux monstres, tantôt sans têtes, tantôt avec des têtes de mort, parcourt pendant la nuit les airs, au bruit effroyable du cor, pour chasser dans les forêts et les champs. Malheur à qui le rencontre! C'est Wodan quelquefois qui marche à la tête du cortége; quelquefois c'est la déesse Hulda, devenue tout à fait un être méchant. Mais celle-ci est alors précédée d'un des beaux types de l'épopée nationale, qui célébrait la vertu de l'amitié, le fidèle Eckhart, un des héros des Niebelungen, qui reproduit le gardien des dieux, Heimdallr, et qui, comme Dieterich et Barberousse, a été transporté dans une montagne, pour y vivre éternellement. C'est de cette montagne que sort la chasse infernale, et, avec elle, Eckhart, pour la précéder, et pour avertir les passants du danger qui approche. On connaît, par le chef-d'œuvre de Weber (le Freyschutz, Robin des bois) la légende de la Bohême sur les balles franches du chasseur sauvage, qui, quand on le conjure, accorde sept balles, dont six atteignent le but voulu, mais dont la septième devient pernicieuse à celui qui les a obtenues.

Parmi les esprits des montagnes, celui qui occupe le premier rang, celui qui s'est maintenu le plus longtemps dans l'imagination du peuple et a fourni le sujet d'une foule de traditions, que des écrivains très-distingués de la littérature moderne de l'Allemagne ont employé leur talent à revêtir de nouvelles formes, est l'esprit des montagnes de la Silésie, dit Rübezahl, compteur de navets, ainsi nommé parce qu'ayant enlevé une belle princesse, il lui donne le pouvoir de se créer des compagnes dans sa solitude, en semant des navets dans son jardin. Cet esprit conserve toujours en partie son ancienne nature bienveillante, car il n'est tourmentant et terrible que pour les insolents et les méchants, et rend souvent heureux et riche l'homme pauvre et probe. Il apparaît toujours au milieu des tempêtes, à la voix de ceux qui l'appellent par son surnom.

En revanche, un esprit d'une nature tout à fait méchante est l'esprit des champs labourés, qui appartient à la famille des elfes ou nains, nommé Pilwiz, et qui fait le désespoir des agriculteurs. Couvert d'un petit chapeau pointu, il coupe les blés avant qu'ils soient mûrs, avec de petites faucilles attachées à son orteil; et la nuit, il entrelace les cheveux des hommes, de manière à leur donner cette maladie connue sous le nom de la plique ou de queue de la Vistule, maladie imposée aussi, à l'époque dont nous parlons, par Hulda et par Bertha. Les traditions populaires de l'Allemagne enseignent encore de nos jours un grand nombre de moyens pour combattre l'action du Pilwiz. Quand on le rencontre pendant sa promenade à travers les blés, et qu'on le salue, il meurt la même année. On le découvre et on le fait périr, si, le jour de la Saint-Jean, où le soleil a atteint son zénith, on s'assied, un miroir sur la poitrine, sous un buisson de sureau, en regardant de tous côtés; mais alors on doit prendre garde de n'être pas vu le premier par le Pilwiz; car, dans ce cas, celui qui l'épie doit mourir, tandis que le Pilwiz conserve la vie, à moins que son regard ne tombe d'abord par hasard sur le miroir qu'on tient sur sa poitrine. On le fait périr également si l'on porte en silence dans une tombe fraîchement creusée les épis coupés par le Pilwiz; mais il ne faut pas les prendre avec la main nue; et si l'on prononce le moindre mot pendant cette opération, ou si une goutte de sueur tombe de la main dans la tombe, celui qui a jeté les épis doit mourir dès qu'ils pourrissent. Le

Pilwiz, avec ses pérégrinations à travers les champs de blé, est évidemment la reproduction altérée de l'ancien dieu Freyr, traversant les blés sur son sanglier, et les fécondant par les mouvements d'ondulation qu'il était censé leur imprimer.

Pendant longtemps aussi, le peuple des campagnes croyait encore aux naines des forêts, dites femmes de mousse. Elles s'approchent des hommes familièrement, et montrent elles-mêmes une grande peur du chasseur sauvage qui les poursuit. Elles paraissent surtout quand le peuple cuit son pain, et demandent qu'on leur en cuise de la grandeur de la moitié d'une meule, que l'on doit déposer à un endroit indiqué. Plus tard, elles rendent le pain, ou en apportent de celui qu'elles ont cuit et qu'elles déposent dans les sillons des agriculteurs ou sur leurs charrues. Mais elles détestent le pain où l'on met du cumin, ou qu'on marque d'un signe, en imprimant à la pâte l'empreinte du bout du doigt. Ce sont là des usages nouveaux qu'elles n'aiment pas. Chaque fois aussi qu'on écorce le tronc d'un arbre, une femme de mousse doit mourir ; c'est pourquoi, dans les traditions, elles conseillent toujours aux paysans de n'écorcer aucun arbre, de ne point mettre de cumin dans le pain, de ne pas le marquer ni le compter, sous peine de voir diminuer l'aisance dans leurs maisons.

Mais ce qui est surtout particulier à l'histoire du paganisme en Allemagne, c'est la longue durée de la croyance aux géants. L'évêque Gebhardt de Halberstadt se plaint encore, en 1462, de la vénération vouée à un géant, nommé le bon Lubbe, auquel on jetait des os d'animaux, sur une montagne située dans le comté de Mansfeld. La croyance aux géants avait surtout sa cause dans l'invasion des peuples barbares et féroces qui dévastaient le pays. L'Allemagne ayant tant souffert des Huns, donnait, par cette raison, à tous ces géants le nom de Hunes ou de Heunes. Toutefois, ces croyances, qui survécurent à la réforme, époque où les anciens souvenirs des dévastations des Huns s'étaient déjà effacés, se sont modifiées, en ce sens que les géants des traditions les plus récentes ne sont plus méchants ni à craindre, mais ne représentent plus que la force lourde et aveugle de la matière; ils sont si stupides, que l'imagination populaire s'égaye à leurs dépens. Rien de plus gai que les traditions postérieures qui les concernent. Ce qui y rappelle uniquement les mythes scandinaves relatifs à Thorr et à ses luttes avec les géants, c'est que les traditions récentes attachent toujours cette idée des géants à des roches, à des pierres immenses. Dans les contrées surtout qui, situées près du littoral de la Belgique, ne présentent presque que de vastes plaines, le peu de montagnes et de collines qui s'y trouvent est toujours l'œuvre des géants ou des filles de géants, qui perdent du sable ou des pierres qu'elles portent dans leurs tabliers. Une autre fois, les rochers et les collines isolées qu'on rencontre dans les plaines de l'Allemagne sont tombés du soulier d'un géant, qui, incommodé dans sa marche par quelque chose qui le blessait au talon, a ôté sa chaussure pour la secouer.

Les traditions qui peignent la force et la grandeur de ces géants sont souvent d'autant plus burlesques qu'elles ne les montrent plus employés à des luttes sanglantes, mais aux travaux paisibles du ménage. Dans la plupart, il est question de deux géants qui demeurent l'un près de l'autre, c'est-à-dire à quelques lieues de distance, et qui causent ensemble sans se déranger. Ils ont en commun des ustensiles de ménage qu'ils se jettent dans les mains à travers des rivières et des montagnes. Ainsi deux Heunes demeurant l'un sur l'Eberstein, l'autre sur le Hombourg, c'est-à-dire à une lieue de distance, n'ont qu'une cognée, qu'ils se font passer l'un à l'autre quand ils en ont besoin. Les deux géants demeurant l'un sur le Weissenstein, l'autre sur le Remberg en Hesse, se donnaient mutuellement des signaux, pour se faire parvenir la cognée, en se grattant seulement le corps, ce qui faisait un bruit suffisant pour pouvoir être entendu à deux lieues. Deux autres ont un four en commun situé à moitié chemin entre leurs demeures, et qu'ils chauffent alternativement. Celui qui veut faire sa fournée en avertit son voisin au moyen d'une pierre qu'il lui jette. Quand deux géants se combattent, si l'un d'eux s'enfuit, il saute par-dessus des villages et se blesse l'orteil du pied à la flèche d'un clocher, et le sang qui jaillit de sa blessure forme un étang; quand ils sautent d'un rocher à un autre, leur pied ou le sabot de leur cheval laisse des traces dans la pierre. Quelques traditions allemandes rappellent même Gargantua, immortalisé par Rabelais et Fischart de Strasbourg. Ainsi, comme Gargantua, le Hune près de Solling en Westphalie, quand il boit dans une rivière, a l'un de ses pieds sur sa montagne et l'autre sur un autre mont situé à une lieue de là, et quand, en se courbant vers la rivière qui coule entre les deux montagnes, il perd l'équilibre, il saisit de son bras une montagne encore plus éloignée pour y chercher un appui. D'autres traditions sont plus ingénieuses et montrent surtout la supériorité que, dans la conscience des géants eux-mêmes, l'intelligence des hommes, si inférieurs en stature et en force physique, a acquise avec le temps sur la lourde et inerte matière qui est représentée par les géants. Dans plusieurs contrées de l'Alsace jusqu'au littoral de la Baltique, on trouve la tradition suivante : Une fille de géant prend un paysan qui laboure un champ avec sa charrue et ses chevaux, pose le tout dans son tablier, le porte à son père sur la montagne, et, toute joyeuse, lui montre sa trouvaille, en l'engageant à admirer ces jolis petits joujoux qu'elle a trouvés. Le père gronde sa fille d'avoir enlevé ces êtres qui, quoique si petits, sont pourtant si utiles et même si redoutables; utiles, parce que sans eux on n'aurait pas de pain ni de nourriture; redoutables parce qu'ils finiront, grâce à leur intelligence et à leurs travaux, par chasser les géants, en détruisant partout les lieux sauvages et incultes où ceux-ci résident. Le père exhorte même sa fille à reporter dans les champs ces petits êtres qui ne sont rien moins que des joujoux, et à les replacer doucement à l'endroit où elle les a pris. Dans quelques-unes de ces traditions, la fille du géant porte le paysan et son équipage à sa mère en lui criant qu'elle a trouvé de jolis vers, et la mère les lui fait reporter en disant que ces vers mangeront bien un jour les géants. Enfin les traditions de quelques contrées racontent même comment les géants ont entièrement disparu, et cela d'une manière tout à fait conforme à l'idée que le peuple, dans les temps postérieurs, s'était formée de leur peu d'intelligence. Lorsque le sol, dit une tradition de la Westphalie, fut envahi par la culture, les Hunes ne s'y plaisaient plus, et ils prirent la résolution d'émigrer tout à fait et de chercher la route du ciel. Chemin faisant, ils arrivèrent à un grand lac où le ciel réfléchissait son brillant azur. Prenant ce reflet pour le ciel lui-même, ils crurent y pénétrer en se précipitant dans les flots, et c'est ainsi qu'ils se noyèrent tous.

Jamais cette stupidité n'a été l'attribut des nains et des elfes, qui ont toujours eu en sagacité et en savoir ce qui leur manquait en grandeur matérielle et sous le rapport physique. Nous avons déjà dit dans un autre endroit qu'eux aussi se retirent enfin devant les envahissements de l'agriculture et de l'industrie, devant le son des cloches chrétiennes et les bruits de la civilisation. C'est surtout dans les traditions allemandes qu'est exprimé le regret avec lequel le peuple se sépare de ses anciens compagnons de la vie païenne, et les récits des émigrations des elfes et des nains ont tous un certain ton de mélancolie et de tristesse.

CHAPITRE SIXIÈME.

Religions et cultes païens des peuples slaves et lithuaniens.

Ce n'est que depuis très-peu de temps qu'a commencé à se dissiper la profonde obscurité qui voilait, aux yeux de l'Europe savante, l'origine, la parenté et l'histoire primitive de cette race nombreuse de peuples qui, sous le nom moderne de Slaves, occupent l'espace le plus étendu de la partie orientale du nord de l'Europe. La situation géographique de leurs pays les tenait, autant que leur caractère national, plus ou moins en dehors des mouvements généraux de l'histoire européenne ancienne et moderne, sur laquelle ils n'exercèrent que rarement une action sensible. Presque toujours ces peuples suivirent l'impulsion qui leur était imprimée par d'autres peuples plus remuants et plus actifs, qui les entraînèrent comme auxiliaires dans leurs mouvements. De là vient qu'ils furent souvent confondus avec celles d'entre les nations qui n'avaient avec eux presque aucune ressemblance sous le rapport du caractère, des mœurs, des occupations et des tendances nationales, même sous le rapport de la langue et de la constitution physique. Les anciens ne les connaissaient point du tout ou ne les connaissaient que fort peu, et encore parlent-ils souvent d'eux en leur donnant des noms sous lesquels les modernes ont à peine à les retrouver. De tout temps la race slave a été divisée en un plus grand nombre de tribus, désignées par des noms particuliers, qu'aucune autre des grandes branches de la famille indo-européenne qui se dispersèrent en même temps sur les vastes et immenses plaines de l'est de l'Europe. Aucun des peuples slaves n'approcha des frontières des autres nations que quand il fut poussé sur celles-ci par un peuple nouveau qui venait envahir ces plaines. Ne faisant jamais d'expéditions continues sur le sol étranger, les tribus slaves, durant longtemps, ne se réunirent que pour des fédérations pacifiques, afin de se défendre plus efficacement contre leurs agresseurs, et ces fédérations étaient dissoutes par le vainqueur, qui leur imposait son nom, ou elles se dissolvaient elles-mêmes dès que le danger était passé, après quoi leurs noms étaient de nouveau changés.

Il n'y a donc eu jusqu'à nos jours, sur aucune race de peuples en Europe, autant de notions erronées, autant de confusion et de contradictions, que sur la race slave. L'opinion la plus générale était que tous les peuples appartenant à cette branche étaient entrés en Europe bien plus tard que les autres races qui peuplent cette partie du monde, et que non-seulement ils conservaient des traces bien plus prononcées du type asiatique et oriental que ne le faisaient les Germains et les Celtes, mais que par leur caractère, leur constitution physique et leurs mœurs, ils trahissaient une origine semblable à celle des Tartares, des Huns, des Avares, de ces peuples nomades et équestres qui pendant longtemps furent la terreur de l'Europe civilisée. Le plus souvent on leur donnait le nom générique de Sarmates. On se les représentait belliqueux, turbulents et toujours à cheval, et on les opposait à tous les peuples du centre et de l'occident de l'Europe, qu'on comprenait sous le nom générique de Celtes, ou de peuples sortis seuls de la souche caucasienne. On les désignait aussi comme les descendants immédiats des Scythes, nom que les anciens avaient, de leur côté, étendu à presque tous les peuples du Nord demeurant au delà du Danube et de la mer Noire.

Les recherches de nos plus célèbres ethnographes, tels que les Rémusat, les Klaproth, les Humboldt, les Rask, réunies aux travaux consciencieux des historiens slaves, et surtout des Slaves autrichiens de nos jours, tels que Schaffarik, ont sans peine établi ce que ces opinions avaient d'erroné. Les premiers ont prouvé avec la dernière évidence que, par leur langue et leur constitution physique, les Slaves appartiennent tous à cette race blonde comprise sous la dénomination de famille indo-européenne, et les autres n'ont pas eu plus de difficulté à démontrer que les Slaves ont dû s'établir en Europe bien longtemps avant l'ère dite historique. Les Slaves ne pouvaient donc pas être Scythes; car ceux-ci ne sont arrivés en Europe qu'au septième siècle avant Jésus-Christ, et toutes les recherches modernes constatent que les Scythes ont appartenu à cette famille dite septentrionale dont les Ibériens, les Finnois, les Madjars, les Turcs et les Mongols font partie. Déjà Hippocrate avait remarqué la ressemblance des traits des Scythes avec ceux des Mongols, et Klaproth la constate également dans ses descriptions des images de pierre qui se trouvent en Russie sur les tombeaux scythiques. Les véritables Scythes ne furent jamais bien nombreux; ils n'occupaient que le territoire situé entre la mer Noire, depuis les embouchures du Don jusqu'à celles du Dniester, en s'étendant au nord, jusqu'au Psolus et jusqu'aux sources du Dniester et du Bog. La partie des Slaves qui était à cette époque mêlée aux Scythes était même déjà distinguée des véritables Scythes par Hérodote, qui parle de Scythes agriculteurs; c'étaient des Slaves soumis par les Scythes nomades. Le nom de Scythes n'est même rien autre que l'altération du nom de Tschud, donné par les peuples slaves à toutes les tribus de la race ouralienne ou finnoise, qui, à cause de la différence d'origine et de langue, étaient leurs ennemis naturels. Tschud était pour les Slaves ce que Hun était pour les Germains. Ce mot signifie géant méchant; et les Grecs ne pouvaient exprimer ce nom dans leur alphabet que par le mot scythe, les Scythes s'appelant eux-mêmes Scolotes. Il est très-vrai qu'on trouve dans la langue des Scythes des mots persans, et dans leur religion quelques croyances conformes à celles de l'ancienne Perse, et ces circonstances ont causé en grande partie l'erreur qui a fait donner le nom de Scythes à tant d'anciens peuples de l'Europe septentrionale et orientale. Mais ces circonstances s'expliquent par les incursions que les Scythes firent dans la Médie, où ils séjournèrent plus de vingt-deux ans, ce qui provoqua contre eux la fameuse expédition de Darius. Plus tard les Scythes furent, du côté de l'occident d'abord, repoussés et décimés par les Gètes, refoulés eux-mêmes par les hordes gauloises qui, en 350 avant Jésus-Christ, s'avancèrent jusqu'au Pont-Euxin. Cent ans plus tard, les Scythes furent encore une fois décimés par ces peuplades celtes qui, sous le nom de Galates, s'étaient établies dans l'Asie-Mineure. Enfin, quelques années après notre ère, ils furent entièrement anéantis par les Sarmates, qui, à cette époque, entrèrent en Europe.

Les Slaves pouvaient donc moins encore être Sarmates que Scythes, quoiqu'ils eussent en effet une commune origine; car les Sarmates, peuplade indienne, appartenaient, comme les Slaves, à la grande souche indo-européenne; mais les Slaves étaient des rameaux plus éloignés encore des Sarmates que les Celtes, les Germains ou les Hellènes. C'est sous le nom de Iazygues et de Roxelains que les Sarmates parurent pour la première fois en Europe, cinquante ou soixante ans avant notre ère; ils s'allièrent tantôt avec les Goths, tantôt avec les Huns, et leur tribu la plus fameuse et la plus nombreuse, les Alains, se dispersa vers le quatrième siècle, une partie allant avec les Vandales en Espagne, et jusqu'en Afrique, le reste se retirant dans le Caucase. On a vu la grande influence qu'une des tribus des Alains a exercée sur l'histoire, les institutions religieuses et la mythologie des Scandinaves; c'est la même qui s'était établie au milieu des Slaves, dans l'intérieur de la Russie. Les savants slaves ont prouvé jusqu'à l'évidence, que non-seulement à l'époque où les Sarmates apparurent en Europe, mais même déjà au commencement de l'époque historique, il eût été impossible qu'une population aussi immense que celle des peuples slaves eût pu pénétrer en Europe par les Portes Ouraliennes ou caucasiennes, sans causer au moins en

Europe une catastrophe semblable à celle qu'y occasionna l'irruption des Huns seuls, quatre siècles après l'apparition des Sarmates; car, à cette première époque, ces passages étaient déjà occupés par les mêmes peuples que les Huns poussèrent en avant. Les Grecs et les Romains auraient dû certainement ressentir les commotions provoquées par un tel mouvement. Les savants slaves n'ont pas eu non plus de difficulté à établir que si les Slaves eussent eu dans le caractère la moindre ressemblance avec les Sarmates, les Scythes et d'autres peuples guerriers et nomades, ils eussent, à cause de leur nombre, joué un rôle plus brillant et plus influent dans l'histoire de l'Europe ancienne et moderne, et n'eussent pas été si longtemps oubliés par les historiens de l'antiquité.

En effet, les préoccupations et les préjugés qui, en Europe, ont si longtemps prévalu relativement aux Slaves, ont dû être étranges, pour qu'on ait pu méconnaître si complétement leur caractère national; car il forme le contraste le plus frappant avec celui de tous les peuples avec lesquels on les a si longtemps confondus. Si l'on a raison de les opposer aux nations germaines et celtes, et de les regarder comme d'une nature différente, ce n'est pas parce qu'ils étaient plus sauvages, plus remuants, plus barbares, mais, au contraire, parce qu'ils furent de tout temps plus paisibles, plus doux, plus sédentaires, plus passifs. Dès le commencement de leur établissement en Europe, les Slaves ne s'adonnaient qu'à l'agriculture; aujourd'hui encore, les Slaves sont de préférence campagnards, et les classes les plus élevées et les plus riches fuient autant qu'elles peuvent la vie des villes. De là vient l'absence de grandes et d'élégantes cités sur toute la surface des vastes pays habités par ce peuple. Loin d'être un peuple de cavaliers, la plus grande force de leurs armées consistait toujours dans l'infanterie. Loin de rechercher une vie nomade, nul peuple n'eut jamais un amour si exalté et si enthousiaste pour le sol qu'il cultivait, quoique l'aspect n'en eût rien de beau ni de pittoresque, et que, loin de rattacher l'imagination par des souvenirs glorieux, il ne leur rappelât que le souvenir de longues souffrances. Pour la plupart, ils vinrent occuper des plaines et des territoires déserts ou abandonnés par d'autres peuples. S'ils pénétrèrent jusqu'au cœur de l'Allemagne, sur l'Elbe et le Weser, c'est que les tribus germaines s'étaient portées plus avant vers l'ouest ; s'ils s'établirent sur les côtes de la Baltique, ce ne fut qu'après que les Goths se furent portés sur la mer Noire ; s'ils occupèrent la Silésie, c'est parce que les Vandales l'avaient quittée ; et quand parfois il leur arriva de se ruer avec violence sur des frontières voisines, comme sur la Bohême, d'où ils chassèrent les Boyens affaiblis, c'est qu'ils furent eux-mêmes poussés en avant par les hordes guerrières sorties nouvellement de l'Asie, ou forcés de suivre des peuples sauvages, comme les Bulgares, dont ils achetèrent l'amitié, à condition de les accompagner en Grèce. Ce fut là l'unique cause de l'apparition des Slaves, dans les armées envahissantes et dévastatrices des Huns, des Avares, des Alains sarmates, avec lesquels on les confondit si souvent. Il y a plus : si les peuples slaves se maintinrent toujours dans les plaines qu'ils avaient primitivement occupées, c'est qu'ils surent toujours gagner la bienveillance des hordes belliqueuses qui les envahirent successivement, et qu'ils leur livrèrent paisiblement passage ou des établissements passagers, ou bien se joignirent pendant quelque temps à eux. Voilà pourquoi les Alains, les Hérules purent librement traverser les pays des Vénètes pour aller de la mer Noire en Scandinavie, et les faibles hordes des Varègues se rendre de Suède en Grèce, en traversant la Russie, sans causer la moindre perturbation. Aussi les Slaves furent-ils les seuls que les Huns ménagèrent et avec lesquels ils entretenaient même des relations amicales, tout en leur communiquant pendant quelque temps quelque chose de leur esprit guerrier et de leur habileté dans le maniement des armes. Si enfin les Slaves eussent été doués par la nature de penchants guerriers, si toutes leurs tendances n'eussent été dirigées sur les travaux de la paix, ils eussent par eux-mêmes pu fonder des dynasties puissantes et durables, et des empires capables de résister au choc des autres nations. Mais ils ne choisissaient leurs capitaines ou wojewodes que pour la durée d'une guerre, qui était presque toujours défensive et imposée par la nécessité. Depuis bien des siècles, il n'existe plus de dynastie slave en Europe. De bonne heure déjà les états slaves qui, comme la Pologne, se maintenaient encore dans leur indépendance et leur nationalité, étaient allés emprunter des rois aux étrangers; et le seul empire slave qui reste encore debout, et qui ne s'est fait conquérant et agresseur que parce que sa population ne peut faire entendre sa volonté, la Russie a été créée par des chefs germaniques, et est gouvernée par des Allemands. Aujourd'hui encore, et même dans les pays slaves depuis longtemps germanisés ou gouvernés par une administration toute germanique, ce qu'on appelle l'esprit gouvernemental manque presque totalement à la population indigène. Dès leur apparition en Europe, les Slaves paraissent, pour ainsi dire, nés et destinés à être les satellites des autres peuples, et à être entraînés dans les orbites tracées par l'activité spontanée d'autres nations.

La grande douceur et les penchants paisibles et bienveillants qui caractérisent cette race sont d'ailleurs constatés par les écrivains de l'antiquité et du moyen âge qui ont eu occasion de les connaître de plus près. Déjà Procope, dans son ouvrage sur la guerre gothique, leur reconnaît un caractère bon et franc (*ingenium illis nec malignum nec fraudulentum*). Les annalistes latins du moyen âge exaltent surtout leur hospitalité et le respect qu'ils ont pour leurs parents. C'est ainsi que parle l'annaliste Helmoldus, auquel nous devons beaucoup de renseignements sur le culte des Vendes, la plus farouche de toutes les races slaves. La vie de saint Othon constate l'absence chez eux du vice du vol; et telle était leur répugnance pour tout ce qui était pillage, ce grand moteur des peuples guerriers de l'Europe septentrionale, chez lesquels nous l'avons vu sanctionné par les principes les plus fondamentaux de leurs religions, que le mot slave, *zladag* (voleur), signifiait aussi un malfaiteur en général. Leur piété et leur observance sévère des rites de leur culte ont été remarquées par tous les annalistes qui ont décrit leurs idoles.

On comprend sans peine le sort qui a dû être réservé de tout temps à une race douée d'un tel caractère, et vivant, sinon au milieu, du moins à côté des autres peuples guerriers et pillards de l'Europe, auxquels leur religion ordonnait de chercher la mort dans les batailles, et d'enlever le butin avec les armes pour embellir leur existence actuelle et même leur vie future. Aussi, n'est-il pas un seul peuple, parmi ceux qui, dès ces temps reculés, ont joué un rôle actif dans l'histoire de l'Europe, par lequel la race slave n'ait été maltraitée ou violentée. Les pieds des chevaux de presque toutes les armées foulèrent leurs champs de blé et leurs prairies; de tous côtés on brûlait leurs villages et leurs villes construites en bois; de tous côtés on forçait les hommes à servir sous d'autres drapeaux, et on emmenait en esclavage leurs enfants et leurs filles. C'étaient, du côté oriental, tantôt les Scythes, tantôt les Alains-Sarmates, puis les Huns, les Avares; plus tard, les Mongols et les Tartares; du côté du nord, les Scandinaves, les Goths, les Vandales, les chevaliers Teutons; du côté de l'occident, les Celtes, et en dernier lieu surtout les Saxons. On ne peut pas même douter que le mot esclave, adopté dans toutes les langues européennes pour désigner les serfs des anciens, ne soit venu de ce que ces malheureux peuples fournissaient la plus grande partie des prisonniers de guerre, dégradés partout jusqu'à cette condition. Les Slaves s'appelaient eux-mêmes Strob et Sloweni, dénominations dérivant toutes deux de racines qui veulent dire ou gloire ou lumière, et indiquant qu'ils étaient, sous le rapport religieux, adorateurs du feu et de la lumière comme les anciens Parses. Les écrivains grecs faisaient du second de ces noms celui de Sklavi ; de là Esclavon et esclave.

Tous ces malheurs, qui ne venaient pas assurément d'un défaut de courage et de bravoure (car dans l'antiquité comme de nos jours ces peuples en ont souvent donné d'éclatantes preuves), ajoutèrent au caractère slave un autre élément qui s'harmonisait bien avec leur douceur naturelle ; c'était une profonde mélancolie, une invincible tristesse qui jetaient à leurs yeux un sombre voile sur la vie, et leur donnaient un aussi grand désir de retourner au ciel que celui que les Germains et les Celtes puisaient dans les joies turbulentes que leurs croyances leur promettaient, et dont ils trouvaient déjà un avant-goût dans cette vie. La plus grande différence qui distingue les Slaves des nations germaines et celtiques, surtout dans l'Europe antique, ce fut, chez les premiers, l'absence complète de cette gaieté de cœur, que les autres conservaient au milieu de cette vie laborieuse, fatigante, pleine de luttes, dans laquelle ils trouvaient tant de jouissances et de charme, que la vie future ne leur apparaissait que comme devant être une continuation perpétuelle des mêmes joies terrestres, sans mélange de souffrances. Les Slaves ressemblaient plutôt aux Indiens, qui aspiraient au ciel pour y retrouver la béatitude et l'unité primitive, perdue par ceux qui avaient été envoyés sur cette terre, théâtre de douleurs et de discordes. Aussi, toutes les manifestations du génie slave portent-elles l'empreinte de la mélancolie, de la tristesse, du regret et du désir. Leurs chants nationaux sont une perpétuelle élégie, et leur musique, qu'ils aiment passionnément, roule presque toujours sur le ton mineur.

Ces traits, qui caractérisent dans l'histoire le génie des peuples slaves, il était nécessaire de les retracer pour faire comprendre le singulier mélange de croyances, d'idées religieuses et de divinités que nous présente l'ensemble de ce qui nous est connu des religions et des cultes païens de cette race, et pour nous faire trouver un fil qui nous guide à travers ce vaste chaos de symboles divers. Cette passiveté dans le caractère, ce manque de spontanéité dans l'action, cette malléabilité, qui cède continuellement à des impulsions étrangères, devaient se manifester aussi bien dans le choix de leurs divinités, que la tristesse, la mélancolie et l'aspect sombre sous lequel leur apparaissait la vie, devaient se révéler dans les notions qu'ils se faisaient de ces divinités, de leurs relations avec l'homme, et des attributs dont ils les dotaient. Ainsi, il y a dans les religions païennes des Slaves des réminiscences plus nettement prononcées de la religion des Hindous à son époque la plus avancée que dans aucune autre religion de l'Europe païenne. Le culte mystérieux et le dualisme des Persans y apparaissent, poussés jusqu'à l'extrême. En Europe, du côté du nord, les Scandinaves leur apportèrent des dieux, et les Finnois, des fétiches; au sud, des divinités grecques envahirent les temples slaves; presque tout l'olympe romain s'y glissa, du côté de l'ouest; et, du même côté, on emprunta aux Germains quelques divinités, pour repousser leurs agressions à l'aide de leurs propres armes. Le plus frappant témoignage de l'influence étrangère et constante à laquelle le culte des pays slaves était partout exposé, est fourni par l'historien du duché de Carinthie, Valvasor, qui raconte que les habitants de ce pays ont introduit des changements dans leur religion, aussi souvent qu'ils ont été soumis à un nouveau peuple. Avant les Romains, leur culte était gaulois; les Romains y introduisirent Jupiter et Mars; après les Romains, on adopta le culte des Vandales, puis celui des Goths, des Hérules, des Lombards; après quoi les Vendes, et enfin les Esclavons, rétablirent de nouveau un culte slave. L'opinion que les contemporains des peuples slaves avaient de leur facilité à s'approprier des divinités étrangères, ressort du récit que fait Helmoldus de la prétendue origine du dieu suprême d'une fraction des Slaves Poméraniens ou des Vendes septentrionaux, dieu reconnu cependant aussi par une grande partie des Slaves occidentaux. D'après ce récit, les moines du couvent de Corbie avaient construit, en 879, dans l'île de Rugen, une chapelle en l'honneur de saint Vitus ou Veith, pour aider à la conversion des habitants, essayée déjà à cette époque. Les Ruguiens étant peu de temps après revenus à leur premier culte, et s'étant emparés de la chapelle abandonnée, adoptèrent pour leur dieu suprême, sous le nom de Santowit, le saint dont on leur avait vanté les nombreux miracles, et ils lui érigèrent une statue colossale dans le temple d'Arcona, principal siége de leur culte. Ceci est, il est vrai, une fable grossière, inventée par les chrétiens; mais on la tenait tellement pour vraie, que l'évêque Absalon, qui, au douzième siècle, détruisit entièrement les idoles d'Arcona, choisit exprès le jour de Saint-Vitus pour renverser l'idole de Santowit, en qui les païens étaient censés avoir transformé le saint chrétien. La vérité est, sans doute, que les chrétiens avaient adopté en cette circonstance la même politique que leurs prêtres suivaient partout, en tâchant d'assimiler autant que possible le culte païen existant au nouveau culte introduit. Trouvant établi le culte de Swantovit, dieu slave, ils érigèrent un temple en l'honneur de Sanctus Vitus, pour que le peuple confondît le nouveau saint avec l'ancien dieu.

Il y a une autre particularité plus frappante encore : les documents relatifs à l'histoire du paganisme slave qui sont parvenus jusqu'à nous offrent le plus grand contraste avec ceux que nous possédons sur les anciennes religions des autres races du Nord. Déjà le témoignage unanime des annalistes du moyen âge constate qu'aucune contrée de l'Europe et peut-être du monde n'a été autant remplie de dieux, de temples et d'idoles, que les pays slaves. Selon eux, toutes les villes et tous les villages en étaient pleins; et il faut évidemment en attribuer la cause à la piété naturelle au caractère de cette race paisible, et surtout à ses constants malheurs, qui la portaient à chercher un appui dans le grand nombre de ses dieux. Aussi les mythologues slaves, dès leurs premières recherches, ont-ils exhumé successivement un nombre infini de dieux, et ils en découvrent chaque jour de nouveaux. Aucune mythologie n'est aussi féconde en dieux, mais nulle part on ne rencontre, nous ne disons pas un système complet de doctrines et d'idées religieuses, mais même une trace de cosmogonie et de croyances sur l'avenir du monde et la destinée du genre humain ; nulle part, on n'a même tenté d'amalgamer ni de fondre en un tout les divers éléments de symboles religieux qui sont répandus dans les pays slaves. Ils n'y sont pas non plus entièrement séparés, les éléments les plus disparates se trouvant réunis dans les temples d'un même peuple slave ; mais le même élément n'y est pas représenté absolument tel qu'il était chez la nation à laquelle on l'a emprunté. On trouve, par exemple, les diverses représentations de la même divinité hindoue, bien loin des lieux où son culte paraît avoir été prédominant. Nous connaissons pourtant, soit par les idoles exhumées près de l'endroit où était l'ancien temple de Rhetra, soit par les descriptions détaillées d'écrivains contemporains, plusieurs des principaux siéges du culte slave et le contenu complet de leurs temples. Tout paraît donc indiquer qu'aucun des peuples slaves proprement dits n'a jamais eu une connaissance complète du système religieux tout entier qui se rattachait aux symboles qu'il emportait avec lui à son départ de sa patrie primitive, ou qu'il recueillit dans sa route à travers l'Asie, ou qu'il reconstruisit de souvenir après son établissement en Europe.

Quelle a pu être la cause de cette différence radicale dans le génie moral, social, gouvernemental et religieux, qui distingue la race slave des deux autres grandes branches de la famille indo-européenne, établies dans le nord et l'occident de l'Europe, malgré la grande ressemblance de leurs langues et de leur constitution physique, malgré le peu de différence du sol et du climat, et malgré la communauté d'influences qu'elles ont dû y subir? Il est évident que la cause de cette différence a dû être apportée par les Slaves en Europe, et qu'elle doit être cherchée dans la position sociale qu'ils occupaient déjà dans la patrie primitive et commune aux ancêtres de toutes les nations européennes. Nous avons déjà expliqué les différences bien moins saillantes qui séparent les races celtique et germaine, par la supposition que la première était le résultat d'émigrations de la caste sacerdotale, et l'autre, de la caste guerrière. Il ne reste pour la race slave que la supposition que leurs ancêtres émigrés appartenaient à la caste des parias, privée de toute organisation hiérarchique, sous le rapport civil et religieux. Cette supposition, adoptée aussi par Adam Mikiewicz, le grand poëte polonais, explique tout d'un seul trait, et jette la plus vive lumière sur toutes les anomalies, sur toutes les obscurités et contradictions mentionnées. Elle explique les occupations agricoles, reprises par les Slaves en Europe au moment où les autres races les abandonnaient à des prisonniers de guerre, que, dans ce but, on réduisait en esclavage; elle explique pourquoi ces peuples se fixaient de préférence dans les plaines; elle explique le peu de bruit qu'ils ont fait dans le monde, et l'oubli dans lequel les a laissés l'antiquité; elle explique la passiveté de leur caractère, la facilité avec laquelle ils cédaient toujours au plus fort et au plus belliqueux, et leur ignorance de toute organisation civile et guerrière, ainsi que la dispersion de leurs tribus, et leur manque complet de moyens de résistance, au milieu de toutes les attaques auxquelles ils étaient exposés; enfin, elle explique comment une race si nombreuse s'est toujours maintenue dans cette partie de l'Europe dont la configuration et le sol présentaient le moins de moyens à l'action et à l'expansion vers le dehors, en offrant le moins de routes de communication. On comprend ainsi à la fois l'ancienneté de l'existence de la race slave en Europe, et les traces du départ plus récent de l'Asie d'une partie de ces peuples qu'on rencontre sur le sol des vastes pays occupés par eux, sans que cette dernière circonstance et la connaissance des résultats et du développement plus avancé de l'Inde et de la Perse, aient pu influer puissamment sur leur propre développement civil et religieux. Les émigrations des parias ont dû être les premières; elles ont dû avoir lieu pendant toutes les époques, et durer aussi longtemps que durèrent les luttes intestines entre les castes et les sectes de la patrie commune et primitive. Partis sans prêtres et sans guerriers, le besoin religieux, plus profondément senti par des opprimés que par ceux qui avaient été, du moins pendant quelque temps, des oppresseurs, leur fit prendre et recueillir partout des dieux, qu'ils emportèrent, sans être initiés d'ailleurs à la science sacerdotale et au culte de ces dieux. De là cette variété d'éléments religieux et disparates qu'ils mêlaient ensemble; de là les notions si contradictoires qu'ils se faisaient, comme nous le verrons, des mêmes divinités; de là l'impossibilité de se créer un système complet des intuitions religieuses qu'ils recevaient, avec les autres races, de l'influence du sol et du climat de l'Europe, et la coexistence du culte de la nature extérieure et des éléments du sabéisme et du chamanisme même, avec les symboles les plus subtilisés de l'Inde et de la Perse, et avec les dieux les plus personnifiés des Grecs et des Romains. Si ces fragments si divers ne fussent pas restés séparés l'un de l'autre, ils eussent été compris dans leur signification, ou réunis dans un système ou une doctrine homogène; et les peuples slaves, aussi anciens en Europe que leurs voisins, ne seraient pas restés, sous le rapport de la culture, de la civilisation et de l'organisation politique et sociale, si fort en arrière des autres peuples européens. Probablement, le peuple slave a présenté, dans l'antiquité, le même phénomène qu'il présente de nos jours, c'est-à-dire des masses inertes et arriérées en civilisation, et en même temps des individus qui, par l'esprit et les mœurs, étaient au niveau de l'élite de la population européenne.

Qu'on n'objecte pas, contre la supposition que nous venons d'émettre, l'opinion généralement répandue sur les tendances aristocratiques qu'on rencontre aujourd'hui dans les pays slaves; ils sont, il est vrai, les seuls qui, en Europe, offrent encore le spectacle de la servitude et de l'oppression du peuple par la noblesse, tandis qu'avec une telle origine le principe démocratique et égalitaire devrait être chez eux universellement et indestructiblement enraciné. L'idée que l'on a conçue des aristocraties slaves est aussi une des erreurs principales qui ont si longtemps fait entièrement méconnaître le véritable génie de ces peuples. On oublie trop que la plupart d'entre eux sont gouvernés, depuis des siècles, par des étrangers, qui ont radicalement altéré l'état social et les institutions primitives. Tous les historiens slaves sont unanimes pour constater que l'inégalité des conditions, et notamment la servitude, n'ont été introduites sur le sol slave que par les Germains. La profonde antipathie que les autres branches de la race slave ont pour les Russes date principalement de l'époque où la longue domination mongole a créé un abîme entre elles et les Moscovites. Pour apprécier au juste le véritable esprit slave, il faut l'étudier dans cette Pologne, à laquelle il a été donné de garder le plus longtemps dans sa pureté originaire le génie de la race. Or, ce qui a précisément perdu la Pologne, c'est que depuis que son premier roi avait été enlevé à la charrue, le principe d'égalité démocratique y avait été poussé à l'extrême, et cela au milieu de voisins monarchiquement constitués; c'est en un mot le principe électif dans un pays où aucune famille ne pouvait s'élever à une autorité héréditaire suffisante pour attirer nécessairement le choix sur ses membres. Il n'y avait jamais de nobles dans le sens qu'on attache à ce mot dans les pays germains; il n'y avait que des citoyens, et le droit de cité était donné, chez ce peuple agricole, à la propriété, quelque mince qu'elle fût. Quiconque possédait une terre en propre devenait citoyen, et il y avait une nombreuse classe de petits nobles, dits Schlachtschitz, qui labouraient et ensemençaient eux-mêmes leurs champs et votaient aux diétines et aux diètes. Tous les princes, marquis, comtes et barons slaves sont de création étrangère et pour la plupart allemande. L'absence complète d'esprit de caste qui distinguait anciennement la race slave se manifestait surtout et se manifeste encore de nos jours dans la classe sacerdotale. Dans aucun pays catholique le clergé ne s'est confondu autant avec le peuple, ne s'est si peu séparé de lui et n'est resté si profondément national et populaire, que dans les pays slaves et surtout en Pologne. Aucun état européen n'était aussi indépendant de la domination papale, même à l'époque de son apogée, et l'Église nationale en Pologne jouissait de priviléges inconnus ailleurs ; elle conservait, par exemple, le droit de divorce. Les prêtres polonais étaient toujours les citoyens les plus zélés, et aujourd'hui encore ils sont les soutiens les plus actifs de l'esprit national et du patriotisme. Dans aucun pays on ne voit une intimité aussi constante et aussi grande entre le clergé et la population que dans ceux des pays slaves où l'on n'a pas, comme en Russie, créé des institutions hiérarchiques à l'aide d'un violent despotisme étranger, inconnu dans les annales du monde et destiné à tuer le génie national. La Pologne était d'ailleurs, si l'on excepte la funeste époque où les jésuites, à l'aide de rois étrangers, la jetèrent dans des guerres intestines et religieuses, le seul pays en Europe qui professât et pratiquât une tolérance religieuse presque illimitée, en un temps où le fanatisme régnait partout. Elle ouvrit seule un asile aux juifs persécutés dans toute l'Europe, et leur offrit en quelque sorte un second Canaan ; longtemps les réformés y pratiquèrent paisiblement leur culte à côté des catholiques. Tout cela nous paraît prouver d'une manière irréfragable que le génie primitif de cette race s'est formé sans la moindre participation et sans l'action de la caste sacerdotale. La répugnance des Polonais pour la guerre agressive et pour l'état militaire en tant que métier, répugnance qui caractérise ce peuple si brave, si chevaleresque jusque dans les derniers jours de son existence, nous semble prouver également qu'il n'a été guidé, dans les premiers temps de sa nationalité, par aucune caste guerrière.

Les explications que nous avons données des anomalies qu'offre l'histoire politique et religieuse de tous les peuples slaves, en les faisant descendre des anciens parias de l'Asie, ont acquis un nouveau degré de probabilité depuis que les dernières recherches étymologiques et ethnographiques ont dissipé les ténèbres qui avaient enveloppé jusqu'à nos jours l'origine du peuple lithuanien, qui comprend dans sa plus large étendue les anciens Prussiens et une partie des Esthons, des Lettons et des Lives. Jusqu'à nos jours, la plupart des savants slaves eux-mêmes, malgré la fusion complète qui s'était opérée entre les Polonais et les Lithuaniens depuis la conversion des deux peuples au christianisme, avaient assigné aux derniers une origine toute différente de celle des peuples slaves, tant était grande la différence que présentaient leurs allures nationales et leur caractère social. Ainsi, on savait depuis longtemps que les Lithuaniens avaient eu une mythologie riche et complète, et des institutions hiérarchiques fortement organisées. C'est pourquoi les Lithuaniens proprement dits, ne comptant qu'une population d'un million et demi, ont résisté plus longtemps qu'aucune des plus grandes nations européennes à l'invasion du christianisme (jusqu'au commencement du quinzième siècle). Ils ont maintenu leur indépendance contre les chevaliers teutons et contre les empires de Kiew et de Novgorod, organisés par les Normands, après les guerres les plus sanglantes, et ont fondé un état d'une grande étendue et donné à la Pologne ces rois Jagellons qui l'elevèrent au plus haut apogée de puissance et de bien-être. Quant aux anciens Prussiens, bien plus faibles en nombre, il fallut les extirper jusqu'à la disparition entière de leur langue, afin de pouvoir asseoir dans leur pays la domination allemande et celle de la religion chrétienne. Or, il est reconnu aujourd'hui que, par sa langue, le peuple lithuanien est une branche, quoique latérale et distincte, de la grande race slave. La langue lithuanienne ne présente pas seulement une affinité plus prononcée avec l'ancien sanscrit que celle des Slaves proprement dits, mais que celle d'aucune autre langue européenne; leur mythologie rappelle le plus complétement le système religieux des Indes, mais avec plusieurs des transformations que celui-ci avait subies en Grèce et en Samothrace.

Le peuple lithuanien, qu'on trouve à l'extrémité du continent septentrional, sur les côtes de la Baltique, dès le moment où il fait son apparition dans l'histoire, a été trop faible en nombre pour pouvoir se frayer jusqu'à ces contrées une route à travers des pays déjà occupés par les autres populations slaves, d'autant plus qu'il avait aussi des penchants plus agricoles que guerriers. Il a dû par conséquent devancer le gros de la race dans son émigration; ce qui explique aussi pourquoi sa langue a des rapports plus intimes avec le sanscrit. Le peuple lithuanien paraît donc avoir eu seul dans son sein une réunion d'éléments qui rappelaient les anciennes castes de prêtres, de guerriers et d'agriculteurs, et l'histoire nous donne en effet une explication suffisante de ce phénomène. Elle parle des Budines, établis dans ces contrées, en les désignant comme une tribu sacerdotale émigrée seule des Indes dans ces contrées hyperboréennes; elle nous parle encore du peuple des Gélons, colonie hellénique qui s'est mêlée aux Budines, et leur a apporté des dieux helléniques. C'est là la raison pour laquelle les Lithuaniens, seuls parmi les Slaves, ont possédé une hiérarchie, des héros divinisés et une forte organisation sacerdotale et civile. Il y a dans l'histoire du peuple lithuanien cela de remarquable : c'est qu'il a acquis son influence sur la Pologne, après avoir été presque pendant quatre siècles subjugué et opprimé par les Goths, à l'époque où ceux-ci habitaient les bords de la Baltique. La force et l'élasticité de son état social a été assez puissante pour le mettre en état de ne pas succomber sous le joug des Goths, et de reprendre un nouvel essor après tant d'années d'oppression. D'un autre côté, ce peuple s'est plus tard fondu facilement et entièrement avec les Polonais, qui forment pour ainsi dire la tête de la race; ce qui prouve, plus encore que la langue, son intime parenté avec la race slave. Donc, les mythologies lithuanienne et prussienne, dont la connaissance détaillée ne date que de nos jours, ont dû devenir, pour l'appréciation et la classification des notions fragmentaires et incomprises qu'on possédait sur les mythes slaves en général, une clef presque aussi importante que la mythologie scandinave l'a été pour l'intelligence et la mise en œuvre des renseignements mythologiques de la Germanie proprement dite.

Mais le petit peuple lithuanien avait déjà, par son organisation religieuse, exercé sur une autre partie de la race slave, pendant l'époque moyenne, une puissante et décisive influence. La seule série de tribus véritablement slaves, qu'à dater du deuxième siècle après notre ère, nous voyons subitement prendre toutes les allures d'un peuple hardi, entreprenant, belliqueux, navigateur, rivalisant avec les Normands, et se maintenant au milieu des luttes les plus acharnées sur le bassin de la Baltique, où, à dater du dixième siècle, elle remplaça même les Scandinaves, est celle des Vendes, qui est connue sous le nom de Lutizes ou Wilzes, et qui tirait son nom de ses mœurs sauvages. Wilk signifie en slave un loup. Ce furent les seuls parmi les peuples slaves qui, poussés à bout par l'atroce violence qu'exerçaient envers eux les Allemands, surtout les Saxons et les Danois, leurs voisins immédiats, leur opposèrent une résistance acharnée; ils ne succombèrent et ne furent soumis par le glaive qu'au douzième siècle, c'est-à-dire deux cent trois ans plus tard que les autres Slaves occidentaux de la Bohême, de la Moravie et de la Pologne. Ce sont ces mêmes Vendes qui, établis, depuis le départ des Goths, le long du littoral de la Baltique et vers les embouchures de l'Oder jusqu'en Danemark, eurent à soutenir des guerres si longues et si sanglantes avec les chrétiens, guerres qui à la longue altérèrent profondément en eux le caractère slave, et enfantèrent cette haine violente qui a existé jusqu'à nos jours entre les races slave et germaine. Ce peuple construisit, comme toutes les nations qui ont joué un rôle actif et individuel, une multitude de temples remplis d'idoles, et servis par une hiérarchie de prêtres fortement organisée. Ces temples étaient bâtis surtout sur les petites îles de la Baltique situées près du continent, telles que Rugen, Wolin, Ousedom, ou immédiatement sur les bords de la mer, et ils devenaient les foyers et les centres d'un culte dominant qui reliait entre eux presque tous les peuples slaves établis sur le sol germain. C'est dans les ruines d'un de ces principaux temples que l'on a retrouvé, au dix-septième siècle, ces idoles dont nous avons déjà parlé, lesquelles, avec les notions fournies par les annalistes allemands et danois sur les temples slaves situés sur la Baltique, sont devenues une des sources les plus complètes et les plus importantes de nos notions sur les mythologies slaves proprement dites. Or, les Velètes et les Lutiziens, avant d'occuper le littoral de la Baltique sur une si longue étendue, avaient séjourné près du peuple lithuanien, dans le gouvernement actuel de Wilna, en Samogitie, et près des anciens Prussiens, et les historiens slaves constatent même qu'ils ont amené avec eux bon nombre de Lithuaniens. Les relations que les Vendes de la Poméranie et du Mecklembourg qui, plus tard, furent compris sous le nom d'Obotrites, entretenaient notamment avec les anciens Prussiens, étaient si permanentes, que par suite de l'importance politique qu'ils acquirent et à cause de leur nombre, les hiérarchies qui présidaient au culte des grands temples d'Arcona, de Carenz, de Rhetra, de Wolin et de Stettin, surtout à Arcona, modelées sur les hiérarchies prussiennes, s'emparèrent d'une certaine suprématie sur le corps des prêtres prussiens de Romowe, siège central du culte prussien; tandis que l'autre Romowe, point central du culte lithuanien proprement dit, paraît avoir conservé son entière indépendance. Toutefois, le sort qu'eurent enfin les Vendes de la Baltique prouve ce que leurs institutions religieuses et civiles avaient d'incomplet et pour ainsi dire de factice. Leur puissance, quoiqu'elle se soit maintenue pendant plusieurs siècles, disparut entièrement avec leur nationalité, sans qu'il fût nécessaire d'extirper cette population si nombreuse, comme on fut obligé de le faire de la petite peuplade prusienne. Aussi leurs principaux temples étaient-ils une sorte de pandemonium, où se trouvaient transportées les divinités de toute espèce, dispersées et vénérées isolément sur toute la surface des pays slaves. Ces divinités représentaient les idées et les intuitions les plus opposées, et des dieux empruntés à d'autres races. Mais c'est pour cela précisément que les données que nous avons sur les temples de ces Vendes, et l'exhumation de leurs idoles, ont permis de reconstruire, à l'aide des mythologies prussienne et lithuanienne, un ensemble tant soit peu complet des éléments variés et hétérogènes dont se composaient les idées religieuses, les cultes, les croyances et les symboles répandus sur le vaste sol occupé par les peuples slaves. Ceux-ci présentaient auparavant aux mythologues slaves eux-mêmes une telle confusion, qu'au milieu de ce chaos de symboles et de ce grand nombre de dieux, ils ne pouvaient distinguer un rang hiérarchique, une classification quelconque de divinités, et qu'ils en étaient réduits à les énumérer les uns après les autres, d'après leur ordre alphabétique.

En présentant ce tableau, nous suivrons la voie que les mythographes slaves les plus récents, et entre autres Hanusz, ont dû adopter comme la plus rationnelle, c'est-à-dire que nous séparerons rigoureusement les divers éléments dont se compose l'ensemble des mythes slaves, et nous rangerons les divers symboles et divinités dans la série à laquelle ils se rattachent, sans nous inquiéter s'ils se sont trouvés chez des peuples ou dans des temples différents, ou s'ils ont été réunis dans les mêmes endroits, quoiqu'ils puissent appartenir à un autre ordre d'idées et de doctrines religieuses. Nous rechercherons donc d'abord sur le sol slave les symboles et les cultes empruntés évidemment à l'Inde ; puis ceux qui reproduisent les intuitions parses avec les étranges transformations que le génie sombre de la race slave leur a fait subir; nous ferons suivre ces deux tableaux de l'exposition des mythologies prussienne et lithuanienne, qui les complètent et leur servent de preuves et de confirmation ; et nous terminerons par l'exposition des formes qu'a pris dans les pays slaves, sous l'influence de ces symboles importés d'Asie, ce culte de la nature extérieure, que l'aspect du sol et du climat de l'Europe a dû faire naître avec tous ses effets moraux, aussi bien chez cette race que chez les autres habitants de notre partie du monde ; culte qui a dû prédominer et devenir la véritable religion du peuple, tout en s'appropriant un bon nombre de symboles plus subtils, et en les transformant selon les besoins et les vues de ces peuples.

En recherchant les éléments hindous dans les antiquités religieuses qu'on rencontre sur le sol des pays slaves proprement dits, nous trouvons d'abord l'idée de Parabrahma, de la concentration de l'univers tout entier et de ses forces divines dans un seul être irrévélé dont émane tout ce qui existe. Nous avons, relativement à cette croyance des Slaves, un témoignage qui définit nettement cette idée, et rappelle tout à fait l'intuition que les Hindous avaient de Parabrahma, jouissant d'une béatitude divine dans un repos contemplatif. L'annaliste Helmoldus peint ainsi le dieu irrévélé tel que les

Slaves se l'imaginaient. Parmi les divinités aux formes multiples, dit-il, auxquelles les Slaves attribuent les champs, les forêts, la tristesse et les voluptés, ils ne nient pas l'existence dans les cieux d'un seul Dieu, qui commande aux autres, qui est plus puissant qu'eux, et s'occupe seulement des choses célestes. Les autres dieux, présidant aux fonctions dont il les a chargés, sont nés de lui, et sont d'autant plus parfaits qu'ils se rapprochent plus de ce dieu des dieux. Comme Procope désigne de son côté le dieu de l'éclair pour le dieu unique des Slaves, celui qu'ils regardaient comme le maître suprême de l'univers, on en conclut que ce Parabrahma ou premier Brahma des Slaves était originairement le même que Perun ou Piorun. Celui-ci est en même temps, comme le second Brahma indien, le premier membre de la trimourti slave, en laquelle se scinde Parabrahma, le Jupiter fulminant des Slaves, qui, de même que Brahma, a été adoré plus tard seulement comme dieu du tonnerre et de l'agriculture. Perun, comme personnification de l'univers, n'avait, comme Brahma et comme la divinité supérieure des Celtes et des Germains dans les premiers temps, ni temples ni statues, et on le vénérait dans les forêts en lui consacrant un feu éternel de bois de chêne. On sait que Parabrahma, devenu Brahma, tenait également, selon l'idée des Hindous, du feu dans sa main, et que le feu lui était consacré.

Mais la croyance des Slaves à l'unité et à l'émanation de la divinité, dans le sens des Hindous, devient plus probable encore quand nous voyons la trimourti hindoue en son unité représentée dans le principal des quatre temples de la ville de Stettin, dans ceux de Prenzlau et de Volin, par la divinité mystérieuse nommée Triglaw, qui était adorée sur une montagne, comme la trimourti hindoue, et quand nous apprenons comment les prêtres expliquaient cette idole aux contemporains, « Stettin, dit l'évêque Othon de Bamberg, un des missionnaires chrétiens les plus zélés parmi les Vendes, Stettin a trois collines entourées d'une clôture; la colline du milieu, qui est la plus haute, est dédiée au suprême dieu des païens, nommé Trigelaus, et porte une idole à trois têtes; les prêtres de cette idole assurent que le dieu suprême avait trois têtes, parce qu'il gouvernait trois règnes, celui du ciel, celui de la terre et celui du monde souterrain. » Ceci correspond de la manière la plus frappante à l'empire du haut ou du ciel assigné à Brahma; à celui du milieu ou de l'air, donné à Vichnou, surtout dans ses incarnations; et à celui du bas monde, attribué à Shiva ou Siva, dans la trimourti hindoue. Othon ajoute que les trois têtes de Triglaw étaient couvertes jusqu'aux yeux et jusqu'à la bouche d'un ornement d'or, ce qui était un symbole de l'unité dans la trinité. On sait même que les têtes de la trimourti hindoue sont souvent couvertes d'un triangle, et que le triangle, un des signes les plus sacrés chez les Hindous comme symbole de la trimourti, était aussi un signe sacré fort en usage chez les Slaves. Selon plusieurs annalistes, la forme triangulaire était principalement observée dans la représentation des vases destinés au culte. On a trouvé d'ailleurs un mont Triglaw dans les Alpes de la Carinthie, et un village Trigla en Poméranie, dont les noms, selon les écrivains du moyen âge, viennent du culte de cette idole.

A Stettin, il y avait une seconde idole de Triglaw dans le premier des quatre temples de cette ville, et les descriptions qu'on fait de ce temple le représentent comme quelque chose de magnifique en fait de luxe et d'ornement d'art. Les murs, à l'intérieur et à l'extérieur, étaient décorés de sculptures en relief représentant des hommes, des oiseaux et des animaux, si artistement travaillés qu'ils paraissaient vivants. Ce qui semble plus curieux encore, c'est que d'autres écrivains parlent de la forme féminine sous laquelle par fois Triglaw était représenté, et qui rappelle la forme hermaphrodite que revêt souvent la trimourti hindoue, et la mère de la trimourti, Parasacti Bhavani, portant trois œufs dans son sein. C'est ce qui a induit en erreur plusieurs savants slaves qui ont pris autrefois Triglaw pour une déesse slave. Aussi, comme la trimourti hindoue, Triglaw est-il toujours représenté assis. On sait enfin que dans les Indes la trimourti, comme unité, n'était pas bien comprise par le peuple, qui s'attachait plutôt à la trimourti comme trinité, représentée par les trois personnifications de Brahma, de Vichnou et de Siva, et que les sectateurs de ces divinités particulières proscrivaient même le culte de la trimourti unie. C'est donc une chose bien significative que non-seulement Triglaw ne paraisse connu qu'aux Slaves de l'ouest et du sud, et que la trimourti unie ne se rencontre point dans les mythologies prussienne et lithuanienne; mais que le culte de ce dieu ait été prohibé par les sectaires dominants dans certaines contrées des Vendes eux-mêmes. L'évêque Othon nous dit que les Slaves cachaient alors l'idole de Triglaw dans des cavernes; or, c'est là aussi que, dans les Indes, on trouve souvent les images de la Trimourti.

La trinité, dans laquelle la trimourti hindoue se divisa, n'est nulle part expressément symbolisée dans les temples des peuples slaves proprement dits; on n'y trouve que séparément les trois divinités, dont les symboles et les attributs rappellent le Brahma, le Vichnou et le Siva de la trimourti hindoue. Aucun temple slave n'offrait ce que le temple scandinave d'Upsal présentait dans les trois idoles de Thorr, d'Odin et de Freyr rangées l'une près de l'autre. En revanche, les symboles des deux Romowe, en Prusse et en Lithuanie, montraient les trois personnages séparés de la trimourti mis en rapport entre eux; tandis que, comme nous venons de le dire, ils ne présentaient aucun symbole de la trimourti unie. Ces trois divinités slaves, qui sont censées correspondre à Brahma, à Vichnou et à Shiva comme membres séparés de la trimourti, sont : Proven, autre forme de Piorun ou Perun ; Radegast et Siwa ; la dernière représentant de préférence le principe féminin qui se trouve dans le Siva indien, et dont le nom est prononcé dans la plupart des dialectes slaves comme celui de ce dieu des Hindous. Le haut rang que ces trois divinités occupaient, du moins chez les Slaves-Vendes établis sur tout le littoral de la Baltique et dans le nord de l'Allemagne, est constaté par l'annaliste contemporain Helmoldus. Au rapport de cet écrivain, parmi la multitude d'idoles qui couvraient les pays des Slaves occidentaux, trois étaient les plus éminentes et occupaient le premier rang : c'étaient Prove, dieu des Wagriens, dans le Holstein ; Siwa, déesse des Polabiens ou Slaves habitant sur l'Elbe, et Radegast, dieu des Obotrites, dans le Mecklembourg. » Or, nous trouvons aussi des traces de ces trois divinités dans d'autres pays slaves. Ainsi, nous rencontrons Prove à Kiew et à Nowogorod, chez les Russes, en Moravie, en Dalmatie; Siwa, en Russie, dans toute la Pologne, en Bohème et chez tous les Vendes ; Radegast, en Moravie, en Dalmatie et surtout sur le littoral de la Baltique.

Proven, qui primitivement ne faisait qu'une seule personne avec Pierun, et dans lequel les mythologues slaves de nos jours voient le Brahma de la trimourti hindoue, représente surtout la personnification de la science. Comme Pierun est le soleil matériel, de même Proven est le soleil de la vérité, la raison, en un mot Brahma dans sa signification intellectuelle. Proven n'avait, comme PierunParabrahma, ni temples ni statues, mais on lui dédiait des bois et des forêts. Les princes et les prêtres s'y rendaient pour y tenir leurs séances judiciaires. Quelques écrivains chrétiens de l'époque, qui connaissaient ce dieu sous le nom de Prono, que les Allemands lui donnaient, prétendent même que ce nom n'était qu'une traduction d'un mot grec signifiant la Providence qui gouverne le monde. Enfin, selon les témoignages de tous les observateurs étrangers et contemporains, Proven était un dieu aussi idéal que Pierun comme dieu suprême, quoique dieu de la justice. Son identité primitive avec Pierun ou Perun ressort surtout du fait que chez les Moraviens, ce dieu, dans le bois sacré duquel on se rendait pour les séances judiciaires, et qui dans les temps postérieurs était représenté par une idole, tenait dans sa main un fer ardent comme symbole d'une espèce d'ordalie. C'est bien là Perun lui-même, quoique le fer qu'il tenait fût appelé *prowda*, c'est-à-dire droit, justice, loi divine, vérité, mot slave dont on fait dériver le nom du dieu Proven. D'un autre côté, chez une autre fraction des Slaves occidentaux, Proven présidait à l'agriculture, qui généralement chez les Slaves était sous les auspices de Perun, comme dieu spécial de l'éclair; et de là, le fer qu'il tenait avait la forme d'un soc de charrue. Ce qui a décidé encore les mythologues slaves à voir dans Perun-Proven la copie du Brahma indien, c'est que les noms de Praboh et de Parom, donnés à ces deux divinités par les Slaves du Sud, se rapprochent beaucoup de celui de Brahma ou Brahm, d'autant plus que d'autres expressions qu'on rencontre dans le langage sacré des Hindous, et qui ont plus spécialement rapport aux qualités de Brahma, se trouvent dans la langue slave avec les mêmes significations. Ainsi l'importance morale et intellectuelle que Brahma avait pour les Hindous lui venait surtout de sa qualité d'auteur des livres sacrés, les Védas, dont le contenu était signalé par le mot Oum, qui s'applique spécialement à Brahma. Or *weda* signifie, dans l'idiome slave, la science, le savoir; *wed* un voyant, *wedec* un savant; et *oum*, dans tous les dialectes slaves, veut dire raison abstraite, esprit, entendement, comme le λόγος ou νοῦς des Grecs.

Pierun, sous une forme où il est ce qu'est le dieu Indra des Hindous, c'est-à-dire une autre forme de Brahma dans sa qualité de dieu physique ou élémentaire, se rencontre également parmi les divinités slaves sous le nom de Podaga, dieu de l'air, des vents et des tempêtes. Comme Jupiter pluvieux, Indra a dans l'Inde le nom de Parjangas; ce dernier nom se rapproche de celui que Perun a chez les Lithuaniens, où il est appelé Perkûnas, et vénéré surtout comme fertilisant les champs par les orages, la pluie et les éclairs. Or, Podaga chez les Slaves, et Podangis chez les Lithuaniens, étaient absolument ce qu'était Indra; et il en fut ainsi jusqu'aux temps où Pierun descendit dans tous les pays slaves au rang d'un dieu élémentaire qui rappelait le Thorr des Scandinaves, dont l'influence était si grande sur les Slaves du Nord et de l'Est.

Les emprunts faits à la religion hindoue par les peuples slaves sont encore bien plus frappants dans la divinité qu'on signale comme rappelant le second membre de la trimourti hindoue, Vichnou, c'est-à-dire dans le dieu Radegast. Il était le principal des dieux adorés dans le fameux temple de Rhetra, sur le littoral de la Baltique, dans le pays des Veletes ou Lutiziens. Sa statue était d'or, et près d'elle était un lit orné d'écailles d'huîtres. Elle était placée entre un dieu lumineux et un dieu sombre ou infernal. Sa figure était moitié homme, moitié lion. Ses tempes étaient ornées d'une couronne d'un métal précieux. Un oiseau était posé sur sa tête, les ailes déployées. Une tête de taureau noir était placée sur sa poitrine; sa main droite soutenait cette tête de taureau, tandis que sa main gauche tenait un javelot. L'expression générale de cette idole était celle d'un héros; c'est pourquoi plusieurs écrivains chrétiens prirent ce dieu pour la divinisation du roi scythe ou goth Radagaïtus. Son temple, entouré de tous côtés d'un lac profond, avait neuf portes. Un pont de bois y conduisait, et il ne pouvait être traversé que par ceux qui allaient sacrifier ou chercher des oracles. Presque tous les attributs de la statue de Radegast rappellent ceux du Vichnou indien. Vichnou, dieu de l'empire du milieu ou de l'air, est comme Radegast placé entre un dieu céleste et un dieu du monde inférieur; son attribut, l'aigle Garudha Dévata, indique, comme l'oiseau de Radegast, l'empire aérien qu'il gouverne; Vichnou est un héros, et il a un arc et des flèches, une massue, une coquille, et l'anneau magique et resplendissant Sudarsun, qui rappelle la couronne de métal merveilleux de Radegast. Le colimaçon même qu'on trouve parmi les attributs de Vichnou se rencontre sur les vases sacrés qu'on plaçait près de la statue de Radegast. On la sait que le mythe hindou fait flotter Vichnou avant la création du monde sous forme d'air ou de vent sur les flots de la mer; le lit d'écailles d'huîtres placé près de Radegast serait-il destiné à rappeler une idée semblable? Il est le protecteur des navigateurs. Radegast apparaît comme un être qui, à l'exemple de Vichnou, s'occupe de préférence des affaires de l'humanité. Il a le surnom de Dobropan ou le bon seigneur; il est par excellence le conseiller des hommes en leur donnant des oracles, et paraît ainsi avoir la mission de médiateur entre l'humanité et la divinité suprême, comme Vichnou était le bienfaiteur des hommes, parmi lesquels il descend à l'aide de ses neuf incarnations. Les neuf incarnations de Vichnou paraissent même indiquées par les neuf portes qu'avait le temple de Radegast, et par lesquelles ce dieu était censé sortir pour se rendre vers les diverses parties du monde où une de ces incarnations ou avatars l'appelait. Comme Vichnou, dans son identité avec Brahma, est dieu du soleil et de la lumière, ou l'incarnation du soleil, Radegast paraît souvent comme dieu créateur et comme dieu du soleil; c'est en cette qualité que le feu lui était consacré. Cette puissance génératrice est même signalée par l'étymologie de son nom, qu'on fait dériver du verbe *radiht*, qui correspond au verbe sanscrit *rahd*, et signifie produire, former, et surtout reproduire, ce qui était la mission principale de Vichnou dans ses incarnations ou avatars, au moyen desquelles il sauva l'humanité de la destruction. Vichnou est un héros intrépide, une sorte d'Hercule; et Radegast a aussi l'attribut de chef de guerre, ce qui l'a fait prendre par plusieurs écrivains allemands pour le Mars des Vendes. Comme Vichnou s'abaissa à la fin dans l'Inde jusqu'à devenir une divinité domestique, de même Radegast était également aux yeux du peuple vende un simple bienfaiteur dans la vie privée, et avait comme tel le surnom de *Hlawaradze*, principal conseiller, et de *roswodicz*, celui qui décide.

Les mythologues slaves et même quelques savants allemands ont cru trouver parmi les divinités slaves des traces positives des incarnations ou des avatars de Vichnou-Radegast. Dans la mythologie hindoue, les incarnations symbolisent en quelque sorte les perfectionnements progressifs de la matière créée, et ses transformations successives dans des créations plus élevées. Ainsi Vichnou sort de l'eau, l'élément primitif dont tout sort, d'abord sous la forme d'un poisson, puis en amphibie sous celle d'une tortue, plus tard en quadrupède sous la forme d'un sanglier, et successivement en animal à ressemblance humaine, en homme-lion, en nain, dans la neuvième incarnation en homme parfait. Or, parmi les divinités des Slaves-Vendes établies en Saxe, on nous décrit l'idole d'un dieu Crodo, représenté comme un vieillard à tête nue, debout, ayant les pieds posés sur un poisson, et tenant dans une de ses mains levées en haut une roue, tandis que l'autre porte un vase rempli de fleurs. Cette idole, trouvée à Harzbourg, fut longtemps conservée dans la ville de Goslar, où l'on montre encore l'autel de Crodo. Or, Crodo est mentionné par le moine russe Nestor et par d'autres annalistes slaves parmi les divinités slaves en général ; et Paulin, qui a écrit un tableau du système de Brahma, parle d'une image de Vichnou qui représente ce dieu portant dans sa quatrième main une roue, tandis que des fleurs sortent de son cou. L'idole de Crodo a donc été expliquée comme représentant la première incarnation de Vichnou, où, sous la forme d'un poisson, il sauve le monde des flots qui le submergeaient. La roue est partout le symbole de ce soleil qui éclaire de nouveau la terre ; et le vase de fleurs indiquerait bien un monde refleurissant dans son ancienne splendeur. Il y a même dans les fragments des mythes que nous trouvons sur le sol slave proprement dit, des réminiscences plus directes d'un sauveur du monde submergé par une inondation ; c'est un dieu Sytiwrat ou Satywrat, presque homonyme du Satywrata ou Satyawrata qui dans la mythologie hindoue représente ce sauveur. Or, le nom Sytiwrat est composé de *shitj*, vie, ou *sytj*, semence, et de *wrat*, retour, ce qui donnerait la même idée d'un monde où renaît la vie, l'agriculture et la fertilité.

Un souvenir du second avatar de Vichnou dans les mythes slaves, est le dieu Zelu ou Zelw, mot qui signifie tortue. Appelé Zelon par quelques mythographes, il est identifié par eux au Mercure romain. Radegast ne reçoit pas seulement la même épithète ; mais Zelon a encore le même surnom de Dobropan ou bon seigneur, comme Radegast.

Quant à la troisième incarnation de Vichnou, celle du sanglier, le chroniqueur Diethmar de Merseburg, ville située dans le pays des Slaves polabiens ou germains, parle d'une ville nommée Riedegast ou consacrée à Radegast, en forme de triangle, ayant trois portes, et profondément vénérée par les Slaves. Cette ville était entourée d'un bois sacré : deux de ses portes étaient ouvertes à tout le monde ; mais la troisième, la plus petite, située à l'orient, donnait sur un sentier près duquel était une mare d'un aspect horrible. Selon les croyances slaves, quand la ville était menacée de quelque désastre ou de quelque grand péril, on voyait sortir de la mer un énorme sanglier dont les défenses, blanches comme de l'ivoire, étaient couvertes d'écume, et il se vautrait dans ce bourbier avec d'horribles convulsions.

Le même chroniqueur parle d'un temple situé dans la même ville et consacré à Radegast. Ce temple était construit avec beaucoup d'art et soutenu à sa base par des cornes de diverses bêtes. Les murs extérieurs de ce temple étaient ornés d'une foule d'images sculptées de dieux et de déesses, et dans l'intérieur étaient placées des idoles de dieux armés de casques et de cuirasses, et sur lesquelles étaient gravés des noms bizarres. Le principal d'entre eux s'appelait Lwarazici ; il était de préférence vénéré par tous les Slaves. Or, *lwa* est en slave le génitif de *lew*, lion, et *raz* signifie coup, vigueur; Lwarazik veut donc dire celui qui a la vigueur du lion, l'homme-lion, sous la forme duquel Vichnou déchire Hirkanjakassa, qui s'est révolté contre les dieux ; et le nom slave correspond au surnom de Wischnou Mahadeva, c'est-à-dire dieu fort. Les Russes aussi avaient un dieu dont on ignore le nom propre, qui n'est désigné que par les mots Silnojbog ou dieu fort; ce dieu était représenté une lance dans la main droite, une boule d'argent dans la main gauche, et ayant à ses pieds des têtes d'hommes et de lions. Trois des idoles représentant Radegast, trouvées près de l'ancien temple de Rhetra, ont également des têtes de lion. Les mythologues slaves supposent donc que les idoles du temple de Lwarazik étaient les symboles des incarnations de Vichnou sous formes d'animaux, d'autant plus qu'elles étaient vêtues et armées de casques et de cuirasses comme les images de Vichnou. Dans la Lithuanie, il y avait aussi une ville portant le nom de Lavarisky, où le serpent, qui est également un des attributs particuliers à Vichnou, était l'objet d'un culte.

Outre les quatre avatars de Radegast à formes animales, les mythologues slaves voient dans la statue de Radegast à figure humaine, vénérée principalement à Rhetra, le Crichnaavatara de Vichnou, que Creuzer et Paulin comparent à Hercule. Il est à remarquer que parmi les idoles de Rhetra se trouvent cinq images de Radegast, dont trois à figures de lion, tandis qu'il n'y en a qu'une seule de Perkunos ou Brahma. Son image et ses attributs, surtout l'oiseau, qui est tantôt un cygne ou un épervier, tantôt un corbeau ou un vautour, selon les diverses significations que lui donnait l'élément parse, qui dans le culte slave se mêle à l'élément hindou, se voient sur presque tous les vases sacrés exhumés avec les idoles de Rhetra. Ajoutons que le nom de Radegast ne se rencontre pas parmi les divinités des autres branches slaves, excepté chez les Vendes, chez les Moraviens et les Dalmatiens; d'où les mythologues slaves concluent que le culte de Vichnou, le plus spiritualisé de la religion hindoue, n'a été importé sur le sol slave que par la partie la moins nombreuse de cette race.

Il en est tout autrement des traces du culte du troisième membre de la trimourti hindoue, qui est la forme sous laquelle Brahma agit dans l'empire inférieur, c'est-à-dire sur la terre, où, dans la personne de Siva, il est principe générateur et destructeur à la fois, et où il crée par la destruction, et réunit les éléments terribles par la force génératrice de l'amour physique. Le culte du Siva indien était de préférence un culte de feu, et l'étymologie du nom slave indique, comme nous l'avons déjà dit, que les Slaves étaient surtout des adorateurs du feu. Mais des deux sectes des sivaïtes indiens, dont l'une vénérait principalement l'élément masculin, l'autre l'élément féminin, qui se trouvent réunis dans ce symbole comme dans tous les symboles indiens, la dernière surtout a eu ses symboles communs avec la race slave.

La déesse Sieba, dont le nom, dérivé d'un mot signifiant vie par excellence, est prononcé Shieda par les Slaves, c'est Cérès et Vénus à la fois; c'est une des divinités principales qui se rencontrent sans exception chez tous les peuples slaves. Mais les Slaves ne manquent pas non plus de dieux mâles, qui rappellent le Siva indien comme dieu de la vie terrestre, et qui en ont les attributs. Ainsi on rencontre le nom des dieux Siebon, Tzibas (Shiwas étant aussi quelquefois le nom du Siva indien), surtout de Shyvie, divinité révérée comme auteur de la vie parmi les Slaves de la mer Noire, qui l'adoraient sur une montagne, au mois de mai, où, selon l'expression de l'historien Prokosius, ce suprême modérateur de l'univers, sous la forme d'un coucou, annonçait par ses cris à ceux qui l'entendaient le nombre d'années qu'ils avaient encore à vivre.

La divinité Siwa ou Sievie avait le surnom de Pripegal ou Priape, et rappelle le Lingam du Siva indien ; elle est représentée quelquefois sous la figure d'un homme qui a un oiseau sur la tête, et tient à la main un bouclier sur lequel on voit une tête de taureau. Or, le Siva indien a également pour symbole la tête de taureau, qui est, selon Creuzer, le symbole de la force vitale et génératrice. L'idole de Sieba trouvée près de l'ancienne Rhetra porte même sur la tête un singe, animal tout à fait étranger à ces contrées ; or, selon un mythe indien, Parvati, la Siva féminine des Hindous, est la mère du singe Hanouman.

Parmi les divinités slaves qui nous sont connues, il se trouve des dieux ou déesses dont les attributs et les symboles rappellent tous les éléments divers qui composaient dans les Indes le culte de Siva, soit comme dieu mâle, soit comme dieu féminin dans Sacti-Parvati, soit comme divinité bienfaisante et génératrice, soit comme divinité destructrice. Ainsi, Siva, comme dieu générateur, a cinq têtes. Or, le dieu slave Porenuz, dieu générateur, accoucheur, celui qui préservait d'avortement, avait à Arcona, selon Saxon le Grammairien, une statue qui avait quatre têtes sur le cou ; elle en portait sur la poitrine une cinquième, dont sa main gauche touchait le front, et sa main droite le menton. On priait Porenuz de perfectionner l'embryon dans le ventre de la mère, et surtout d'empêcher que la majesté et la pureté de cet embryon ne fût souillée par la fornication et par une semence impure. Le même dieu à cinq têtes se rencontrait chez les Slaves de la Carinthie.

Comme Siva-Parvati était Cérès et Vénus en même temps, la déesse slave Siwa est souvent représentée avec des épis dans l'une de ses mains, et dans l'autre des fleurs. Elle a en même temps le surnom de Kraso-Pani, c'est-à-dire belle maîtresse ; et les Slaves du Holstein en présentant Siwa comme la Vénus slave, disaient que leurs ancêtres avaient rapporté le culte de cette déesse des Palus-Méotides, de la cité Panagoria, nom slave composé de *pani* (vierge) et *gora* (mont). Or, Strabon parle en détail de la ville de Panagoria, située sur les Palus-Méotides et possédant le temple célèbre de l'Aphrodite Apaturos ou Vénus Uranie, symbole du firmament, identique à la Dimiter, la *magna mater*, Maya, Bhavani, dont les Palus-Méotides étaient un sanctuaire. De tout cela, les mythologues slaves concluent que la Siwa-Kraso-Pani des Slaves était tout à fait identique à la Bhavani-Parvati des Hindous, mère primitive de l'univers, d'autant plus que le nom de Maya, dans la signification de mère ou nourrice universelle, s'est maintenu jusqu'à nos jours chez les Serbes. La Parvati-Bhavani des Hindous a souvent, en outre, le même surnom de Dewa, qu'avait aussi la Siwa slave.

Les attributs avec lesquels la déesse Siwa Krasopani était représentée indiquent également la haute place qu'elle occupait parmi les divinités slaves; ils prouvent qu'elle était quelque chose de plus élevé qu'une Vénus ordinaire. C'était une belle femme toute nue, dont l'abondante chevelure tombait jusqu'aux pieds. Dans la main gauche, elle tenait un globe, sur lequel se trouvait l'image de l'univers, avec le soleil, la lune, la mer et la terre; et dans ce globe, plusieurs mythologues ont cru reconnaître une imitation de l'œuf du monde Brahmanda, qui, dans la mythologie hindoue, tomba du sein de Bhavani, et qui contenait les germes de l'univers. Dans la main droite, la Siwa slave tenait trois corps ronds qu'on prend ordinairement pour des pommes, mais qui peuvent aussi rappeler les trois œufs de la trimourti, qui tombèrent également du sein de la Bhavani hindoue. Sur quelques idoles de la Siwa, cette même main tenait, au lieu de pommes, une feuille verte, avec une grappe, qu'on a prise pour du raisin, mais qui est plutôt une fleur de lotus, fort ressemblante à une grappe de raisin; et où trouvait-on des vignes dans les pays slaves? Or, cette fleur, dans les Indes était généralement, le symbole de la fertilité et de la génération. Quelquefois encore, la Siwa slave avait dans la bouche un bouton de rose ou de lis. D'autres images la présentaient vêtue de la même manière, mais portant sur la tête un enfant mâle, et tenant le raisin ou la fleur de lotus à la main. C'est tout à fait ainsi que la Lakchmi hindoue, comme mère du monde, porte dans une de ses mains le lotus, et tient un enfant sur l'autre bras. On voyait aussi des images de la Siwa slave entourées de rayons dorés qui sortaient d'une ouverture pratiquée dans son sein gauche, et qui la caractérisaient ainsi comme l'épouse de Siva, en tant que dieu du feu et de la lumière.

Enfin, le principe terrible de l'élément féminin du Siva indien a été copié et reproduit partout sur le sol slave; car la Kali des Hindous est la Marana slave, la déesse de la mort et du froid d'hiver. Dans l'Inde, Kali, appelée alors Dourga, la vengeresse, était portée en procession solennelle le septième jour après la nouvelle lune de mars, et précipitée ensuite dans le Gange. Le même usage était observé dans tous les pays slaves par rapport à Marana, et cet usage s'est maintenu jusqu'à nos jours dans la Grande-Pologne, en Silésie, en Bohême et dans la Moravie. Des enfants portent une idole, appelée aujourd'hui Marzane ou Ziewonia, attachée au bout d'une perche, en chantant des chansons mélancoliques, et ils la jettent dans un marais ou dans une rivière; après quoi ils retournent au village, en sautant avec de grandes démonstrations de joie. En Bohême, ces chansons disent : « Voilà que nous portons la mort hors du village, et que nous y faisons rentrer le jeune été. » Ou : « La mort est emportée par l'eau, et le jeune été arrive près de nous ! » L'identité des deux cultes devient encore plus frappante, quand on considère que Marana signifie aussi dans l'Inde la mort; que Dourga y est en même temps déesse de la vie (Ziewonia); que, comme Kali est, dans sa forme primitive et en qualité de Dourga, identique à Cérès, ainsi les Polonais vénéraient dans Marana la mère et la déesse des fruits; que Marana a quelquefois le surnom de Dewa, comme Kali a, dans l'Inde, celui de Dewi; et qu'enfin Marana, comme déesse de l'enfer, s'appelle aussi Vila, surnom de la Kali hindoue, qui tourmente et effraye les hommes comme le fait la Marana slave.

Quand on considère cette grande quantité de symboles empruntés au système religieux des Hindous, dont on a trouvé les traces répandues sur le sol des pays slaves proprement dits, quand on songe à celles que le temps a dû effacer, on est saisi d'étonnement en voyant que les intuitions et les symboles religieux empruntés aux religions parses, basés sur un système tout opposé à l'unité primitive, sur le dualisme et sur le combat perpétuel entre le bon et le mauvais principe, entre celui de la génération et celui de la destruction, y ont laissé des traces bien plus nombreuses encore. Il y a toute une seconde série de divinités slaves tellement indépendantes des premières, qu'à leur tour elles ont à leur tête des dieux supérieurs, dont l'un combat l'autre. Ces dieux ne règnent pas seulement à côté des divinités hindoues, mais ils leur prêtent avec le temps quelque chose de leur qualité, si différente dans le principe. L'élément parse a été même si prédominant chez les peuples slaves, que le dualisme a été pris longtemps pour l'unique système qui ait présidé aux croyances païennes de tous ces peuples. Aussi les ethnographes ont-ils reconnu dans les Sakes, population de la Médie, un peuple présentant dans son caractère, dans ses mœurs et ses occupations, la plus grande ressemblance avec les Slaves, tels que nous les avons dépeints au commencement de ce chapitre. D'ailleurs le dualisme slave, bien que fondu avec les intuitions religieuses que tous les habitants de l'ancienne Europe septentrionale ont reçues du sol et du climat, présente une différence profonde avec les idées religieuses communes aux autres races qui ont peuplé notre partie du monde.

Leur dualisme, symbolisé par des dieux personnifiés, est moins un combat entre la chaleur et le froid, entre l'hiver et l'été, que, comme chez les Persans, un combat entre la lumière et les ténèbres, combat moral entre le bon et le mauvais principe, qui sont représentés, le premier par ce qui est blanc et lumineux, et le second par ce qui est sombre et noir; le premier produisant la vie, l'autre la mort. Comme les Persans croyaient en un Ormuzd et un Ahriman, chefs d'une foule d'esprits secondaires qui combattaient entre eux sous le commandement immédiat de ces deux adversaires, cette seconde série des divinités slaves se divisait aussi en dieux blancs et en dieux noirs. Ils étaient ou Bialybog ou Czernybog, des mots *bog* (dieu), *bialy* (blanc), et *czerny* (noir). Mais la différence essentielle qui existait à cet égard entre leurs croyances et celles de la Perse, c'était d'abord l'absence, parmi tous ces dieux, de cet être irrévélé, réunissant primitivement en lui les deux principes, de ce Zervan-Akerené des Persans. Ils n'admettaient pas non plus, comme ces derniers, l'unité de chacun des deux principes opposés, résumée dans deux seules divinités, dont les autres esprits lumineux ou noirs n'étaient que les serviteurs. Ils n'avaient pas un Bialybog ou un Czernybog par excellence, portant des noms comme individualités distinctes; mais ils avaient une multitude de dieux des deux ordres auxquels la qualification de Bialybog ou de Czernybog était commune. Il manquait aussi par conséquent aux Slaves, pour cette partie de leur culte, un système organique, une théorie complète. Le combat de leur dualisme était perpétuel et sans fin; rien n'indiquait si l'un des deux principes absorberait l'autre un jour. Leurs intuitions sous ce rapport étaient même plus désolantes encore; le même dieu pouvait être Bialybog et Czernybog à la fois, faire alternativement le bien et le mal, et inspirer la confiance comme la crainte. Nous verrons même les divinités d'origine hindoue assimilées à cet égard aux divinités d'origine parse.

Ce phénomène est sans contredit la preuve et le résultat du malaise constant et profondément ressenti par cette race inoffensive et mal organisée, jetée sur un sol rude, au milieu des populations guerrières de l'Europe, et qui, maltraitée par les hommes, se croyait maltraitée et persécutée par ses propres dieux.

Le suprême dieu blanc ou lumineux des Slaves était Swatowit ou Swantowit, dont nous connaissons le grand temple à Arcona, sur l'île de Rugen, tandis qu'un autre de ses temples était à Stettin. L'idole de ce dieu a été trouvée aussi à Rhetra, dans le principal temple de Radegast. Il était en grande vénération chez les Silésiens et les Slaves du Sud. L'annaliste Helmoldus répète plusieurs fois que tous les peuples slaves l'adoraient, quoique Helmoldus ne connût que les Slaves occidentaux. Le nom de Swantowit indique déjà qu'il était le Mithra des Persans, le soleil combattant en vainqueur, car ce mot signifie le *sacré vainqueur*, le *sacré voyant* ou le *sacré savant*, ce qui revient au même; car Swantowit est aussi le dieu slave le plus célèbre par ses oracles. Saxon le Grammairien donne la description suivante de l'idole de cette divinité qui était dans le temple d'Arcona : La statue, d'une grandeur colossale, était de bois et avait quatre têtes nues, sans barbe, et présentant tous les attributs de la jeunesse. Ces quatre têtes étaient placées sur autant de cous; elles étaient tournées vers les quatre points cardinaux; leurs cheveux étaient coupés courts. Leurs visages imberbes étaient le symbole de l'orbe du soleil. L'idole tenait dans sa main droite une corne oblongue de la forme d'une coupe, et remplie de vin, que le grand prêtre répandait annuellement par terre; d'après la manière dont s'écoulait ce vin, on présageait le plus ou moins de fertilité de l'année suivante. La main gauche tenait un arc et des flèches. Le corps était vêtu d'une robe phrygienne qui rappelait celle de Mithra; cette robe descendait jusqu'aux genoux; elle était serrée autour des reins par une ceinture, et se rattachait sur la poitrine par des courroies et des agrafes. A côté de cette idole était placée une épée d'une grandeur remarquable, dont le fourreau d'argent ciselé brillait d'un vif éclat. On voyait en outre suspendues près de la statue une bride et une selle. On nourrissait pour le dieu, dans le temple, un cheval blanc, dont la crinière et la queue ne devaient être touchées par personne. On croyait que le dieu montait ce cheval pendant la nuit pour combattre les ennemis de son culte, c'est-à-dire les démons noirs, et on en alléguait pour preuve que ce cheval, gardé la nuit dans une écurie, était trouvé souvent le matin couvert de sueur, pour avoir parcouru des espaces immenses. On gardait en outre dans le temple, parmi les drapeaux et les aigles de guerre, l'immense étendard de Swantowit, de couleur brillante; le peuple de Rugen le vénérait presque plus que la divinité elle-même. Le temple même de Swantowit était construit de manière à montrer partout cette blanche clarté qui convenait à un dieu lumineux; tout y était élégant, magnifique, et resplendissait à l'extérieur comme à l'intérieur; et ce qui dans le culte de Swantowit rappelle le plus évidemment celui de Mithra, c'est que le feu sacré, comme chez les Perses, était soigneusement préservé de tout contact avec l'haleine d'un homme. Le grand prêtre de Swantowit, qui le matin nettoyait son sanctuaire, où seul il avait la permission d'entrer, devait retenir son haleine pendant tout le temps que ses fonctions l'y occupaient, et il était obligé de courir à la porte du temple chaque fois qu'il avait besoin de respirer. Un autre usage du culte de Swantowit rappelle encore le culte parse. Suivant plusieurs anciens annalistes, les Slaves, adonnés au culte de ce dieu, faisaient dans leurs fêtes sacrées, où ils mangeaient et buvaient comme les Germains et les Celtes, circuler une coupe sur laquelle ils prononçaient des mots de conjuration, invoquant tantôt des dieux bons, tantôt des dieux méchants, pour se rendre la fortune favorable, pour détourner le mal ou tirer des présages. Or, on rencontre des coupes sacrées comme symboles partout où régnait le culte de la lumière et du soleil, et cette sorte de calice était surtout en Perse le symbole de Dschemschid, qui le premier avait introduit l'agriculture. Les attributs de Swantowit indiquent suffisamment qu'il était un dieu universel et supérieur. Ses armes sont le poignard que Mithra enfonce dans le flanc du taureau pour féconder la terre, et sont en même temps les attributs du dieu-soleil, vainqueur des ténèbres. Comme lutteur sacré, il était en même temps le distributeur de la victoire dans la guerre, et la corne de la fertilité répandait l'abondance sur les champs. Les oracles, enfin, indiquent sa qualité d'Apollon de Delphes et de dieu tout savant.

Bon nombre de témoignages prouvent que le temple d'Arcona était le point central du culte parse parmi les Slaves. De riches présents y étaient envoyés de tous les pays slaves pour prix des oracles qu'on demandait. Saxon le Grammairien fait mention d'une coupe précieuse qu'au dixième siècle y envoya Waldemar, roi de Danemark. Les Slaves eux-mêmes s'adressaient des salutations sous l'invocation de Swantowit, et on explique par là l'usage où on est encore aujourd'hui en Bohême de se saluer par les mots *witeg* ou *witam*, la syllabe *wit* étant la partie essentielle du nom de ce dieu, et *swanto* n'en étant que l'épithète sacrée.

Avec Swantowit apparaissent trois autres dieux lumineux, qui sont en quelque sorte les symboles des trois parties diverses dont se compose le suprême dieu de la lumière, c'est-à-dire le soleil. Ce sont : Gierowit ou Harowit, le dieu du printemps et de la paix; Porewit, le dieu de l'hiver et du pillage; et Rougiewit, le dieu de l'été dans la canicule. Rougiewit, à cause des sécheresses et des désastres qu'il occasionnait, était représenté sous une forme horrible et repoussante. Sa statue était d'une telle hauteur, que l'évêque Absalon, qui la détruisit à la fin du treizième siècle, n'en put atteindre que le menton avec sa hache en grimpant jusqu'à sa cuisse. Elle avait sept têtes et était armée de huit épées, dont elle tenait une dans la main, tandis que les sept autres pendaient à ses côtés. Les sept têtes se réunissaient sur un seul sommet, où se trouvaient des nids d'hirondelles consacrés à ce dieu. Il passe spécialement pour le dieu de la guerre, quoique tous les dieux lumineux soient, comme Mithra, des héros, et que les étendards de Swantowit lui-même fussent portés dans les rangs des armées. L'idole de Rougiewit était placée dans le centre des villes; et à Karentz, sur l'île de Rugen, où étaient les temples de ces trois dieux, qui représentaient les trois époques principales de l'action de Wit ou Swantowit, celui de Rougiewit avait pour murs des tapis qui entouraient l'idole de ce dieu. Le temple de Harowit ou Gierowit, ou Karowit, divinité représentée avec cinq têtes et cinq épées, avait ceci de remarquable qu'on y voyait un bouclier d'or attaché au mur; personne ne devait le toucher, et on ne l'ôtait de là qu'en temps de guerre. Lorsque le moine Dieterich, au treizième siècle, l'arracha un jour du mur et alla au devant des païens en le portant devant lui, les Slaves, croyant que le dieu Harowit s'avançait contre eux, reculèrent stupéfaits et tombèrent par terre. Or, ce bouclier était certainement à Karentz le symbole de la voûte du ciel, comme il l'était chez tous les peuples anciens, et consacré à Swantowit lui-même; il était suspendu auprès du symbole de son époque printanière. Porewit, le soleil de l'hiver, n'avait que trois têtes; il était sans armes, et de plus représenté dans le temple de Rhetra dans l'attitude du sommeil. Les dieux Gierowit ou Harowit et Rougiewit y étaient même réunis en une seule idole qui avait quatre visages d'homme et deux de jeune femme, lesquels personnifiaient ensemble le soleil du printemps et celui de l'été.

Un cinquième dieu blanc ou lumineux était Jutrebog, dont l'idole et le temple étaient dans la ville de Juterbock dans la marche de Brandebourg, sur les frontières de la Lusace, ville des Slaves sorabiens, à laquelle il avait donné son nom, et dont les monuments païens ont fourni à l'historien Eckhard la matière d'un ouvrage spécial, qui est une des sources principales de la mythologie slave. Jutrebog est le soleil levant ou le dieu de l'aurore, et comme tel, il est également une partie personnifiée de Swantowit.

Quant aux dieux noirs ou méchants, on ne peut indiquer parmi eux une divinité personnifiée et pourvue d'attributs distincts, qui ait été à la tête des esprits méchants ce que Swantowit était à la tête des dieux lumineux. On parle, il est vrai, d'un dieu ayant le nom propre de Czernybog; mais on ne trouve nulle part une personnification distincte du dieu suprême. Parmi les idoles de Rhetra, on voit plusieurs lions ou plutôt plusieurs chiens-loups portant l'inscription Czernibog et Pya, sans qu'aucune autre indication nous dise que Pya ait été le nom d'un dieu chez aucun peuple slave. Une autre idole de Rhetra nous montre un dragon ailé avec l'inscription Zirnitra Czernibog ; or, Zirnitra veut dire un sorcier, et est une des épithètes qui, plus tard, ont été données à presque toutes les divinités slaves, comme celle de Czernybog. Le dragon a deux visages humains, l'un sombre, l'autre gai. Une autre idole représente un homme à deux visages qui portent également ce double caractère, avec l'inscription Zer..., peut-être Zernybog. Deux queues de serpent tombent du visage sombre, et du visage gai tombe une queue de dragon; une des mains est dirigée en haut, l'autre en bas; ce qui peut signifier que le dieu noir a deux natures comme les dieux blancs, et peut faire du bien comme il peut faire du mal. Aussi quelques écrivains disent que les Slaves ont cru que les dieux noirs pouvaient faire du bien malgré leur volonté. Les Slaves, en Carinthie, appellent le dieu noir Vrag, c'est-à-dire tueur, destructeur; les Vendes l'appelaient Chaudak ou Chundak. Un autre dieu noir est Zlebog ou Slebog, ou Zlyduch, qui danse dans le sable que le tourbillon soulève. Un autre esprit méchant est Bies, qui prend également la forme du tourbillon. Pour désigner les esprits méchants de l'ordre secondaire, on trouve le mot parse Dew ou Diw Tyfones. Aujourd'hui encore les Slaves appellent l'esprit malin Diwel, Diwlik ou Dibljk. Un autre dieu noir est Marowit, primitivement le dieu du soleil couchant, car ce nom veut dire le Wit mourant; il passe pour le dieu des mauvais rêves, qui tourmente les dormeurs par des cauchemars.

Si les renseignements qui sont parvenus jusqu'à nous sur les dieux noirs et méchants des Slaves sont si peu nombreux, la raison en est que leurs fonctions sont avec le temps tombées en partage aux dieux lumineux empruntés à la religion parse. Ces dieux, symboles du soleil, dont la puissance bienfaisante disparaissait sous le ciel froid de l'Europe, pendant une longue époque de l'année, en perdant de leur lumière et de leur chaleur, perdirent aussi dans l'imagination de cette race souffrante leur bonté exclusive, et s'assimilèrent aux divinités noires et méchantes par nature. Puis les fonctions des derniers tombèrent en même temps dans les attributs de ces divinités d'origine hindoue, sorties des éléments terribles du Siva indien. Enfin, tout l'Olympe slave, pour ainsi dire, prit des teintes si sombres, que le dualisme, si distinct dans ses représentations séparées de la religion parse, disparut comme élément opposé, en se réunissant dans les mêmes personnifications du bon et du mauvais principe, et Czernybog cessa d'être un nom propre pour devenir une épithète. Ce sort devint, surtout chez les Vendes, forcés de se battre avec acharnement contre les chrétiens pendant tant de siècles, celui de tous les dieux empruntés aux Hindous. Le symbole des incarnations de Vichnou-Radegast fut même méconnu, et les formes animales devinrent désormais les symboles de la nature noire et méchante, qui était censée être la sienne. Peroun-Brahma même devint chez eux un dieu noir, et il portait sur son idole, trouvée près de Rhetra, l'inscription : « Peroun, ne me frappe pas! » Devenu plus tard, chez tous les peuples slaves, simple dieu du tonnerre, il n'était pas seulement impuissant pendant l'hiver, comme le Thorr des Scandinaves, mais il devint partout aussi bien Czernybog que Bialybog. Comme dans les derniers temps du paganisme slave, où le sabéisme, ou culte de la nature extérieure et des éléments, prédominait dans tous les pays slaves sur les réminiscences et les imitations des religions hindoues, parses et des autres cultes étrangers, Peroun était le seul dieu suprême, de même les notions sur Dieu en général, que Peroun représentait alors, montreront d'une manière plus frappante encore cette entière fusion du principe bon et du principe mauvais dans la même divinité, fusion qui s'était opérée dans l'intuition religieuse des Slaves. Une seule grande divinité paraît avoir échappé à ce sort, c'est la trimourti slave elle-même dans son union de ses trois incarnations primitives, ce Triglaw, dont nous avons parlé, seulement parce qu'il était censé ne pas s'occuper du tout des affaires de ce monde; et, sous ce rapport, l'explication que donne un annaliste de cette particularité de son symbole qui représentait ses trois têtes couvertes jusqu'aux yeux, est excessivement remarquable : « Le dieu suprême se voile, dit-il, pour ne pas voir les iniquités qui se commettent dans le monde, et pour n'être pas forcé de sévir. »

La fusion partielle qui s'est opérée sous ce rapport, comme nous venons de l'indiquer, sur le sol des pays slaves entre ces deux éléments si opposés en principe, entre le culte hindou et le culte parse, a eu lieu encore sous divers autres rapports. Ainsi les symboles et les idées parses ont dominé davantage chez les Slaves occidentaux, entraînés surtout dans des luttes et des combats à mort, tels que les Vendes, les Serbes, les Polabiens, les Bohêmes, les Slaves dans la Moravie et en Carinthie, et on ne trouve pas le nom de Swantowit mentionné dans les renseignements que nous avons sur le temple de Kiew, ce point central du culte des Slaves orientaux, surtout depuis la domination des Varègues. C'est là que dominait le culte de Peroun, sous l'influence directe des Scandinaves, qui assimilaient entièrement ce dieu slave à Thorr. L'idole du Peroun de Kiew avait un éclair de diamants dans la main, une tête d'argent et les pieds d'argile. Le feu éternel de bois de chêne, inconnu aux Scandinaves, était entretenu devant lui. Mais les trois divinités parses Harowit, Rougewit et Porewit, symbolisant les trois époques distinctes de l'action de Swantowit-Mithra, et réunies dans le temple de Karentz, sur l'île de Rugen, point central du culte de la lumière, sont une sorte de trimourti parse qui se rapproche de cette trimourti hindoue qu'on retrouve en Prusse, en Lithuanie et dans le culte de Pieroun-Brahma, à Kiew et à Nowgorod; elles rappellent même cette secte hindoue, qui partageait l'année entre les trois membres de la trimourti, en leur assignant à chacun un règne de quatre mois. D'un autre côté, Pieroun ou Perkounos, qui chez les Slaves occidentaux symbolise le monde supérieur et le firmament tout entier, et devant les autels duquel brûlait le feu perpétuel de chêne, apparaît là où les dieux parses de la lumière ne sont pas du tout vénérés. C'est ainsi que Peroun était adoré en Russie et en Pologne, sous le nom de Jessen ou Chason, le lumineux, le resplendissant, comme dieu de la lumière, et même comme le soleil, œil du firmament.

La fusion entre les éléments hindous et persans est encore plus frappante dans le culte de cet être un peu énigmatique des anciens symboles slaves, appelé Baba, et principalement vénéré chez les Slaves établis près de la mer Noire et sur la rivière d'Obi près de l'Oural. Baba est d'un côté la mère universelle, comme Maya et la Bhavani des Hindous, nourrice de l'univers, et comme telle l'épouse de Pieroun en tant que Brahma est dieu du tonnerre; mais elle est aussi la grand'mère du Swantowit parse et la mère du firmament; elle était même représentée portant dans ses bras son fils et son petit-fils

Swantowit. Elle est alors déesse du soleil d'été, et s'appelle Zlota Baba ou Baba dorée; mais elle est aussi déesse du soleil d'hiver, et elle a dans cette circonstance le nom de Jezi Baba, déesse de la mort. En cette qualité, elle a les cheveux épars, les pieds osseux; elle est décharnée et méchante. Enfin, la fusion d'éléments parses et indiens s'est maintenue jusqu'à nos jours dans les croyances slaves, et se manifeste d'une manière frappante dans les notions que le peuple se fait de Dieu en général; elles sont empreintes partout dans son langage. Tous les maux, comme tous les biens, sont, d'après le dualisme slave, les résultats de l'action du dieu Bog. Une foule de maladies plus spéciales portent simplement le nom d'une action de Bog: ainsi la paralysie nerveuse s'appelle bozi ruka, la main de Dieu; la peste, bozi rana, blessure de Dieu; l'épilepsie, bozi bic, fléau de Dieu, ou bozi moc, la puissance de Dieu; la petite vérole, bogine. La phrase qui, chez les autres peuples, signifie : Que le diable t'emporte! est en slave : Bog day ta! Que Dieu te donne! Chez les Slowakes, toutes ces expressions se rattachent à Parom ou Peroun, qui, comme nous l'avons déjà dit, était, dans les derniers temps du paganisme slave, Bog par excellence. En revanche, les principaux bienfaits que l'homme reçoit de la nature sont signalés de la même manière : le blé s'appelle zbozi, chose divine; le pain, bozi dar, don de Dieu; la richesse, bohactwi; le riche s'appelle bohac; le fort et brave, bohatgr, etc. Enfin une intuition tout à fait hindoue sert de nouveau de base à la phrase : Wz ge bozi, il appartient déjà à Dieu, phrase qu'on n'applique pas seulement aux morts, mais à ceux qui ont perdu connaissance ou sont tombés dans un profond sommeil.

Avant de présenter le troisième élément principal qui entrait dans les croyances des races slaves, élément né du sol et du climat de l'Europe, et qui, s'assimilant ce qui lui convenait des symboles importés, devint la religion prédominante de la multitude, nous donnerons une analyse succincte des mythologies prussienne et lithuanienne, dans lesquelles les croyances et les symboles hindous et parses se trouvent reproduits d'une manière plus palpable et plus systématique encore.

Les symboles prussiens forment une transition entre ceux des Vendes et Slaves Polabiens, chez lesquels, dans les temples d'Arcona et de Rhetra, l'élément parse dominait, et la mythologie de la Lithuanie proprement dite, où l'élément hindou se trouve plus complétement conservé que chez les Prussiens, qui relevaient, comme nous l'avons déjà dit, de la hiérarchie vende. L'existence de la trimourti chez les Prussiens, non pas dans son unité primitive, mais dans la trinité de ses trois membres détachés, a été reconnue de tout temps par tous les historiens. Elle était représentée sur leur étendard national par trois personnages mis en contact entre eux, et qui différaient par leur âge et l'expression de leur figure. La première des trois figures qu'on voyait sur cet étendard représentait le dieu Perkounos, le même que le Perun ou Pieroun des Slaves, sous la forme d'un homme dans la maturité de l'âge; sa barbe et sa chevelure étaient noires et crépues; il avait le visage animé, et le front couronné de flammes. A côté de lui, on voyait le dieu Potrimpos sous la figure d'un jeune homme joyeux, sans barbe et couronné d'épis. Ils se regardaient l'un l'autre en souriant. Le troisième personnage était un vieillard pâle, à barbe longue et grise, la tête ornée d'un drap blanc; il regardait les deux autres de bas en haut. Qu'on compare avec cette description celle du symbole de la trimourti hindouc! La trinité indienne avait aussi trois têtes, dont l'une juvénile, l'autre virile et sévère, la troisième ayant l'apparence de la vieillesse, de la colère et de la passion.

Perkounos signifie, comme Pieroun, l'éclair; comme celui-ci et le Brahma indien, il est le soleil qui vivifie tout, le principe universel de la génération, et le dieu du tonnerre et du temps à la fois. Une autre image de ce dieu le représente sous la forme d'un homme âgé et barbu, entouré de douze rayons flamboyants. Il appuie sa main droite sur un taureau, et de la main gauche il tient une torche brûlante, de laquelle s'échappent deux éclairs. Le Perkounos prussien avait une mère, Perkouna-Taté, c'est-à-dire l'Océan, qui, dans les Indes aussi, était la base de tout ce qui existe, et qui, selon le mythe prussien, reçoit tous les jours dans son sein le soleil couchant, le baigne, et le rend le lendemain purifié au monde. Longtemps aussi ce Perkoun prussien, comme symbole du firmament, fut vénéré, comme Brahma-Prowen, sans idole figurée, et en plein air. On entretenait devant lui, comme devant le Pioroun de Kiew et le dieu Prowe des Slaves, un feu éternel, appelé znicz, et le prêtre qui laissait s'éteindre le feu sacré était puni de mort. Dans deux émanations, Perkounos était d'abord Okkopirnos, c'est-à-dire Okko-Piorouna, l'œil de Pioroun, en tant que le soleil, œil du firmament; puis Schwaixtyx, le lumineux, le resplendissant, comme le Pieroun russe et polonais était Jason ou Jessen dans sa transformation parse. Schwaixtyx était invoqué surtout dans les fêtes du printemps, comme le soleil spécial du printemps, afin qu'il fécondât par sa chaleur les champs, les animaux et les hommes.

Le nom de Potrimpos est, selon les mythologues slaves, une altération de Potrebbog, qui vient du mot *potreba*, besoin, nécessité. Ainsi Potrimpos est, comme Radegast, le dieu qui s'occupe des besoins des hommes et de leurs affaires. Il rappelle ainsi déjà par l'étymologie le Vichnou hindou; mais plus encore par son culte. On sait quel rôle le serpent joue dans l'histoire de Vichnou, dont il était le principal symbole. Or, on entretenait pour Potrimpos un serpent vivant, qu'on nourrissait de lait; le dieu prussien apparaît même dans le sanctuaire de Romowe sous forme de serpent roulé en spirale, et avec une tête humaine. L'eau enfin, qui était un autre symbole de Vichnou, était aussi un symbole de Potrimpos. Potrimpos était en même temps le dieu du blé et de la fertilité. On lui sacrifiait de préférence des épis; son visage imberbe indique la jeunesse de la terre, qui renaît tous les ans. Comme une émanation d'Okkopirnos, et comme dieu lumineux, il est aussi héros et dieu de la guerre. Plus tard, il devint, comme Radegast et Vichnou, un dieu présidant simplement aux besoins domestiques.

Le nom de Pekollo vient du mot slave *pieklo* ou *peklo*, le monde souterrain, l'enfer, et il s'est formé par corruption de *peklabog*. Ce dieu gouverne les morts, et ses attributs sont trois têtes de mort, qu'il porte autour du cou, attachées à une corde, attribut qu'a aussi quelquefois le Siva indien, qui coupe chaque année les têtes de Brahma, quand celui-ci meurt, puis les attache à une corde, les range, et les porte ainsi suspendues autour de son cou, en manière de collier. Pekollo a aussi le nom de Patolo, et *patala* est le mot sanscrit qui signifie enfer. Quoique régnant sur les morts, Pekollo ne perd pas son identité primitive avec Perkoun; car il est le symbole du soleil, de la nuit, de la lune. Selon le mythe prussien, Pekollo se rendait de temps à autre auprès des gens riches pour les sommer rudement de songer aux âmes des morts. Quand on ne lui obéissait pas, et qu'on le faisait venir une troisième fois, il ne pouvait, comme Siva, être apaisé que par du sang humain. Mais on voit que la trinité prussienne se rapproche beaucoup de celle des Grecs : ces trois dieux supérieurs ont une grande ressemblance avec Jupiter, Neptune et Pluton, grâce à l'influence des Gelons, colonie hellénique. En tête de la série des divinités parses ou de la lumière, apparaît, dans la religion prussienne, Auschwe ou Auschweit, altération du mot slave *oswieciel*, l'illuminateur, l'éclaireur. Réunissant en lui le mythe grec d'Apollon et le mythe parse de Mithra, Auschwe est, en même temps, le médecin divin et le médiateur entre les hommes et les dieux supérieurs; ce dernier rôle revient en général partout dans les croyances slaves, dans Radegast et Swantowit, dans Potrimpos et Auschwe; et les deux dieux des deux séries qui leur correspondent dans la mythologie lithuanienne ont principalement cette mission médiatrice. C'est sous les auspices d'Auschwe qu'étaient célébrées, surtout en Prusse et en Lithuanie, les trois fêtes agricoles, aux deux solstices du printemps et de l'été et à la fin du mois d'octobre. Seulement le dieu Auschwe était, dans la fête de mars, invoqué sous le nom du dieu Pergroubios, dieu alimentaire des fleurs et des premières herbes, avec qui il se confondait, tandis qu'à la fête d'été on l'invoquait aussi sous le nom de Gabie Diewaita, c'est-à-dire cher dieu Gabie. C'est à cette deuxième fête qu'Auschwe paraissait surtout dans son rôle de médiateur; car, si la moisson était mauvaise, on le priait d'intercéder auprès des dieux de la fertilité, Pergroubios, Perkounos, Schwaixtyx et Pelvit, dieu spécial des moissons, afin que ceux-ci donnassent au peuple leur pain quotidien. En même temps, le peuple confessait ses péchés, et les expiait par des amendes et des offrandes en comestibles, qu'on mangeait en commun. Dans la troisième fête, celle du mois d'octobre, qui était la fête de la moisson terminée, Auschwe apparaît dans deux rôles différents : il est encore soleil d'été, et a, comme tel, le surnom de Sotwaros, et il devient déjà soleil d'hiver, sous le nom de Ziemmienikas; il réunit ainsi les traits de ces deux divinités parses opposées, Ormuzd et Ahriman. Ce que Ziemmienikas était chez les Prussiens, Kourko l'était chez les Lithuaniens proprement dits. Ce Kourko fut plus tard adopté par les Prussiens, lorsque les chevaliers teutons eurent détruit pour la première fois le sanctuaire de Romowe et brisé l'ancienne trinité divine. Kourko fut alors reçu dans la nouvelle trinité qu'ils se donnèrent; leur étendard portait même le nom de Drapeau de Kourko, lorsqu'il fut pris par les chevaliers teutons. Auparavant, on brisait tous les ans l'idole de Kourko, pour symboliser ainsi la victoire du soleil d'été sur celui d'hiver.

Le suprême dieu des ténèbres était, chez les Prussiens, Pouszcz, le destructeur. A l'instar d'Ahriman, il demeurait sous la terre, et régnait sur des démons ayant la forme de nains, appelés tantôt Porstouki, d'un mot qui signifie pouce, tantôt Narkopety, les grondeurs, tantôt Koltki. Ces démons tourmentaient les hommes pendant la nuit ou à l'heure du crépuscule, et on les rencontrait principalement sous les buissons de sureau. On sacrifiait à Pouszcz le soir, en plaçant sous des sureaux les dons qu'on lui destinait.

Avec le temps, le nombre des dieux prussiens s'éleva jusqu'à douze. Outre ceux que nous avons mentionnés, nous trouvons Antrimpos comme dieu de la mer, mais c'est probablement la personnification d'un des attributs de Potrimpos; Perdoyt, le dieu de la navigation; Pekoullos, le dieu de la richesse, reproduction de Pockollos, dieu de la mort, et aussi du Pluton romain. Tous ces douze dieux devinrent plus tard des dieux astronomiques, qui présidaient aux douze mois de l'année, et ils étaient rangés dans l'ordre suivant : Okkopirnos, Schwaixtyx, Auschwe, Antrimpos, Potrimpos, Perdoyt, Pergroubios, Pelvit, Perkounos, Pekoullos, Pockollos, Pouszcz.

La mythologie lithuanienne proprement dite comprend d'abord toutes les divinités des anciens Prussiens que nous venons d'énumérer. Elle a en tête la même trinité, sous les noms peu différents de Perkounas, de Potrimpos, et de Poklus, et en 1811 on a trouvé même cette trinité représentée sur un tableau un peu endommagé, et nommée Triapa, avec cette différence toutefois qu'un des bustes a une tête de femme, ce qui rappelle non-seulement la Trigla slave, mais aussi certaines images de la trimourti hindoue. Mais outre les dieux prussiens, les Lithuaniens ont un grand nombre de déesses supérieures, l'élément féminin étant, en général, dans la mythologie lithuanienne, plus riche que dans aucune autre. Non-seulement tous les membres de la trimourti y sont, comme dans les Indes, reproduits sous la forme féminine, mais il s'y trouve en tête une déesse qui représente la trimourti dans son unité absolue, comme Parabrahma le fait dans la religion hindoue. C'est Laima, la maîtresse universelle du ciel et de la terre, la source de la génération, de la vie et de la destruction à la fois; elle comprenait en soi Brahma, le créateur; Vichnou, le conservateur, et Siva, le destructeur, elle est appelée Triwejde, et correspond ainsi à la Trigla slave, tout en réunissant en elle des éléments bienfaisants et terribles. Dans sa qualité terrible, elle s'appelle Miedzwina. En cette qualité, elle est ce que, dans le mythe slave, est Jezi Baba. Le nombre de ses surnoms est immense. Comme mère universelle de la terre, elle s'appelle Zemmes-Mathi, et agit par les forces perpétuellement actives de la nature, représentées par les vierges immortelles appelées Swehtas-Meitas. Elle est la mère des dieux des Esthions, peuplade lithuanienne dont Tacite fait mention. Elle est la Siwa slave, dans sa signification primitive, et réunit en elle les attributs de la Junon grecque et de la Vénus romaine. Tout cela rappelle la Maya hindoue, et, comme nous l'avons déjà dit, le mot Maja ou Majka est encore en usage chez les Serbes pour désigner non-seulement une mère, mais aussi l'intendante des ménages. Laima est en rapport intime avec la lune, comme l'est Maya-Bhavani; elle a, en cette qualité, le surnom de Menoulé, tiré de *menès*, lune; et comme la lune est, chez tous les peuples anciens, le principe générateur féminin, Laima est la patronne de l'amour et du mariage, la Kraso-Pani-Siwa des Slaves. En sa qualité de Menoulé, elle a le surnom de Zwaigzdunoka, œil des étoiles; elle connaît leur cours, règne sur la nuit et sur les choses nocturnes, regarde le monde au clair de la lune, et descend sur la terre aux époques des changements de cet astre. Alors elle se fâche, détourne la tête, et se cache dans les nuages. L'arc en ciel est la ceinture de Laima, en tant que firmament.

L'élément féminin de Perkounas, le premier membre de la trinité mâle, est Perkounatelé, comme Saraswati est le principe féminin du Brahma indien. Elle est tantôt son épouse, tantôt sa mère, tantôt sa sœur. Comme épouse, elle partage avec Perkounas le gouvernement du ciel et de la terre, et une de ses images la représente assise sur des nuages, un éclair à la main. Comme mère de Perkounas, elle est, comme la Perkounataté des Prussiens, l'Océan, et y reçoit le soleil pour le baigner.

Lada, nuance de Laima, déesse du soleil d'été, est identifiée par les mythologues lithuaniens à la Lakchmi hindoue, épouse de Vichnou dans son Crichna-awatara. Invoquée dans toutes les fêtes du solstice d'été conjointement avec le dieu du soleil, et appelée alors Zlota Lada ou Lada dorée, elle est devenue, comme Lakchmi dans le mythe indien le plus récent, la déesse de la beauté et de l'amour de tous les pays slaves.

Liethua, autre nuance de Laima, symbole de la fertilité, de l'abondance et du bonheur, comparée à Parwati, l'élément féminin bienfaisant du Siva indien, et à la Freya scandinave, est censée avoir donné son nom au peuple lithuanien. Invoquée dans les chansons lithuaniennes au milieu des souffrances de l'hiver pour ramener l'été, Liethua est aussi la patronne du feu, sous le nom de Praurime; déesse du savoir sous le nom de Budte; et déesse des grâces et de l'amour sous celui de Milda.

Nijola enfin, la déesse de l'enfer, l'épouse de Poklus, est comparée à la Kali hindoue, l'élément féminin du côté terrible de Siva; mais le mythe spécial qui la concerne rappelle en même temps Proserpine et son enlèvement par Pluton. La reine Kroumine, qui a aussi le surnom de Javine, déesse de la fertilité et du blé, avait une fille admirablement belle, nommée Nijola. Un jour, la jeune vierge fut attirée aux champs par la vue des magnifiques fleurs du printemps. Une des plus belles fleurs lui apparut sur le bord d'une rivière. Elle quitta aussitôt sa robe de pourpre et descendit dans l'eau pour cueillir la fleur ; mais le fond de la rivière s'entr'ouvrit et Nijola tomba dans le monde souterrain. Le roi Pokole, qui y régnait, fut émerveillé de sa beauté et la retint chez lui. La mère, désolée, chercha en vain sa fille sur toute la terre; retournant enfin en Lithuanie, elle y rapporta la connaissance de l'agriculture et en dota son peuple, qui avait beaucoup de peine à se nourrir. Un jour, en défrichant une vieille forêt où vivaient des dragons, on trouva une pierre sur laquelle le suprême dieu Pramuzimas avait gravé autrefois le récit de l'aventure de Nijola. Aussitôt Kroumine se rendit au monde souterrain et y vit sa fille entourée d'un grand nombre de beaux enfants. Nijola, à la prière de sa mère, retourna avec elle pour quelque temps sur la terre. Arrivée en Lithuanie, elle y trouva le pays tout dévasté; la faim et la misère en décimaient les habitants; son retour changea la face des choses, et par reconnaissance ils la divinisèrent. Nijola est dans ce mythe évidemment le soleil qui descend dans la mer en déposant sa robe de pourpre, et porte même dans le monde souterrain le principe de la fertilité. Kroumine la ramène pour faire renaître l'abondance dans le pays dévasté. Les anciens vénéraient annuellement le soleil comme un roi nouveau né. Évidemment aussi ce mythe se rapporte à la fois à la nuit et à l'hiver, au coucher du soleil et à sa décroissance annuelle; car la robe de pourpre indique le premier, la dévastation du pays indique l'autre; mais comme dans le Nord l'hiver est en intime rapport avec les longues nuits, cette fusion prouve l'originalité lithuanienne de ce mythe. Il existe même un ancien médaillon lithuanien qui porte cette inscription : Poklus-Nijola, dans lequel Poklus, revêtu d'une cuirasse, donne à Nijola une couronne, et reçoit d'elle une coupe en échange. On voit entre eux deux un petit chêne à trois branches, dont deux se terminent par des glands. Au-dessous, un serpent se tord, entouré de caractères d'écriture.

L'Okkopirnos prussien s'appelle chez les Lithuaniens Okkapirnas, dont l'étymologie veut dire celui qui était avant les temps, et rappelle ce passage du Zend-Avesta qui dit qu'Ormuzd commença le temps. Le feu perpétuel consacré à Perkounas brûlait sur une haute montagne près de Dziewaltowia. Le Auschwe prussien s'appelle chez les Lithuaniens Auschwalis, et celui-ci se transformait pendant la fête du mois de mai, en Lithuanie, dans le dieu Goniglo, dont la mission était de chasser toutes les bêtes méchantes et nuisibles ; on chantait alors : « Nous ne te craignons pas, ô loup, quand nous faisons paître nos brebis, car le dieu aux rayons du soleil te retient loin de nous ! » Goniglo devint même le dieu des pasteurs. Le dieu Pergroubios était en Lithuanie une déesse Pergroubie, qui s'identifiait également avec Auschwalis, à la première fête du printemps.

Mais ce qui distingue encore la riche mythologie lithuanienne de tout ce que nous savons sur les symboles et les croyances de la grande race slave, c'est qu'elle est la seule qui présente une action d'un dieu suprême et unique, semblable à Parabrahma, et avec lui un fragment cosmogonique. Mais Parabrahma y est, sans doute par l'influence des mythologies étrangères, surtout de celle de la Scandinavie, *anthropomorphisé*, et le mythe qui le concerne rappelle le palais d'Odin et la fenêtre par laquelle celui-ci regarde. « Dans l'espace céleste supérieur, dit le mythe, est le palais de la divinité primitive et la plus universelle, celle dont les décrets gouvernent irrévocablement les hommes, les dieux et la nature. Ce palais s'appelle Pramzu, et le suprême maître de l'univers, qui y demeure, se nomme Pramzimas, ce qui veut dire le sort fixé d'avance. Son pouvoir est illimité. Un jour, regardant le monde par la fenêtre de son palais céleste, il y vit beaucoup de crimes, des guerres, des assassinats, des fraudes ; c'est pourquoi il envoya deux monstres terribles et furieux, Wanda et Weja (eau et tempête), qui se ruèrent avec impétuosité sur la terre et la dévastèrent entièrement pendant vingt jours et vingt nuits. Pramzimas regarda une seconde fois la terre dévastée, au moment même où il mangeait des noix célestes; il en jeta sur la terre une coquille, qui tomba près du sommet de la plus haute montagne, où s'étaient réfugiés des animaux de diverses espèces et même beaucoup de créatures humaines. Tous montèrent dans la coquille que les géants devaient respecter, et cette coquille, comme une frêle nacelle, surnagea longtemps parmi les débris du globe. Regardant une troisième fois la terre, Pramzimas en eut pitié. Il bannit les géants dans leur ancienne demeure; les eaux s'écoulèrent; la tempête s'apaisa, et le soleil reparut plus pur et plus radieux. Les hommes se dispersèrent vers les diverses parties du monde, et un seul couple resta dans cette contrée : c'est de lui que sont issus les Lithuaniens. Ce couple, étant déjà vieux, n'avait pas de descendants; et lorsque les deux pauvres vieillards songeaient qu'ils mourraient bientôt sans laisser personne après eux pour recueillir leurs biens et enterrer leurs corps, leur affliction était sans bornes. Pour les consoler, Pramzimas leur envoya Limminé, l'arc-en-ciel, et celui-ci leur conseilla de sauter sur les os de la terre. De leurs neuf sauts naquirent neuf couples qui devinrent les ancêtres des neuf tribus lithuaniennes. »

La mythologie lithuanienne est aussi la seule parmi les religions slaves qui enseigne avec détail l'existence d'un autre monde, où un sort nouveau attend les âmes après leur séparation du corps. Avant d'entrer dans ce nouveau monde, dit cette mythologie, les âmes sont tenues de paraître dans la maison du suprême pontife, Kriwe-Kriweito, après quoi elles grimpent sur une montagne rocheuse, haute et escarpée, nommée Anafielas. Pour faciliter aux âmes cette escalade, il faut enterrer ou brûler avec le mort des ongles, des griffes et d'autres choses qui puissent lui servir à grimper. Plus l'homme était riche pendant la vie, plus il est lourd après la mort, tandis que le pauvre, qui pendant son existence n'a pas offensé la divinité, s'élève sur cette montagne avec la légèreté d'une plume. Les riches criminels sont écorchés par le dragon Wiziunas, qui demeure sous cette montagne, après quoi ils sont enlevés par des vents furieux. La divine essence, qui habite le sommet, et qui est pleine de justice, juge les âmes selon leurs œuvres, et fixe leur séjour futur. Les bons demeurent à l'extrémité septentrionale de la voie lactée, et vivent libres et joyeux. L'âme du bon reçoit après la mort cent sens, dont chacun est la source de cent plaisirs. Les méchants entrent dans l'espace souterrain, nommé Pragaras, où ils sont tourmentés et maltraités.

Mais, quoique cette théorie, conforme aux paisibles habitudes d'une population principalement agricole, diffère essentiellement des idées que les Germains et les Celtes guerriers se faisaient des mérites par lesquels on acquérait la félicité après la mort, félicité dont le riche et le brave avaient la plus belle part, les Lithuaniens avaient seuls toutefois parmi les peuples slaves des héros descendus de dieux, et par conséquent des dynasties d'origine divine. Sous ce rapport, l'influence grecque surtout est visible. Le principal de ces héros demi-dieux est fils d'un dieu lithuanien et d'une de ses prêtresses; c'est Gelon, qui délivra le pays de monstres à formes humaines et animales, et mérita le nom de seigneur des seigneurs lithuaniens, ou de capitaine des capitaines (wodz wodzow). Or, Gelon, l'ancêtre mythique des Jagellons, rappelle le peuple des Gelons, nom slave qui répond au mot Hellènes. Une colonie d'Hellènes avait en effet, selon Hérodote, pénétré jusque dans ces contrées, en les cultivant et en les civilisant. Ce qui confirme encore ce fait, c'est que la prêtresse, mère de Gelon, avait le nom d'Elona. Selon Hérodote, la capitale des Gelons s'appelait Gelonos, et était remplie de dieux grecs avec des idoles, des autels et des temples grecs. Hérodote ajoute que ces Gelons, établis d'abord le long de la mer, en furent repoussés, et se joignirent aux Budines, qui habitaient près des Lithuaniens, et dans lesquels on a vu une colonie sacerdotale, émigrée des Indes. Ainsi, comme nous l'avons déjà dit, les Lithuaniens avaient encore une espèce de Ferver ou esprits tutélaires, qui résidaient dans chaque homme. Ces sortes d'esprits s'appelaient Goulbi Dziewos; ils avaient aussi une déesse Wellona, qui ressemblait, comme soleil d'hiver, au Sérapis des Égyptiens, et devint plus tard la déesse de l'avenir, ou de la vie après la mort.

Nous arrivons enfin au troisième élément principal des religions et des croyances slaves, au culte de toute la nature extérieure. Ce culte resta, chez ces peuples, aussi fragmentaire que les autres éléments de leurs croyances; car la coexistence permanente de ces éléments empêchait le développement indépendant même des intuitions nées spontanément sur le sol et dans le climat de leur nouvelle patrie. Les conséquences morales et intellectuelles de ce culte chez ces nations guerrières de l'Europe, ne se manifestèrent, dans la race slave, d'une manière prédominante, que chez celles de ses branches qui étaient forcées de lutter avec leurs voisins, les Germains et les Celtes; et c'est ainsi que les annalistes nous racontent sur plusieurs peuples slaves des faits identiques à ceux que nous avons exposés dans le second chapitre de notre ouvrage. Ils se retrouvent surtout chez les Vendes et Slaves occidentaux, qui guerroyèrent pendant des siècles, avec un féroce acharnement, contre les Germains. Ce mode de culte fut celui qu'on trouva chez eux pendant les époques déjà avancées où les Germains s'efforcèrent de conquérir les Slaves, en les convertissant au christianisme. Mais là encore, les croyances les plus opposées se maintenaient à la fois. Ainsi, les annalistes chrétiens qui nous ont laissé des descriptions des croyances et du culte des Slaves du Nord, ont remarqué chez ces peuples les idées les plus contradictoires sur la vie future. D'un côté, ils constatent que les Slaves croyaient que tout finissait avec cette vie, et n'admettaient point d'immortalité individuelle, conformément à la croyance hindoue sur le retour de la matière dans le sein de la Divinité, dont elle est émanée. Ils mentionnent même la croyance, tout à fait hindoue, à une transmigration des âmes, après la mort, dans le corps des animaux. D'un autre côté, ils nous font part d'usages funéraires entièrement semblables à ceux des Celtes et des Germains, et qui indiquent absolument les mêmes croyances sur la vie future. Les femmes se précipitent dans les flammes du bûcher qui consume les restes de leurs maris, pour les suivre dans une autre vie; on brûle avec les chefs leurs chevaux, leurs armes, leurs bijoux et leurs serviteurs. On tue les enfants à leur naissance, surtout ceux du sexe féminin. On tue les vieillards, pour les soustraire aux misères de l'âge, et leur procurer une vie meilleure. On place même généralement des mets sur les tombes pour que les âmes des morts y viennent les chercher. On croyait si fermement à une vie future, et en même temps terrestre, qu'on s'imaginait pouvoir rassembler les âmes errantes sur la terre aux fêtes qu'on leur donnait. On sacrifiait aux dieux hindous et persans des victimes humaines, et, comme nous l'avons déjà dit, on le faisait avec plus de cruauté même que chez les autres peuples; on en sacrifiait même à ce dieu tout idéal, à Prowe, auquel on n'élevait cependant ni temples ni statues.

Quant à la déification des éléments et de tous les objets visibles de la nature, quant aux esprits élémentaires de toute espèce, ces croyances étaient, chez les peuples slaves, plus vives et plus développées que chez les autres nations de l'Europe. La magie et les conjurations qui en étaient la conséquence devenaient même un attribut essentiel des anciens dieux, tous de pensée et d'idéalisme, empruntés à l'Inde et à la Perse. Ce qui est le plus extraordinaire, c'est que ce culte fut le plus répandu et le plus développé chez ces mêmes Lithuaniens qui possédaient le plus grand nombre de dieux personnifiés et même anthropomorphisés; là, le culte des éléments devint un véritable chamanisme, et vint s'adjoindre à celui des Finnois et des peuples les plus reculés de l'Asie septentrionale.

On ne peut douter que ces cultes divers ne se maintinrent, comme nous l'avons démontré, jusqu'aux dernières époques du paganisme slave, l'un à côté de l'autre ; et nous ne pouvons pas admettre, avec certains mythologues slaves, que les deux premiers aient fait place plus tard à un troisième, dans lequel tous les éléments divers aient été fondus ; car les monuments de Rhetra, les antiquités prussiennes et lithuaniennes sont là pour prouver que les symboles hindous et persans n'ont été détruits que par les conquérants chrétiens. Mais il s'en est formé surtout dans les pays slaves orientaux une religion mixte, dans laquelle le peuple a fondu ce culte élémentaire, qui lui était le plus compréhensible et le plus familier, avec une partie des symboles, en les personnifiant, en les identifiant avec les éléments, en les mettant en rapport immédiat avec les divers phénomènes de la nature, en les appropriant aux manifestations de la vie humaine et aux besoins domestiques, en laissant de côté toute leur ancienne signification générale et idéale, et en acceptant de l'étranger de nouveaux dieux conçus dans le même sens. Les luttes intestines qui déchiraient les diverses tribus vendes font même supposer que, là où il y avait des hiérarchies, cette religion populaire combattait le despotisme que les prêtres, rangés autour des symboles incompris, exerçaient sur les masses et les chefs laïques. Voici quelle était cette religion slave, pour ainsi dire populaire, qui paraît avoir été plus généralement adoptée par tous les peuples de cette race, et à laquelle encore l'imagination lithuanienne a fourni les éléments les plus riches.

Il y a toujours, selon l'ancienne trimourti, trois espèces de divinités : des divinités aériennes, des divinités terrestres et des divinités souterraines. Tout est émané du ciel, qui a fécondé la terre ; et ce ciel, c'est Peroun, qui est à la fois le dieu de la lumière, le dieu du tonnerre et de l'éclair, le dieu de l'agriculture, de la science des oracles et de la justice, en un mot, le dieu universel, Bog, et ceci dans le bon comme dans le mauvais sens, selon les notions que le Slave se formait de la Divinité ; c'est surtout le dieu de Kiew, honoré par les Varègues sous la forme d'un homme qui a une couronne de rayons sur le front, un éclair de diamants dans la main, la tête d'argent, les pieds d'argile, et un soc de charrue pour attribut.

Les étoiles sont des êtres vivants, enfants de Pioroun ; surtout le soleil (slunca), qui est du genre féminin ; la lune Mesje, qui est du genre masculin, frère du soleil; et l'étoile du soir, sœur des deux. Chez les Lithuaniens et les Prussiens, les autres étoiles étaient les enfants du soleil et de la lune. Le soleil avait un palais, dont il sortait le matin pour y rentrer la nuit, après s'être baigné dans la mer. Son palais était situé vers l'Orient, dans la patrie primitive des Lithuaniens. Le soleil cheminait sur un char brillant, traîné par trois chevaux, dont l'un était d'argent, l'autre d'or, le troisième de diamants. Un jour, des dragons et des magiciens attaquèrent le char ; une éclipse s'ensuivit, ce qui causa sur la terre une épouvante générale. Mais le dernier jour du monde n'était pas encore arrivé. Une autre fois, l'époux du soleil-femme, la lune (comme qui dirait *lunus*), lui devint infidèle, et aima l'étoile du matin, Joutrzenka. Perkoun, furieux de cet amour adultère, coupa en deux la lune avec son épée ; c'est pourquoi elle ne se montre souvent au ciel que sous une de ses moitiés. La voie lactée s'appelle aussi, chez les Lithuaniens, la voie des oiseaux, parce qu'on croyait que les âmes des morts y volaient sous forme d'oiseaux. Les petites étoiles sont, chez le même peuple, les bouts de fil de la vie des hommes. La déesse Werpeja les file au moment de la naissance d'un homme. Au moment où l'homme meurt, le fil se rompt, et l'étoile tombe à terre. L'aurore boréale était, aux yeux des Esthions, le résultat d'une lutte entre les esprits des morts, et en la voyant on s'écriait : « Les esprits se battent. » Les Serbes croient encore aujourd'hui qu'on peut changer de sexe en marchant au-dessous d'un arc-en-ciel.

Le beau temps, surtout l'azur d'un ciel serein, était l'œuvre du dieu Pohoda ou Pogada, tandis que le mauvais temps ou la tempête était l'œuvre de Nehada. Chez les Russes, les Polonais, les Bohêmes et les Moraviens, Pogada était à la fois le dieu du printemps et du ciel serein. Il était représenté sous des traits brillants de jeunesse et de beauté ; son image était ornée de fleurs bleues et d'ailes bleuâtres ; il était étendu sur des fleurs, et vêtu d'un pourpoint bleu brodé d'argent. Il avait pour amie Zimsterla, qui, à la fin de l'hiver, venait chasser les tempêtes, pour préparer le retour de Pogada. Zimsterla répandait en marchant, ou plutôt en planant dans l'air, un parfum de lis. Sa ceinture était parsemée de roses. Pogada et Zimsterla rappellent le Vertumne et la Flore des Grecs. Nehada, la tempête, s'appelait Pochwist chez les Russes, et il était surtout vénéré à Kiew. Les Russes avaient aussi une déesse de l'hiver, nommée Zémarzla ; elle avait une haleine de glace, des vêtements de givre, un manteau de neige et une couronne de grains de grêle. C'est elle que Zimsterla chasse à l'approche du printemps. Le vent était personnifié dans le dieu Strybog, dont les quatre vents sont les petits-fils.

La principale des divinités terrestres était la déesse Cica ou Ciza, la nourrice universelle, *Ceres mammosa*, dont le nom vient du mot *cic* ou *cec*, mamelle ou sein. Elle s'appelle aussi Dziedzilia, Zivena, Dziewana. Comme dans quelques pays slaves on avait l'usage de jeter son image dans l'eau, on a pensé que cette déesse avait un rapport intime avec la Nerthus ou Hertha des Germains, dont Tacite décrit le culte sur une des îles de la Baltique, dans laquelle les mythologues slaves voient l'île de Rugen. A côté de Lica, on vénérait tous les éléments : le feu, l'eau, les montagnes, les rivières, et parmi elles surtout le fleuve Bug. On y rencontrait les mêmes usages et les mêmes solennités dont nous avons donné la description dans le second chapitre. Quelques esprits élémentaires étaient cependant particuliers aux Slaves. Parmi ceux du feu, nous mentionnerons le Pliwnik, espèce de dragon de feu, qui parcourait les airs et répandait le bonheur dans les maisons sur lesquelles il venait se reposer. Les feux follets étaient, chez les Slaves, des esprits méchants; le Pustric vomissait des flammes et de la fumée de son corps vide. Cet esprit slave avait été aussi adopté par les Germains sous le nom de Pousteric. On en a trouvé en Thuringe une idole composée de métal; elle était de deux pieds un pouce de hauteur, et représentait un lion accroupi. Elle était percée de deux trous, l'un à la bouche, l'autre à la patte droite, qui était passée sur la tête. Les prêtres la remplissaient en partie d'eau, en partie de matières combustibles, et on bouchait exactement les deux trous avec des chevilles de bois, après quoi on allumait les combustibles. Bientôt une sorte de sueur couvrait la surface de l'idole, les bouchons s'élançaient avec impétuosité, et les flammes en sortaient. Il fallait naturellement apaiser le dieu par des offrandes. Chez les Lithuaniens, Krougis était ce que Vulcain était chez les Romains, et ses Boudraglis représentaient les Cyclopes des anciens. Les Lithuaniens avaient aussi des êtres mythiques, appelés Kremara ou Kowera, qui forgeaient des métaux dans les entrailles de la terre. Kouvéra était dans l'Inde le dieu de la richesse. Nous avons déjà parlé ailleurs du culte de l'eau, des Rosalky et d'autres esprits aquatiques vénérés chez les Slaves. Parmi les esprits aquatiques méchants, on comptait encore le Wodnjk, qui par la douceur de sa voix attirait les hommes dans les flots; le Topielek, qui les noyait; le Zmok ou Zmek, qu'on ne voyait jamais que ruisselant d'eau; les Czudi ou monstres marins. Les esprits de la terre et des montagnes s'appellent en slave Skreti et Gorzoni. Parmi les esprits de l'air les plus célèbres, on compte les Wiles, sorte de nymphes résidant dans les nuages, dans les rochers et dans les forêts; ce sont des filles charmantes, volant par les airs, se réunissant pour danser, et ne faisant du mal qu'à celui qui les dérange. La nature végétative surtout paraissait animée aux yeux des Slaves agricoles. Les fleurs entrelacées en couronnes étaient les moyens dont on se servait le plus fréquemment pour les prédictions et les augures. On les jetait dans l'eau, pour voir si elles surnageaient, ou bien on les déposait quelque part, pour voir quand elles se fanaient. Les blés avaient leur déesse méchante, Pschipolnitza ; les forêts, leur Leszie et leur Medziojne. Les Lithuaniens avaient même un dieu particulier des forêts, nommé Pouzinas; celui des Russes s'appelait Tourosik; l'un et l'autre étaient des esprits méchants. L'esprit des forêts, Polkan, vénéré chez les Russes, était moitié homme et moitié cheval. Les arbres, en Lithuanie, étaient protégés par les Raganes, espèce de dryades. Nous avons déjà fait connaître comment les Slaves divinisaient les chevaux blancs, les éperviers, les coucous, les hirondelles, les serpents. Le rôle le plus important parmi les animaux sauvages était conféré au loup; les hommes se transformaient souvent en loups; et Hérodote parle déjà d'une croyance des Neures, peuple slave, d'après laquelle chaque Neure se changeait annuellement en loup, et cette métamorphose durait quelque temps. Conformément à son imagination sombre et mélancolique, la race slave s'était créé une foule d'esprits méchants, à formes humaines, auteurs des désastres qui frappent accidentellement les hommes. A l'époque d'une peste, d'une maladie contagieuse, apparaissaient des milliers d'êtres variés, tantôt isolément, tantôt en troupes. On échappait à leur action malfaisante en évitant leur haleine. De ce nombre étaient Powietrze, la peste, et Dzouma, l'épidémie. Après leur arrivée, on ne pouvait sortir que le matin, car à midi les spectres commençaient leur chasse, qui était annoncée par le tremblement des animaux. La femme à la peste, qui généralement était assise sur un chariot à deux roues, s'appelait Kouga chez les Serbes et les Slowakes, et Smertnitza chez les Lusaciens. Dzouma, l'épidémie, était assise sur un char élevé, entourée d'une foule de bières et de spectres, dont le nombre s'augmentait dans sa marche. On la voyait aller d'un village à l'autre, accompagnée d'une lugubre musique et de chants bruyants. Quand on s'éloignait alors pour quelque temps de sa maison, on trouvait en rentrant tout en désordre, le feu du foyer dispersé, les ustensiles cassés, les mets et les boissons gâtés. Mais le pouvoir de la fille à la peste ne durait que jusqu'au nouvel an, qui mettait enfin un terme à ses fléaux. Le premier jour de l'an, avant le coucher du soleil, les villageois s'assemblaient, et, après certaines cérémonies, ils reprenaient possession de leurs cabanes abandonnées; mais il fallait y rentrer par les fenêtres. Un mythe russe raconte d'une manière bizarre l'apparition de la femme à la peste. « Un Russe était assis sous un mélèze. Le soleil était brûlant comme du feu. Tout à coup, il voit de loin s'approcher quelque chose; c'était la femme à la peste, un être d'une grandeur prodigieuse, enveloppée dans un blanc linceul. Il voulait s'enfuir; mais le spectre le saisit de sa large main. Je suis Powietrze, lui dit-elle; prends-moi sur tes épaules, et promène-moi à travers toute la Russie, sans oublier une seule ville, un seul village. N'aie pas peur, car tu resteras sain parmi les mourants. Et avec ses longs bras elle se cramponna au pauvre vieillard. Celui-ci se mit en marche, en voyant toujours sur lui le spectre, mais sans en sentir le poids. Il la porta d'abord dans les villes, où ils furent reçus par des danses et des chants joyeux. Mais, dès qu'ils arrivaient, le spectre secouait son linceul, et aussitôt la gaieté disparaissait. Partout le deuil, le tintement des cloches funèbres et des enterrements! Le fossoyeur ne trouvait pas assez de place pour les cadavres, qui gisaient sur les routes. Cependant le vieillard cheminait toujours. Les villages auprès desquels il passait devenaient déserts; les visages pâlissaient, et les cris des agonisants retentissaient à son oreille. Le malheureux aperçoit enfin son hameau natal, situé sur une montagne. Là, il voit sa femme, ses enfants, ses vieux parents. Le cœur lui saigne à mesure qu'il en approche. Tout à coup, il saisit d'une main vigoureuse la femme à la peste, et, de peur qu'elle ne lui échappe, il s'élance avec elle dans les flots. Le vieillard s'y noya, et la femme à la peste, touchée elle-même de cet acte d'héroïsme, s'enfuit bien loin dans les forêts et les montagnes, en respectant le village du vieillard. »

Les Slaves peuplaient aussi le monde de géants et de nains. Il y avait deux espèces de géants, les indigènes et les étrangers. Les premiers étaient bienfaisants; c'était une sorte de héros élevés par des louves et des ourses, et doués d'une force prodigieuse, dont ils se servaient contre les dragons, qu'ils tuaient en jetant sur eux des chênes et des montagnes qu'ils arrachaient de leurs propres mains. Les géants étrangers étaient méchants, et rappelaient par leur nom, comme chez les autres nations, les noms des peuples barbares qui avaient dévasté les pays slaves, tels que les Avares et les Huns, Obor et Hun. Les nains slaves, au contraire, étaient, il est vrai, presque tous méchants, mais excessivement faibles; ils ne pouvaient que taquiner, et ils représentaient des peuples indigènes chassés par les nouveaux venus. Leurs noms étaient Pikulik, Rarasek, Ssotek, Duchs Domowny ou esprits domestiques. Les Slaves avaient des faunes aux formes priapiques, appelés Morussi, et des cauchemars; ils avaient aussi des spectres, tels que Kikimora, qui tourmentaient en songe pendant la nuit. Kikimora était chez les Russes ce qu'est Morphée dans la mythologie classique. Mais deux espèces d'esprits leur étaient encore particuliers, les Diasi et les Biesi, qui, demeurant dans l'intérieur du corps de l'homme, en faisaient partie, et étaient des personnifications des facultés de l'âme : les Diasi dans le sens bon, les Biesi dans le sens mauvais.

Les Slaves avaient une seconde série de divinités terrestres qui présidaient aux divers âges et aux diverses fonctions de la vie humaine, depuis l'acte de la génération jusqu'à la mort. Le germe de la vie était donné par cette déesse Ziwa ou Siwa, qui remplit un rôle si important parmi les divinités symboliques empruntées à la mythologie hindoue, et qui descendit, dans les croyances populaires, au simple rôle de dispensatrice de la vie individuelle. Le fœtus était protégé par Porenout, qui punissait même ceux qui par des fornications nuisaient au développement du fœtus légitime. L'acte de la naissance et les années de l'enfance étaient sous la protection de Zlota-Baba, dont le rôle était à peu près celui d'une nourrice. Ziwa, Porenout et Baba devinrent en même temps par leurs fonctions les divinités tutélaires du mariage en général, puisque chez les peuples en état de nature le mariage n'avait d'autre but que la procréation des enfants. Lorsque l'enfant avait atteint sa septième année, on lui donnait un nom et on le consacrait aux dieux en lui coupant les cheveux, usage emprunté aussi aux Grecs, qui sacrifiaient à l'Apollon delphien les cheveux des adolescents. Du moment où le jeune Slave atteignait l'âge d'homme, il passait de la tutelle de Baba sous celle de Lada, déesse de l'amour, qui de la mythologie lithuanienne se glissa dans la croyance populaire de tous les peuples slaves. Lada devint alors identique avec Ziwa en tant que Kraso-Pani. Son culte était célébré surtout au mois de mai. Souvent aussi, surtout en Russie, cette divinité se rencontre sous la forme mâle et avec le nom de Lado. Les Lithuaniens, toujours les plus riches en dieux, avaient à côté de Lada le même Lado, comme dieu de l'amour, avec le surnom de Did le Grand. Ils lui consacraient particulièrement l'époque du printemps qui est comprise entre le 25 mai et le 25 juin. Ce temps était célébré par les pères, les maris, les mères et les filles, qui se prenaient par la main et poussaient des cris de joie en chantant : Lado! Didis Lado! Mais l'amour était une chose si importante chez les Slaves, qu'une seule divinité, mâle ou femelle, ne leur suffisait pas pour protéger les diverses phases de cette passion. Lada avait encore trois fils, Lel, Did et Polel, qui correspondent à Eros, à Anti-Eros, et à l'Hymen des Grecs, auxquels probablement ils ont été aussi empruntés, et qui se trouvent dans les chansons populaires de tous les peuples slaves sans distinction. Disons toutefois que plusieurs mythologues pensent que Lada était originairement ce qu'étaient chez les Grecs Léda, et que Lel et Polel étaient Castor et Pollux.

Une troisième série de dieux terrestres est formée par les divinités qui présidaient aux diverses occupations des Slaves. En première ligne paraît ici le dieu Woloss, président à l'élève du bétail, et qui, en Russie, occupait un si haut rang, qu'il était vénéré à Kiew immédiatement après Pieroun. Il fut invoqué notamment avec ce dernier comme garant du traité que les princes varègues de Kiew conclurent avec l'empire de Byzance. Bojan, l'auteur des poëmes épiques des Russes de Kiew était censé être un descendant du dieu Woloss. Le dieu des pasteurs est le même Honidlo ou Gonidlo dont nous avons déjà fait mention chez les Lithuaniens. On lui sacrifiait surtout les membres génitaux des chevaux, des bœufs et des boucs, qu'on brûlait sur une pierre consacrée aux sacrifices, en prononçant les mots suivants : « Comme cette pierre est dure, muette et immobile, ainsi fasse notre Goniglo, que les loups et toutes les bêtes fauves ne nuisent point à nos troupeaux, qui sont sous sa protection! » Au jour de sa fête, on laissait les troupeaux paître sans la surveillance du pasteur, pour montrer la confiance qu'on avait dans ce dieu. L'agriculture était tellement l'occupation principale des Slaves, que le mot labour, *pachati*, veut dire en général travailler. Aussi, les Germains ont-ils emprunté à la langue slave les mots qui chez eux signifient charrue, seigle, hydromel et bière. Les Slaves avaient même une divinité qui présidait particulièrement aux lisières des champs; elle s'appelait Czour ou Czourpan chez les Russes, et Usparinia chez les Lithuaniens. Distingués à toutes les époques par leur grande hospitalité et leur sociabilité, les Slaves avaient encore dans Uscad un dieu du repos et dans Godou un dieu des repas hospitaliers : le premier était appelé Ragoutis, et le second Gondu, chez les Lithuaniens. Ces derniers avaient, en outre, les divinités Numeias et Peskia qui présidaient spécialement à l'hospitalité. En revanche, la croyance populaire ne reconnaissait pas un dieu particulier de la guerre. Quelques tribus slaves avaient, il est vrai, des divinités qui étaient invoquées dans les combats; les Carinthiens, par exemple, avaient Torik, et les Lithuaniens Kawas; mais chez ceux-là même elles étaient d'un rang fort inférieur. Le commerce était sous la tutelle de Radegast ; et les Lithuaniens avaient un dieu spécial pour les routes, nommé Kielo-Dawas, et un autre pour les voyageurs, lequel avait pour nom Bentis.

Les dieux souterrains, enfin, avaient à leur tête, dans la croyance populaire, Pekelnjk, qui est, comme Poklus ou Pikollos chez les Lithuaniens et les Prussiens, le Pluton romain. Les Bulgares et les Bohèmes l'appelaient Merot, et mettaient à ses côtés un juge nommé Radamas, qui est emprunté évidemment au Rhadamante de la mythologie grecque. La Nijola, Proserpine des Lithuaniens, s'appelait Nia chez les Polonais, Ninwa chez les Bohèmes et les Moraviens. La croyance populaire adopta surtout Jezibaba, qui est l'opposé de Zlota-Baba, la nourrice, et l'entoura d'un grand nombre de traditions. Tantôt elle montre à un chasseur le chemin de l'enfer, et lui apprend comment il doit apaiser le dragon qui en garde l'entrée; tantôt elle a douze filles qu'elle veut marier aux douze fils d'un roi, en leur coupant la tête avec une faucille ardente. Mais toutes ces déesses de l'enfer se réunissaient dans la déesse Morena ou Morana, dont nous avons déjà parlé. Souvent elles se confondent avec les femmes à la peste et avec d'autres esprits féminins nuisibles. Il y avait, entre autres, une grande quantité de dieux souterrains ou infernaux secondaires : telles étaient les Lutice, espèce de furies ; les Sani, sorte de cerbères ou de dragons ; les Tassani ou Dracice, espèce d'Euménides, et Wyla ou Hekate ; tels étaient encore les Villy, esprits des fiancées mortes avant le mariage, lesquels dansent vers minuit et font mourir de fatigue ceux qu'ils entraînent à leurs danses. Tout cela est grec et romain.

Quant aux idées que la croyance populaire se formait de la vie future, on se représentait les âmes sous forme d'oiseaux, qui, au moment de la mort, quittaient les corps et voltigeaient d'arbre en arbre jusqu'à ce que les funérailles fussent accomplies. On prétend même que la ville de Gnesen en Pologne, un des grands centres du culte polonais, tire son nom du mot *gniasdo*, nid, parce que les âmes des morts s'y assemblaient sous forme d'oiseaux. Le mythe lithuanien seul enseigne ce que font les âmes après la mort et indique leur séjour. Les Prussiens avaient un singulier usage, c'était de gronder le défunt de ce qu'il avait quitté la vie, de le charger de compliments pour les amis et les parents morts avant lui, et de lui recommander une conduite honnête envers ceux-ci. On le quittait après avoir chassé les esprits infernaux par la formule suivante : « Allez-vous-en, esprits infernaux ! » Les Slaves de la Misnie, de la Lusace, de la Bohème, de la Silesie et de la Pologne, allaient le 1er mars, de bonne heure, portant des torches, en procession au cimetière, et y déposaient des mets. Tous les Slaves célébraient, au jour de l'enterrement et une fois par an, un repas funéraire, appelé stypa ou strawa. On jetait aux âmes sous la table, en observant le plus profond silence, de petits fragments des mets, et on s'imaginait les entendre et les voir se nourrir de l'odeur et de la fumée de ces mets. A la fin du repas on les renvoyait aux dieux infernaux, auxquels on avait auparavant demandé la permission de les inviter ; et en les renvoyant on n'oubliait pas de leur recommander de ne rien endommager, en volant par dessus les maisons, les jardins, les champs et les prairies. Ces fêtes, appelées Dziady, étaient célébrées souvent en plein air, dans des endroits solitaires, à l'heure du crépuscule et même pendant la nuit; et c'est sous le titre de Dziady que le célèbre poëte lithuanien Adam Mickiewicz a composé une série d'odes charmantes adressées aux glorieux ancêtres de sa nation opprimée.

Une race aussi pieuse, s'entourant de tant de dieux et y rattachant chaque heure de sa vie, devait célébrer beaucoup de fêtes religieuses. Ces fêtes étaient d'abord les mêmes que celles de toutes les autres nations européennes qui étaient entrées en Europe par la porte caucasienne; elles étaient célébrées, comme celles des Persans, aux solstices de l'hiver et du printemps, et à l'époque où le soleil atteint son point culminant. La première fête, qui avait lieu le 24 décembre, au coucher du soleil, s'appelait Koleda chez les Bohèmes, les Serves et les Slavons; Kolendy chez les Polonais; Kolad chez les Russes. Ce nom peut venir des calendes des Romains : mais en Russie on fit plus tard du nom de cette fête un dieu Ko-lada, dieu du plaisir, des repas solennels et de la paix. Les danses et les jeux duraient plusieurs jours, et on se faisait des cadeaux. On portait en procession l'image d'un loup, symbole du Czernybog, dont le pouvoir était détruit par le soleil nouveau-né. La fête du printemps s'appelait Letnice ou Leto, l'année, parce que les Slaves aussi commençaient l'année avec la belle saison. Un autre nom de la même fête était Tourice, de *tour*, taureau, dont on portait en procession l'image; le bison étant souvent, en Orient, à cause de l'excroissance ronde de son dos, le symbole du soleil. Probablement il y avait d'abord deux fêtes célébrées par des cultes différents, dont l'une, appelée Tourice, était consacrée à Radegast, et l'autre, Letnice, à Swantowit; ces fêtes furent plus tard réunies. On plantait des arbres de mai, comme cela avait lieu dans l'Inde, par rapport à Bhavani, et à l'instar de ce que faisaient les Persans à leur fête du printemps, Nawruc; on distribuait des œufs coloriés, symbole de l'œuf du monde cassé par la corne du taureau, selon le mythe hindou-perse. On s'aspergeait comme en Perse avec de l'eau; usage qui, sous le nom de smigoust ou dyngus, se rencontre encore en Russie, en Pologne, en Bohême, en Hongrie, et qui correspond aux bains de Pâques, auxquels on attribue dans tous les pays des effets salutaires. C'était aussi à la fête de Letnice qu'on portait hors du village Marzana ou la mort, en ramenant l'été. La fête annuelle des morts, Trisna, se célébrait au même moment. La troisième fête du soleil, au 24 juin, s'appelait Sobotkâ ou Koupalo. Sobotkâ veut dire solstice, et Koupel, le bain, parce qu'on s'aspergeait également à cette fête et que l'on observait surtout ce jour-là comment le soleil sortait de son bain, c'est-à-dire de la mer, suivant la croyance slave déjà mentionnée. L'usage, répandu dans toute l'Europe, de se purifier par le feu, en sautant ou en faisant passer le bétail par-dessus, ou bien en incendiant des roues avec du feu produit par le frottement du bois et en les faisant rouler du haut d'une colline, était aussi observé par les Slaves; ces feux étaient appelés Swatojanski, ce qui indiquait qu'ils étaient consacrés à Swantowit. On dansait en chœur à l'entour.

Mais ces fêtes consacrées au soleil se confondirent bientôt chez cette race agricole avec les fêtes de la semence et des moissons. Les Prussiens et les Lithuaniens, qui, comme nous l'avons déjà dit, avaient le moins d'éléments perses dans leurs religions, n'avaient pas même cette fête de Koleda au 24 décembre, fête du soleil victorieux, qui comme le symbole de la lutte et du combat, était la principale fête chez les races guerrières des Celtes et des Germains. Ils la remplaçaient par la fête de la moisson, terminée au mois d'octobre; fête où l'on rendait aux dieux des actions de grâce pour les dons qu'on en avait obtenus. Elle fut adoptée par tous les peuples slaves, tandis que chez eux aussi les fêtes des solstices du printemps et de l'été devinrent tout agricoles. Comme en Lithuanie, la fête du printemps s'appelait alors chez les Slaves Wiosna; la fête du blé mûri, Zazynki; celle des remercîments pour la moisson terminée, Obzynky; et la fête du mois de mai, nommée Majowka en Lithuanie, était la Rouzadla des Slaves.

Quant à la manière dont ces fêtes se célébraient, nous n'avons de renseignements détaillés que sur celles des Prussiens et des Lithuaniens, toujours à cause de l'organisation plus systématique de leur culte. A la première fête, qui avait lieu au 22 mars, les habitants de chaque village se rassemblaient autour de quelques tonneaux de bière. Le prêtre en remplissait un vase, en prononçant ces paroles : « Seigneur, notre dieu Pergroubios, tu chasses l'hiver; tu ramènes les délices du printemps ; c'est par toi que les champs et les jardins verdissent; c'est par toi que fleurissent les buissons et les forêts. » Puis il saisissait les bords du vase avec les dents, le vidait sans se servir de ses mains, et le lançait avec sa bouche par-dessus sa tête, en arrière; puis il le remplissait de nouveau, et invoquait le dieu Perkounos, pour qu'il donnât en temps opportun de la pluie et du soleil, et qu'il tînt éloignés Pikollos et les autres dieux nuisibles, auxquels il commandait. Le vase était vidé de la même manière et rempli une troisième fois. Le prêtre invoquait alors le dieu Schwaixtyx, pour qu'il gratifiât de sa lumière les herbes, le bétail et les hommes. La quatrième invocation était adressée au dieu Pelwit, afin qu'il accordât aux agriculteurs du foin et une riche moisson. Nous avons déjà décrit la seconde fête, celle du blé mûrissant, qui avait lieu au 24 juin, avec des invocations au dieu Auschwe, pour qu'il intercédât auprès des dieux de la fertilité, dans le cas où la moisson s'annonçait mauvaise; dans cette fête, on confessait ses péchés, et on payait des amendes. Le produit des amendes était mangé en commun. Le troisième jour de la fête, on choisissait un laboureur, que l'on chargeait de couper la première gerbe; le lendemain, la famille de celui-ci coupait son blé, et le jour suivant tout le village en faisait autant. Si la moisson, au contraire, s'annonçait bonne, le prêtre vidait un vase de bière, et engageait le peuple à adresser des remercîments aux dieux. A la troisième fête, à la fin d'octobre, les habitants d'un ou de plusieurs villages se réunissaient, et amenaient au lieu du rassemblement un mâle et une femelle des diverses espèces d'animaux domestiques qu'ils possédaient, sans en excepter la volaille. On couvrait une table de foin, on plaçait du pain au milieu, et de la bière aux deux bouts. Le prêtre adressait une prière au dieu Ziemmenikas, c'est-à-dire à Auschwe, en le remerciant des dons de l'année; puis il frappait les victimes sur le front et sur les pieds; après quoi on les mettait à mort. Le premier morceau de viande était jeté par le prêtre dans un coin, tandis qu'il priait Ziemmenikas de vouloir bien l'accepter. Tout finissait par un repas commun. Les Lithuaniens proprement dits avaient encore une fête, qui était célébrée trois jours après celle de Ziemmenikas; elle était consacrée à Waizganthos, dieu spécial du chanvre et du lin. La fille la plus grande du village remplissait son tablier de gâteaux, appelés sikies; puis elle montait sur une chaise, et s'y tenait debout sur un seul pied, ayant dans la main gauche un long ruban fait d'écorce de tilleul, et dans la main droite une cruche de bière. Dans cette attitude, elle priait Waizganthos de donner du chanvre de la hauteur de sa propre taille, et de ne pas laisser le peuple sans vêtements. Puis elle vidait la cruche, la remplissait encore une fois, répandait la bière sur le sol, et jetait ses gâteaux pour le dieu et ses esprits. Si, pendant cette cérémonie, la jeune fille s'était tenue ferme sur son pied, c'était un bon augure; mais si elle avait chancelé, ou si elle s'était soutenue sur son autre pied, cela présageait une mauvaise récolte de chanvre pour l'année suivante. On célébrait à la même époque la fête des morts, et les Lithuaniens avaient pour usage de déposer non-seulement des mets pour les âmes, mais encore autant de chemises et de vêtements qu'ils avaient invité d'esprits, lesquels étaient censés non-seulement manger, mais encore prendre un bain. Les deux peuples avaient, en outre, deux fêtes bizarres, celle de la consécration des boucs et celle de la consécration des porcs. Toutes les deux se célébraient après la moisson. Pour la fête des boucs, les habitants de plusieurs villages se réunissaient dans une grange, où un feu brûlait sur une longue ligne. Les hommes apportaient un bouc, les femmes pétrissaient de la farine de froment, et un prêtre racontait au peuple son origine nationale, ses faits héroïques, et lui enseignait les commandements des dieux. Il posait ses mains sur le bouc, invoquait les dieux Occoupirn, Antrimpos et d'autres, selon leur ordre hiérarchique, et le peuple confessait ensuite publiquement ses péchés; puis, on tenait le bras élevé sur les boucs, pendant qu'on chantait un hymne; après quoi, le prêtre le tuait, et les assistants en recueillaient le sang. On en aspergeait le peuple et le bétail. Quant à la chair de la victime, on la cuisait dans un four. Les assistants se mettaient alors à genoux, et confessaient encore une fois leurs péchés au prêtre, qui les punissait par des coups, ou en leur tirant les cheveux. Les femmes pourtant n'étaient qu'admonestées ; on les engageait à mener une meilleure conduite. Le pain du sacrifice était cuit aussi d'une manière bizarre. Les hommes se plaçaient des deux côtés du feu, et se jetaient la pâte à travers les flammes jusqu'à ce qu'elle fût cuite. On faisait un repas qui durait nuit et jour, on y buvait dans des cornes, et les restes du sacrifice étaient respectueusement enterrés. La consécration des porcs était en rapport intime avec la pêche annuelle. Six villages la fêtaient toujours ensemble. Le prêtre consacrait un porc aux dieux, alléguant que les enfants des paysans avaient exaspéré les dieux, et gâté la pêche en tourmentant les poissons. Le porc était tué et mangé, et on en brûlait les restes.

Quant au culte extérieur et aux ministres des dieux des peuples slaves proprement dits, nous n'en savons, excepté sur ceux des Vendes de la mer Baltique, que ce que nous avons exposé dans le tableau précédent. Tous les Slaves avaient des temples et des idoles en si grand nombre, que leurs pays en étaient couverts. Ils avaient, par conséquent, une infinité de prêtres, qui desservaient ces temples. Mais ces prêtres n'ont pu s'organiser en hiérarchies puissantes, précisément à cause de cette multitude de divinités, de croyances et de symboles divers, qui existaient les uns à côté des autres sur toute la surface des pays slaves, et qui, empruntés à tant de religions et de sectes différentes, servaient plutôt à désunir qu'à unir les tribus. Ces tribus vivaient séparées; elles étaient organisées en districts et en cantons distincts, à la tête desquels étaient des wojewodes ou des magistrats élus et indépendants. Il est donc probable, et cela ressort même de la dispersion des symboles appartenant dans l'origine au même système, que les divers districts vénéraient de préférence quelque divinité, que le hasard ou le caractère spécial d'une fraction de peuple leur avait fait adopter; et c'est sans doute là une des causes principales pour lesquelles la race slave, dès son apparition en Europe, a été déchirée par tant de dissensions intérieures. Chez aucune autre race, les tribus particulières ne se sont mutuellement poursuivies avec une haine aussi acharnée et aussi permanente; chez aucune autre, ces tribus ne se sont faites si souvent les auxiliaires de l'étranger contre leurs compatriotes. Elles n'ont commencé à se grouper en masses et en nations puissantes que lorsqu'elles ont été toutes également menacées par le christianisme. Ce n'est qu'à dater de cette époque que nous voyons se former un empire moravien, un empire polonais, un empire de Bohème, qui prirent leurs noms de quelques héros, Lech ou Czech, qui surgirent parmi ces tribus pour les réunir contre l'ennemi commun. L'historien slave le plus distingué constate que la monarchie n'a apparu dans les pays slaves qu'avec le christianisme. Ce n'est qu'à dater de cette époque que quelques traditions héroïques surgirent parmi eux; mais le fil s'en rompit bientôt. Les Russes ont, il est vrai, des poëmes héroïques d'une certaine étendue, par suite de la domination scandinave à Kiew et à Nowgorod; mais aussi ces poëmes sont à demi chrétiens, et se groupent principalement autour de Wladimir le Grand, qui se convertit au christianisme, et tous les poëmes dont il est le sujet rappellent assez clairement la Table-Ronde des Germains et des Celtes. Les Bohémiens possèdent de beaux chants épiques, trouvés récemment dans le château de Kœniginhofen, et qui célèbrent surtout les luttes du héros Zaboj contre les chrétiens. Mais nulle part on ne trouve des souvenirs mythologiques proprement dits. Cependant le mot slave *kniez*, qui signifie à la fois prince et prêtre, paraît indiquer qu'en Lithuanie et en Prusse, comme à Kiew, les magistrats des districts et des cantons réunissaient souvent en eux le pouvoir temporel et le pouvoir spirituel. Quelques indices font aussi supposer qu'en ces divers pays les prêtres slaves étaient parvenus à un certain degré de savoir et de science. Le mot slave qui veut dire livre est *knjha*, et vient évidemment de *kniez*, prêtre; les Russes avaient des lois écrites par des prêtres sur des tables de bois, et avec une certaine forme runique particulière. On fait même mention d'un livre de magie, qui s'est trouvé dans le temple de Karentz, sur l'île de Rugen. Les Slowènes appelaient l'écriture *bugwica*, science divine, ce qui prouverait qu'elle était principalement en usage dans le culte. Mais pour la plupart, les prêtres étaient des augures, des nécromans, des magiciens, qui parcouraient les pays partout où le culte des éléments et des objets visibles de la nature était prédominant.

Quant à la hiérarchie organisée chez les Vendes de la mer Baltique, et à celle des Lithuaniens et des Prussiens, nous avons sur elles des renseignements très-détaillés et très-précis. Entre l'organisation sacerdotale des Lithuaniens proprement dits et celle des Prussiens il y avait encore une différence notable, qui explique suffisamment le sort différent qu'eurent ces deux peuples. Tandis que chez les Prussiens le pontife suprême ou le criwe-criweito était en même temps le suprême juge temporel, c'est-à-dire le chef civil de la nation, en Lithuanie, le prince ne réunissait pas seulement en sa personne le pouvoir temporel et le pouvoir spirituel, mais il était même quelquefois divinisé, tout en gardant sa qualité de prince. Ainsi les tombeaux des grands ducs lithuaniens Bosk et Kjern (morts en 1090) étaient ornés de colonnes de bois, qu'on adorait, et devant lesquelles on entretenait même le feu sacré de bois de chêne ; et cela se pratiqua jusqu'en 1386, où Jagellon se convertit au christianisme. Les Prussiens, au contraire, conservaient les noms de leurs criwes, depuis le premier, nommé Broudeno, jusqu'à Alleps, qui fut le dernier, et sous lequel l'ordre teutonique conquit le pays.

Les Prussiens, sur lesquels nos données sont les plus complètes, n'avaient point de temples, et les cérémonies de leur culte avaient lieu sous des arbres, surtout sous des chênes et des tilleuls, que leurs dieux étaient censés habiter ; les bois où l'on vénérait les dieux secondaires s'appelaient Rykajoth ; ceux où l'on vénérait les grands dieux, Romowe. Le chêne principal était à Romowe, dans le canton de Natungen ; les branches en étaient si larges et le feuillage si épais que la pluie ni la neige ne pouvaient le percer. Le chêne restait vert, même pendant l'hiver, et ses feuilles servaient d'amulettes pour les hommes et les animaux. Un autre chêne sacré était près de la ville de Heiligenbeil ; il était également toujours vert. La tradition rapporte que cette ville fut ainsi nommée (cognée sacrée), parce que le chrétien qui le premier le frappa fut blessé par sa cognée, qui rejaillit sur lui. Le troisième chêne sacré était près de la ville de Thorn, sur la Vistule ; il s'élevait sur une colline, et il était si grand et si épais, que les chrétiens allemands en firent plus tard une forteresse. Le quatrième était près de la ville de Welau; il était d'une si prodigieuse grandeur, que dans son tronc, creusé par les siècles, un cavalier pouvait faire caracoler son cheval. Le Romowe lithuanien était situé à l'embouchure de la Doubissa, dans le Memel.

Le criwe-criweito, suprême pontife, était le premier devin du pays; il entretenait devant la trinité suprême, à Romowe, un feu éternel. Il recevait la troisième part de tout le butin qu'on faisait à la guerre. Il vivait dans une retraite absolue, et celui qui l'apercevait une fois dans sa vie passait pour un bienheureux. Quand un de ses parents faisait un voyage, il était reçu partout avec respect, ainsi que le messager que le criwe envoyait, muni de son bâton ou de quelque autre de ses signes. Devenu vieux, il se sacrifiait quelquefois pour le salut de son peuple, en se faisant brûler. Il restait dans le célibat, et son successeur était élu par le collège des prêtres. Le premier rang des prêtres était celui de waidelotte, du mot *waidin*, science, ou *waydis*, prédiction. Parmi eux se trouvaient des aveugles et des boiteux, hommes et femmes; mais ces dernières ne pouvaient pas se marier; elles devaient demeurer autour de Romowe, et elles s'occupaient surtout de divination. Les hommes vaquaient au service divin, entretenaient le feu sacré de bois de chêne, et pratiquaient aussi l'art de la divination. Ils se faisaient brûler sur les bûchers des grands seigneurs, et recevaient des révélations de la part des morts, sur lesquels ils composaient des chants apologétiques. Chaque village avait son waidelotte, espèce de curé, qui présidait aux sacrifices publics et privés, priait pour tous, réconciliait avec les dieux, et convoquait le peuple, toutes les fois qu'il avait à annoncer une révélation, une fête ou le commencement d'une saison. Il était responsable, et était sévèrement puni, s'il ne remplissait pas son devoir. Les prêtresses pouvaient aussi convoquer leur village, mais seulement les femmes. Les sigonottes formaient une espèce d'ordre de moines, mais on ignore quelles étaient leurs fonctions. Il y avait encore sept autres classes religieuses : les lingoussons, prêtres inférieurs, espèce de novices; ils lavaient les morts près des bûchers, consolaient les survivants, avaient des révélations, et rendaient des oracles de la part des morts. Les tiloussons paraissent avoir eu des fonctions semblables. Les swalgons étaient les prêtres des noces. Ils étaient les juges des fiancés, bénissaient les mariages et pronostiquaient le bonheur ou le malheur des époux. Les pouttons prédisaient au moyen de l'écume de l'eau ; les weions, d'après les vents, auxquels ils pouvaient donner telle direction qu'ils voulaient. Les bourtons prédisaient d'après les formes que la cire fondue prenait dans l'eau ; on les rencontrait surtout chez les Russes. Les poustons guérissaient les blessures par leur haleine. Les seitons guérissaient toutes les maladies par des amulettes, et les swakons tiraient leurs augures d'après la flamme et la fumée des chandelles. L'accès des sanctuaires n'était permis qu'au criwe, et, avec sa permission, aux waidelottes. Si un chrétien approchait des sources et des bois sacrés, il devait apaiser les dieux par son sang. Le chêne de Romowe était entouré de rideaux, que l'on ouvrait seulement dans les grandes fêtes, pour que le peuple vît les idoles de ses dieux, fixées aux branches de l'arbre. On sacrifiait, dans cette espèce de tente, hommes et animaux. Les sacrifices humains appartenaient à Pikollos et à Potrimpos. Avant une guerre, on cherchait à s'emparer d'un ennemi, et le criwe lui plongeait un couteau dans la poitrine. Si le sang en sortait en torrents, c'était un bon augure; il en était tout autrement s'il ne tombait que par gouttes. Quand on faisait prisonnier un chef de guerre, on le brûlait sur un bûcher avec son cheval et ses armes ; quand on en avait pris plusieurs, le sort désignait la victime. Les jeunes filles qu'on faisait prisonnières étaient parées de fleurs et immolées en sacrifice. On sacrifiait également un des chevaux pris à l'ennemi, et les Lithuaniens avaient l'usage de le faire courir jusqu'à ce qu'il tombât de fatigue. D'ailleurs ils sacrifiaient aussi leurs propres chevaux, noirs et blancs. On aspergeait du sang des victimes le chêne de Romowe, et si le feuillage de l'arbre sacré venait alors à frissonner, ce murmure passait pour un signe de la faveur divine. Quand le tonnerre grondait, on croyait que le criwe parlait avec les dieux, et le Lithuanien se promenait alors dans ses champs, un morceau de lard à la main, en prononçant cette prière : « Dieu Perkoune, ne frappe pas mon bien; je te donnerai ce morceau de lard; » et, quand l'orage était passé, il le mangeait avec sa famille.

La civilisation était plus avancée et les institutions mieux organisées chez les Slaves-Vendes du littoral de la mer Baltique, où une hiérarchie toute guerrière s'était constituée. Les richesses entassées dans les grands temples de Wolin ou Veneta, détruits par un roi de Danemark avec l'aide des chefs des Vendes Poméraniens, impatients du joug despotique des prêtres, et dans ceux d'Arcona, de Karentz et de Stettin, permettaient d'orner d'or, d'argent et de pierres précieuses les idoles si nombreuses et si variées qui y étaient réunies. Une des idoles de Triglaw était d'or massif, et fut sauvée par les prêtres de Julin, lors de la destruction du temple. La ville de Rhetra était bâtie sur neuf îles; brûlée, en 955, par l'empereur Othon, elle fut rebâtie sur trois îles, et entièrement détruite, en 1150, par Henri le Lion, duc de Saxe. Parmi les temples mentionnés par les historiens, on connaît encore ceux de Rostock, de Cammin, de Gadebusch, de Malchow, d'Oldenbourg et de Ratzebourg, tous dans le Mecklembourg et dans le Holstein. Le gouvernement religieux et civil était organisé, chez les Vendes, de la manière suivante. Chaque ville du pays avait un temple; plusieurs formaient ensemble un district ecclésiastique et politique à la fois; plusieurs districts formaient un district supérieur, et tous étaient sous l'autorité du suprême pontife d'Arcona, appelé aussi criwe. Chaque district avait, outre les grands dieux du pays, sa divinité particulière, son patron, qui quelquefois était dieu supérieur et dieu de district à la fois. Chaque district inférieur avait son chef politique et son prêtre; les districts supérieurs avaient des kniez et des prêtres supérieurs, et le kröl ou roi était à Arcona avec le pontife suprême, auquel il était soumis. La hiérarchie de Rhetra, sur laquelle nous avons des détails spéciaux, se composait de trois classes : les rabos ou raba, prêtres servants; les mike ou mikis, prêtres ordinaires, et les veidelbots, prêtres supérieurs. Ainsi que les districts supérieurs avaient des veidelbots, des mikis et des rabos, de même les districts inférieurs avaient des mikis et des rabos, et les temples des villes seulement des rabos. Rhetra n'avait pas de criwe, et dépendait d'Arcona, où toutes les quatre classes, les criwes, les veidelbots, les mikis et les rabos étaient réunies. Le criwe d'Arcona portait, contre l'usage des Vendes, qui se coupaient la barbe et la chevelure, une longue barbe et des cheveux tombant sur les épaules. Chaque temple avait ses revenus, mais le temple d'Arcona était le plus riche; on y déposait le tiers de tout le butin de guerre, et une sorte de capitation, ainsi que les riches présents donnés par tous les peuples slaves occidentaux et par des rois étrangers. Les trésors de ce temple étaient si considérables, qu'on entretenait trois cents cavaliers comme garde spéciale du dieu Swantowit, auquel était destiné tout le butin fait particulièrement par ces trois cents cavaliers. Lorsque Waldemar de Danemark prit ce trésor, il en fit construire douze églises chrétiennes sur l'île de Rugen.

Quant au service divin, celui de tous les jours était présidé par le rabo; celui de la semaine, qui était en même temps un jour de justice, par le miki; les fêtes annuelles étaient célébrées par le veidelbot ou le criwe. Le jour de fête était chez les Vendes le lundi. Le service quotidien consistait, à Arcona, dans les soins donnés au cheval blanc de Swantowit, que le criwe devait seul nourrir ou monter. Ce cheval servait aussi à la divination. Lorsqu'il s'agissait de connaître l'issue d'une guerre imminente, un rabo plaçait par terre devant le temple trois javelots, à égale distance l'un de l'autre, et à leurs bouts deux autres javelots croisés, et enfoncés avec leurs pointes dans le sol. Après une prière solennelle, le criwe tirait le cheval de son écurie, et le faisait marcher sur ces javelots. Si le cheval levait toujours le pied droit le premier, en passant sur les javelots, l'augure était favorable; dans le cas contraire, il était funeste. A Stettin, on faisait la même chose avec un cheval noir, qui, monté par un prêtre, devait sauter sur neuf javelots, placés à la distance d'un pied l'un de l'autre, sans en toucher un seul. C'était après la moisson qu'on célébrait la solennité annuelle où le criwe d'Arcona vidait et remplissait la corne de Swantowit, afin d'en tirer des augures pour l'année prochaine, selon la quantité d'hydromel qui était restée dans la corne. A cette occasion, le criwe se plaçait aussi derrière un grand gâteau de miel, et demandait au peuple s'il le voyait; et quand le peuple répondait affirmativement, le criwe priait Swantowit de faire en sorte que l'année suivante on ne le vît plus derrière son gâteau.

Nous avons déjà parlé des victimes humaines, choisies surtout parmi les chrétiens, et que les Vendes, dans leur exaspération contre ces derniers, tuaient avec une extrême cruauté. La hiérarchie vende exerçait un despotisme si effroyable, que lorsqu'elle fut détruite, et avec elle la nationalité vende, cela se fit en partie à l'aide du peuple et des chefs séculiers, qui s'allièrent contre elle avec les rois étrangers. Plusieurs fois avant cette époque, des guerres civiles et religieuses avaient éclaté à Veneta et à Rhetra. On ne s'en étonnera pas en apprenant que dans les diètes des Wilzes ou Wendes, où l'on ne pouvait voter un décret qu'à l'unanimité, les opposants aux propositions faites par le criwe étaient accablés de coups, et si ces opposants employaient la force pour résister aux décrets, on incendiait ou on pillait leurs biens.

Nous terminerons par l'énumération des dieux divers qui se trouvaient réunis dans le temple de Rhetra, et dont on a trouvé les idoles, afin qu'on puisse apprécier la fusion bizarre de tant de symboles et de cultes divers entassés dans un seul endroit. Ces idoles représentaient les dieux Swantowit, Radegast, Perkounos, Jutrabog, Prowe, Schwaixtyx, Siwa, Rougiewit, Karewit, Porewit, Porenout, Merzana, Tchernebog, avec le surnom de Pija, Zlebog, Siebog, Pogoda, Marowit, Tsibas, Razivie, Dziewanna, Kourko. Il y avait aussi un Berstouk ou esprit noir prussien; la déesse scandinave de l'enfer, Hela; le dieu scandinave Baldr, réduit au rôle d'un conseiller ou razi, même une petite idole de Wodan ou Odin. Il y avait deux idoles portant en caractères grecs les mots Nemisa et Opara; il y avait enfin une étrange figure, création demi-slave et demi-germanique, qui était surtout en vénération chez les Slaves établis près des Saxons : c'était le dieu de la mort, appelé Flinns, nom allemand, qu'il tenait des pierres à fusil (flint), sur lesquelles il était placé. C'était un dieu infernal; il présidait à la mort, et surtout à la résurrection, croyance essentiellement germanique; il était représenté sous la forme d'un homme maigre et pâle, vêtu d'un manteau rouge, et portant sur ses épaules le symbole du Czernybog, un chien, par les cris duquel il éveillera un jour les morts. Enfin, toutes les inscriptions gravées sur les idoles trouvées près de l'ancienne Rhetra donnent aux divinités qu'elles représentent, Swantowit seul excepté, le surnom de dieu noir, avec la différence que les dieux qui représentent aussi le bon principe ont l'inscription : Dieu blanc, dieu noir; ceux-ci sont aussi désignés par les épithètes *razi* (conseiller) et *zirnitra* (sorcier), tandis que les dieux infernaux ne sont que Czerneboi et Zinitre. Les dieux bons ont, à cause de cela, deux figures, dont l'une, regardant la poitrine et sous forme humaine, désigne leur qualité blanche ou bonne; l'autre, regardant le dos, désigne leur qualité noire ou méchante, et la dernière généralement est celle d'un animal. Ces idoles de métal sont toutes petites, de la grandeur de un à dix pouces; elles ont été probablement faites après la première destruction de Rhetra, et se trouvent dans le musée du grand duc de Meklembourg-Strelitz.

CHAPITRE SEPTIÈME.

Divinités et cultes des peuples d'origine ouralienne ou finnoise en Europe et dans le nord de l'Asie.

Les peuples qui habitent les extrémités de l'Europe septentrionale et dont nous avons encore à exposer les croyances, n'appartiennent plus à la famille indo-européenne entrée en Europe par la porte du Caucase. Leurs langues et leur constitution physique leur marquent une place dans cette famille de peuples dite famille septentrionale, dans laquelle on comprend les Huns, les Avares, les Mongols, les Turcs et les Bulgares, et à laquelle appartenaient les anciens Ibériens. Tous, excepté les Turcs, entrèrent en Europe par la porte ouralienne, c'est pourquoi ils portent aussi le nom de peuples ouraliens. Leurs émigrations ont eu lieu à de fréquents intervalles; et, selon toutes les probabilités, c'est de toutes les races celle qui a paru la première en Europe. Aussi ces peuples s'étaient-ils répandus sur des espaces considérables qu'ils n'occupent plus aujourd'hui, les premières branches de cette famille ayant été partout extirpées, décimées, repoussées par les peuples de la famille indo-européenne, arrivés après eux et doués de facultés intellectuelles et morales et d'une constitution physique bien supérieures. Il est certain que, comme les Celtes expulsèrent ou anéantirent les anciens Ibériens en Espagne, ne laissant debout que les Basques de nos jours, sur les deux revers des Pyrénées, de même les Scandinaves repoussèrent les Finnois de toute la péninsule scandinave, et les refoulèrent jusqu'à l'extrémité septentrionale, qu'occupent aujourd'hui encore les Lapons. Nous avons dit comment, dans la mythologie scandinave, les anciens habitants de leur pays, auxquels ils faisaient une guerre d'extermination, sont désignés par le nom de Jotouns, qu'ils représentaient comme les habitants hideux des cavernes et dont leur imagination faisait des géants malfaisants. Il en était de même des peuples slaves vis-à-vis de leurs voisins les Finnois; et le nom de Tchud, qu'ils leur donnaient, avait chez eux la même signification que le nom de Jotoun, chez les Scandinaves, car les Slaves avaient eu beaucoup à souffrir de la part de ces hordes finnoises, qui, pendant les premiers siècles de notre ère, se ruèrent de nouveau sur eux par la porte ouralienne. Toute cette race a été de tout temps bien inférieure à la race indo-européenne. Les peuples qui appartiennent à la première émigration ouralienne ou finnoise n'ont pu se perpétuer dans quelques coins, à l'extrémité de notre partie du monde, que parce que personne ne convoitait la possession de ces contrées, et ils n'ont cependant pu, depuis l'arrivée des peuples indo-européens, se maintenir en société séparée et indépendante. Ceux de leur race qui, formidables par leur férocité, firent irruption plus tard et se hasardèrent jusqu'au milieu de l'Europe, en ont tous disparu bientôt, sans même laisser de traces de leur séjour. Deux peuples de cette dernière race ont pu échapper cependant à ce sort. L'un de ces peuples comprend les Finnois-Ougrois ou Madjars, les Hongrois de nos jours, qui sont tellement mêlés de Slaves et de Germains, que longtemps la question de leur origine avait été un sujet de controverse parmi les savants, jusqu'à ce que les Klaproth et d'autres célèbres étymologues et ethnographes aient dissipé là-dessus tous les doutes. L'autre peuple finnois resté au midi de l'Europe comprend les Bulgares, mêlés tellement de populations slaves, qu'on les compte aujourd'hui comme une subdivision de ces derniers, sous le nom de Slaves-Bulgariens. Quant aux Turcs, on sait qu'ils se regardent eux-mêmes comme seulement campés en Europe.

Les intuitions religieuses des Finnois sont celles d'une population qui a eu à lutter contre un sol et un climat plus durs et plus ingrats que ceux des autres peuples de l'Europe septentrionale, tandis que, privée d'instincts et de dispositions guerrières, elle n'a eu aucune chance d'améliorer son sort par les combats. Elle cherche de préférence à s'emparer des forces surnaturelles qu'elle croit cachées dans les éléments, pour augmenter les rares bienfaits dont la gratifie la nature pauvre qui l'entoure, et s'associer intimement à ces forces surnaturelles, après les avoir dominées, pour s'en faire une protection contre ses ennemis. Le culte de la nature est poussé chez elle jusqu'au fétichisme, et elle cherche principalement son salut dans le chamanisme et la sorcellerie. L'extension que les Finnois européens ont su donner à la sorcellerie, qui est la forme de leur développement intellectuel, et par laquelle ils ont su l'imposer aux autres nations européennes, témoigne de leur nature supérieure à celle des peuples de l'Asie du Nord.

Les peuples de la famille ouralienne demeurant en Europe ne sont au fond que les Lapons, les Finnois proprement dits en Finlande, les Permiens, demeurant autour de la mer Blanche et à l'embouchure de la Dwina, les Ishores en Ingermanlande et les Madjars ; mais nous rangeons ici encore, à côté d'eux, les Lives, les Esthions, les Lettons et les Koures, quoiqu'ils soient tout mêlés de Lithuaniens. Ils ont été revendiqués, sous le rapport du langage et surtout sous le rapport religieux, par les mythologues slaves, comme appartenant à la famille slavo-lithuanienne. En effet, ceux qui ont placé les Lettons, les Esthions et les Lives, sous le rapport religieux, parmi les peuples finnois, y ont rangé aussi les Prussiens et les Lithuaniens proprement dits, dont ils ignoraient l'intime parenté religieuse avec les Slaves, à cause de tant d'éléments finnois qu'on rencontre dans leurs croyances. Mais les dieux et les mythes des Lettons et des Esthions que nous connaissons, se retrouvent chez les Lithuaniens. Les religions de ces petits peuples sont donc une transition des croyances slaves à celles des Finnois. Nous commençons par exposer ce qui nous est resté de renseignements sur l'ancien culte de ces populations, les plus misérables qui existent aujourd'hui sous le rapport social et moral, abruties qu'elles ont été par une oppression constante, de la part des chevaliers teutons d'abord et des Russes ensuite.

Les croyances lithuaniennes, celles de la plus ancienne époque des Esthions, des Lettons et des Lives, reconnaissaient d'abord cette divinité féminine que Tacite désigne déjà comme ayant été en vénération chez les Esthions, la grand'mère des dieux, Zemma-Mathi, la Laima des Lithuaniens, la Dimitir de Samothrace, la Cérès, nommée déesse aux fortes mamelles, la Siwa des Slaves, dans sa signification primitive. En général, le principe féminin était si inhérent à leurs croyances, que chacun de leurs dieux mâles avait une divinité féminine qui lui correspondait. Leurs croyances sur les âmes étaient également identiques à celles des Lithuaniens. Les Lettons avaient même une déesse Welli-Dewa, correspondant à la Wellana lithuanienne et invoquée dans les fêtes annuelles des morts, pour qu'elle permît aux âmes de paraître aux repas qu'on leur donnait, à l'instar de ce qui se pratiquait en Lithuanie et chez les Slaves. Pendant ces fêtes, qui duraient de trois à cinq semaines après le jour de Saint-Michel, personne ne travaillait plus après le crépuscule, et tout le monde se couchait de bonne heure, pour ne pas inquiéter les âmes dans leurs pérégrinations. Ces peuples croyaient à un meilleur monde, surtout depuis l'entrée des chevaliers teutons dans le pays. Dans les fêtes des morts, qu'ils célébraient encore au printemps, ils plaçaient des mets, des boissons, une cognée et quelque argent sur les tombes, en prononçant les mots : « Pauvre âme, va de ce monde dans un meilleur séjour. Là bas, les Allemands ne te domineront plus, mais toi tu leur commanderas! Voici des armes, des mets et de l'argent! » Cette seconde fête des morts indiquait la fin des pérégrinations des âmes sur la terre, qui commençaient à la fin de septembre, avec l'hiver, et cessaient au retour du printemps, époque où les âmes rentraient dans leur séjour de béatitude. Cette croyance se trouve encore chez les Russes. Ces peuples brûlaient aussi leurs morts, et ils tenaient tellement à cet usage, qu'après leur conversion au christianisme, étant revenus pour quelque temps à leur ancien culte, la première chose qu'ils firent fut d'exhumer et de brûler les morts que les prêtres chrétiens les avaient forcés à enterrer.

Un élément slave dans les croyances des Lettons, des Lives et des Esthions, était aussi le dualisme, et l'adoption d'un bon et d'un mauvais dieu. Ils vénéraient comme seul dieu bon le dieu du tonnerre; mais, dominés longtemps par les rois de Danemark, ils appelaient, par suite de leur contact avec les Scandinaves, ce dieu, d'après Thorr, Tharapyhha, c'est-à-dire le saint Thorr. Ils opposèrent à Tharapyhha le dieu Wels ou Wélès, qui commandait à une armée de démons appelés Raggana, comme ceux de la Lithuanie, et ceux que nous avons rencontrés chez tous les Slaves. Mais dans les notions qu'on se faisait du dieu Tharapyhha il entrait des intuitions finnoises. Ainsi ce dieu avait la forme d'un oiseau; il demeurait dans les bois et volait d'une forêt à l'autre. Les Esthions le croyaient né sur une colline près de la ville de Wironia, d'où il s'était envolé dans l'île d'Oesel. Lorsque, en 1225, l'Esthonie fut conquise par les chevaliers teutons, ils invoquaient constamment ce dieu et sa forêt. Tharapyhha était aussi dragon, et sous cette forme il apportait aux Lives la fertilité et le blé; il était aussi pour eux le serpent du salut, qui donnait la santé. Les Esthions sacrifiaient même des victimes humaines aux dragons et aux oiseaux, comme représentant le dieu suprême. Ils croient encore aujourd'hui qu'on apporte des serpents à la maison si l'on coupe du bois le jeudi gras sans laisser de copeaux derrière soi. Mais si on laisse du bois coupé dans la forêt, on trouve des serpents dessous pendant tout l'été. Ces serpents, grillés au feu et réduits en poudre, sont des remèdes efficaces contre toutes sortes de maladies. Or, le jeudi étant le jour de Tharapyhha, le jeudi gras est ordinairement le jour du solstice du printemps; le copeau est le sacrifice, et le bois est un don du dieu auquel on doit faire une offrande, parce qu'on peut avoir coupé l'arbre habité par un esprit. On ne doit pas non plus travailler aux champs les deux jeudis qui précèdent la fête de l'Ascension, époque où la terre recommence à verdir, autrement on attire la grêle sur ses récoltes. Tout cela se rapporte à l'ancien culte de Tharapyhha, qu'on invoquait aussi à la fête de saint Jean, pour lui demander une moisson abondante. Tharapyhha était donc aussi le soleil; et comme tel le symbole de l'oiseau s'appliquait à lui, car le soleil vient et s'en va comme un oiseau de passage, et l'éclair vole aussi comme un oiseau. En 1192, une éclipse de soleil ayant eu lieu le jour de la Saint-Jean, les Esthiens voulaient tuer le prêtre chrétien Dieterich, croyant qu'il mangeait l'oiseau-soleil. Les Lives invoquaient aussi le dieu lithuanien Gabié, quand, dans des étés courts et humides, ils étaient forcés de sécher le blé dans leurs maisons; ils le priaient alors de souffler la flamme et d'empêcher le feu de s'éteindre. Gabié était ainsi le compagnon, l'aide et le serviteur de Tharapyhha.

Un élément finnois, dans leurs croyances, était aussi le culte des animaux en général. L'ours surtout était chez les Lives en grande vénération. Le culte de la nature extérieure devint, comme chez les Finnois, un véritable fétichisme. Encore aujourd'hui ils regardent comme nuisible de s'asseoir en certains endroits au bord des ruisseaux, parce qu'on attrape des maladies de la peau. On doit alors apaiser l'esprit de l'endroit en jetant sur lui un peu de poudre provenant d'une pièce d'argent. Il faut jeter aussi dans un tourbillon une pierre ou un couteau, pour en chasser l'esprit qui s'y agite. La magie et les conjurations finnoises étaient partout pratiquées. Adam de Brême raconte que dans la Courlande notamment, chaque maison était remplie d'augures et de magiciens qui expliquaient le vol des oiseaux et conjuraient les morts. La réputation des augures courons était si répandue, qu'on venait pour les consulter de la Grèce et même de l'Espagne. Aujourd'hui encore, les vieilles femmes des Courons ont le privilége de traiter toutes les maladies par des conjurations, et elles connaissent toutes les herbes sauvages du pays par tradition ou par expérience. Le remède le plus puissant est le sel soufflé par l'haleine d'un sorcier qui, pendant cette opération, prononce des paroles mystérieuses. Le sel est tout à la fois un remède et une amulette qui protége contre la cruauté du seigneur du village, c'est pourquoi le peuple l'appelle *armo-sool*, sel de grâce et de pitié. De nos jours encore, les peuples ont des devins qui indiquent les jours propices pour le travail des champs; ces devins défendent toujours de travailler le jeudi gras et les deux jeudis qui précèdent la Saint-Jean.

Les Lives, les Lettons et les Esthions n'avaient pour temples et sanctuaires que la sombre voûte des bois. Ordinairement ils choisissaient un endroit solitaire, au milieu des forêts ou sur un lieu élevé, et là ils ciselaient et sculptaient un arbre, qu'ils décoraient de bandelettes et de couronnes. Ils avaient des prêtres. Les Lives les avaient évidemment empruntés aux Allemands; car leur nom était celui de Bloutekirl, mot allemand qui signifie homme de sang, parce qu'ils aspergeaient de sang les guerriers avant le commencement d'une bataille. Opprimés toujours, ils immolaient à leurs dieux des victimes humaines avec une cruauté monstrueuse. Les Esthions les achetaient à des marchands, et s'assuraient d'avance, avec grand soin, si elles n'avaient aucune tache sur le corps. Ils préféraient les chrétiens, dont le sang, disaient-ils, était particulièrement agréable à leurs dieux. Après avoir égorgé leurs prisonniers, ils leur arrachaient le cœur, le faisaient rôtir et le mangeaient. Quant aux cadavres de leurs victimes, ils en jetaient aux oiseaux les lambeaux sanglants. Ils trempaient dans le sang la pointe de leurs lances et de leurs épées, pour que cela leur portât bonheur. Dans une insurrection de 1221, les Esthiens prirent le préfet danois Hebbus, lui arrachèrent le cœur lorsqu'il était encore vivant, le rôtirent et le mangèrent, pour devenir plus braves contre les chrétiens. Quand ils immolaient des animaux, les dieux étaient censés être favorables lorsque la victime tombait sur le côté droit; il en était autrement lorsqu'elle tombait d'une autre façon. Mais avant d'immoler la victime, on consultait les dieux pour savoir si elle leur était agréable. Le moyen principal de deviner était chez les Lettons le même que celui qui était en usage chez les Vendes, à Arcona et à Stettin. On faisait marcher un cheval blanc sur des javelots et on observait quel pied il levait le premier. Si c'était le pied droit, on épargnait la victime. Un fait curieux arriva, dans une circonstance semblable, au moine Dieterich, dont nous avons déjà fait mention. On le fit monter sur le cheval blanc, et le cheval passa sur les javelots en levant la jambe droite la première; alors un des waidelottes prétendit que le dieu des chrétiens était assis sur le dos du cheval et en avait dirigé la marche. On couvrit le cheval de draps pour en chasser le dieu chrétien, et on recommença l'épreuve; mais le cheval leva la jambe droite comme la première fois, ce qui sauva le moine.

L'extrême misère de ces pays et de leurs habitants, misère dont les annalistes qui accompagnèrent les chevaliers teutons font un bien triste tableau, y fit adopter la coutume de tuer les enfants nouveau-nés plus que dans aucun autre pays de l'Europe septentrionale. Ainsi, on tuait la plupart des filles au moment de leur naissance, et on n'en gardait qu'une seule par famille. Le trait suivant peut donner une idée des privations auxquelles les exposait leur ignorance. Ayant vu les chevaliers teutons manger quelques légumes, ils s'empressèrent de rapporter cette circonstance à leurs compatriotes, en disant qu'il n'y aurait pas moyen de résister à ces nouveaux venus, qui mangeaient des herbes comme les bêtes, parce que dans les déserts et les forêts ils ne manqueraient jamais de nourriture.

Une partie des Lettons se distinguait complétement, sous le rapport religieux et par des mœurs plus douces, du reste de ces populations. Plus éloignée du contact des Finnois, elle restait tout à fait unie aux Lithuaniens et aux Prussiens, et reconnaissait même la suprématie du criwe de Romowe. Cette partie des Lettons vénérait même, à la manière des Prussiens, leurs dieux Perkoun, Ziemennikas et Waizganthos, et la Laima des Lithuaniens, qui, chez eux cependant, ne présidait qu'aux accouchements. Mais la divinité qu'ils avaient surtout en commun avec les Lithuaniens, c'était Lada ou Lado, déesse de la fertilité, à laquelle était consacrée la fête d'été. Les Lettons l'appelaient aussi Ligho, et la vénéraient sous ce nom, surtout comme la déesse de l'amour. Dans le quinzième siècle encore, les Lithuaniens, les Lettons et les Courons invoquaient Lado sur le bord des fontaines, qu'ils couvraient de feuilles et de fleurs et des plantes regardées comme les plus salutaires. C'est la seule divinité dont le nom soit resté en honneur parmi eux, et qu'ils invoquent encore dans leurs chansons. Voici une de ces chansons, dont chaque strophe se termine par les cris : Ligho, Ligho ! « Pare-toi, pare-toi, fillette, pare-toi comme ta mère s'est autrefois parée. Mets tes rubans, comme autrefois ta mère en a mis. Sur ta tête, place le ruban des chagrins; sur le front, celui des soucis; sur l'épaule déploie le voile de deuil. Dépêche-toi ; il fait jour dehors; arrange tout ; l'aurore brille déjà ; déjà les travaux s'avancent. »

Comme les croyances finnoises se fondent, du côté de l'Ouest, avec celles des Lithuaniens et des Slaves, par l'entremise des Lives, des Lettons et des Esthiens, elles touchent, du côté du Nord, à celles des Scandinaves, par l'entremise des Lapons, qui avaient occupé anciennement toute la péninsule, et étaient restés les voisins immédiats des Norvégiens.

La divinité, en général, s'appelle, chez les Lapons, Joumala, nom qui est aussi en usage chez les peuples finnois proprement dits. Mais les trois dieux qu'ils vénéraient spécialement, et dont chacun était à la tête d'une série d'esprits secondaires, c'était d'abord Tiermès, surnommé Horangelis et Aijeke ou Aja, le vieux, le père, le Vieux de la montagne, dieu du tonnerre, comme Thorr, dont le nom était également connu des Lapons. Comme Thorr, Tiermès avait son marteau, appelé *aijeke welchera*. Tiermès avait aussi un arc, l'arc en ciel, *aijeke dauge*. Il donnait aux hommes la santé, la vie et la mort; il vivait au ciel; il était le bon vieux, et son pouvoir s'étendait aussi sur les esprits méchants, qui habitaient les rochers, les montagnes et les lacs, et qu'il écrasait, comme Thorr, avec son marteau, ou tuait avec son arc. Le second dieu était Storjounkare ou Seite, ou, dans la langue indigène, Caluin; il présidait au règne animal; il était protecteur de la chasse, de la pêche et de l'élève du bétail, et par conséquent, le dispensateur de la nourriture et des vêtements, dans ces climats sans agriculture; il était le grand-père nourricier. Il apparaissait souvent dans la province de Louléa-Lappmark, aux pêcheurs et aux oiseleurs, sous la forme d'un homme élancé, vêtu de noir, comme un noble, ayant un fusil et des pieds d'oiseau. Son apparition rendait la chasse et la pêche heureuses. Ce pays étant sur la frontière de la Norwège, le dieu y prit la forme d'un gentilhomme norvégien, l'être le plus imposant que le Lapon pût voir, et qu'il divinisait ainsi; aussi Storjounkare est-il un mot norvégien, qui signifie jeune seigneur, petit maître. Dans les provinces de Torneo et de Kjemi-Lappmark, éloignées des Scandinaves, le dieu gardait son nom indigène Seite. La troisième divinité supérieure était Baïwé, le soleil, la mère de tous les animaux, et surtout la protectrice des rennes, cette principale richesse des Lapons. Baïwé conservait surtout aux rennes la chaleur vitale, pendant les froids rigoureux des longs hivers. On ne connaît guère des autres dieux que leurs noms : Radian recevait chez lui, dans le ciel, les âmes pieuses; Biag-Olmaï présidait à la tempête; Leib-Olmaï, dieu de la chasse, demeurait sur les montagnes sacrées; Peskal, le premier des dieux méchants, habitait l'enfer, au milieu de la terre, avec Rota; il était le dieu des criminels et des impies; Maderakko et ses trois filles, patronnes des femmes, étaient vénérées sur des montagnes, et Jahmé Akko, la mère de la mort, demeurait sous la terre; elle était la déesse des tombeaux; c'était auprès d'elle que les âmes restaient jusqu'à ce qu'il fût décidé si on les livrerait à Radian ou à Rota. Le nom de Storjounkare était aussi donné à tous les esprits secondaires, dont Tiermès et Seite étaient les chefs, ainsi qu'aux esprits des morts.

Les Lapons, dispersés dans des cabanes isolées, n'avaient ni prêtres ni culte commun et national. Il n'y avait chez eux qu'un culte privé et domestique, qui ne s'adressait qu'aux trois divinités Tiermès, Storjounkare et Baïwé. Chaque père de famille vénérait son Tiermès, son Storjounkare et sa Baïwé, dans un endroit sacré, situé à l'entour de sa cabane; et les habitants d'un même district n'avaient point de culte commun, si ce n'est leur vénération commune pour les rochers escarpés, les cavernes, les îles des lacs, qu'ils regardaient comme les siéges des dieux, et qui étaient consacrés aussi par chaque père de famille du voisinage. C'est au Storjounkare que l'on consacrait certains endroits dans les forêts, sur les bords des rivières, dans les îles boisées, et surtout près des cascades. Mais ces endroits n'étaient marqués que par une faible haie ou par des branches d'arbres plantées dans le sol, là où la nature du terrain le permettait. On connaissait encore au seizième siècle plus de trente de ces endroits seulement en Louléa-Lappmark. Quant aux sanctuaires du culte domestique, ils se trouvaient à la distance d'une flèche derrière la cabane. On y plaçait une table de bois; on l'entourait de branches vertes de pins ou de bouleaux, dont on jonchait aussi le chemin qui conduisait à cette table. On plaçait sur cette table le buste en bois du dieu Tiermès, appelé, à cause de cela, Mouora-Joubmel, le dieu de bois. Un tubercule rond d'une racine de bouleau en figurait la tête, sans indiquer autrement les traits du visage. Le tronc était aussi formé d'un morceau de bois de bouleau, traversé par un marteau. Sur la tête du dieu on plaçait comme un de ses attributs une pierre à fusil; tout l'espace qui était entouré de branches lui était consacré. Aucune femme adulte ne pouvait en approcher sous peine de mort, probablement à cause des impuretés mensuelles du sexe. L'idole du Storjounkare était de pierre; c'est pourquoi elle portait le nom de dieu de pierre, Kied-Kie-Joubmel. Mais on ne sculptait pas la pierre; et quand les Lapons trouvaient sur des montagnes, près des lacs et des rivières, des pierres de formes bizarres, ils les prenaient pour des dons du ciel et pour des Storjounkares. Selon la forme de la pierre trouvée, ils donnaient au dieu la figure d'un homme, d'un quadrupède, d'un oiseau ou d'un autre animal. Ils préféraient des pierres qui avaient été creusées par l'action de l'eau. Autant ils en trouvaient, autant ils en érigeaient dans ce même endroit; ils vénéraient l'une comme Storjounkare, l'autre comme sa femme, et le reste comme ses enfants et ses serviteurs. Dans la province de Tornéo, la rivière Darna forme une cascade, à l'endroit où elle sort du lac de Tornéo; près de là est une île, sur laquelle on voit cinq Storjounkares en pierre, à formes humaines, le premier de la taille d'un homme, les autres plus petits. C'était là un des sanctuaires les plus vénérés; les Lapons y faisaient des pèlerinages, ce qui ne cessa qu'au seizième siècle. Baïwé n'avait pas d'idoles.

Une fois par an les Lapons sacrifiaient en commun à l'un des trois dieux supérieurs. Ce sacrifice avait lieu en automne, quand le long hiver commence, et quinze jours avant la Saint-Michel. On ne sacrifiait toujours qu'à un seul d'entre eux, qui était désigné par le sort. On offrait ce sacrifice d'abord à Tiermès; si celui-ci n'en voulait point, au Storjounkare; et en troisième lieu à Baïwé. Si chacune des trois divinités refusait, les dieux étaient fâchés, les hommes consternés, et aucun sacrifice ne se faisait pendant cet automne. Pour connaître leur volonté, on s'y prenait de la manière suivante : on peignait avec une liqueur rougeâtre sur la peau d'un tambour, appelé quobdas ou kannus, les images des divinités; au milieu de la peau, on plaçait un anneau auquel étaient attachés avec un fil des anneaux plus petits. Quand on voulait sacrifier, quelqu'un frappait le tambour tandis que les autres chantaient : Maiide Aiikik, Jetti, Maiide werro. « Comment, vieux dieu, veux-tu mon sacrifice? » Quand un anneau touchait l'image de Tiermès et y restait, le dieu acceptait; sinon, on répétait la cérémonie, et l'on chantait : « Qu'en dis-tu, grand et sacré Seite? » On en faisait de même pour Baïwé. On sacrifiait à Tiermès des rennes mâles et vieux. La victime était liée derrière la cabane, dans le sanctuaire; on lui enfonçait un couteau pointu dans le cœur, et on recueillait son sang dans un vase de bois de bouleau. L'image de Tiermès devait être renouvelée tous les ans, et l'idole neuve était frottée avec du sang et de la graisse de la victime. On faisait sur le tronc de l'idole une incision en forme de croix; on plaçait le bois du renne sur la table; derrière elle et devant elle un morceau de chaque membre de l'animal; le reste de la viande était mangé, et les os et les ongles étaient enterrés. Quant au Storjounkare, on lui sacrifiait aussi des rennes mâles et vieux, mais souvent aussi des chats, des chiens, des moutons et des poules qu'on achetait en Norwège. Comme ses sanctuaires étaient quelquefois aux sommets de rochers difficiles à gravir, on pouvait sacrifier dans le sanctuaire de Tiermès. Avant d'immoler la victime, on lui passait un fil rouge au travers de l'oreille droite; puis, lorsqu'elle était tuée, on en allait porter sur la montagne consacrée le bois, les ongles, les pieds, les os de la tête et du cou. On frottait de sang et de graisse la pierre sainte, et derrière on plaçait aussi le bois de l'animal, auquel pendaient, du côté droit, les parties sexuelles, tandis qu'autour, du côté gauche, était entortillé un fil rouge au bout duquel étaient suspendus un morceau d'étain et une pièce de monnaie. Lorsque le rocher était tout à fait inaccessible, on trempait une pierre dans le sang et la graisse de la victime, et on la jetait sur le flanc du rocher. On a trouvé plantés dans quelques endroits consacrés à ce dieu plus de mille bois de rennes. Quelquefois on tuait aussi la victime à l'endroit sacré, et on y laissait la peau pendant plusieurs années, après avoir mangé la chair en compagnie d'amis conviés au sacrifice. Les images de Storjounkare étaient ornées deux fois, dans l'été de branches vertes de bouleau, et de branches de pin dans l'hiver. Pendant l'été, on faisait aussi au dieu une couche de foin et d'herbes, qu'on plaçait sous la pierre. Quand la pierre était facile à soulever, c'était un bon augure; dans le cas contraire, il fallait apaiser le dieu par de nouveaux sacrifices. On sacrifiait de la même manière à Baïwé; mais les rennes destinés à la déesse étaient jeunes et femelles, et le fil qu'on leur passait au travers de l'oreille était blanc. Baïwé avait aussi sa table derrière chaque cabane; mais on ne pouvait y placer le bois des victimes, puisqu'elles ne devaient pas en avoir encore. Comme elle n'avait point d'idole, on déposait les os principaux de la victime sur la table, dans un cercle; ce qui était son symbole; et les morceaux de chaque membre étaient disposés en cercle et suspendus sur une branche de saule.

Les Lapons sacrifiaient aussi aux esprits des morts, appelés Sitte; car l'âme prenait après la mort une essence plus épurée et semblable aux dieux; elle devenait esprit bon ou méchant. C'est pourquoi on faisait aux esprits domestiques méchants des sacrifices expiatoires, et tous ces usages avaient pour but d'apaiser les morts. On prédisait, au moyen du tambour magique, la guérison ou la mort des malades, et après le décès tout le monde s'enfuyait de la maison par crainte de l'esprit du trépassé. Un individu était chargé des cérémonies de l'enterrement, et il portait pendant la durée de ses fonctions un anneau de métal appartenant à un des parents du mort, afin que l'esprit ne pût lui nuire. Le mort était enveloppé tout entier dans un linceul de toile ou de laine, ou vêtu de ses meilleurs habits, et placé dans le tronc d'un arbre ; on mettait à côté de lui une brique, une pierre à fusil et une cognée, et le corps était déposé ou dans des cavernes ou dans des forêts épaisses, et recouvert d'une grande quantité de bûches. Le renne qui avait traîné le corps était immolé. On frappait sur le tambour magique en chantant : « Esprits, voulez-vous une victime? » On passait alors un fil de laine noire au travers de l'oreille du renne; on en enveloppait le bois, et on tuait l'animal. La chair en était mangée au repas funéraire ; les os en étaient soigneusement conservés et placés avec une image en bois du mort dans une caisse qu'on enterrait. On coupait encore un morceau du cœur et des poumons de l'animal ; on en faisait trois parts que l'on posait sur des rameaux ; on les frottait avec du sang, et on les enterrait ainsi. On répétait les sacrifices pendant plusieurs années après la mort. Enfin, les Lapons sacrifiaient encore les jours de Noël à la chasse infernale ou au peuple de Jula, qu'ils avaient emprunté des Suédois. La veille de Noël, ils ne mangeaient point de viande, et mettaient de côté un petit morceau de tous les plats. Après deux ans, ces petits morceaux étaient placés dans une nacelle de bois de bouleau, munie de rames et de voiles, aspergée de graisse, et suspendue derrière la cabane sur l'arbre consacré au peuple de Jula.

Quant à la magie et à la sorcellerie, les Lapons étaient censés exceller dans cet art entre tous les peuples finnois; ils étaient même consultés à cet égard par leurs compatriotes de la Finlande et de la mer Blanche. Chaque maison avait, chez les Lapons, au moins un esprit (Storjounkare); la plupart en avaient plusieurs. Cet esprit restait dans la maison et était héréditaire dans la famille ; c'est pourquoi tout chef de famille devait connaître l'art d'entrer en relation avec les esprits. La sorcellerie était donc enseignée, et cette science passait, comme les esprits domestiques eux-mêmes, de père en fils. Les Suédois et les Norwégiens des contrées voisines envoyaient souvent leurs fils auprès des Lapons pour apprendre d'eux la magie, appelée par cette raison l'art finnois. Ils pensaient que quelques individus naissaient avec des facultés magiques et étaient instruits directement par les esprits. Cette instruction se faisait au moyen de maladies. La première arrivait pendant l'enfance, et l'enfant malade recevait des connaissances magiques par des apparitions. Les visions de la seconde maladie étaient plus importantes, plus complètes, mais aussi plus dangereuses. Dans la troisième maladie, qui survenait à l'âge viril, l'élève des esprits n'avait plus besoin des instruments magiques : il voyait et entendait tout dans l'univers, et cette omniscience était souvent un fardeau pour lui, parce que son esprit était sans cesse tourmenté. Parmi les instruments magiques, le tambour, déjà mentionné, occupait la première place; il s'appelait kannus ou quobdas, et lapptromma chez les Suédois. On le faisait avec du bois de pin ou de bouleau, qui devait croître dans des lieux particuliers ; et les rameaux tournés vers le soleil, c'est-à-dire toutes les petites branches de l'arbre, depuis le bas jusqu'en haut, devaient se courber de droite à gauche pour regarder le soleil couchant, auquel ces espèces d'arbres étaient consacrés de préférence. Le bois du tambour était creusé en forme oblongue et couvert d'une peau sur laquelle étaient peintes, avec une liqueur tirée de l'écorce du frêne, non-seulement les images des dieux, mais encore celles des animaux sauvages et domestiques, sur l'état desquels ces magiciens étaient souvent consultés. On frappait le kannus avec un marteau en forme de **T** et fait d'un bois de renne. Les anneaux, suspendus à des cordes de fil et de cheveux, et qui sautaient sur les images de la peau du tambour quand on le frappait, s'appelaient arpa. Le magicien se mettait à genoux et frappait le tambour d'abord faiblement, puis de plus en plus fort, jusqu'à ce que l'arpa se plaçât sur une image au moyen de laquelle on pût tirer quelque augure. Quand on voulait savoir quelque chose sur des sujets éloignés, le magicien posait l'arpa sur l'image du soleil, et chantait à haute voix une chanson appelée Joïké, tandis que les assistants chantaient un chœur appelé Dououra. Après quelque temps le magicien se renversait, plaçait le tambour sur son dos, et s'endormait profondément; le chœur continuait à chanter jusqu'à son réveil. Si le chant cessait avant ce moment, ou si on s'avisait de réveiller le magicien, il restait mort. Il ne prolongeait jamais son sommeil au delà de vingt-quatre heures. Pendant ce temps, sa figure devenait noire ou brune, et se couvrait de gouttes de sueur. A son réveil, il savait répondre aux questions, et racontait même quelquefois des particularités des pays lointains qu'il avait visités pendant sa léthargie magnétique. On apprenait des choses heureuses, quand l'arpa tournait sur le tambour de droite à gauche, imitant ainsi le lever et le coucher du soleil. Dans les maladies, on examinait d'abord si elles étaient naturelles ou si elles n'étaient que le résultat de conjurations. Les remèdes étaient ordinairement des sacrifices. On se servait aussi du kannus, mais plus souvent d'autres instruments, pour se nuire mutuellement par des enchantements. Celui qui possédait un kannus le conservait avec le plus grand soin; on l'enveloppait dans des peaux de moutons et on le cachait dans un endroit secret. Quand un chef de famille quittait sa maison, la dernière chose qu'on emportât était le kannus, et cela se faisait avec beaucoup de cérémonies. Aucune femme adulte ne devait y toucher.

D'autres instruments de sorcellerie étaient les nœuds de vent, le gan et le tyre. Les Finnois vendaient aux navigateurs du vent dans une corde à trois nœuds ; quand on dénouait le premier, le vent était favorable et modéré ; le second nœud apportait un vent plus fort, mais encore favorable ; le troisième amenait de la tempête et des orages. Les magiciens arrêtaient aussi les navires dans leurs courses et rendaient les mers calmes. Les purifications mensuelles d'une vierge pouvaient alors seules rompre ce charme.

Les gans étaient de petits animaux bleuâtres, sans ailes, qu'on conservait dans des sacs de cuir appelés gane-ka, et qu'on cachait dans des cavernes. Chaque jour, le Lapon finnois, habile dans l'art de la magie, envoyait quelques-uns de ces gans dans un endroit pour causer un malheur ou général ou particulier. Mais ces méchants esprits ne pouvaient nuire que lorsque ce magicien connaissait le nom du père de celui contre lequel il les envoyait. Cet envoi de gans s'appelait tirer le gan, et rappelle les flèches des Elfes ou nains des Celtes et Germains. Il y avait aussi un antidote contre cet enchantement, car on pouvait envoyer un gan contre un autre. Le tyre était de la grosseur d'une noix ; il était fait d'une laine fine, jaunâtre et très-légère. On le croyait animé, et il se rendait de lui-même partout où le propriétaire le désirait. On pouvait acheter ces instruments, et envoyer par ce moyen à ses ennemis des serpents, des crapauds, des souris et d'autres fléaux. Le tyre partait avec la vitesse du vent, et frappait aveuglément tout ce qu'il rencontrait en route ; c'est pourquoi il manquait souvent son but. Celui qui était frappé par le gan mourait d'un cancer, tandis que le coup du tyre n'était pas mortel.

Les Lapons prédisaient encore par le moyen de la lune, lorsqu'il s'agissait des accouchements de leurs femmes. Quand une étoile était placée au-dessus de la lune et tout près d'elle, la femme portait un garçon ; quand l'étoile était vers la lune, elle devait accoucher d'une fille. Quand une étoile précédait la lune, l'enfant devait prospérer; mais une étoile derrière la lune était un indice que l'enfant aurait un vice de conformation ou qu'il mourrait bientôt.

Ajoutons encore que les Lapons avaient trois jours saints dans la semaine, consacrés aux trois Ailekes ou compagnons de Tiermès; c'étaient le vendredi, le samedi et le dimanche. Ces trois jours ne devaient être employés à aucune œuvre profane. En revanche il y avait des travaux réputés saints ou agréables à l'Aileke sous l'invocation duquel était le jour de la semaine. Ainsi, le vendredi était favorable à la chasse; le samedi et le dimanche on ne devait point abattre du bois, car des arbres frappés de la cognée ce jour-là auraient rougi le fer d'un sang vermeil.

La plus grande partie de la race finnoise, habitant en Europe la Finlande et l'extrémité septentrionale de la Russie actuelle, jusqu'à l'Oural, occupait des contrées coupées partout d'une infinité de lacs, de rivières, de marais et de montagnes; de sorte que, séparés les uns des autres, les Finnois n'avaient, comme les Lapons, ni chefs communs indigènes, ni hiérarchie, ni culte national. La tradition raconte seulement que les Biarmiens qui habitaient le littoral de la mer Blanche et vers les embouchures de la Dwina, avaient un sanctuaire commun. C'était un bois situé dans une vaste plaine, près de la Dwina, et entouré d'un enclos qui avait des portes. Cet enclos était alternativement gardé par six hommes, dont deux veillaient chaque nuit. Au milieu de l'enclos s'élevait une colline destinée aux sacrifices, dont les cendres cachaient une grande quantité d'or et d'argent. Au sommet était placée l'idole du dieu des Biarmiens, Joumali, tenant sur ses genoux un plat d'argent muni d'un anneau et rempli de monnaie d'argent; un ruban précieux entourait le cou de l'idole. Selon une autre tradition, l'enclos et l'idole du dieu étaient construits avec beaucoup d'art, d'un bois précieux, et ornés d'or et de diamants, qui répandaient au loin un grand éclat. La couronne de Joumali était ornée de douze diamants; son anneau avait une valeur de trois cents marcs; son vase, d'une telle grandeur que quatre hommes pouvaient apaiser leur soif en y buvant, était d'or, ainsi que la monnaie qu'il contenait. Ses vêtements aussi étaient riches et valaient autant que trois des plus riches cargaisons de navires. On explique la richesse de ce sanctuaire par le commerce de peaux que les Biarmiens faisaient déjà à cette époque; mais en général les traditions finnoises vantent la richesse de leur patrie en or et en pierres précieuses, probablement par le même motif qui leur faisait vanter l'habileté magique des Finnois. Les autres sanctuaires n'étaient que des lacs, des rivières et des cascades, dont on rencontre encore de nos jours un grand nombre, qui portent l'épithète de *pyha* ou sacré. On trouve même aujourd'hui dans beaucoup de fontaines des épingles et de petits cadeaux qu'on y a jetés. Dans la Finlande septentrionale, on regarde les arbres comme sacrés, et on montre l'enfer finnois, le Kipumaeki ou la colline des tourments, près de la rivière Kemi. C'est une pierre plate et creuse; elle a la forme d'une table; elle est entourée de plusieurs autels de pierre et est située sur la colline. Les trous de cette pierre cachent les douleurs et les tourments. Personne n'y monte plus, parce que tous ceux qui ont fait cette tentative en sont revenus malades. Probablement on y sacrifiait autrefois des victimes humaines. C'est là tout ce que nous connaissons du culte extérieur des Finnois, dont la langue d'ailleurs n'a aucune expression pour désigner un temple, un autel ou un prêtre. Ils n'avaient donc, comme les Lapons, qu'un culte domestique et quelquefois un culte communal.

Les croyances et les divinités des Finnois proprement dits ne nous sont connues que par les chants de sorcellerie, qui sont encore dans la bouche du peuple et qui datent d'une époque où ils étaient déjà convertis entièrement au christianisme;

aussi de saints personnages chrétiens y sont-ils mêlés aux anciennes divinités et aux fétiches; de manière qu'on ne peut plus distinguer si quelques-unes des intuitions plus élevées qui s'y rencontrent sont indigènes ou empruntées à l'étranger. Ces chansons traitent des dieux, des esprits et des âmes. Selon ces traditions, Kawa, surnommé le vieux, s'est créé lui-même dans le sein de la nature Kounottaris; ses fils étaient Vaïnamoïnen et Ilmaraïnen. Le premier terrassa le géant Joukkawainen, et créa avec son frère le feu dans le ciel; une étincelle tomba sur la terre et dans le lac de Liemo, où elle fut avalée par des poissons et en dernier lieu par une carpe, qui fut prise par les deux frères, avec l'aide de la vierge Marie. Vaïnamoïnen avait pour femme Rounc, et il avait pour surnom Wanha, le vieux, et Oukko, le vieillard, à l'instar du Tiermès des Lapons et du Tharapyhha des Esthions. Comme créateur du feu, Vaïnamoïnen était dieu du tonnerre; mais il était aussi inventeur de la lyre ou kandèle, instrument à cordes de la grandeur d'un violon et dont on jouait avec les doigts. Aucun homme ne pouvait tirer des accords de la kandèle; alors Vaïnamoïnen en joua lui-même. Aussitôt les meules de foin accoururent d'elles-mêmes dans les granges; les flots de la mer se calmèrent ou roulèrent avec un murmure harmonieux; les sables jaunes de la grève se transformèrent en un cristal étincelant; les arbres entrèrent en cadence; les bisons et les ours accoururent avec les élans et les rennes, et formèrent un cercle autour du chantre sacré, qui, ravi lui-même des accents que son instrument exhalait, répandit avec ses larmes un torrent de perles. C'est pourquoi les oiseleurs, les chasseurs et les pêcheurs invoquaient Vaïnamoïnen, pour qu'il jouât de son violon et poussât ainsi dans leurs filets les animaux enchantés. Vaïnamoïnen était aussi le constructeur des navires, et ses vêtements consistaient en une ceinture de plumes et en une robe impénétrable au fer; cette robe était invoquée comme une égide par les guerriers dans les batailles : sa sueur guérissait toutes les maladies. Vaïnamoïnen a toujours pour compagnon son frère cadet, Ilmaraïnen, le dieu de l'air et des temps, du mot *ilma*, l'air. On l'invoquait pour avoir un beau temps et du bonheur en voyage; il avait le surnom de Sappa, maréchal ferrant ou artisan, parce qu'il fut le premier qui se servit du fer. Trois vierges puissantes de la nature étaient allées cueillir du foin. La première tira de son sein du lait rouge, l'autre du lait blanc, la troisième du lait mêlé de sang, d'où naquirent trois espèces de fer. Ilmaraïnen les déterra et les fondit. Mais Herhilaïnen, le frelon, l'oiseau du dieu mauvais Hiisi, jeta dans l'eau où il trempa le fer pour le refroidir, le sifflement du serpent, la démangeaison de la fourmi, la méchanceté de la grenouille et la bile noire du dragon; c'est pour cela que le fer fait de si cruelles blessures.

Vaïnamoïnen et Ilmaraïnen avaient sous eux le dieu Tapio, dieu de la chasse, qui demeurait au fond des forêts et guidait à la recherche du gibier. Mais s'il n'était pas favorable, on pouvait obtenir au moins une chasse heureuse de lièvres par le chant magique d'Oukko, et une capture d'oiseaux par la faveur d'Annika, femme de ce dieu. Mais Tapio était aussi médecin, et dans les chansons magiques on implore l'abeille qui lui était consacrée; on la conjure de voler chez Tapio et d'en rapporter du miel et du baume pour les blessures. Tapio protégeait aussi le bétail contre les bêtes sauvages. Le dieu spécial des troupeaux était Kekki ou Kaekou. Les Caréliens, voisins des Slaves-Russes, avaient avec eux, en commun, le Rongontheus, dieu du seigle, Pellonpeko, dieu de l'orge, et Wieracannos, dieu de l'avoine. Le pays de Tawast vénérait le Tourrisas comme dieu de la guerre, lequel, emprunté au Thorr des Scandinaves, rappelle son origine germanique par sa ressemblance avec le chasseur infernal; car, comme celui-ci, à l'approche d'une guerre, il sort d'une montagne et sonne de la trompette. D'un autre côté, une divinité toute finnoise était la Grande Ourse, dont la femme était une fille du Soleil, et qui était invoquée contre les voleurs nocturnes. L'ours terrestre était à cause de cela un animal vénéré ; et les chasseurs disent que la vierge Marie le descendit sur son chariot d'or du ciel où il était né, entre le soleil et la lune, et où il avait été bercé sur les épaules de la Grande Ourse. Le dieu méchant Hiisi était fils de Calewa, géant fort et féroce, qui habitait un lieu redoutable; d'où l'expression : Mene Hiiten « Va à Hiisi, » était la plus grande malédiction.

Parmi les déesses finnoises on trouve d'abord Veden Emae, la mère des dieux, la mère de l'eau, la déesse de la mer, la même que les Esthions vénéraient. Pohjolan Emendae, « la mère du siége du Nord, » avait neuf fils tous difformes et laids. Séduite par les vents, elle resta trente étés sans pouvoir accoucher; enfin, saint Georges (Yrjanae) fit tomber du ciel sur son ventre un fil rouge qui opéra l'accouchement. Mais Jésus ne voulut pas baptiser les enfants parce qu'ils étaient trop méchants. Ils devinrent donc tous des fléaux pour les hommes; le cadet, par exemple, devint la colique. Annika, l'épouse de Tapio, s'appelait aussi Tapiolaen Emendae et était la mère de l'enclos de la forêt. Il paraît que les Finnois avaient aussi dans Sackielmi une déesse de l'amour.

Suivant les chansons magiques, les esprits étaient fort nombreux chez les Finnois. Ils avaient des esprits terrestres, aquatiques et aériens. Les premiers s'appelaient Mahiset, petits hommes de terre; les uns étaient bons, comme les esprits domestiques qui étaient l'objet d'un certain culte; les autres étaient méchants et sauvages; ils fuyaient les hommes et leur nuisaient : tels étaient Joutas et Waïpas. Un jour, pendant un voyage, ils se reposèrent sur des écueils, et de leur sueur, qui tomba sur le sol, naquit le serpent. Une gousse de haricots devint sa tête, des grains de lin devinrent ses yeux, et une pointe de lance sa langue. Le Christ et saint Pierre trouvèrent cette sueur répandue sur les écueils, et l'animèrent. Les onguents naquirent d'une manière semblable. Dans la contrée d'Oesterbottn, il y avait un immense bœuf, dont la tête touchait au pays de Tawast, et la queue à celui de Tornéo. Il fut tué par un Ouros, ou esprit de mer, haut de trois doigts, et l'orgueil naquit de son sang. Le bœuf ressuscita, et devint un des trois animaux sacrés des Finnois, dont le premier était l'ours; et on comprend pourquoi Tapio, comme dieu des troupeaux et par conséquent aussi des bœufs, était en même temps médecin. Le troisième animal sacré était le chien de mer, né d'un oiseau, qui, ne trouvant pas de terre pour y déposer son œuf, fit un nid de cuivre dans un navire, et y pondit un œuf d'or, qui, jeté par le vent dans la mer, produisit le chien de mer. Cet oiseau était probablement une hirondelle, qui passait chez les Finnois pour un être d'heureux présage. Les esprits méchants des forêts étaient Lekkio et Ajataa. Le premier changeait de forme, et apparaissait tantôt en homme, tantôt en chien, tantôt en corneille, et répandait la terreur, tandis que l'autre, par sa vitesse et sa forme terrible, épouvantait les voyageurs et les égarait. Les esprits aériens s'appelaient Capeet; ils tourmentaient les hommes, et attaquaient la lune, qu'ils forçaient à s'éclipser. Les Raggena tourmentaient le bétail dans les étables; les Kyrkonwaeki, les hommes dans les églises. Païnajaïnen était un cauchemar qui fatiguait les dormeurs sous la forme d'une blanche femme de mer; on le chassait en mettant un briquet sous son oreiller. Il rendait aussi les enfants louches. Le Capeet Para dérobait aux vaches leur lait, et le recrachait dans la baratte. Les Keijouset volaient à travers les airs dans les cimetières, entouraient les convois des morts, et infestaient les routes sous la forme de petites larves, de flocons de neige et d'étincelles; ils étaient bons ou méchants, noirs ou blancs; ils entraient dans la chambre d'un mourant ou d'un mort, et y laissaient après eux une mauvaise odeur. Quant on semait dans la chambre de quelqu'un de la poussière ou des os pris dans un cimetière, les Keijouset accouraient pour le tourmenter. Les Capeet étaient surtout au service des sorcières; mais on pouvait les vaincre par un moyen magique, qui consistait à faire cuire un certain champignon dans du goudron, du sel ou du soufre, et à le fouetter de verges; la sorcière arrivait alors, et demandait grâce pour son Capeet.

La sorcellerie était tellement en usage chez les Finnois, qu'au moyen âge Finnois et sorciers étaient synonymes dans toute l'Europe. Leurs sorciers avaient des évanouissements comme ceux des Lapons, et leurs âmes étaient censées faire pendant ce temps des pérégrinations lointaines; mais ils ne connaissaient point le tambour magique des Lapons. Les instruments des magiciens finnois étaient des amulettes, des os humains, de la poussière ramassée dans des cimetières, des têtes de serpents, et diverses sortes d'eaux-de-vie, au moyen de quoi ils découvraient les effets volés, indiquaient les lieux où se trouvait le bétail égaré, et découvraient la cause des maladies. Une pierre à fusil protégeait la maison, un os humain le traîneau; et les pierres de serpentin, les limaçons de porcelaine et les os de la cuisse d'une grenouille, étaient des charmes puissants. Mais les moyens magiques qui avaient le plus de pouvoir étaient les chansons appelées *runo* ou *runot*, d'où l'on conclut que les runes des Scandinaves et des Slaves sont d'origine finnoise. L'usage de ces chansons a sans doute du rapport avec la kandèle du dieu Vainamoïnen. Les runes magiques proprement dits s'appelaient *lougout* ou *louwat*, lectures, parce qu'ils n'étaient pas chantés mais déclamés. Ils avaient trois parties: *synty*, dans lequel on racontait l'origine du sujet; *kiwout*, dans lequel on décrivait les influences méchantes auxquelles il était soumis; et *woitnensanat*, dans lequel on faisait l'exorcisme, dit aussi *loisto*. On les récitait en frappant du pied le sol, en se tordant les membres, en soufflant avec la bouche, en crachant, en murmurant ou en criant, gestes dont l'ensemble s'appelait *haldiosa*. De nos jours, les châtreurs de bétail chez les Finnois emploient fréquemment ces chansons magiques. Au reste, l'art magique était aussi chez les Finnois héréditaire dans les familles, et l'adepte était avant sa réception rebaptisé sur une pierre, sous une cascade, pour se purifier du baptême chrétien qu'il avait reçu dans son enfance.

Quant aux âmes, elles entrent dans Touonala, l'empire des morts, où elles boivent de la bière et mangent du gibier et du poisson; c'est pourquoi il faut mettre des arcs et des flèches dans les tombeaux. Mais s'il est permis à l'âme de monter sur les épaules de la Grande Ourse, elle entre dans le ciel supérieur, et sa béatitude est complète.

Les Finnois avaient des sacrifices domestiques et des sacrifices en commun. On consacrait aux esprits domestiques les prémices de chaque tonneau de bière et de chaque fournée de pain. Chaque nouvel habitant d'une maison leur offrait du sel, de la bière et du pain. A chaque repas solennel, on mettait quelque chose de côté pour eux, et très-fréquemment on leur offrait du lait. Les villages célébraient quatre fêtes par an; la première était celle de la semence, au printemps; la seconde, celle de la moisson terminée, où l'on tuait un agneau qui n'avait pas été tondu depuis le printemps; la troisième avait lieu en automne, pour rendre grâce aux dieux des dons de l'année; la quatrième était la fête de l'ours; elle était célébrée au milieu de l'hiver; on faisait un pique-nique, et on choisissait un couple de fiancés parmi les jeunes gens du village. L'ours était suspendu à un arbre; on en mangeait d'abord la tête et puis le reste.

Le peu de renseignements que nous avons sur les croyances païennes des Madjars, peuple qui entra dans la Hongrie actuelle à la fin du neuvième siècle, après une bataille avec le grand duc de Kiew, confirment leur communauté d'origine avec les Finnois, laquelle, comme nous l'avons dit, a été mise hors de doute par les dernières recherches étymologiques et ethnographiques. Les Hongrois étaient des Finnois ougrois ou orientaux, établis dans l'Asie septentrionale longtemps avant d'entrer en Russie; ce qu'ils firent, suivant leurs traditions nationales, en traversant le Wolga à la nage. Nous connaissons de cette période antérieure un seul fait relatif à leur culte, mais qui prouve qu'en Asie ils avaient été longtemps en contact avec les Mongols. En allant au combat, ils baisaient un membre viril fait en bois, qu'ils portaient avec eux. Mais les deux premiers chefs qui, suivant leurs traditions, les conduisirent en Europe à cause de l'exubérance de population de leur patrie primitive, Ougek et Almous, rappellent évidemment par leurs noms les dieux suprêmes des Finnois, Oukko, le vieux, surnom de Vaïnamoïnen, et Ilmaraïnen. Leurs traditions vantaient aussi, comme le faisaient les chansons finnoises de la mer Blanche, les richesses en or, en pierres précieuses et en peaux de zibeline, de leur pays natal. D'après les mêmes traditions, la mère d'Almous rêva pendant sa grossesse qu'un oiseau volait dans son sein, d'où naquit une rivière brillante, qui dirigea son cours vers des contrées lointaines. Le fils d'Almous, Arpad, conduisit, notamment avec six autres ducs, son peuple vers la Transylvanie, qui a été nommée pour cette raison le pays à sept bourgs (Siebenbürgen); les sept tribus s'établirent près de sept rivières, et y bâtirent sept forteresses ou bourgs. Lorsque Almous prit possession du fort de Hungwar, il fit aux dieux des sacrifices, et commanda un repas qui dura quatre jours. Lorsque Purzol, un autre des sept chefs, regarda, du sommet d'une montagne portant le même nom, le pays qui s'étendait autour de lui, il fit tuer un cheval gras et en fit un grand sacrifice. La preuve que leur religion était toute finnoise, c'est-à-dire qu'elle avait pour base principale la magie et la sorcellerie, se trouve dans le récit de ce qui arriva lorsque les Hongrois, après avoir chassé le roi Pierre, revinrent au paganisme sous son successeur Aba. Un homme appelé Vakha fut le premier qui rasa sa chevelure, selon l'usage païen, en y laissant seulement pendre des boucles aux trois côtés de la tête. Son fils Janous rassembla un grand nombre de devins et de magiciennes, dont les chansons le rendirent très-populaires. Les magiciennes étaient aussi regardées comme des déesses. Les sectateurs de Janous se vouaient aussi aux esprits, mangeaient de la viande de cheval, et chantaient des chansons contre le christianisme.

Les peuples finnois habitant l'Asie septentrionale sont : 1° les Votiaks, au gouvernement de Kasan et d'Orembourg. On trouve chez eux une divinité spéciale, appelée Soumar, qu'on plaçait dans le soleil, mais à laquelle on ne rendait aucun culte; 2° les Tcheremisses et Tchuwadchs, sur les bords du Volga. Ceux-ci avaient des dieux inférieurs, sous le nom de Journon-Choukcha, mot qui veut dire famille de dieux. Ces dieux subalternes sont des deux sexes. On regarde les uns comme célibataires, les autres comme mariés. Leurs prêtres se nomment Monchan. Les femmes invoquent les déesses, les hommes invoquent les dieux. Les principaux sont Pongourch, Souma et Hondortchu Souma. Les déesses sont Kaba et Kitchiba. 3° Les Mordwines, également près d'Orembourg; 4° les Permiens, sur le mont Oural; 5° les Ostjaks, sur les rivières d'Obi et d'Irtisch, près de Tobolstske, en Sibérie. Ceux-ci vénéraient dans le vieillard Obi la personnification de ce fleuve. Il est surtout invoqué comme président à la pêche. Son idole, en bois, a des yeux de verre, la tête armée de grandes cornes, le nez en forme de groin de pourceau; un crochet de fer lui traverse les deux narines. On lui fait tous les trois ans traverser l'Obi dans une barque sacrée. Quand la glace commence à fondre, et que les eaux inondent ses rives, les Ostiaques demandent au vieillard une pêche abondante, et lui en donnent bonne part lorsqu'il les exauce; ils l'insultent et le maltraitent dans le cas contraire. 7° Les Wagoules, en Sibérie; et 8° les Baschkires. On y comptait aussi 9° les Samoyèdes, qui, comme on le sait, vénèrent surtout la Grande Ourse, comme font les Finnois en Europe

Parmi les autres peuplades de la Russie asiatique, nous mentionnerons les Mokchanes, avec leur dieu suprême Schkal, auquel ils sacrifient des bœufs, des chevaux et même du bétail, dans des lieux isolés, au fond des forêts. Quand ils lui adressent des prières, ils se tournent vers l'orient. On assure que ces peuples sont monothéistes, et n'adorent aucune idole, aucune divinité subalterne. Les Yakoutes vénèrent Sergonier, rocher énorme au-dessus de Yakoutsk. On le regarde comme le souverain des vents, et on l'implore par des offrandes.

Les autres peuples qui habitent l'Asie septentrionale ou la Sibérie, comme les Kalmouks, appartiennent à la race mongole, qui, sans exception, a adopté le lamaïsme, dont il a été fait mention dans un autre volume.

Quant aux Kamtschadales, qui demeurent à l'extrémité orientale de l'Asie du nord, ils ont trois dieux principaux. Gaitch ou Gaetch préside au feu et au monde souterrain. Cette double fonction de la divinité de Sibérie a sans doute trait au feu central. Les puissants cratères que l'on rencontre dans le Kamtschatka et dans la chaîne des Kouriles recèlent à la fois des flammes et des bandes de démons domiciliés dans les entrailles de la terre. Toutefois, les Kamtschadales invoquent l'influence salutaire de la lumière, de la chaleur et du feu qui vivifie la terre, comme protecteur de leurs jourtes (cabanes souterraines); ils prient Gaitch d'éloigner les éruptions volcaniques, les inondations, les vents, la foudre, les incendies, les fantômes, les malins génies, le lezard venimeux, le Moscovite et le Cosaque. Ils lui demandent de les purifier après cette vie, et lui offrent en sacrifice un loup blanc. Gaitch a pour père Tonila, qui préside à la terre et à ses tremblements, aux volcans et à presque tous les fléaux auxquels l'homme est exposé. Il écarte les poissons des rives du fleuve, brûle la fourrure des renards, excite les loups voraces et donne la rage aux chiens. Il fait la paix et la guerre. S'il le veut, il detourne aussi ces fléaux. Il est mené sur un traîneau par le robuste chien Kascei, qui, en parcourant le pays, secoue à grand bruit le verglas et la neige de son corps, et ces secousses causent des tremblements de terre. Tonila est encore fils de Piliatchoutchi, le dieu suprême, tout puissant et créateur. Nuée, pluie, éclair, tempête, arc-en-ciel, tout est dans ses mains. L'arc-en-ciel est la bordure de ses habits, le soleil son œil droit, la lune son œil gauche; tous les fleuves tombent de sa ceinture. En outre, les Kamtschadales croient aux Gamoulis, esprits aériens, qui président aux phénomènes météorologiques, notamment à la pluie et aux éclairs. Quand l'éclair sillonne le ciel, les Gamoulis se jettent les tisons à demi consumés qui ont brûlé dans leurs huttes.

Pour compléter notre tableau de l'état religieux de la partie orientale de l'ancien nord de l'Europe, nous terminerons par un document curieux, qui nous a été fourni par le père de l'histoire russe, le moine Nestor, et qui peint d'une manière frappante où en étaient arrivées, vers la fin du paganisme, les croyances religieuses dans ces contrées habitées par les Slaves orientaux, qui n'avaient pas eu de contact avec les Germains, et étaient mêlés de peuplades finnoises. Nous avons raconté comment, dans la Scandinavie, où régnait un système mythologique fort développé et fort logique, quoique souvent bizarre, les esprits d'élite avaient à la fin été amenés à douter de la vérité de leurs mythes et de l'existence de leurs dieux, et à deviner eux-mêmes un être unique, élevé et pur, dont la puissance avait créé le monde et le gouvernait. Nous avons vu comment le peuple, dans ses assemblées, avait contraint ses princes à adopter le christianisme comme une institution utile et morale, puisqu'en prêchant l'égalité et la liberté, il l'affranchissait du joug dont le menaçait de plus en plus le pouvoir temporel, sanctionné par la mythologie, dans la personne des princes.

Rien de tout cela ne paraît avoir eu lieu chez les Slaves orientaux, lorsqu'ils quittèrent librement leur ancienne religion, et en adoptèrent une nouvelle. On eût dit qu'il leur suffisait d'échanger un habit modeste contre un vêtement plus brillant; et qu'aucune considération morale ni sociale ne les y décidait. Ils ne comprenaient pas en effet la portée de la nouvelle religion qu'on leur proposait, et ils tenaient moins à l'ancienne, que, plus de huit siècles plus tard, leurs descendants ne tenaient à leurs barbes, que Pierre le Grand leur fit couper. Le prince seul savait ce qu'il faisait; il cherchait une religion quelconque qui donnât plus de force que l'ancienne à son despotisme, et lui-même était si peu guidé par un sentiment religieux, qu'il eût certainement préféré le mahométisme, s'il n'eût craint les inconvénients de la circoncision. Si parmi les cultes chrétiens, le prince de Kiew choisit celui de Byzance, c'était évidemment parce qu'il n'y avait pas de pape dans le culte grec, et que les empereurs de Byzance étaient eux-mêmes les premiers théologiens de leur empire : circonstance qui devait nécessairement amener ce que nous voyons aujourd'hui en Russie, un despote, qui est en même temps le suprême pontife de son empire. Aussi cette combinaison ne pouvait-elle sortir d'une tête slave, mais bien de celle d'un prince scandinave, vis-à-vis d'une population ayant des croyances et des symboles aussi décousus et aussi incompris que les avaient les peuples slaves.

Voici le récit curieux de Nestor, dont la naïveté est d'autant plus précieuse qu'il a été rédigé, plusieurs siècles après l'événement, par un fervent serviteur de l'Église grecque et de la gloire de ses princes. Ajoutons, pour faire mieux comprendre ce récit, que l'ambition de Wladimir le Grand, grand-duc de Kiew, se trouvait depuis quelque temps mal à son aise, et fort gênée avec la religion indigène. Pendant quelque temps il avait fait ériger de nouveaux temples et de nouvelles idoles, tantôt à Pieroun, tantôt à Woloss. Enfin il se décida à adopter une des religions existantes à côté de son empire, et à l'aide desquelles il voyait prospérer d'autres grands états, et il prit la résolution d'examiner chacune d'elles, pour savoir laquelle lui conviendrait le mieux.

« Dans l'année 986, dit Nestor, des Bulgares musulmans vinrent trouver Wladimir, et lui dirent : « Quoique tu sois un bon et sage prince, tu ne connais pas la loi ou la religion; crois donc en la nôtre et honore Mahomet. » Wladimir répondit : « En quoi consiste votre religion? » Ils dirent : « Nous croyons en Dieu; et voici ce que Mahomet nous enseigne : Fais-toi circoncire, ne mange pas de la chair de porc, ne bois point de vin, et, après la mort, tu t'amuseras avec les femmes, car Dieu donnera à chacun soixante-dix belles femmes, dont tu pourras choisir une; et dans celle que tu auras choisie Dieu réunira toutes les beautés, et il te la donnera pour femme. » Ils dirent encore d'autres choses insidieuses de ce genre, qu'on ne peut répéter à cause de leur infamie. Wladimir les écouta, parce que lui-même aimait les femmes; mais ce qui ne lui plaisait nullement, c'est que l'on devait se faire circoncire, s'abstenir de viande de porc, et ne point boire de vin; et il dit : « Le Russe aime à boire, c'est un plaisir dont nous ne saurions nous passer. »

« Ensuite vinrent les Latins de Rome, se présentant comme les envoyés du pape. Wladimir leur dit : « En quoi consiste votre religion? » Et ils répondirent : « Nous jeûnons tant que nous pouvons. Mais si quelqu'un boit ou mange, il le fait en l'honneur de Dieu. » Wladimir dit alors aux Romains : « Retournez-vous-en chez vous, car nos ancêtres n'ont point adopté ces règles-là. »

« Les Juifs, ayant entendu ce qui se passait, vinrent aussi et dirent : « Les chrétiens croient en celui que nous avons crucifié; mais nous, nous croyons à un seul Dieu, le Dieu d'Abraham, d'Isaac et de Jacob. » Et Wladimir leur dit : « Où est situé votre pays? — A Jérusalem! — Où est Jérusalem? » Et ils répondirent : « Dieu était courroucé contre nos ancêtres, et il nous a dispersés, à cause de nos péchés, dans tous les pays, et les chrétiens se sont emparés du nôtre. » Alors il leur dit : « Comment pouvez-vous prétendre enseigner les autres, vous qui êtes rejetés de Dieu et dispersés sur la terre? Si Dieu vous aimait, vous et votre loi, vous ne seriez pas dispersés sous des cieux étrangers. Vous voudriez peut-être qu'il nous en arrivât autant qu'à vous? »

« Après cela, les Grecs envoyèrent un philosophe à Wladimir, lequel lui dit : « Nous avons appris que les Bulgares ont envoyé vers toi des gens pour te persuader d'embrasser leur religion. Mais cette religion est infâme devant le ciel et devant la terre. Ils sont maudits plus que les autres hommes, parce qu'ils ressemblent à ceux de Sodome et de Gomorrhe, sur lesquels des pierres brûlantes tombèrent du ciel. De même un châtiment terrible attend ces malheureux, quand Dieu viendra du ciel sur la terre au jour du jugement, pour perdre tous ceux qui ont vécu abominablement. » Quant aux Latins, ce philosophe dit à Wladimir que leur religion différait peu de la religion grecque; mais qu'ils disaient la messe avec du pain sans levain, tandis que Dieu avait commandé de se servir pour la messe de pain avec du levain, et qu'ils n'avaient par conséquent pas la vraie religion. Lorsque Wladimir lui répondit que les Juifs avaient crucifié celui en qui les Grecs croyaient, le philosophe repartit que Dieu, après avoir été crucifié, était ressuscité et monté au ciel, et que c'était pour ce crime que les Juifs avaient été dispersés par toute la terre. A la question de Wladimir : Pourquoi Dieu vint du ciel sur la terre pour soulager tant de souffrances? le philosophe commença à raconter toutes les actions de Dieu, depuis le commencement du monde jusqu'au septième concile général. Il lui parla de la vraie foi, de la récompense future des justes et de la punition des impies; et disant cela, il fit voir à Wladimir une peinture qui représentait le jugement dernier, en lui faisant remarquer, à droite, les justes, qui, pleins de joie, montaient au paradis, et, à gauche, les méchants, qui étaient précipités dans l'enfer. Wladimir soupira et dit : « Salut à ceux qui sont à droite! malheur à ceux qui sont à gauche. » Et le philosophe dit : « Si tu veux être à droite, fais-toi baptiser. » Wladimir fit grande attention à ces paroles, et dit : « J'attendrai encore un peu. » Il voulait auparavant être instruit de toutes les religions. Il fit de riches présents au philosophe et le renvoya comblé d'honneurs.

« En l'an 987, Wladimir fit venir ses boyards et les anciens de la ville, et leur dit : « Voyez, les Bulgares sont venus me trouver, et m'ont dit : « Embrasse notre foi. » Ensuite les Latins sont venus aussi, qui m'ont également vanté leur religion; les Juifs, de même; les Grecs sont venus les derniers. Ils ont blâmé toutes ces autres religions, louant beaucoup la leur, et ont dit et raconté beaucoup de choses, et ce qui s'est passé depuis le commencement du monde. Leurs discours étaient très-raisonnables, et chacun les entendait avec plaisir et admiration. Ils annoncent qu'il y aura un autre monde, et que celui qui aura embrassé leur foi ressuscitera et ne mourra plus; mais que celui qui suivra une autre religion sera brûlé éternellement. Que pensez-vous de cela? » Les boyards et les anciens répondirent : « Si tu veux connaître, ô prince, la vérité, tu as des serviteurs habiles; envoie-les avec la mission d'éprouver la foi de chacun, et d'examiner comment ils servent Dieu. » Cette réponse plut au prince et à tout le monde. Il choisit donc des hommes sages et réfléchis au nombre de dix, et leur dit : « Allez en premier lieu chez les Bulgares et recherchez quelle est leur foi. » Ils y allèrent; et, étant arrivé, comme ils virent que ces gens faisaient quantité d'actions honteuses, qu'ils priaient la tête couverte, ils revinrent dans leur pays, et alors Wladimir leur dit : « Allez maintenant chez les Romains, voyez ce qui s'y passe, et ensuite allez chez les Grecs. » Ils allèrent chez les Romains, et ayant vu le culte, ils se rendirent à Byzance. L'empereur les reçut avec plaisir; et le lendemain de leur arrivée, il envoya chez le patriarche, et lui fit dire : « Les Russes sont arrivés pour étudier notre foi ; arrange donc tout dans l'église et au chœur, et toi-même, revêts-toi de tes habits pontificaux, afin qu'ils voient la gloire de notre Dieu. » Alors le patriarche assembla le clergé, ordonna le service divin comme aux jours de fêtes, fit brûler l'encens, et entonna des hymnes et des cantiques. On accompagna les Russes à l'église et on les plaça dans un endroit commode. On leur fit voir tous les ornements et toutes les beautés de l'église, les habits pontificaux, l'ordre des cérémonies, la manière dont les diacres s'avançaient vers l'autel et y faisaient leurs prières. On leur fit entendre la musique des chœurs. Les Russes furent ravis en extase, et ne pouvaient assez louer la pompe du culte grec. Les empereurs Basile et Constantin les firent venir et leur dirent : « Retournez dans votre pays. » Et ils les congédièrent en les comblant de présents et d'honneurs.

» Ils revinrent donc, et Wladimir fit assembler ses boyards et les anciens, et leur dit : « Nos envoyés sont revenus, sachons ce qu'ils ont vu. » Et il leur commanda de faire leur rapport devant l'assemblée. Alors ils parlèrent ainsi : « Nous avons été chez les Bulgares et nous avons vu comment ils célèbrent l'office divin dans leurs temples, priant la tête couverte et sans ceinture, et après avoir fait une salutation, ils s'assoient et regardent de tous côtés comme des insensés ; et il n'y a nul plaisir d'être avec eux, mais au contraire force désagrément et une puanteur insupportable, et leur religion n'est pas polie du tout. Nous avons été aussi chez les Romains. Nous avons vu comment ils célèbrent l'office divin dans leurs églises ; mais nous n'y avons remarqué ni pompe ni beauté. Enfin nous avons été chez les Grecs. On nous a conduits dans le temple divin, et nous avons cru être dans le ciel ; car sur la terre il n'existe point de magnificence pareille. Il nous est impossible de la décrire ; mais ce que nous savons, c'est que Dieu est sûrement présent parmi eux, et que leur culte l'emporte sur celui de tous les autres pays. Nous ne pouvons oublier cette magnificence. Quiconque a goûté quelque chose de doux ne peut plus rien prendre d'amer. » Les boyards répondirent : « Si la religion grecque avait été mauvaise, ta grand'-mère Olga ne l'aurait point embrassée, elle qui était la personne la plus sage du monde. » Wladimir dit : « Où recevrons-nous le baptême? » Et les boyards répondirent : « Où il te plaira. »

Tel est le récit de Nestor. Le rusé Wladimir n'alla pourtant pas si vite. En 988, il attaqua la Chersonèse, qu'il prit par trahison. Alors il fit dire aux empereurs Basile et Constantin qu'ils avaient une sœur non mariée, qu'il la demandait pour femme, et que si on la lui refusait, il traiterait leur ville comme il avait traité la Chersonèse. Les empereurs répondirent qu'ils ne pouvaient marier leur sœur qu'à un chrétien, qu'il devait se faire baptiser, et qu'alors il l'obtiendrait. Wladimir le promit, et alors les empereurs envoyèrent leur sœur Anne à Wladimir. Au moment où elle arriva en Chersonèse, Wladimir souffrait tellement des yeux, qu'il avait perdu la vue; mais dès qu'il eut reçu le baptême il fut guéri. Il épousa la princesse Anne, et partit ensuite pour Kiew, où il fit jeter dans le Dnieper les anciennes idoles, et notamment Pieroun. Les Russes entrèrent en foule dans la rivière jusqu'à la poitrine et reçurent ainsi le baptême.

FIN DU QUATRIÈME VOLUME.

TABLE.

CHAPITRE PREMIER.

Sources qui nous sont restées relativement aux anciennes religions des peuples du Nord. — Données des auteurs grecs et romains et des Eddas. — Origine et migrations des anciennes populations de l'Europe septentrionale et communauté primitive de leurs idées religieuses. — Importance politique et religieuse de la Scandinavie. — Causes du développement et de l'influence de la mythologie odinique. — Plan de l'ouvrage.. 3

CHAPITRE DEUXIÈME.

Des croyances religieuses et populaires, et des cultes communs aux anciens peuples du Nord... 19

CHAPITRE TROISIÈME.

Histoire religieuse des populations celtiques dans les Gaules et dans la Grande-Bretagne... 71

CHAPITRE QUATRIÈME.

Mythologie des Scandinaves.................................... 124

CHAPITRE CINQUIÈME.

Dieux, mythes et traditions nationales et héroïques des Germains méridionaux. 229

CHAPITRE SIXIÈME.

Religion et cultes païens des peuples slaves et lithuaniens............... 272

CHAPITRE SEPTIÈME.

Divinités et cultes des peuples d'origine ouralienne ou finnoise en Europe et dans le nord de l'Asie... 358

FIN DE LA TABLE.

Imprimerie Dondey-Dupré, rue Saint-Louis, 46, au Marais.

Siegfried sauvé par Criemhilde.

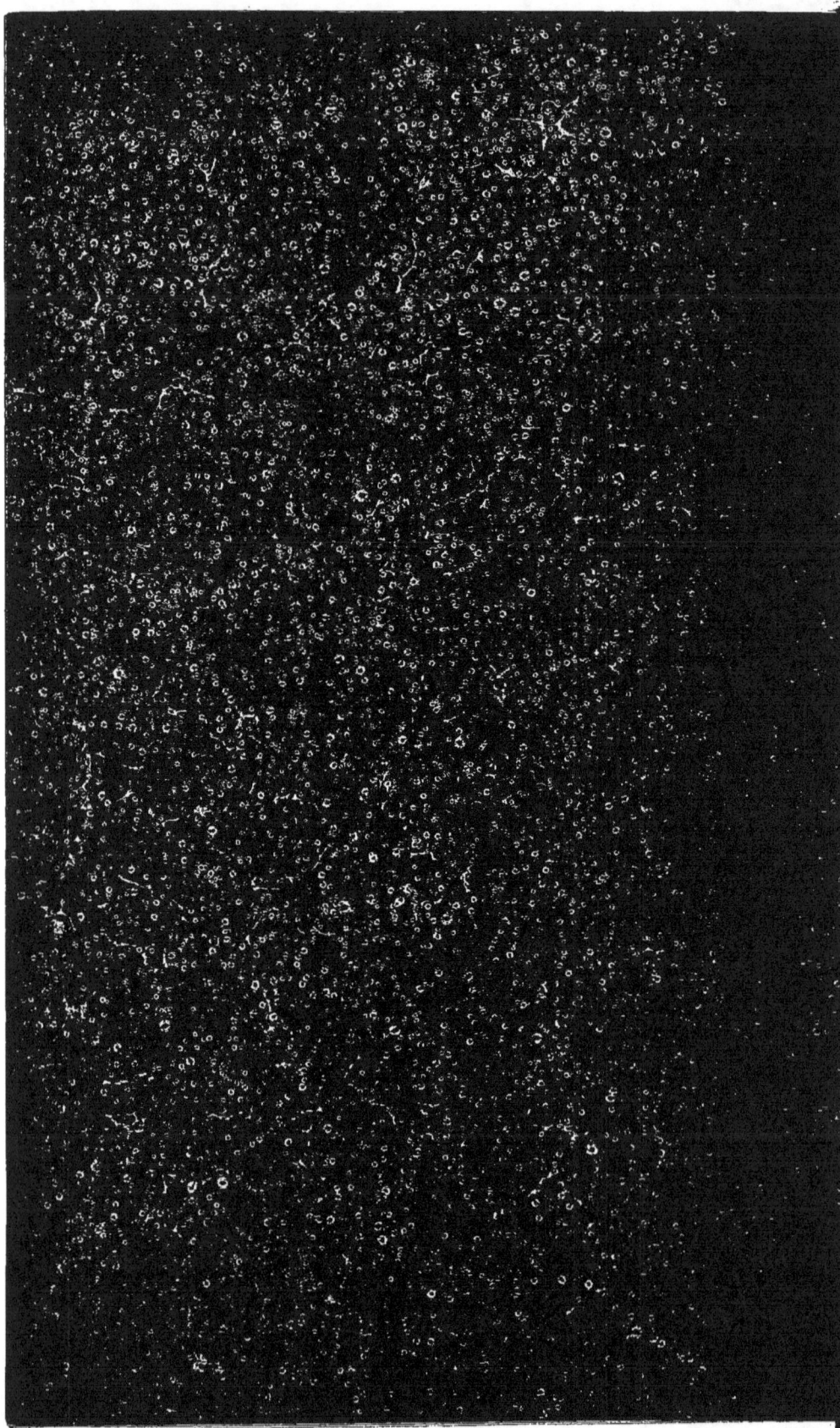

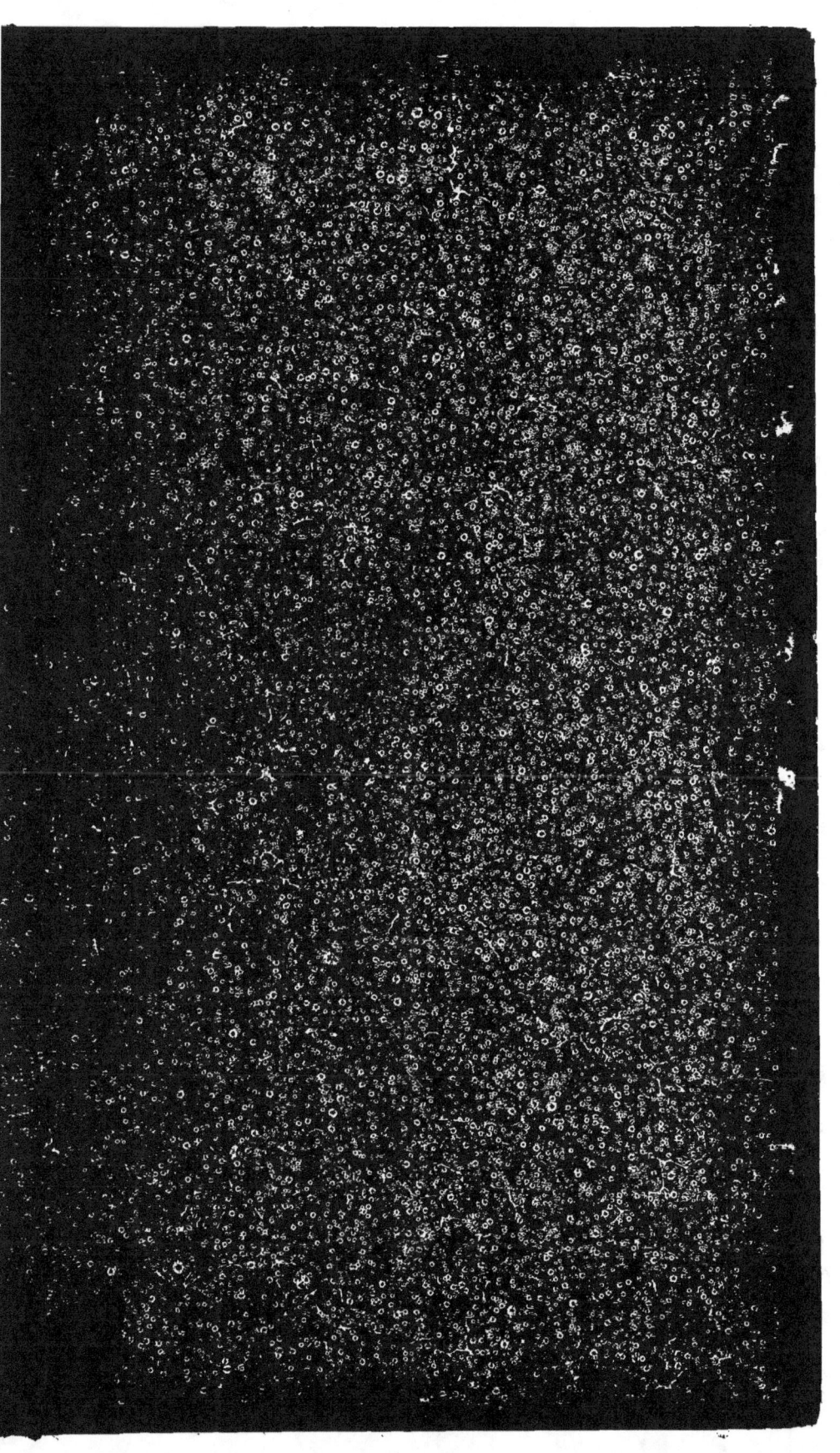